Die

Gau- und markverfassung

in

Deutschland.

Die

Gau- und markverfassung

in

Deutschland

von

Friedrich Thudichum.

Gießen, 1860.
J. Ricker'sche buchhandlung.

Vorwort.

Der geneigte leser wird, auch ohne besondere hinweisung, bald die aufgabe erkennen, um deren lösung es beim entwurf vorliegender schrift gegolten hat. Mit gänzlichem verzicht auf theorien und vermuthungen sollte versucht werden aus urkunden zu ergründen, was — sei es im 18 oder im 8ten jahrhundert — unter gau, zent, dorf, zentgraf, comitatus, mark u. s. w. zu verstehen, und welches in historischer zeit das aussehen der gerichts- und markverfassung gewesen sei, da doch hierüber alle früheren arbeiten weder eine ganz bestimmte noch eine vollständige auskunft geben. Im ganzen, und bis auf die fragen welche ich selbst als unerledigte überall bezeichnet habe, darf der schwierige und mühevolle versuch wohl als geglückt betrachtet werden, dank der besonderen richtung, welche meine studien, nicht ohne manche zufällige begünstigung, seit jahren eingeschlagen haben. Zuerst durch die alterthümlichkeit mancher unlängst untergegangenen rechtszustände in der Wetterau angezogen, und durch Jacob Grimm's unvergleichliche rechtsalterthümer in den geist der alten zeiten eingeführt, kam ich bald zur überzeugung, daß sich über viele wichtigen fragen gewißheit nur erlangen lasse durch die eingehendste erforschung der geschichte einer bestimmten gegend, eines gaus. Nur in einem so begränzten gebiet schien es mir möglich das erforderliche gedruckte und ungedruckte quellenmaterial in unverdorbener gestalt[1] zusammenzubringen, um in alle verhältnisse einen klaren einblick, und hiermit ein urtheil zu gewinnen, was ursprünglich oder spätere änderung, was regel oder ausnahme sei.

Nirgends konnte mir dies leichter fallen als in meiner heimath, der Wetterau. Ueber keinen andern gau liegt wohl eine größere menge gedruckter urkunden und weisthümer vor, und keiner hat bessere vorarbeiten, nament-

---

[1] Wie manche urkunde, wie manches weisthum ist im vorigen jahrhundert nach fehlerhafter und verderbter abschrift gedruckt worden, und wie manche schwierigkeit scheint in folge davon unübersteiglich, bis man die originalien zu rathe zieht. Ich könnte aus der Wetterau gar manche beispiele nennen; ein anderes bietet der vermeintlich „Cunigeshuntari“ genannte kleine gau zwischen Nieder-Rheingau und Niedgau dar. Die meisten schriftsteller welche sich damit befaßt haben, von Würdtwein bis auf J. Grimm, R. A. 533, v. Maurer einl. 63, Landau, territor. 192, v. Daniels, handb. 540, erklärten das wort für „Königshundert“, und betrachteten diesen gau als erhaltenes beispiel einer altdeutschen hundertschaft. Der phantasiereiche Bodmann, s. 46 anm. weiß sich sogar hier 100 feuerstätten einzubilden. Nun hat aber Friedemann im archiv f. Hess. gesch. bd. 6, s. 1—11 (1849) nachgewiesen, daß fast alle originalurkunden oder glaubhaften abschriften, welche bis jetzt von neuem nachgesehen werden konnten, die schreibung Cunigessundera, Cunigissunderon oder eine ähnliche haben, und nur einige wenige Kunigeshundra, keine einzige huntari. Somit fällt der ganze beweis der mit diesem beispiel geliefert werden sollte zu boden. Der gau wird in urkunden erst seit dem j. 820 erwähnt (!), und hat seinen namen daher, daß er von oder für den könig ausgesondert war. So hieß auch der zum reichshof Brackel gehörige wald Konigsundern. Grimm, R. A. 512. v. Maurer, einl. 94.

lich in beziehung auf ortsbestimmung aufzuweisen. Aber, was eben so wichtig ist, ich war hier in der lage einen wahren schatz von ungedruckten[1] urkunden, von gerichtsbüchern, von ausführlichen akten, die zum theil privaten oder gemeinden angehören, zu benutzen; und obendrein stand mir durch die höchst dankenswerthe liberalität des Großherzoglichen ministeriums das staatsarchiv zu Darmstadt offen, welches einen außerordentlichen reichthum geschichtlicher überlieferungen birgt. Mit diesen hülfsmitteln gelang es mir, über die gestalt und die schicksale der meisten gerichte und marken ein vollständiges licht zu verbreiten. Auf dem hier gewonnenen sicheren boden fußt ein wesentlicher theil der folgenden ausführung. Doch konnte ich mich natürlich der aufgabe nicht ganz entschlagen, auch die zustände anderer gegenden in vergleichung zu ziehen; ich habe mich aber dabei so wenig wie möglich auf fremde untersuchungen verlassen, weil mir die fehlerhaftigkeit mancher arbeiten über Wetterauische geschichte ein nur zu begründetes mistrauen gegen dieselben eingeflößt hat. Ueberall trachtete ich darnach selbst aus den quellen zu schöpfen, und darum waren es auch die benachbarten gaue, der Hessengau, Niederlahngau, Maingau, Rheingau, innerhalb welcher ich mich vorzugsweise hielt.

Daß ich auf die Angelsächsische und Scandinavische verfassung nicht näher eingegangen bin, kann zwar als mangel empfunden werden, jedenfalls aber nicht zu einem ernstlichen vorwurf anlaß geben. Gebrach es mir schon an zeit, den unglaublichen quellen-reichthum für unser einheimisches recht in befriedigender weise zu benutzen,

---

[1] Ungedruckt sind alle im folgenden angezogenen urkunden, bei denen nicht ausdrücklich bemerkt ist, wo sie gedruckt stehen.

so fühlte ich begreiflicherweise keine aufforderung mich auf ein mehr oder minder unbekanntes feld hinauszuwagen, wo bis jetzt kaum die nöthigsten vorarbeiten zum einsammeln wirklich gereifter früchte vorgenommen sind. Zudem schien mir das, was ich auf Deutschem boden sicher fand, einer bestätigung durch Angelsächsische oder Nordische zustände nicht nothwendig zu bedürfen, so erwünscht und erfreulich auch eine solche bestätigung an sich bleibt. Von ähnlichem gesichtspunkt aus wird man es auch entschuldigen, daß ich nicht einmal auf alle Deutschen landschaften, namentlich das so hochwichtige Friesland, rücksicht genommen habe; denn ich hielt streng an dem grundsatz, lieber ganz zu schweigen als dinge vorzutragen, die mir selbst noch nicht vollkommen einleuchtend und klar erschienen.

Die nachrichten, welche die großen alten, vor allen Caesar und Tacitus, über die jünglingszeit des Deutschen volks hinterlassen haben, sollen in einem hoffentlich bald erscheinenden hefte besonders besprochen werden. Sie stehen unter einander in einem viel zu engen zusammenhange, als daß sie sich hier an den betreffenden orten beiläufig erläutern und gegen die vielfach erhobenen zweifel hätten vertheidigen lassen; nur eine selbständige betrachtung derselben, nachdem sie zuvor durch den nachweis der später noch bestehenden verfassung eine seither nicht vorhandene sichere grundlage erhalten hat, ist in jeder hinsicht geeignet ein befriedigendes ergebnis zu liefern.

Besonders gern möchte ich dann die beschreibung einiger marken und gerichte in der Wetterau, nach art meiner vor 3 jahren veröffentlichten geschichte des freien gerichts Kaichen, folgen lassen. Es fehlt manchen, selbst trefflichen gelehrten so sehr an einer anschauung der früheren einrichtungen und verfassungs-entwicklungen, daß selbst die richtigste und wohlbegründetste theorie ihre zweifel nicht heben wird, bis die wirklichkeit, das unbezweifelbare beispiel, ihr hülfreich zur seite tritt. Daß sich altes, ja ältestes recht, wenn auch nur als leere form oder in sonstigen deutlichen resten fast überall bis in neuere zeiten erhalten habe, und nicht vielmehr im mittelalter eine mehrfache völlige umgestaltung des gerichtswesens vor sich gegangen sei, daß auch ein gerichts- oder markbuch des vorigen jahrhunderts aufschluß über die fernesten zeiten geben könne, verstößt in entschiedenster weise gegen die seitherigen herrschenden annahmen. Und doch ist es so, und kann bis in alle einzelnheiten überzeugend erwiesen werden. Erst unseren tagen, mit welchen sich im staats- und völkerleben eine ganz neue und bessere ära angehoben hat, blieb es vorbehalten, die trümmer der urverfassung gänzlich wegzuräumen, die marken zu theilen, die gerichte neu zu bilden, und einen ganz neuen bau auf dem so geebneten boden aufzuführen.

Gießen am 5 November 1860.

Fr. Thudichum.

* *

Inhalts-übersicht.

Erstes buch.

Die gaue, zenten und ortschaften.

Zweites buch.

Almeinde und sondereigen.

Erstes Buch.

Die gaue, zenten und ortschaften.

Erstes Buch.

I. Die eintheilung Deutschlands in gaue, zenten (untergaue) und ortschaften.

1. Der große gau.

Im 8ten jahrhundert, mit welchem die reihe urkundlicher denkmale über unsere geschichte anhebt, finden wir das heutige Deutschland, ebenso wie die übrigen theile des großen Fränkischen reichs, in etliche hundert bezirke eingetheilt, welche in den Lateinischen urkunden stets *pagi* genannt werden. Nur wenige von ihnen kommen schon in einer früheren zeit urkundlich vor, z. b. im j. 628 unter könig Dagobert I der pagus Lobodangow am unteren Neckar, worin Lobedenburg (das heutige Ladenburg). [1]

Die sprachliche bedeutung und ableitung des wortes pagus woraus Französisch pays wurde ist noch unermittelt. Es soll aber offenbar dasselbe ausdrücken und bezeichnen was das Deutsche wort *gau, gow, gowe,* in Sachsen *go,* in Alemannien *gäu,* nämlich ein *abgegränztes* landgebiet, einen bezirk. So heißt es in den um's j. 894 geschriebenen

---

[1] *Dahl,* beschr. d. fürst. Lorsch, urk. s. 36.

miraculis S. Walburgis des presbyters Wolfhard (Act. SS. Boll. Febr. T. 3, p. 532) : pagus Neccariensis, quae linguâ Diutiscâ Necchargowe ab incolis nuncupatur.[1]

Gau scheint dem Griechischen γῆ, γέα oder γαῖα verwandt. In Baiern und in der Pfalz heißt noch jetzt : „auf den gäu", „in den gäu gehen" soviel als auf das land, jemanden in sein land gehen; „auf dem gäu wohnen" soviel als auf dem lande wohnen; „gäuleute" wird für landleute, „gäumetzger", „gäubeck", „gäuwirt" für landmetzger, landbäcker, landwirth (caupo) gebraucht.[2]

Es wird sich unten ergeben, daß auch unterabtheilungen des großen gau's, und selbst dorfbezirke gau heißen. Die erwähnten landgebiete tragen meist den namen *gau*, wie Moyngow, Rinahgau, Salageu u. s. w.; andere heißen *feld*, z. b. Grapfeld, Folcfeld, Tullifeld, Wormazfeld. Bei den Salischen Franken und den Friesen findet sich *bant* : z. b. in pago Texandria sive Testarbanto; in pago Testarbant. [C. Lauresh. nr. 105 u. 106. Lacomblet urkb. 1, nr. 132.]

in pago Bragbando (j. 779.); in pago Bracbantense (j. 844.) [Lacomblet, urkb. 1, nr. 1 u. 59.]

In Alemannien dagegen endigen sich verschiedene gaunamen auf *bara, para* z. b. in pago qui dicitur Adalhartespara, Perahtoltespara.[3]

Auch *marca* wird der große gau genannt. So z. b. im j. 811 der gau Grabfeld. „in superiore villa Hlurunga in Grapfeldono-marcu". (Dronke, nr. 255.) Im j. 792 : in pago Grapfeldono marco id est in Ramnungero marcu et in Madesbachero marcu. (Dronke, nr. 103.) Das erstere ist die gaumark, die letzteren dorfmarkungen.

---

[1] Stälin, 1, 304.

[2] v. Maurer, einl. 55.

[3] vgl. über das gesagte Waitz, 2. 280.

Eine andere stelle bei Wenck, 2, urk. s. 16 : monasterium Herolsfeld, quod ille construxit in Buchonia in marca Hassorum", darf dagegen als beweis nicht gebraucht werden, da sie nur zu besagen scheint, daß Hersfeld an der gränze des Hessenlandes liege, wie es ja auch wirklich der fall war. In demselben sinn heißt es Dronke, nr. 644 : monasterium (Fulda) quod situm est in pago Grapfeld in Uetareibono marcu.

Im j. 861 wird der Argengau (Argungov, Aragungew), benamt von dem zum Bodensee rinnenden flüßchen Argen, als „marcha Argungaunensium" bezeichnet. Stälin, 1, 282. Neugart nr. 394. In einer urk. v. 802 bei Wenck 2, nr. 14., worin von dem Helmgau und Altgau in Thüringen die rede ist, heißt es von diesen : „quantumcunque in ipsis pagis vel marcis visus fuit habere."

Mon. Boic. 29, 1. nr. 331. (j. 1029) : „in quacumque uidelicet prouincia imperii nostri, siue quocumque pago aut marchia vel comitatu situm sit."

Die übereinstimmung zwischen pagus und marca zeigen auch noch andere stellen; z. b. urk. v. 895 bei Möser, Osn. g. 1, nr. 10 : „in quibuscunque pagis vel locorum finibus", wo die letzteren worte offenbar für „marken" stehen. Const. pacis a. 1085. Pertz, leg. 2, 56 : si homicidium fecerit . . . finibus confinium suorum expellatur."

J. 783 : in pago vel in *sito* Linzgauvva, in villa qui dicitur Duringas. (Thuringen.) Stälin 1, 123 u. 298. Neugart, 1, nr. 85.

Die bedeutung des wortes mark ist weiter unten näher erörtert.

Pagus werden auch ganze provinzen und reiche genannt : Im Ribuarischen volksrecht 31 (33), 3, steht „infra pagum Ripuarium" in derselben bedeutung wie 31 (33), 5 und 88 (90) „in provincia Ripuaria." — Im j. 782 : „in pago Austrasiorum" gleichbedeutend mit „infra regnum Austrasiorum." (Wenck 2, nr. 7) j. 770 : in pago Thuringie.

j. 949 : in pago Thuringensi. (Wenck 2, nr. 1 und 23.) j. 781. : villa Fargala quae sita est in pago Thuringiae, super fluuium Unstruth nuncupatum. (Dronke, nr. 75). Ob in einer dieser stellen unter dem pagus Thuringiae vielleicht blos der Sutthuringo verstanden ist, bedürfte noch der untersuchung.

Der „pagus Saxoniae“ bei Schannat, tr. Fuld. 43. beruht blos auf falschen abschriften. Dronke, nr. 57 note.

Ganz Alemannien wird häufig pagus Alemanniae oder Alamannorum genannt : z. b. 769. C. Laur. nr. 3228 : in pago Alemannorum in Neckergowe in Wilheim. j. 960 u. 976 stattdessen : in ducatu Alamanniae in comitatu Neckergewe. (Stälin 1, 280, 303 u. 304.) Auch das Elsaʒ, welches zwei groʒe gaue, den Nordgau und Sundgau umfaʒte, wird pagus Alsacinsis, Helisacensis genannt. (Dronke, nr. 82. Stälin 1, 279.) Die Westfalen wohnten in etwa 12, die Friesen in 20, die Alamannen in etwa 30, die Hessen wahrscheinlich in 2 gauen, dem Hessengau und Oberlahngau. Die gröʒe der gaue ist sehr verschieden gewesen; z. b. hat die Wettereiba gut den doppelten räumlichen umfang des ihr benachbarten Niedgau's, oder des gau's Cunigessunderen; und auch in der bevölkerungszahl herrschten ähnliche ungleichheiten.

Zum theil erklärt sich dies vielleicht daraus, daʒ bei der eintheilung des landes bestimmte natürliche verhältnisse zur richtschnur genommen wurden. Man nahm wälder und hohe gebirge zur gränze, und schied sich also nach fluʒgebieten. Darauf leitet schon der umstand, daʒ bei weitem die meisten gaue nach flüssen und bächen genannt sind, und eine weitere untersuchung wird dies vielleicht bestätigen. So ist z. b. die Wettereiba das fluʒgebiet des baches Wetter (auʒerdem freilich auch noch anderer zum Maine rinnenden gewässer); wo das wasser nach der Lahn abläuft, beginnt alsbald Ober- und Niederlahngau.

Seltener bilden die flußbetten selbst die mark der landschaft; alsdann macht *die mitte* des baches oder flusses die scheidelinie.[1] Ein beispiel aus dem j. 890 liefert Neugart c. d. Alam. 1, s. 486 : — „terminum inter Durgewe et Ringewe asserentes, de Schwarzunegka, ubi aquae adhuc ad nos vergunt, usque ad Manen, *in medium gurgitem Rheni,* et inde usque ad lacum Podamicum.“

Urk. v. 1073. Mon. Boic. 29ª, 90. 184. : — „usque in medium fundum Sowae fluminis.“

Auch große völker schieden sich häufiger durch hohe gebirge und wälder, als durch flüsse und ströme, die ein täglicher verkehr ohne unterlaß zu überschreiten hat.

So bildete der Harzwald (hart, harz = silva) die alte gränze zwischen Thüringen und Sachsen. Pertz, script. 6, 159. Britannien und Schottland wurden durch einen großen wald gesondert. (Saxo gramm. 27.) Nach dem alten Baierischen landr. (Heumann, 55) gilt derjenige als außer lands, der sich „außerhalb der vier wälder, d. i. Duringerwald, Behaimerwald, Swartzwald und Schärenzerwald“ befindet.[2] Ehaftrecht von Peitingau gegen 1435, Gr. 3, 649 : „die nicht bey dem land wären, und ausserhalb der vier wälde wärn (der erst wald ist Switzer, der ander Humelwald, der dritt Schwarzwald, der viert Pehamerwald).“ vgl. ehhaftsordn. zu Tollnstein, 1412. Gr. 3, 629 und 3, 660.

Aber auch hier giebt es ausnahmen. Zu Caesars zeit zog der ungeheuere Ardennenwald mitten durch das land der Trevirer (per medios fines Trevirorum). Caesar, B. G. 5, 3. Der Lech schied die Baiern von den Schwaben (Eginhard, vita Karol. M. c. 11.)

---

[1] J. Grimm, grenzalterthümer 117 (in den abhandl. d. Berliner akad. 1843) und R. A. 541 u. 542.

[2] Kraut, grundr. s. 224.

Tacitus, Germ. c. 40 sagt von mehreren kleinen Deutschen völkerschaften „fluminibus aut silvis muniuntur.“

Manche gaue sind nach dem volke, das sie bewohnt, benannt.

So der pagus Hamuland [1], Hameland, Hamaland, Hamarland (auch Amorland) am rechten ufer des Niederrheins, nach den Chamavern, welche schon zu Tacitus zeit hier in der nachbarschaft der Friesen saʒen. (Tacit. Germ. c. 33. 34.) Im j. 392 verwüstete der Römische feldherr Arbogast ihr land. Sulpicius Alexander bei Gregor von Tours 2, 9 berichtet davon : Arbogastes . . . transgressus Rhenum, Bricteros ripae proximos, pagum etiam quem Chamavi (al. Chamani) incolunt, depopulatus est. Zur Fränk. zeit wurde er von einem einzigen grafen verwaltet [2].

Unmittelbar daran stöʒt der pagus Batawe, Batawa, Batauua, Batuua (Cod. Lauresh. nr. 99. 100. 101. 110.) auch Batua, ein stück des landes der Bataver.

Der Hatterungau, pagus Hattuaria (Cod. Lauresh. nr. 118.) auf dem linken Niederrheinufer ist das land der alten Chattuarier. In den bewohnern des Alamannischen Linzgau's erblickt man das Alamannische völkchen der Lentienses, dessen Ammianus Marc. 15, 4 und 31, 10 gedenkt [3]; und in den bewohnern des pagus Boretra. j. 820. Bortergo. j. 834. „Borhtergo“. j. 966. (Lacomblet, urkb. 1, nr. 38. 48. 109.) die nachkommen der alten Bructerer.

Im j. 732 lieʒ papst Gregor III „universis optimatibus et populo provinciarum Germaniae, Thuringis et Hessis, Borthariis, Nistresis, Wedrevis et Lognais, Suduosis et Grabfeldis vel omnibus in orientali plaga constitutis“ ein schreiben zugehen, worin er sie zum gehorsam gegen Bonifacius er-

---

[1] j. 855. Lacomblet, urkb. 1, nr. 65.

[2] Gaupp, lex Chamav. s 16—22.

[3] Stälin 1, 123 u. 298.

mahnt. (Epist. St. Bonifacii nr. 128. ed. Würdtw. p. 95. auch bei Kremer, orig. Nassoic. urk. 2.) Es sind die Thüringer, Hessen, Wetterauer, Lahngauer, Grabfelder, sodann die anwohner der Nister, die unweit Hachenburg in die Siege fällt (Kremer, Rhein. Franz. 37 und Orig. Nassoic. s. 28, note) und die anwohner der Wohra (Bordaa) welche, nachdem sie sich bei Kirchhain mit der Ohm vereinigt hat, einige stunden oberhalb Marburg in die Lahn fällt. (Kremer, Orig. Nass. s. 28. Wenck, 1, 199 note c. u. 252.) Die Suduoser, oder nach andern lesarten Suduoder, lassen sich nicht bestimmen. (Wenck, 2, 253.)

Bemerkenswerth ist, daſs auch bei den völkern, welche in mehreren gauen wohnten, häufig einer nach dem volke genannt ist.

Im lande Westfalon findet sich neben etwa 11 anderen ein gau Westfalon, im Ostfalenlande ein gau Ostfala; in Thuringen ein gau Thuringo oder Sutthuringo. Einer der Hessischen gaue heiſst insbesondere pagus Hassiae, pagus Hassorum oder Hassionum. [1]

Ob es in Alemannien einen besonderen Alemannengau gegeben, kann ich nicht sagen.

2. Die zent (der untergau).

In den zahlreichen schenkungsurkunden des 8 und 9ten jahrhunderts wird fast durchgängig nur der groſse gau (zuweilen mit angabe des darüber gesetzten grafen), und das dorf, wo das geschenkte gut lag, genannt. z. b. j. 771 Dronke, nr. 35 : uineam unam in pago Uormacinse in uilla nuncupata Pattenheim. — Cod. Lauresh. 3, s. 46 : in pago Logenehe (Lahngau) in Erdeher marca.

Hierdurch ist es gekommen, daſs man die untergaue, in welche jeder groſse gau eingetheilt war, wenigstens für

---

[1] Landau, beschreibung des Hessengau's s. 4.

die Fränkischen länder fast unberücksichtigt gelassen hat. Die im mittelalter noch überall sichtbaren überbleibsel davon deutete man in anderer weise, und übersah die wichtigen zeugnisse, welche das dasein größerer verbände innerhalb des gau's bis in's 9te und 8te jahrhundert hinauf mit bestimmtheit darthun.

In den quellen führen dieselben die namen : *pagus, gau, go, comitatus, comitura, comicia, comecia, grafschaft, landgericht, centena, centuria, centa, zent, zint,* welche letztere benennung nur bei Franken und Schwaben vorzukommen scheint.

a) Pagus, gau.

Um's j. 775 wird die vorhin genannte zum Nieder-Lahngau gehörige Erdeher marca neben 9 andern dörfern als in *pago Erdehe* gelegen aufgeführt. (Cod. Lauresh. 3, s. 47 und s. 1—3.) Seinen namen empfieng dieser untergau von dem flüßchen Ard, welche bei Dietz in die Lahn fällt. Auch im Oberlahngau sind untergaue schon früh bekannt; z. b. in *pago Lare* in villa Erfrathusen (das spätere amt Lohr in der gegend von Marburg). C. Lauresh. 3, s. 169. 9 jahrh. In villa Bredenbach in *pago Pernaffa* in comitatu Eberhardi. j. 913. (Kremer, orig. Nassoic. 2, 51 und Wenck, 2, 438.) Dieser noch mehrfach erwähnte gau hat seinen namen von dem bach Perf, der durch den Breidenbacher grund nach der Lahn fließt. — In pago Arahafelt super fluvium Adrina. j. 800. Codex Lauresham. 3796. Arahafelt ist Arfelden im Oberlahngau. Wenck, 2, 443.[1]

Der im *Maingau* gelegene Bachgau wird schon im 11ten jahrh. erwähnt. „In pago Baggewe, in comitatu

---

[1] Die im j. 1238 bei Guden 1, 548 genannte centa de Hartenfelt soll nach Wenck 2, 453 note und Landau, territorien 357 u. 388 die zent Arfelden sein.

Sigfridi, in Osthemero marca. (Steiner, alterthümer und geschichte des Bachgau's 1, s. 75.) 1278 wird er comicia Backowe (Guden 1, 764. 2, 165), 1292 „gravschaft Bachgaw" genannt. (Würdtwein, diplom. Mogunt. 1, nr. 8.) Ein anderer untergau des Maingau's ist der Plumgau. j. 795. villa Bibincheim in pago Phlumgowe. j. 819. Michlenstat in pago Plumgowe in silva Odenewalt. j. 820. in pago Phlumgowe in villa Quinticha (jetzt Koenig). j. 780—800 : in pago Phlumgowe in uilla Rôden. (Scriba, regesten d. prov. Starkenburg, nr. 114, 115, 146, 147, 2482.)

So waren auch Schwiz, Uri und Unterwalden untergaue des großen Thurgau's (v. Maurer, einleit. 316 u. 320. Bluntschli, gesch. v. Zürich, 1, 21.) j. 853. pagellus Uroniae (Uri), Neugart, c. d. Alam. 1, 284.

Daß sich ganz die nämlichen verhältnisse auch in Sachsen vorfinden, ist allgemein zugegeben, wohl weil dort die benennung *go* (für zent) viel allgemeiner war und bis in die späteste zeit gebräuchlich geblieben ist.

b. Comitatus, grafschaft; landgericht.

Im j. 1024 schenkt k. Heinrich II dem kloster Fulda „comitatum Stoddenstat situm in pago Moyngowe"; (Dronke, nr. 738.) und im j. 1025 k. Konrad II „comitatum Nederne in pago Renicgouue situm." (Dronke, nr. 739.) Die letztere grafschaft ist das aus 15 dörfern bestehende landgericht Nehren, worüber Grimm 1, 549 ein weisthum mittheilt.

Ein beispiel aus Schwaben ist der im j. 978 u. 1075 genannte comitatus *Ingeriheshheim*, benannt nach der gerichtsstätte Ingersheim unfern Besigheim. „Ingersheim locus secularibus placitis constitutus." Stälin 1, 533.

Im j. 915 schenkt k. Conrad I seinen hof Nassau mit allem zugehör auf beiden seiten der Lahn in den grafschaften Sconenberg und Marvels „in utroque latere fluminis Logene in duobus illis comitatibus Sconenberg et Marvels." (F. Böhmer, urk. könig Conrads I, nr. 26. Frankf. 1859.) Im j. 1039 bestätigt und übergibt kaiser Heinrich III dem erzbischof Boppo von Trier .. „comitatum Maruelis nominatum in pago Einricha situm."[1] (Hontheim, hist. Trev. 1, p. 371.) Im j 1263 empfängt Sophia, lantgravia Thuringie, domina Hassie, und Heinricus filius ejus, lantgravius Thuringie von dem erzbischof Wernher von Mainz zu lehen . . „*comiciam* sive *lantgericht Hassie*, omnes decimas comicie ipsius, sive infeudate sint aliis sive non." (Guden. 1, 702.) 1325 : „die graveschafft vnd das landgerichte zu Heʒen, daz man nennet das gerichte zu Maden." Wenck 2, 298.

Im Niddagau wird im j. 1271 die grafschaft Ursel[2], und im j. 1303 die grafschaft zum Bornheimer berg genannt, die 19 dörfer zählte. Weisth. v. 1303 b. Grimm, 3, 481 : „dit sint die lantreht der grashefte zů Burnheimer berge."

In der Wetterau erscheinen im j. 1293 judicium sive comicia in Kouchene ; — 1301 judicium comitatus in Couchen mit 18 dörfern.[3] Im j. 1409 die grafschaft Assenheim (weisth. b. Grimm, 3, 450.), damals 7 orte zählend. Daneben die „Fuldische mark" mit 9 dörfern (weisth. v. 1434 u. 1554 bei Gr. 3, 438.), unter diesem namen bereits im j. 1320 und 1349 vorkommend. (Baur, Arnsburg. urk. nr. 525. Hess. urk. 1. nr. 852.) Die „Hersfeldische mark", nämlich Laubach mit zubehör, worüber die herrn von Münzen-

[1] Der gewöhnlichen ansicht nach soll Marvels das dorf Marienfels sein, was ich dahin gestellt lasse. Wenck, 1, 89 note erklärt, aber ohne den geringsten beweis, Marvels für den sitz des „gaugerichts" im Einrich, das ihm unbekannte Sconenberg für die mallstätte im Engersgau.

[2] s. meine gesch. des freien gerichts Kaichen, s. 23, note.

[3] Daselbst, s. 33 u. 74.

berg und deren erben die advocatie hatten, im j. 1383 so zuerst genannt. (Baur, Arnsb. urk. nr. 1061.)

c) Centena, zent.

Der name centena kommt schon im 6ten jahrh. in den gesetzen könig Childeberts II, Chlothachars II und im Alamannischen volksrecht (titel 36) vor. In Alamannischen urkunden des 9ten jahrh. wird er bezirken beigelegt, die ein andermal auch pagus, pagellus, comitatus heißen. So nennen urkunden nicht blos einen pagus, pagellus, oder comitatus Affa, sondern auch eine *centena* Apphon (Stälin 1, 281 u. 278). Für pagus, comitatus Eritgowe heißt es auch wieder centena Eritgaouua. (Stälin 1, 293, 347 nr. 3.) Daß zent und grafschaft, zentgericht und landgericht, zentgraf und landrichter, zentscheffe und land- oder bergscheffe, zentvolk und landvolk eins und dasselbe seien, erweisen folgende zeugnisse.

Von dem gericht des Bornheimerbergs bei Frankfurt a/m, welches in dem weisthum v. 1303 (Gr. 3, 481) *grafschaft* genannt wird, heißt es in einer urk. v. 1481. (Beschreibg d. Hanau-Münzenb. lande, nr. 62) : „also das nu hinfüro solich *lant-gericht* und *zent-gericht* zu Bornheimer berg unserthalb nit me verbotte soll werden.“ — „Es soll auch die gerichtsstat, da bisher das gemelt *lanntgericht der zente* gehalten ist, ... uns dem rate (zu Frankfurt) zusteen.“ Urkunde v. 1500. (Contrahirter inhalt etc. urk. s. 19) : „daß Ofenbach mit den zentwern (zentbaren) artickeln an das land-gericht oder Bornheimerberg gehörigk, auch syn zentgrefen dahin gevertiget zu zyten der gerichte.“

Weisthum des centgerichts Ostheim v. 1623. (Steiner, alterth. u. gesch. des Bachgau's, 1, 314.) : „In die *cent* undt *grafschaft* Ostheimb gehören folgende flecken und höffe“ (folgen die namen von 13 dörfern und 3 höfen).

„Vorgemelte flekken beherrscht der hochwürdigst fürst undt herr Johann Schweikhard etc. (der erzbischof von Mainz) mit aller obrigkeit, criminal- und civiljustitz, werden alle von einem vicedohmb beambt. Beneben dem *landtgericht,* so zu Ostheimb gehalten würdt, werden auch gemeinlich in allen andern flekken umb Petri von einem centhgraffen zu Ostheimb *dorff* und *haingericht* gehalten, in welchen gewicht, ehlen undt maas besichtiget werden, auch gemeine dienerschafft pflegen angenommen zu werden.

„In der statt Obernburg, welche ihr absonderlich stattrecht undt burgermeister hatt, *jedoch in die centh gehört,* haben Ihr kurf. gnaden ebenmeʒig hohe undt niedere oberkeit in civil und criminalsachen.[1] Im berührten stattgericht werden die frevel und buʒen Ihre kurf. gnaden, sodann schöpfen und schultheiʒen gewiesen."

In einer urkunde, welche die Johanniterbrüder des hauses Mosbach im j. 1313 über einen streit mit der gemeinde Radheim ausstellen, heiʒt es: — „Ceterum confitemur nos, quod de nostro consensu composita et publicata in villa Ostheim tempore publici judicii, quod vulgariter *landgericht* nuncupatur, coram *Conrado zentgrawe* et *scabinis* judicii ejusdem, et quod dicti Conradus et scabini dicte compositioni assensum suum adhibuerint." (Steiner, ib. 1, 348.) Urk. v. 1361. daselbst 1, 349: — „sazzen zu gerichte die ersame wysin manne Heinrich von Mimmelinge *cenggreve,* . . (folgen 10 namen) . . . *lantscheffen des lantgerichtis* zu Osthim." (Es wird vor ihnen ein hof zu Mosbach aufgegeben. Die sitzung fand „under dem spilhuse zu Ostheim" statt.)

Urk. v. 1365: „daʒ Heinrich von Mengirskirchen, schultheiʒe vnsers herren von Mentze zu Ameneburg (im Oberlahngau), an gerichte saʒ vor dem Bylsteyne vnder Ameneburg, vnd dy scheffen vnd *zinte* daselbis an gerichte

---

[1] Obernburg hatte a. 1317 stadtrecht erhalten.

stunden" etc. (Wenck 2, nr. 404.) Im j. 1366 läßt sich erzbischof Gerlach von k. Karl IV das *landgericht* unter seinem schloß Ameneburg, das da heißet an dem Bilsteyne, betätigen, wobei angegeben wird, es könne da vor dem *lantrichter* geklagt werden um „mord, raub, brand, noitzog, virederye, meynet, nachtbrand, falsch vnd sicherheid, obe eyner den andern sicherheid anziehe, odir eyner den andern gefangen hette widir ere, oder waz eyner dem andern getan hette widir ere." 1420 wird es „*landgericht* unter dem Bilstein zu Ameneburg" genannt. (Wenck, 2, 408 u. 454).

Privil. Rudolfs I für d. reichsstadt Rothenburg an der Tauber v. j. 1274 : — „Si qvis autem adversus aliqvem civem civitatis ejusdem aliquam quaestionem aut actionem habuerit, eum conveniat coram judice civitatis; quod sibi per sententiam adjudicatum extiterit, accepturus, ita quod alieni fori judicium non trahatur. Insuper de *judicio terrae*, quod *centa* vulgariter nuncupatur, mandamus et volumus, quod secundum antiquam et approbatam consuetudinem hactenus observatam in juris sui robore et vigore de caetero teneatur." (Lünig 14, 335.) Das zentgericht wird also vom stadtgericht unterschieden.

Centweisthum zu Pfungstatt. Gr. 1, 483: „Weist der bergschöffe .. den .. landgrafen zu Hessen ... ein obristen voigt und herrn dieser *cent* und *landgericht,* so weit dieselbige gehet." Auch im weisthum zu Gerau. Gr. 1, 494. wird *cent* und *landgericht* abwechselnd in gleichem sinn gebraucht.

Kuchenbecker, Anal. Hassiac. coll. XII, p. 380. a. 1491 : Ich Chuntz mitt dem Daumen, zentgreffe zu Frawen Breittingen, vnd mit ihme *die vierzehen zientscheppffen* daselbst bekennen." Gr. 1, 477 : „Wir die *centh* und *landschöpffen* der Zwingenberger centh." Gr. 1, 452. j. 1449: „Wir dise henachgeschr. des lantgerichts uf der zent ... zu Sachsenheim ... zentschöffen." Gr. 1, 446. j. 1457 : „centgraf und 27 zentschoffen der zent zu Buerfelden."

Das weisth. auf dem Landsberg bei Heppenheim v. 1430. Gr. 1, 469. nennt die 13 „*centhschöpfen* des Landbergs“ in art. 10 auch „*bergschöpfen.*“ Zwingenberger w. Gr. 1, 479 : „so soll ... der *centhgraff* und *centhbüttel* angreiffen und heben, und was ihnen zu schwer zu heben ist, sollen die *centhschultheissen* und der gemeine *centhmann* anzugreifen und heben zu helffen schuldig seyn. ... Wann die *centh* verkündigt und dem centhmann gebotten wird die centhen zu besuchen“ etc. Weisth. auf dem Landsberg. 1430. Gr. 1, 470 : „haben wir uf einen nemblichen tag schöpfen und *centvolck* in einer gemein uff den Landberg vorbieten lassen.“

Centweisthum zu Pfungstatt. Gr. 1, 484 : „weist der bergschöff, dass ein jeglicher *centhmann* der in die *centh* Pfungstatt gehörig, dem *centhbüttel* ein brod schuldig seye, ausgeschieden die bergschöffen und diejenigen, die auf der *centh* im dorff Pfungstatt wohnhafft sind.“ Weisth. zu Umstatt v. 1455. bei Hallwachs, comm. de centena illim. 106 : „die *zentlude* die her gein Omstatt an die *zentte* gehoren.“ Nachricht über das gericht Crainfeld v. 1746; daselbst s. 102 : „das pfingst-gericht wird unter zwey linden am ende des orths Crainfeld gehalten und der platz die *cent* genannt.“

Gr. 3, 586. j. 1460 : „Dar nach ist gefraget, wo man dass halssgericht solde sytzen ? Haben geteilt die schepffen, off der rechten *zent,* myt nahmen vff dem steingraben.“

Gr. 3, 553 : „Wir die scheffen vff der zente zw der Eiche bekennen vnd thun kunt offentlich mit diesem brieff, das wir gesessen sein vff einem follen gerichte daselbst vff der *zent,* vnd haben mit rechte geurteilt“ u. s. w. Gr. 3, 893. j. 1523 : „Vnnd so man einen bey nechtlicher weyl vff die *zennt* fur das oberthor brengt.“

Friderici II constit. 1232. Pertz 2, 292 : „Locum *cente* nemo mutabit sine consensu domini terrae.“ Das reichsgesetz schreibt vor, daß den zentort, d. h. den ort, wo das zentgericht gehalten wurde, niemand ohne zustimmung des landesherrn verlegen solle. Es geht dieses verbot gegen solche ritter oder sonstige leute, denen von den landesherrn einzelne zenten entweder in pfandbesitz, oder zu lehn gegeben waren. Der centae infeudatae erwähnt das reichsgesetz auch selbst, und alle urkunden sind davon voll.

Uebrigens holten selbst landesherrn die zustimmung des kaisers zu solchen veränderungen ein; z. b. ließ sich im j. 1330 graf Ulrich III von Würtemberg vom kaiser einen freiheitsbrief für seine stadt Canstadt geben, dahin lautend, daß der landtag (d. h. das landgericht, die zentversammlung) welcher seither *vor* der stadt gehalten worden sei, fortan *in* derselben (wohl auf dem marktplatz) gehalten werden könne. (Wächter, handbuch d. Württemb. privatr. 1, 38.)

W. der cent zu der Eiche. (Franken) Gr. 3, 553: „Auch teiln wir, das man vff der *zente* sal furbrengen wunden, wutschar (l. watschar), wont (?) vnd heylachgeschrey. Auch teiln wire, das man fur sal brengen diepstal, notzuchten vnd nachtbrant. Auch teiln wir, ob in der tzent icht mit gewaffenter hendt geschee, das plutrustig were ader würde das sal man vff der obgenanten zent rügen, were aber, das sunst icht mit den henden oder fewsten geschee, vnd das einer nicht[1] in den henden hat, das gehoret vff die *dorffgericht* vnd nit an die zente."

„Wir teiln auch, were ess, das sich in der egenanten zente yemant schulte[2], es were frawe oder man, das an hals vnd heubt ginge, oder ymant meyneidig hiesse, vnd spreche, das er in das beweisen wolle, das gehoret an

---

[1] = nichts.

[2] schelte, beschuldigte.

die vorgeschrieben zente. Spreche er aber des nit sso herte[1] uss, an die *dorffgerichte* angeuerde.“

Weisth. zu Trappstädt v. 1527. (Franken) Gr. 3, 894 : „Die gemeindt zue Trapstadt haben ann ihren vor alters hergebrachten *dorffsmahlen* vmb schuldt gehandelt, rugen von Trapstadt gein Königshofen an die *cent*, ein schöpfenn an die cent zue setzenn. (An der cent rugen sie vmb rein vnndt stein, so darüber gehandelt oder aussgerissen wirdt; mordt; fliessende wunden; nothzucht; dieberey.) .... Schicken zwene manne in satz[2] an das centgericht zue Königshofenn, besuchen alle halssgericht mit der gantzen mannschafft, besuchen die vier grossen gericht mit der mannschafft, sie werden dann solches durch bitte erlassen.“

Weisth. zu Melrichstädt. 1523. Gr. 3, 892 : „Alle zentpflichtige dorffer sind schuldig, die vier ruge an die *zennt* zubrengen, das sind nemlich ein diep am seyl, ein lygend mord, ein nachtbrannd vnnd ein nothzucht.“ (Hier war die gerichtsbarkeit durch besondere verträge eingeschränkt.) Urk. v. 1357. bei Kopp 1, s. 306 : „Gesche ouch zcu Breydinowe ein todslag odir daz sich von rechte an hals odir hand gecrede, daz sal men brengin an die *tzente* zu Gukishain.“

a. 1303. Baur, hess. urk. nr. 325 : „Were auch also das bynne der falter sulen das eyn buЗe gefiele, daz zu der marg nit gehorte, die ist der heren iglichs halb; ist auch also das in der marck icht geschyt in den virtzelin da sie vЗ vnd ane gen, ane wonden, vnd ane watschar vnd ane heylalle geschrey vnd ane dipp vnd duppen vnd uber halЗ vnd uber heubt, *diese vorg. stucke horent in die zente* zu Niddernroda. Anders wer der marck vnrecht dut

---

[1] hart (also verleumdungen, die *nicht* den vorwurf eines schweren verbrechens enthalten).

[2] Ueber *satz* s. Grimm, 3, 892. zeile 6 v. u.

adir der jnne icht geschicht, das zu der margk gehorit, das sal der faudt richten mit den merckern.“ (Im j. 1331 wird statt „zent“ das „oberste gerichte zu Niedern Roda“ genannt. Guden 5, 802.)

Ich habe mich bei der wahl der beispiele möglichst in dem mir etwas besser bekannten gebiete gehalten. Dem im alten Hessenlande einheimischen würde mancher mühsam beschaffte beweis leichter gefallen sein, da dort die benennung zent besonders gebräuchlich gewesen zu sein scheint. Eine urkunde vom j. 1238 bei Guden 1, 547 nennt 10 zenten auf einmal; aber die erklärungen und berichtigungen, die Wenck, 2, 453 note, und Landau, territorien, s. 357 u. 388 dazu geben, zeigen, daß vollständige orts- und geschichtskenntnis erforderlich ist, um wirklich gültige schlußfolgerungen ziehen zu können. Auch Kopp 1, 243 hat kaum eine auslegung wagen wollen.

Welcher sprache das wort *zent* angehöre, hat bisher nur wenige forscher bekümmert; die meisten hielten es wohl unbedenklich für das Lateinische wort centum, wofür auch die häufig vorkommenden formen centenarius, centurio, in Friderici II const. de jur. princ. v. 1232 (Pertz, leg. 2, 292 lin. 1) sogar centumgravii, zu sprechen schienen. Unwissende beamte und nachlässige gelehrte des vorigen und selbst noch dieses jahrhunderts verderbten auch wohl das ihnen ungeläufige zent in zehnt (decania), wie sie ja auch aus mark markt, aus allmend aliment werden ließen. Ich bin der ansicht, daß zent nicht einer fremden sprache entlehnt sein kann, sondern der Deutschen zunge eben so ursprünglich angehört, wie der Lateinischen das wohl identische centum.[1] Es ist nicht unzulässig, schon die

[1] Bereits Schöpflin, Alsat. illust. 1, 791 verwarf Römische ableitung, stellte aber zent unrichtig mit sent, send zusammen, dessen Bildung aus synodus ihm unbekannt war. Dagegen vertheidigte völlig die obige ansicht J. J. Beck, praxis aurea. (a. 1720) s. 13 u. 14.

stelle des Tacitus, Germ. c. 6 „centeni ex singulis pagis sunt : idque ipsum inter suos vocantur“ so zu verstehen, daß die Germanen die gaue und ihre bevölkerung „zenten“ genannt hätten, da die worte idque ipsum sehr nachdrücklich lauten. Doch soll hierauf nicht gerade bestanden werden. Dagegen muß man fragen, zu welcher zeit und durch welche einflüsse ein Römisches wort in die Deutsche rechtssprache habe eingebürgert werden können? v. Maurer, einl. s. 60 meint, in den Moselgegenden und um den Oberrhein schreibe sich der gebrauch der benennungen cent, centner u. s. w. noch von der hier besonders starken und nachhaltigen herrschaft der Römer her, während in den Nahegegenden und am Mittelrhein die einheimischen namen hundschaft, hunno in geltung geblieben seien. Allein dieser schluß ist irrig. Nahegegend und Mittelrhein standen in nicht geringerem grade unter Römischem einfluß, und centen, centgrafen gibt es allgemein auch in Hessen, in Ostfranken, in Schwaben, in der Schweiz, wo ein überhandnehmen Römischer benennung nicht denkbar ist. In der späteren Fränkischen zeit konnte dadurch, daß die gesetze und urkunden Lateinisch abgefaßt wurden, ein neues wort eingeführt werden, wovon vogt (aus advocatus) markt (aus mercatus) beispiele sind. Aber daß dadurch ein in der einheimischen volkssprache vorhandenes wort völlig verdrängt und in vergessenheit gebracht worden wäre, ist nicht zu glauben und ohne beispiel. In den Lateinischen urkunden über Deutsche verhältnisse kommt z. b. nur dux, comes, pagus, petitio, nicht das entsprechende Deutsche wort vor, und in Gallien ist duc, comte, pays herrschend geblieben; unsere urkunden dagegen, sobald sie nur anfangen Deutsch abgefaßt zu werden, brauchen überall und einzig herzog, graf, gau, bede, also die alten Deutschen bezeichnungen. Und das wichtige volksmäßige wort, als dessen übersetzung man cent betrachtet, sollte bei den gut Deutschen Hessen und allen Ostfranken, bei denen sich doch kein anderes gleichbedeutendes mehr vorfindet, spurlos untergegangen sein? Es sollte sogar in „centgraf“, „centding“ u. s. w. Römischer und Deutscher laut brüderlich verkettet worden sein?

Den Alamannen hat, der gewöhnlichen annahme nach, die zent *huntari* geheißen. vgl. Grimm, R. A. 532, 533 u. 755. In dem theile Alemanniens, welcher jetzt das königreich Würtemberg bildet, kommen nur folgende namen mit der endung *huntari* vor: „In pago Albunespara in *centena* Ruadoltes*huntre* in villa quae dicitur Patinhova et in villa quae dicitur Tussa.“ j. 837. Cod. trad. S. Gall. s. 204. s. auch Neug. nr. 283. (Stälin 1, 281.) „Locus Holzgerninga dictus in pago *Glehuntra*“ j. 1007. Mon. Boic. T. 28, nr. 241. Ob man daraus ein Glehuntare machen darf, wie Stälin 1, 295 thut, steht dahin. Im j. 854 u. 993 werden die drei dörfer Heripretinga, Worndorff und Crumacha als im pagellus oder pagus Goldineshuntare (auch Goldineshundere) gelegen aufgeführt. Stälin 1, 296 findet die bedeutende ausdehnung dieser huntare auffallend. j. 789: „In pago qui vocatur Hattenhuntari, in villa qui dicitur Hachinga.“ j. 888: „In pago Hattinhunta et Suligeuvva in comitatibus Peringarii et Eparhardi villa quae dicitur Tuzzilinga.“ (Stälin 1, 296.) j. 904: „In pago Munigisingeshuntare in comitatu Arnolfi in locis nuncupatis Taffo et Ecchenhusa et in Egilinga.“ j. 961: In Munigiseshunzere in villa Potinga.“ Der hauptort Münsingen kommt in den Lorscher schenkungsbüchern sehr häufig vor als Munigisinger marca. (Stälin 1, 300.) j. 792: „Infra marca, qui vocatur Muntharishuntari constructa villa nuncupante, qui dicitur Pillenthorf.“ Als in pago Munterishuntere, Mundricheshundere (j. 889 u. 980), einmal in *comitatu* Munterishuntere (j. 961) gelegen, werden 9 ortschaften genannt. (Stälin 1, 301.) j. 854: „In comitatu Chazonis comitis in *pagello* Suuercen*huntare* in villa Muntinga, Stetiheim, Stiutzringen, Heiginga, Wiltzinga.“

j. 966 : „In pago Suerzza in comitatu Godefridi in villa Almundinga.“ (Stälin 1, 311.) In einer Friesichen urkunde von 839 wird ein *dorf* Cammingehunderi genannt. Erhard, cod. dipl. Westphal. nr. 13. Landau, territ. 144: „in ducatu Frisiae in pago Uuesttracha (Westergau) in uilla Cammingehunderi et in aliis uillis.“

Dies sind, nebst den wenigen von Waitz 2, 274 note 3 nachgetragenen, die stellen in welchen namen mit der endung huntari erwähnt werden. Ob sich diese endung, bei der verschiedenheit der schreibung und der völligen unsichtbarkeit des worts in sonstigen urkunden oder weisthümern, als das wort „hundert“ nehmen läßt, möchte ich für noch nicht so völlig ausgemacht halten.

Am Mittel- und Niederrhein führten gewisse gemeinde- oder gerichtsbezirke den namen *hundschaft*, *hondschaft*, *hunschaft*, *hunnaria*, vorsteher in denselben den namen *hunno*, *honne*, *hund*; es gab versammlungen oder gerichte welche *huntding*, *honnending*, *honnelgedinge* hießen. Obwohl diese einrichtungen sich bis auf dieses jahrhundert erhalten haben, so hat bis jetzt doch noch niemand deutliches licht darüber verbreitet. Hontheim 1, 397 note h., und ihm wahrscheinlich blos folgend, Günther 1, 381 nr. 2. erblickten in dem hunno einen „provincialis judex“; Gudenus 2, 1282 dagegen hält ihn für einen „praeco“, gerichtsbüttel, und die honschaft für gleichbedeutend mit „bauerschaft“; und auch Lacomblet, im arch. f. gesch. d. Niederrh. 1, 209 u. f. gibt an, was die Friesen und Sachsen bauerschaft nennten, heiße im Niederrheinischen Frankenland hondschaft. Hiernach wäre diese also eine dorfschaft, dorfgemeinde.

Die mir erreichbar gewesenen stellen aus urkunden und weisthümern habe ich hier zusammengestellt, ohne durch sie zu einer bestimmten ansicht gelangt zu sein. Vielleicht hat man auch hier, wie bei den benennungen zent, zentgraf (siehe unten), die ältere regel von der jüngeren abweichung oder gar willkürlichen verwechselung zu scheiden.

Nach J. Grimm, R. A. 756 und Vorrede zu Merkels lex Sal. s. 15 ist hundschaft abzuleiten von dem altfränk. *chunna*, goth. *hunda*, welches *centum* bedeutet. Im j. 1322 bescheidet erzbischof Heinrich von Cöln die bürgermeister und zwei bürger der stadt Kempen, „et de qualibet congregatione hominum dicta *hunschaft* terre nostre in Kempene sex, unum scabinum et adhuc unum alium probum virum de qualibet congregatione hominum“ zu einer berathung nach Neuß. (Lacomblet, archiv 1, 276.) Urk. v. 1303. Lacomblet, urkb. 3, nr. 18 note : „quod rector ecclesie parrochialis in Meyntert habeat et teneat dotem ecclesie et percipiat decimas maiores annone in Vuozheym, prout ipsa *hunschaf* iacet et est distincta..... Decimas vero maiores in Breytscheyde et in Meyntert et in omni suo totali, prout dicte due *hunschaf* iacent et distincte sunt, deputamus percipiendas honorabilibus personis . . abbatisse et conuentui de Gerisheym.“

Guden. 2, 1282. urk. v. 1437 : „Yn dem iare unsers heren 1437, uf den Druitzen avents waren czwen gericht mit dem swerde uf Wolff Gruben, as der scheffen dat mit recht geurdelt und gewist hat. As die lude also gericht waren, vnd mit den radern uf der erden lagen, da gebode der amptman uf lyff ind gut, dat mallich hant ansloege (bei leib und gut, daß männiglich hand anlege), und hulfe die vorgen. lude ufrichten, umb dem gericht genug zu dun in vor schriebener massen. Da trat ich Gobel uf dem marc dar, wan ich zu der zyt ein *honne* zu Arc was; vnd ich sprach ind antwort dem amptman overmitz zuhoren den meysten deyll der *nuyn* (neun) *honschafft*, alsoliche ufheven sollen der droysses, schulteis, und der bode dun.“ (Er muste wegen dieser äußerung dem gericht abbitte thun, und wurde seines amts entlassen.)

1394 werden die grafen von Gülich von den pfalzgrafen am Rhein neuerdings belehnt : „mit der vogtie von St. Marien zu Zulpich mit den guden vnd hochgerichten genannt die Phallenze buysen vnd bynnen Zulpeche mit allen iren zugehorungen mit *vierzehen honschaften* gehörig uff den Schiuelberg vnd *nune honnschaften* gehörig vf Kempener heide." (Acta acad. Theod.-Palatinae, 3, 287.) Weisth. v. Lidberg. von 1369. Gr. 2, 759 : „Item die *huntschaf* van Cleinenbroiche ind die *huntschaf* van Rothusen die gievent samen einen scheffen an die griffliche banc, as dieme huise van Lidbergh sin reicht to behalden ind den anderen dat ere. Item diese selve twa huntschaff vurg. gievent twene *hünnen* an die griffliche banc, *die sulen wrügen* so wat wrucbar is."

Im jahr 1164 verspricht der ritter Petrus de Marceto : „quod de cetero super homines de sua *hunaria* nullas exactiones faciet." Weiter heißt es in der urkunde : „De sua judiciaria potestate quam habet super homines habitantes in sua *hunnaria* hoc statutum est, ut quicquid uniuersitas populi a nobis conuocata dixerit ad suum officium non pertinere, ipse de cetero non presumat inde judicare." (Günther 1, 381.)

Urk. Heinrichs IV v. j. 1065 (Hontheim 1, 409) : „Constituimus etiam . ., ut advocati in abbatia illa non nisi ter in anno tantum placitare debeant; et illi, qui *hunnones* in quibusdam locis dicuntur, tertio tantum anno, nisi recens furtum fuerit, aut ex parte abbatis vocati fuerint, placitum habeant. In illis ergo placitis advocatorum, vel hunnorum" etc. (vgl. urk. Heinrichs V v. j. 1112 und Heinrichs III v. 1054. Daselbst 494 u. 397.) Lacomblet, urkb. 2, nr. 631. j. 1272 : „parrochiani omnes de Usterode cum Theoderico dicto de Keuerloe, *hûnnone* suo, viderunt et non contradixerunt." Guden 2, 1004. j. 1311 : „Quod *hvno*, cum duobus probis viris . . hoc affirmaverint." Guden 2, 1284. j. 1438 : „Ind heisschen .... darumb unsen schultissen, *honnen*, gesworen ind gemeinden der vor schr. kirspele, dat ir dem . . Crafft (van Saffenbergh) iarlix die (30) gulden .... geven." W. zu Blieskastel. 1540. Gr. 2, 28 :

„so mach der zender einen richlichen (rechtlichen) tag ansetzen, darzu beruffen schultheiss vnd *hünde*, von wegen der herrn.“ Erfweiler w. 1421. Gr. 2, 32 : „der schultheiss vnd der *hundt.*“ Jülicher polizeiordnung s. 56 (Grimm, R. A. 756 note) : „unsere amtleute, vögt, schultheißen, richter, scheffen, boden, fronen, *honnen* und andere unsere befehlshaber.“ Im j. 1392 befreit der herzog von Berg den hof eines seiner diener von schatzungen und ungelt etc. „Ind darzo ensal he, dwyle he leift (lebt), van dem vurgenanten hove geyn *huntampt* noch scheffenampt hoeden noch verwairen noch darzo vorbonden syn in eyncher wyss.“ (Lacomblet, arch. 1, 286.) Weisth. v. Geyseren. Gr. 2, 764 : „Item wurde ymant bekommert mit den *gesworen honnen* in dem velde van Geyseren, dem sall men richten na syme kummer vur der kirchen, also as dat reicht gelegen is.“

Nachricht v. 1555 über die gerichte im fürstenthum Berg bei Lacomblet, arch. 1, 288 ff. : „Ampt Bornfelt : — „darzu hat ouch jede hondschaft seinen eigenen honnen, der das gelt hevet und gebott thuet.“ Ampt Hückeswagen : — „hat jede hondschaft in stat des botten einen honnen. Das honampt in jeder hondschaft gehet umb van einem hove zu dem andern und dar es uff felt, muß man denselbigen willigen, sovern er dem amptman gefellig; hat aber gein sicher belonung weiters dan die gerichtliche verfelle.“ Ampt Elverfelt : .... „gehet das scheffenampt under den hoven umb.“ Weisth. zu Bruch. a. 1506. Grimm, 2, 332 : „*honnelgedinge.*“ Weisth. zu Neumünster. 1429 (Saar-gegend) Gr. 2, 33 : ....„hait der scheffen gewiset, daz die lude in dem Sinderdale sint schuldig zu komen zu der herschafft lantgeschreye, hohegerichte vnd *honnendinge*, als ander lehenlude.“

Jedes haus „da der rauch ruchet vnd der eymer druffet, da ein man inne ist“ gab zu weihnachten ein „graffenhun“, und ein „*honneheller*“. (Das honnending wird also hier vom hochgericht unterschieden; aber worin der unterschied bestand, läßt sich schwer muthmaßen.) Unermittelt ist auch die beschaffenheit des „*huntdinks*“ zu Ravengirsburg im Hundsrück (weisth. v. 1442 bei Gr. 2, 175; jüngeres weisth. bei Würdtwein, subs. dipl. 6, 153 u. 154) und des „*hungerichts*“, worüber sich bei Gr. 1, 796 eine nachricht findet. Der abgabe des honnehellers stellt sich an die seite die des hontkorns. Weisth. zu Suesteren. 1260. Gr. 3, 864 : ... „tenentur forestarii colligere avenam quae vocatur *hontcorn*.“

Wenn auch die beigebrachten urkundlichen beispiele, die jedoch leicht sehr vermehrt werden könnten, nur das vorhandensein einzelner untergaue direct beweisen[1], so muß ich doch den satz aufstellen, daß diese eintheilung *eine durchgehende regel* bildet. So zerfällt das Niederrheingau in die grafschaft oder das landgericht Nehren, und das landgericht Lützelau. Das gau Königssundern in das landgericht Wiesbaden und Mechtilnhausen, das Niedgau in die grafschaft Bornheimerberg, Ursel und das landgericht Heusels. Die viel größere Wettereiba in etwa 10 landgerichte, darunter die von Selbold, Kaichen, Büdingen,

[1] Auch Stälin, in seiner zusammenstellung der Würtembergischen gaue 1, 279—326 ist mehrmals genöthigt „untergaue“ anzunehmen; allein sie sind ihm, wie auch v. Daniels, 539 nichts auf einer regel beruhendes, sondern vereinzeltes erzeugnis von zufälligkeiten und besonderen ereignissen. Auf Landau's sonst so verdienstvolle beschreibung des Hessengau's, Kassel 1857, wonach der Hessengau in 9 hundertschaften zerfallen wäre, kann ich mich nicht berufen, weil ich die darin zur feststellung dieser zenten angewendeten grundsätze nicht überall für die richtigen erkenne. Bezüglich seiner beschreibung des gau's Wettereiba ist Landau selbst von seinem früheren system abgekommen.

Ortenberg, Bingenheim, Assenheim. Die regelmäßige größe dieser untergaue läßt sich einigermaßen schließen aus dem umfang, den noch im 14 bis 17ten jahrhundert manche landgerichte, grafschaften oder zenten zeigen. Als beispiele mögen folgende genannt werden:

Das landgericht Lützelau (Rheingau im eng. sinn) umfaßte im j. 1625 20 dörfer mit 2575 häusern (familien).

Das *landgericht*									
Heusels	zählte	im	j.	1592	17	dörfer	u.	kleinere	ortschaften
Büdingen	„	„	„	1612	15	„	„	„	„
Ortenberg	„	„	„	1533	18	„	„	„	„
Bingenheim	„	„	„	1554	9	„	„	„	„
Nohron	„	„	„	1489	15	„	„	„	„
Hittenberg (Niederlahngau)		„	„	1585	18	„	„	„	„
Die *grafschaft*									
Kaichen	„	„	„	1400	18	„	„	„	„
Assenheim	„	„	„	1429	7	„	„	„	„
Die *herrschaft*									
Itter (die ihr landgericht zu Vöhl hatte)	„	„	„	1765	18	„	„	„	„
Die *zent*									
Bornheimerberg	„	„	„	1303	19	„	„	„	„
Mechtilnhausen		„	„	1479	11	„	„	„	„
Gerau (Oberrheingau)	„	„	„	1497	16	„	„	„	„
Umstadt (Maingau)	„	„		(15.jahrh.)	27	„	„	„	„
Ostheim (Maingau)	„	„	j.	1623	17	„	„	„	„
Beerfelden	„	„	„	1457	mehr als 13 dörfer.				

In den go zu Solzhausen in Niedersachsen gehörten im j. 1577 an 30 dörfer, höfe und mühlen. (Gr. 3, 224.) Das gogericht zu Brilon hatte 10, die zu Herford und Medebach jedes 15 pfarreien. (Seibert, urkbch. 2, s. 611, 616 u. 637. Landau, territ. 389.)

Die meisten der genannten zenten und landgerichte besaßen zu der angegebenen zeit nicht mehr ihre volle ursprüngliche größe. Einzelne dörfer waren schon längst von ihnen abgerissen. Im 16 und 17ten jahrh. erlitten mehrere von ihnen eine auftheilung in 2, 3, bis 4 stücke.

Solche stücke führten aber ebenfalls den namen zent gewöhnlich fort, weil in jedem ein gericht gebildet wurde, dem die competenz des früheren zentgerichts zukam. Auf gleiche weise erklärt es sich, daß man zuweilen schon im 13ten jahrh. auf (völlig selbständige, nicht andern landgerichten untergebene) bezirke von geringem umfang stößt, welche den namen zent führen.

Das gericht Altenhaslau bei Gelnhausen z. b. umfaßte laut weisth. v. 1570 [1] die dörfer : Altenhaslau, Eydengesäss, Geisslitz, Grossenhaussen und Lützelhaussen. Diese dörfer hatten einen scheffenstuhl mit 13 scheffen, und einem zentgrafen, der jährlich vom volk gewählt, und von den herrn von Trimberg bestätigt oder eingesetzt wurde. Konrad herr von Trimberg bekennt in einer urkunde von 1279 : „quod in villa Hasela nichil iuris habemus uel habuimus, excepta collatione siue presentatione parochialis ecclesie et ollatione (? oblatione, = vorstellung) centgrauij, qui ab hominibus ipsius ville et aliis, qui eidem *cente* attinent, fuit electus.“ [2]

Aehnlich verhält es sich mit der zent Bulenstrut. Cunradus de Ermbrechtisfelde, ministerialis domini Thuringiae lantgravii et Saxoniae comitis palatini, hatte dem kloster Haina am altare zum eigenthum geschenkt „omne

[1] v. Dalwigk, Eranien zum deutsch. privatr. 1, 43 u. 46.
[2] (Casseler) Zeitschrift f. Hess. gesch. 6, 349.

patrimonium suum quod de maiorum suorum legitima successione in villis Ermbrechtisfelde et Hadewerken titulo iuste proprietatis habuit et possedit.“ Diese schenkung wiederholte er im j. 1253 vor anderen zeugen. „Quia igitur proprietas in villa Hadewerken est in *centuria Bulenstrud* constituta sepe dictus C. (Cunradus) proxima sessione post octavam Epyphanye accedens ad locum Bvlenstrud sepe dictam donationem ibidem ante tribunalia iudicum (d. i. der scheffen), coram populo terre tercio confirmavit.“ (Kopp 1, nr. 57.) In dem nämlichen jahr 1253 wird genannt : „Wigandus *centgravius de Bulenstrut.*“ (Kopp 1, nr. 58.) um 1250 das „concilium ciuile in Bulenstrud“ (Kopp 1, nr. 50.) In der (Casseler) zeitschrift f. Hess. g. 3. s. 60 steht aber nur : „concilium in Bulenstrud.“ Daselbst s. 72 : „abrenuntiatio eorundem bonorum facta est in Bulinstruth coram iudice ordinario.“ s. 77 : „ante tribunalia in Bulenstruth.“ (13. jahrh.)

Im j. 1329 verpfändete der erzbischof von Mainz „jurisdictionem suam dictam Bolenstrud cum villis jurisdictionis ejusdem“ denen von Schweinsberg. Im j. 1362 verpfändet erzbischof Gerlach dem ritter Herman von Falckenberg schloß und stadt Rosenthal, und gestattet ihm von den Schencken an sich zu lösen : „die funf dorffer in der Bulenstrut, mit namen Tudenhusen, Battenhusen, Hadewercken, Willingeshusen und Schwerterode, die zu dem Rosenthal gehorent.“ (Wenck 2, nr. 307 u. 397.) vergl. auch (Casseler) „zeitschrift des vereins für Hess. gesch.“ 3, 95. Nach Wenck 2, 454 note wären es die dörfer : Todenhausen, Battenhausen, Haddenberg, Sebberderode und Willingshausen.

Nach den eben vor augen geführten beweisen wird jeder zugeben, daß bei den *urkundlich nachweisbaren* zenten überall von einer zahl nicht mehr die rede sein kann.[1]

[1] So nimmt bereits Wilda, 127, an.

Weder aus 100 freien familien oder familienvätern besteht die zent (wie Schöpflin, Alsatia illustr. 1, 791. Stälin 1, 157. Dahlmann, gesch. v. Dänemark, 1, 145. Weiske, 7 u. 24 und andere annehmen), noch aus 100 oder 120 zu einem verband vereinten hufen und deren besitzern (wie Waitz 1, 38 glaubt). Als es zuerst privateigenthum am grund und boden gab, ließen sich (soweit spätere verhältnisse eine schätzung gestatten) in einer zent zweifelsohne viele hunderte bebauter hufen zählen, selbst wenn man die von unfreien gebauten nicht mitrechnet.

In einigen gesetzen und anderweiten nachrichten schienen freilich diese ansichten eine wichtige unterstützung zu erhalten; daß bei den Sachsen ebenfalls die hundertschaft vorhanden gewesen sei, und dort 120 familien gezählt habe, folgerte man aus dem wahrscheinlich 785 zu Paderborn für Sachsen erlassenen capitulare (Pertz, leg. 1, 49), worin c. 15 u. 17 lauten: „Ad unamquamque ecclesiam curte (l. curtem) et duos mansos terrae pagenses ad ecclesiam recurrentes condonant, et inter centum viginti homines, nobiles et ingenuis similiter et litos, servum et ancillam eidem ecclesiae tribuant.“ (statt ingenuis ist ingenuos zu lesen.) c. 17 : „Similiter secundum Dei mandatum praecipimus, ut omnes decimam partem substantiae et laboris sui ecclesiis et sacerdotibus donent, tam nobiles quam ingenui similiter et liti, iuxta quod Deus unicuique dederit christiano, partem Deo reddant.“ Es ist also verordnung getroffen, wie der unterhalt für die den Sachsen mit gewalt aufgenöthigten christlichen geistlichen beschafft werden solle.

Die pagenses, die landleute, gauleute, welche zu einer kirche eingepfarrt sind, ihren gang dahin haben, sollen einen hof und zwei mansen lands schenken. Sie sollen ferner auf je 120 männer der kirche einen eigenknecht und eine magd zutheilen, also wohl leibeigne ehepaare, die gegen abgaben ein gut bauen und dem pfarrer die zwei mansen frohndweise bestellen. Bestand demnach z. b. eine pfarrei aus 360 familien, so erhielt die kirche 6 leibeigne; zählte sie 600 familien, so erhielt sie 10 leibeigne. Es sollen bei dieser zählung nicht blos die edlen und freien sondern auch die liten mitgerechnet, und von diesen mitbeigetragen werden. Nach welchem verhältnis jeder einzelne edle, freie und lite beisteuern muste, ist nicht angegeben. Der leibeignen wird gar nicht gedacht, weil sie und ihr gut als eigenthum des herrn galten.

Aus dem gesetze ergibt sich also nur, daß die beitragspflicht nach der volkszahl bemessen wurde, und daß die Sachsen nach großhunderten rechneten; für eine ständige eintheilung nach 120 familien läßt es sich nicht anführen.

Eher schon hätte folgendes den schein für sich. In einem unter k. Ludwig dem Fr. im j. 826 verfaßten gedicht des Ermoldus Nigellus (lib. 3, bei Pertz 2, 494) wird bei einer kurzen beschreibung der reichsprovinzen das Schwabenland mit folgendem distichon aufgeführt :

Alba Suevorum veniunt trans flumina Rheni
Milia centenis accumulata viris.

Ueber den weißen, hellen fluthen des Rheins kommen die aus einzelnen hunderten von männern gehäuften tausende der Sueven.

Einen wichtigen beweis, daß die Deutsche zent einen größeren umfang hatte als viele annehmen, liefert die übereinstimmende größe des Englischen *hundred* und der Dänischen *harde.* Es hat zwar auch in England chronikschreiber und schriftsteller gegeben, die das hundred auf 100 hufen oder hiden, oder auf 100 villae (höfe ?) zurückführten; vgl. R. Schmid, 2te ausg. s. 614. Aber daß diese vermuthungen allen grundes entbehren, beweist die einzige thatsache, daß im jahre 1801 die 40 grafschaften (shires), in welche das eigentliche England getheilt ist, in 683 hundreds, die 12 shires von Wales in 83 hundreds zerfielen, sodaß im durchschnitt auf jede grafschaft 15 hundreds kommen.[1] Hiernach ist es klar, daß die Englischen hundreds, mit denen zu keiner zeit eine wesentliche neutheilung vorgenommen worden sein wird, größere landbezirke sind.[2]

Als solche stellen sich auch die Dänischen harden dar. Das reich Dänemark war in etwa 30 *syssel* und 200 *harden* (herreder) getheilt; davon kommen etwa 100 auf Jütland, die zu 11 größeren bezirken, sysseln, verbunden waren; auf die insel Schonen 22 harden in 3 sysseln, auf Seeland 27 harden in 3 sysseln[3], u. s. f.

Meiner ansicht nach ließ sich aber nicht blos im mittelalter, sondern auch schon zu Tacitus' zeit in der zent keine zahl mehr erkennen; die zent war ein gau, ein landbezirk, dessen einwohner eine politische gemeinschaft bildeten. Die zahl der bewohner bleibt dabei völlig außer betracht.

Daß aber der hundertschaft ursprünglich wirklich eine zahl zum grund liege, soll damit nicht geleugnet sein, und ist schon von Tacitus gerade aus dem namen gefolgert oder einer tradition entnommen worden. Nur fällt die wirkliche geltung der zahl *vor* die zeit der ansiedlung in Deutschland. Die eintheilung nach dem decimalsystem findet sich, wie es scheint, im ganzen Orient. Bei Indiern, Chinesen, Mongolen baut sich der staat aus gemeinden

---

[1] v. Vincke, darstellung der innern verwaltung Großbritanniens, s. 48. Die hundreds heißen jetzt *divisions*. (Bluntschli, staatswörterbuch, 4, s. 439.)

[2] Der verfasser der s. g. leges Edwardi Conf. c. 29 denkt sich die hundertschaft auch aus 100 fridborg, also 1000 männern bestehend.

[3] Dahlmann, gesch. v. Dänemark, 1, 140—146 : Er hält die syssel für etwas neu eingeführtes, und rechnet auf eine harde 120 familienväter, auf das ganze reich also 24,000 *freie* familien, mit 300,000 seelen.

von 10, 100, 1000, 10000 auf[1]; bei andern völkern, wie bei den Russen, war wenigstens das heer darnach geordnet[2]. Die aus dem osten aufbrechenden Germanischen volkshaufen behielten ohne zweifel ebenfalls diese herkömmliche ordnung bei. Schlugen sie irgendwo ihren dauernden wohnsitz auf, so wurde das land getheilt, und jeder hundertschaft ihr gau, ihre bestimmte mark angewiesen.[3] Nach 50 oder 100 jahren zählte jeder gau die doppelte und dreifache bevölkerung, die hundertschaft war nur noch ein name. Aenderte das volk nun seine sitze und nahm andere länderstrecken ein — und alle Germanischen völker haben sich nur ruckweise nach westen geschoben — so wurde jeder vergrößerten hundertschaft auch eine größere mark zugestanden. Denn die hundertschaften waren viel zu fest und zu natürlich verbunden, als daß man sie bei einem weiterziehen des volks jedesmal einer neutheilung unterwerfen und zerreißen hätte mögen. So erklärt es sich

---

[1] Th. Keightley, gesch. v. Indien, übersetzt v. Seybt, 1, cap. 2. Illustrirte Deutsche monatshefte nr. 17. Febr. 1858.

[2] Landau, territorien 222.

[3] Man darf sich den vorgang etwa so denken, wie er anderthalbtausend jahre vor Tacitus von den Israeliten bezeugt ist. Als sie Mose durch die wüste führte, rieth ihm sein schwiegervater Jethro, priester in Midian (2 Mosis 18, v. 21): „Du aber ersiche dir aus dem ganzen volke tüchtige männer, die gott fürchten, männer von treue, die gewinnsucht hassen, und setze sie über sie, als oberste über tausend, als oberste über hundert, als oberste über fünfzig und als oberste über zehen. (v. 22) Und sie mögen das volk richten zu jeder zeit.“ Mose führte darauf diese bei den Midianitern ohne zweifel vorhandenen einrichtungen bei den Israeliten ein (2 Mosis 18, v. 25. 5 Mosis 1, 15). Als nacher Palästina unter die stämme getheilt wurde, erhielt sicherlich jede tausend und hundert seinen bestimmten landstrich zur niederlassung. Der name tausendschaft, hundertschaft hat sich zwar dort nicht als landesabtheilung erhalten; nur nach geschlechtern nannte sich das volk allein dies irrt nicht, weil das tausend und das hundert nach geschlechtern gebildet war.

durchaus natürlich und ungezwungen, wenn die zentgemeinde der Franken und Alemannen schon von anfang an eine unverhältnismäßig größere mark einnimmt, als 100 familien zu ihrer ernährung bedürfen. Wäre letztere nur genau hundert familien überwiesen gewesen, so würde dies eine viel zu weitschichtige ansiedlung ergeben, die wenig wahrscheinliches hat.

Da im eigentlichen Deutschland keine tausendschaften und zehnschaften, und ebensowenig millenarii und decani als gau- oder gemeindevorsteher erwähnt werden, so kann die untersuchung über ihre bedeutung bei Langobarden, Westgothen, Angelsachsen hier unterbleiben.

3. Die ortschaft.

Jeder kleine gau zerfiel in eine anzahl von ortsgemeinden. Dieselben heißen *dorf*, *dorfschaft*, in Sachsen *bur*, *burscap*, *bauerschaft*, in Schwaben *bauersame*, *gebursami* (s. Grimm, Deutsch. wörterb.).

Die ortsgemeinde kann sowohl stadtähnlich an einem fleck zusammen wohnen, innerhalb gemeinschaftlichen zauns und grabens vereinigt sein — und „dorf“ bezeichnet gerade zusammenkunft, versammlung (Grimm, wörterb.) — oder die bauern wohnen getrennt in lauter einzelnstehenden höfen.[1]

Jede ortsgemeinde hat ihre eigne feldgemarkung, über deren bau und sonstige benutzung sie allein beschließt, und welche sie durch ihre schützen gegen frevler behüten läßt.

---

[1] Möser, Osnabr. g. 1, §. 3 : „*dorf* nennt man hier (im Osnabrück'schen) blos den ort, wo die einwohner zusammen wohnen, und ein district einzelner wohner heißt die *bur*, oder auch die *bauerschaft*.“

In pago Uormacinse in uilla cuius uocabula est Patroniuilla seu in ipsa *marca* uineae II. j. 771. (Dronke, c. d. Fuld. nr. 36.)

Captura in *uilla seu marca* Didelesberc. (Diedenbergen) j. 815. (Bodmann, 604.)

Quicquid in ipsa villa *vel* marca proprii visi sumus habere. j. 815. (Wenck 2, nr. 15.)

In *fine* vel marca Anngehiseshaim.

In *fine* vel in villa Berckeim marca. (Schöpflin 1, 40, 41, 50.)

In pago Renensi, in *fine* Bierstat (C. Lauresh. nr. 972), stattdessen in nr. 167—177 stets „in villa quae dicitur Birstat", oder „in Birstettero marca" steht.

. . . „Super quodam spatio terrae agrestis, pene ad tria aratra, site in *terminis* sive *marcha ville* Wibelingen." j. 1287. (Guden. Sylloge 286.)

a. 1388 : „wy daz gueyt (gut) gelegin vnd genant ist bynnen vnnd buzcin (außerhalb) deme egenanten dorffe vnd *dorffmarke* czue Bulon." (*Varnhagen*, Waldeck. landesgesch. urk. 94.)

a. 1184 : „in eiusdem uille terminis, quod vulgo *dorfmarcha* dicitur." (Justi, Hess. denkwürdigk. 4, 39.)

a. 1523 : „Item alle gerechtigkeit, die wir die schopffen (des centgerichts) heut zurecht gesprochen haben, sollen einer ieder *dorffmarck* an irem alten herkommen vnnd gerechtigkeiten vnschedlich sein." (Gr. 3, 893.)

Rheingauer landweisth. 1324. Gr. 1, 534 : . . . „vnd iglich statt vnd dorf ir abgescheiden mark hait, die mogent sie bestellen zu allem irem notze." vgl. das landrecht, §. 1. (Gr. 1, 539.)

In Alemannien und Baiern hat *gau, gowe,* in Friesland *ga* die bedeutung von dorf, weshalb viele ortsnamen damit zusammengesetzt sind. (v. Maurer, einl. 56.) a. 1146 :

„in propria villa Bitengou“. — „In loco qui dicitur Bitingowe.“ (Stälin 2, 273.) In Friesland z. b. Augustinusga, Pandrega. (v. Richthofen, Altfries. wörterb. 771.)

Weisth. der scheffen zu Engel*gauw* (in der Eifel) v. 1582 (Gr. 2, 576): „Hie wiset man uss dissem *gauw* einen mülhenwegh durch das ander gauw zu Hoeltzmüllen in die müllen.“

II. Die politische bedeutung der ortschaften, zenten und groſzen gaue.

1. Bedeutung der ortschaft.

In der historischen zeit ist das dorf, die bauerschaft, eine politische gemeinde unter einem selbstgewählten, späterhin vielfach auch vom gerichtsherrn einseitig ernannten vorsteher. Dieser vorsteher heiſzt bei den Franken *grafio* (l. Salica, tit. 45 und 50), grefe, greve, grebe, dorfgraf. So hatten im jahr 1765 14 von den 18 zur herrschaft Itter (nördlich der Eder) gehörenden dörfern ihren „greben“ (ungedr. gerichtsrolle von 1765). Im freien gericht Kaichen in der Wetterau läſzt sich in 10 dörfern der „dorfgraf“ bis zum 13ten jahrh. rückwärts nachweisen (s. meine geschichte dieses gerichts); und ähnliches findet sich in vielen andern gegenden.[1]

Die Sachsen nennen den dorfvorsteher *bauermeister*, burmester; es mag aber doch auch andere bezeichnungen dafür gegeben haben; bemerkenswerth ist wenigstens, daſz bei den Angelsachsen nur ein *tungerefa*, kein burmester vorkommt. Wo die bezeichnungen *heimbürge*, *richter*, *dorfmeister*, *schultheiß* eigentlich zu hause sind, und ob

---

[1] Ueber Hessen vgl. Kopp, 1, s. 316.

ihnen irgendwo die stellung des grefen zukommt, bedarf noch weiterer nachforschung. In der Wetterau läßt sich das allmälige eindringen der benennung schultheiß urkundlich erweisen, und der heimbürge ist hier allerwärts nur ein untervorsteher neben dem grefen oder schultheißen. Auch über den decanus der Langobarden sind mir noch nicht alle zweifel gewichen.

Wo eine gemeinde aus mehreren ortschaften besteht, hat sie doch immer nur einen obersten dorfvorsteher. So standen in der Wetterau Bingenheim und Leidhecken unter einem gemeinschaftlichen dorfvorsteher; Echzell und Gettenau, Wolferborn und Michelau; u. s. w. Unter den dorfgrefen zu Großkarben gehörte auch Kleinkarben und Burggrefenrode. Weisth. zu Keuchen a. 1400 bei Grimm 3, 458: „Auch horet Burggrevenrode in daz Keicher frihe gericht, und gehoret gein Carben zu dem dorffe und zu sinem dorffgreven.“ Meist erst in diesem jahrhundert ist allen größeren dörfern ein eigner dorfvorsteher zu theil geworden.

Dem dorfvorsteher lag es ob, die steuern für den könig oder den gerichtsherrn zu erheben, auf geheiß des zentgerichts pfändungen zu vollziehen [1], erforderlichen falls die bewaffnete mannschaft aufzubieten, und zum zweck der beschlußnahme über dorfangelegenheiten, und der aburtheilung von rechtssachen (klagen wegen „schuld und schaden“ oder wegen „gult und schuld“ [2]) und kleinen ver-

---

[1] Da dies in den weisthümern und urkunden allerwärts als geschäft des dorfvorstehers erscheint, so hat man um so mehr grund, in titel 45 u. 50 des Salischen volksrechts unter dem grafio den dorfgrefen zu verstehen. So thut auch schon Eichhorn, zeitschr. f. geschichtl. rechtsw. 1, 176, der überhaupt competenz und stellung des dorfgerichts im allgemeinen richtig angibt.

[2] Bis zu welchem betrage, oder ob ganz ohne beschränkung, finde ich in älteren urkunden nirgends angegeben. Ebenso bleibt es ungewiß, ob man von den aussprüchen des dorfgerichts auch in den geringfügigsten sachen berufung an's zentgericht ergreifen konnte.

gehen, die gemeindeversammlung zu berufen. Dorfscheffen sind erst später und keineswegs überall eingeführt worden. Zur competenz des *dorfgerichts* oder *heimgerichts* gehörte alles, was nicht im zentgericht abgeurtheilt werden muste. Der königliche richter hatte hier keine gewalt; es wurde nicht unter königs bann gedinget. (Sachssp. 2, 12, §. 2 und die dazu gehörige glosse; Schwabensp. Laßb. c. 92. Kleines Kaiserrecht (Endemann) 2, c. 119.)

Weiske s. 9 hat die ansicht aufgestellt, daß es in ältester zeit dorfgemeinden als unterabtheilung der zent mit besonderen dorfvorstehern nicht gegeben habe, daß diese vielmehr erst in der Fränkischen zeit entstanden seien (s. 37 note 8). Waitz 1, 103 u. 112 gibt zwar das vorhandensein eigner dorfvorsteher für die ältere zeit zu (in seinem Salischen recht s. 133 läugnet er auch diese), meint aber, daß es dorf*gerichte* vor dem mittelalter schwerlich gegeben habe, und dieser ansicht sind die meisten neueren gefolgt. Ich meinestheils kann ihr nicht beitreten.

Ich halte für nöthig, eine anzahl bis jetzt zum theil unbekannter urkunden über *das heimgerede* einzuschalten, weil dasselbe häufig, z. b. von v. Löw, s. 3, v. Maurer, s. 33 u. 71 mit dem ähnlich lautenden aber ganz verschiedenen „*die* heingereite“ verwechselt wird. *Heim* ist dorf, *gerede* gespräch, beredung, heimgerede also dasselbe wie dorfsprache, bauersprache, dorfsmahl. So erklären es auch bereits Hontheim, hist. Trev. 2, 195 note; Haltaus 2207; Bodmann 1, 460.

Alle älteren belege zeigen noch die form hei*m*gerede; erst in der mitte des 15ten jahrhunderts geht das m in ein *n* über, wie es in ähnlicher weise auch bei dem wort heimburgo, heimburge, heinburge zu beobachten ist.

Ordnung des gerichts Melbach. 1475 (ungedruckt): „Item das *heyngerede* soll *der gemeyn zustehenn* vnnd ßo ferne sie das vffrichtig haltenn vnnd solchs zu rechter zeit inbrengenn; wo sie aber dar inn lessig vnd sumigk werenn, nit rugten vnnd inbrechtenn, welchs iars das geschee als dann sol das selbige vonn dem iare vnʒerm amptman in zytenn ist vffhebenn vnnd denn hrnn vor rechenn vnnd gebenn vnnd das thun ʒo dick das noeth geschicht (gerichtsherrn waren die ritter von Carben, die ihren amtmann daselbst hatten).

„Item thet auch ymants ichts es sey fraw ader man an denn gemeyn fryddenn, grebenn vnnd anderm des glichenn dy felt bues vnnd was vonn bestellung des heynegeredts von vngehorʒam verfallenn vnnd in das heyngeredt gehorenn.

„Item dy bues des heynegeredts vmb beschedigung grebenn, zeunen vnnd anderm zu der gemeyne vestigung gehort ist VIII ß.

„Item dy feldt bues ist V schilling phennige. Item so eynn amptman den nachbaurn ludet welchenn dann dy glocke begriffet vnnd nit zur glogkenn folgt, der soll denn hernn verfallen sein mit VIII ß. helr. die der amptman zu ider zeeit vffhebenn vnnd denn hernn vorrechenn soll.

„Item so heymbergere, burgermeistere denn nachbaurn luden vmb sachenn ire *heingerede*, der hernn dinst adder der gleichenn betreffenn, sol die bueʒ XII hlr. sein.“ (Das heingerede steht also hier der gemeinde zu, d. h. *ihre erwählten vorsteher*, nämlich heimberger oder burgermeister, berufen dasselbe, nicht der amtmann des gerichtsherrn; und die gemeinde *zieht die erkannten bußen*, und zwar: für verletzung der dorfzäune; für feldfrevel; für ungehorsames ausbleiben im heingerede. Die buße für dieses ausbleiben betrug nur 12 heller, während derjenige, der das aufgebot des amtmanns misachtete, in 8 schilling heller strafe verfiel.)

Bei Beck und Lauteren, „das landrecht der grafsch. Erbach etc. im Odenwalde“, Darmstadt 1824 s. 122 steht eine „haingerichtsordnung, oder wie die *haingerichte* hiebevor in der graueschafft Erpach, vf den dorffschaften, gehalten worden.“ Nach derselben schrift s. 38 u. 155 waren die haingerichte gemeindeversammlungen, in welchen lediglich gemeindeangelegenheiten verhandelt, also keine civilklagen angehört wurden. Nach der genannten ordnung wurden feldfrevel darin gebüßt, und wenn einer die bannzäune etc. nicht gehalten; der hainberger hegte das gericht *in der nachbarn namen.*

heyngericht. 1514. (Grimm 1, 475.) Weisth. des centgerichts Ostheim im Maingau v. 1623 (oben s. 13) : . . . „beneben dem landtgericht, so zu Ostheimb gehalten würdt, werden auch gemeinlich in allen andern flekken umb Petri von einem centhgraffen zu Ostheimb *dorff* undt *haingericht* gehalten, in welchen gewicht, ehlen und maas besichtiget werden, auch gemeine dienerschafft pflegen angenommen zu werden.“

Bis zum j. 1527 wurden zu Seligenstadt feldfrevel von den feld- und flurschützen „am *heimgerede* oder *burgerding*“ gerugt. (Steiner, gesch. v. Seligenstadt 371.)

Klage der gemeinde Griesheim vom ende des 13 ten jahrh. : „Vörbaz clage wier, daz sich iers hobis ammetman ane nimet gewalt zuo habene ane des torfes willen öber alliz das *heymgerede*, daz zuo deme dorfe hoerit : iz si an eynunge, iz si an des feldis schützen zuo setzene unde die marke uz zuo gebene, die man iedem manne sal zuo rehte geben.“

Urk. v. 1410 (ungedr.) : „In den sachen vnd gespennen zuschen den von Wonnecken vnd Oisthem vff eyne vnd den von Eychin by Wonnecken vff die ander syten als sie spennig sin vmb des *heymegeredes* des waldes des riedeß vnd weyde wegen in der marg da selbs.“ Wörtlich lautet so eine ähnliche urkunde v. 1444.

Weisth. der Bibrauer mark. 1385. Gr. 1, 512 : . . . „wir wysen die mark vur ein recht *haimgerede*; wess sie zu rade worden vnd gebot mechten, fugete iz en nit, sie mochtens mynnern oder merern.“

In den beiden letzten stellen namentlich in dem angeführten weisthum ist heimgerede in einem etwas abweichenden sinn gebraucht; nicht ein dorf, sondern eine aus 11 dörfern bestehende mark (d. h. markgenossenschaft) wird so genannt, um anzudeuten, daȝ, was die markgenossen über ihren gemeinen wald, über wasser und weide *verabredeten* und bestimmten, allein geltung habe; daȝ keinem vogt oder obermärker oder sonst jemand die befugnis zukomme, etwas anderes zu bestimmen. „Heim“ hat hier also eine weitere mehr landschaftliche bedeutung, wie heimath.

Im j. 1478 verkauft der abt und convent zu Seligenstadt dem grafen zu Hanau die drei dörfer Nauheim, Eschersheim und Ginnheim . . . „mit aller eygentschafft . . . auch mit allen gerichten, es sien dorff-gerichte, hubener gerichte, hoeffige gerichte, oder anders wie die namen hant . . ., auch alle arme lude, wasser, weyde, welde, *heymgerede*, wostungen, marck und marck-rechte, in dorffen und in felden, mit teilen und gemeine, mit allen buesen, frevelen, welten, waltrechte und zentrechten“ etc. [Beschreibung der Hanau-Münzenberg. lande, s. 90. (beil. 63.)]

Urk. v. 1484. Daselbst, s. 95, beil. 66 : „und han darumb . . . siner gnaden kelner zu Hanauwe Heinrich Metzler von siner gnaden wiegen, vor den schultheisen und scheffen des gerichts zu Bomeȝe, *zingreffen* und *heyngerede* zu Eschersheim und Gremser hoffgericht, crafft diȝ brieffs in die gude gesatzt. . . . . Und wir schulthiȝ . . . . und scheffen des gerichts zu Bomese, und ich Welhelm zin greffe des gerichts zu Eschersheim, und wir die nachbuer des *hayne gerets* daselbst, und ich Wilhelm zin-greffe auch schulthiȝ des Gremser gerichts, und wir . . . . scheffen desselbin gerichts, erkennen“ etc.

Im j. 1504 verkauft die stadt Frankfurt ihren „teil des *hein-gerichts* zu Seckbach mit der bede nemlich sieben gulden.“ Daselbst s. 98, beil. 70, s. 86 steht „*hene-gericht.*“ Grimm 2, 334 : heymgericht. a. 1498.

Zu Niederwöllstadt wurde zwischen den „großen", „hohen" gerichten, wo alle einwohner der 4 dorfschaften zu erscheinen hatten, ein s. g. „kleines oder *heimliches*, heimbliches, *gericht*" gehalten, wobei blos die scheffen anwesend waren. (N. Wöllstädter gerichtsbuch, prot. v. 19 Juni 1671, 5 Juni 1730, 25 Mai 1739, 2 Jan. 1742, 2 Jan. 1743.) Ob es blos ein gericht für das dorf Niederwöllstadt, oder für alle 4 dörfer war, erhellt aus dem gerichtsbuch nicht; 1671 wurden civilklagen dabei verhandelt.

Im j. 1356 bestätigt k. Carl IV dem erzbischof Boëmund zu Trier „das *heimbgericht* zu Polich." (Hontheim, histor. Trevir. 2, p. 195.)

Urk. v. 1451 bei Bodmann 472: „Als die ersamben leuth des *haingräth* zu Eltvill, vnd was darinn von des ampts wegen gehoret vnd geburet, vnd das *haingeräth* zu Oesterich, vnd was auch darinn von des ampts wegen gehoret vnd gepuret, also nun die zwey ampt als ein parthy ein zwyspalt vnd ein forderung thaten wie (wider?) das *haingeräth* vnd dorf Erbach, antreffende einen wald, den Hauserwald; darvmb sie nun von beyden parthyen zum rechten komen sin an die ersamen dritthalp amt, ritterschaft vnd burger die zu dem haingräth gehoren, nemblich an die von Lorch, als ein ampt, Rüdeßheim vnd Geysenheim als das andre ampt, vnd Algensheim als ein halp amt. (Diese dritthalb ämter sprachen dem dorf Erbach den wald zu, nachdem es sein recht daran durch zeugen erwiesen hatte.) . . . . So han wir das *haingräth* zu Lorch, ritterschaft vnd burger die darzu gehorent, vnd wir das *haingräth* zu Geysenheim, vnd auch das *hayngeräth* zu Algensheym, ritterschafft vnd burger, die auch solich vorbeschrieben recht erkannt han, geheissen . . den . . ." u. s. w.

Zwischen der ritterschaft des oberamts im Rheingau einerseits, und schultheiß, rath vnd heimgeräth der stadt

Eltvil anderntheils, waren strittigkeiten entstanden wegen der beholzung aus den Vordern wälden. Der erzbischof Daniel entschied sie im j. 1578 folgendergestalt : „Nemblich, vnd als zum ersten die von adel in dem *heimgeräth* dieser zeit nit begriffen seyndt, darauʒ dann allerhand unordnung eruolget; damit dann hinfurters gute ordnung des beholtzenʒ vnd anderer gemainen sachen halben destobaʒ furgenomen vnd gehandhabt werden möge, ist von denen von adel auf vnser gnediges vornehmen dahin eingewilligt, daʒ sie das *heimgericht* wie von alterʒ daselbsten herkommen, im rath wieder besitzen, sich durch vnsern vitzthumb vnsers landtʒ des Rheingaws darein gebürlich auf- vnd annehmen lassen sollen." (Bodmann 515.) Einer haingerichtsordnung für den Rheingau vom j. 1772 gedenkt Bodmann 456.

In einer verordnung oder schiedsrichterl. vergleichung des Mainzer erzbischofs Johann II, den flecken Algesheim betreffend, vom j. 1417, heiʒt es : „Item so ordeneren, machen, vnd setzen wir, als bisher zwene *heyngereder* in vnserm vorgeschr. dorff Algesheim gewest sint, mit namen eyner von der pfaffheit vnd der edellüte, vnd der ander von der gemeynde daselbst, daz vnser lantschryber, der zu zyten ist, auch eynen zu denselben zwyen, der eyn erber bidderman uʒer demselben vnserme dorff sin sal, vnd der yne dunket darczu nucze vnd gut sin, kiesen vnd machen sal, dieselben dry *heyngereder* die sullent dan versorgen vnd bestellen, daz yn dan entphollen ist vnd yn gebort zu thund, vnd auch soliche eynungen vffheben vnd innemen, als daz von alter herkomen ist, vnd sollen daz anlegen an wege vnd an stege, vnd an vnsers vorgeschr. dorffs nocze vnd noitdorfft, mit rade, willen vnd wissen vnsers landschrybers, vnd wen er zu yme nymet, vnd alsdan auch dauon eyne erber bescheiden rechenunge tun vor demselben vnserm lantschryber, den gesworn, vnd wen derselbe vnser lantschryber von den phaffen vnd edelluten daselbs darczu nymet.“ (Bodmann 1, 459.) *Heimgereder* ist gebildet wie *märker* von mark, *gemeiner* von gemeinde, und bezeichnet wie diese einen vorsteher, aufseher. Die dorfmark, weil sie unter dem dorfgericht stand, wurde auch zuweilen selbst „gericht“ oder „heimgerede“ genannt. j. 1368. Baur, Hess. urk. nr. 980 note: „dy damwyse gelegin in Clopheimer *gereichte.*“ j. 1427. Baur, Arnsb. urk. nr. 1179: „$1^1/_2$ morg. wiesen . . jn Akarbir *geriechte,* schutzhude vnd termenye.“ (Die dörfer Kloppenheim und Okarben gehörten mit vielen andern zum freien gericht Kaichen.)

j. 1481. Beschreib. d. Hanau-Münzenb. l. s. 88, beil. 62: „Es soll auch die gerichtsstat, da bisher das gemelt lanntgericht der zente gehalten ist, so weit und ferre die gemarcke und *heyn-gerichte* zu Bornheim zu beiden seiten ergriffen und anstossen, uns dem rate (zu Frankfurt) zusteen, und in das gerichte zu Bornheim gehoren, und das lantgericht dafurter nit gehalten oder gerichtet werden.“

Dieburger markweisth. v. 1429: „Sie wyseten auch daz yetzunt myne gnediger herre noch nymand anders keynen besundern eigen hirten han solte, sunder menglich vor einen gemeynen hirten driben in yglichem *heyngerede* da er dann inngesessen ist.“

2. Bedeutung der zent (des untergaus).

a) Insbesondere ihre vorsteher.

Die zent (der go) bildet ein gemeinschaftliches gericht, und wie unten erwiesen werden soll, eine markgemeinde. An ihrer spitze, aber unter dem königlichen grafen des großen gaus, steht ein *centenarius, centurio, zentgraf, centgrevo* (j. 1211; Böhmer, c. d. Moenofr. 21), *gograf, gaugrebe*[1],

---

[1] Gaugrebe als eigenname steht bei Bodmann, 477. j. 1416. Das nämliche scheint *hochgrefe* gewesen zu sein. Belege s. bei Haltaus, 931.

der in Lateinisch abgefaßten urkunden auch wohl *comes* genannt wurde. So steht in einer urkunde aus dem 13ten jahrh. (bei Kopp 1, 239) : „Coram judice terre Reinhardo de Itre et *comite* suo Hermanno de Harprachtishusen"; vorher hieß es : „in Medebach in presentia domini Reinhardi de Itre. Dni (i. e. domini) Hermanni *gogravii*." Im j. 1311 wird statt dessen ein judex genannt. Rudolphus dictus Volpis *judex* nobilis viri Henrici de Ittere in Ossenbuche." (Kopp 1, 238.)

Walafrid Strabo, abt des klosters St. Gallen, welcher im j. 849 starb, vergleicht in seiner schrift de exordiis et incrementis rerum ecclesiasticarum[1], c. 31, die weltlichen und kirchlichen ämter in folgender weise : . . . . „Quod *comites* et praefecti in seculo, hoc episcopi caeteri (vorher war von den archiepiscopi die rede) in ecclesia explent. Ferunt enim in Orientis partibus per singulas urbes et praefecturas singulas esse episcoporum gubernationes.[2] . . . . Porro sicut comites quidam *missos* suos praeponunt popularibus, qui minores causas determinent, ipsis maiora reservent; ita quidam episcopi chorepiscopos habent, qui in rebus sibi congruentibus quae iniunguntur efficiant. *Centenarii*, qui et *centuriones* et (vel) *vicarii*, qui per pagos statuti sunt, presbyteris plebeii (plebium), qui baptismales

---

In einem weisthum bei Gr. 3, 239 werden hogrefe und gogrefe unterschieden. 1765 kommt zu Altenlotheim in der herrschaft Itter (Emanuel) Hochgrebe als eigenname vor. Man erinnere sich hier auch des *obergrefen* im Kaicher gericht, und des *obgrafio's* in der lex Salica tit. 54 (Merkel). *Hoch-scheffen* nennt das Dieburger markweisthum v. 1429.

[1] Hier nach Walter, corp. j. Germ. 3, 527, mit einschaltung der lesarten des vielfach richtigeren abdrucks bei Melchior Hittorp, de divinis Catholicae eccles. officiis. Paris 1610. s. 695. Die biblioth. patrum max., band 15, stand mir nicht zu gebot.

[2] Im Occident war dies anders; hier umfaßte ein bisthum stets mehrere grafschaften.

ecclesias tenent et minoribus praesunt presbyteris, conferri queunt. *Decuriones* et (vel) *decani*[1], qui sub ipsis vicariis quaedam minora exercent, minoribus presbyteris titulorum possunt comparari. Sub ipsis ministris centenariorum sunt adhuc minores qui *collectarii*, *quaterniones* et (vel) *duumviri* possunt appellari, quia colligunt populum et ipso numero ostendunt[2], se decanis esse minores.[3] Ad horum similitudinem sunt diaconi (et) subdiaconi, presbyterorum adiutores in verbo, baptismo et quotidiano officio.“

Die centenarii bezeichnet demnach Walafrid richtig als beamte der gaue (qui per pagos statuti sunt), und vergleicht sie den geistlichen an taufkirchen, die decani dagegen den geistlichen an tochterkirchen und kapellen.

Zuweilen trifft man in einem gericht zwei zentgrafen an, was sich dann gewöhnlich aus einer mitberechtigung mehrerer gerichtsherrn erklärt. z. b. werden im j. 1414 genannt : „jungher Richard von Gunsse und jungher Adolff von Lollar, zintgreben zu Hittenberge.“[4] Dieses aus 19 dörfern bestehende, bis nahe an Gießen und Wetzlar reichende gericht, stand den landgrafen von Hessen und

---

[1] Walafrid vergleicht die kirchliche verfassung nicht speciell mit der Fränkischen, sondern mit der weltlichen überhaupt, die ja in den verschiedenen ländern nur ähnlich, nicht gleich war. Wenn er also einen decanus unter dem vicarius erwähnt, so hat er dabei entweder England (wie Weiske, s. 29 meint), oder wahrscheinlicher das Lombardische reich zunächst im auge gehabt; denn als unterbeamte *nur* der *vicarii* bezeichet er die decani, und vicarius war der name des Langobardischen gerichtsvorstehers.

[2] Derartige niedere gemeindediener fanden sich in allen Deutschen dörfern. Die dorfsvierer haben ihren namen davon, weil ihrer viere waren; daß sie weniger als die decani bedeuteten, läßt sich also, wenn es auch sonst richtig ist, nicht aus ihrem namen folgern.

[3] Den in den drucken nun folgenden, offenbar später eingeschobenen satz habe ich hier weggelassen.

[4] Wigand, Wetzlar. beitr. 1, 265.

den grafen von Nassau in gemeinschaft zu, und wurde von einem Hessischen und einem Nassauischen zentgrafen verwaltet. Die dorfvorsteher hießen schultheißen.[1]

Eine völlig andere bedeutung aber hatte zentgraf in der aus 19 dörfern bestehenden zent des Bornheimer bergs bei Frankfurt. Hier hießen so die vorsteher der einzelnen dörfer, und zwar bereits im 14ten jahrhundert. Man darf vermuthen, daß ihr ursprünglicher name blos *grefe, graf* war, wie im benachbarten Kaicher gericht, und daß ihnen mit der zeit wegen ihrer theilnahme am zentgericht (wo sie in gewissen fällen urtheiler waren) der name zentgraf, der an die ganz ähnliche zusammensetzung „zentscheffe“ erinnert, beigelegt wurde. Dieser abweichende sprachgebrauch hatte mich lange zeit über die stellung des zentgrafen und die bedeutung der zent in zweifel gehalten, und ich habe sehr weit greifen müssen, um mich über die eigentliche regel zu verlässigen.[2]

Als was man die *centener* oder *zender*, welche in den Moselgegenden vorkommen, anzusehen habe, wage ich nicht zu bestimmen. In einigen weisthümern bei Grimm scheinen es blose dorfbeamte.[3] weisth. v. 1339. (Gr. 2, 84), weisth. zu Dreis v. 1498 (Gr. 2, 335) : „er sy gewest zu eyner ziit *zender des dorffs.*“ Weisth. zu Freudenburg bei Trier v. 1440 (bei Wigand, denkwürdigk. 194) : „darin (in den gemeinen wäldern) soll niemant einhauen ohne urlaub eines *zenders.*“[4]

---

[1] Saalbuch des amts Gießen v. j. 1629. fol. 5 u. 123.

[2] Sollte auch *gograf* zuweilen den dorfvorsteher bezeichnen, oder ist die desfallsige angabe mancher schriftsteller bloser irrthum? vgl. Kopp 1, 321.

[3] Selbst blose gutsbeamte scheinen so zu heißen. Gr. 3, 755 u. 3, 798. Was sind die *zyntenburger* (Mone, zeitschr. 8, 142. 14tes jahrh.) *zentenburger* j. 1394. Würdtwein, nova subsid. 12, 316.) *zentenberger* 17tes jahrh. (Grimm 1, 768.)?

[4] Der zehnte, decimatio, wird in dem weisthum „zehente“ oder „zehende“ geschrieben.

Besonders bemerkenswerth ist ein weisthum aus dem anfang des 14ten jahrh. b. Lacomblet, arch. 1, 255: „Lusche uff dem Berge, Egil, Langesure, Mesenich, Vedenich (beide letztere bildeten eine gemeinde), und Crevenich, dyse funff dorffere hant sementliche eyn hogerichte uff dem berge embouch der Balewen, uff eygentum dez gotshuses von sente Mathise by Trire.

„Ob eyn undedich mensche in eyme der dorfere gefangen wurde, von dem man richten sulde; in welichem dorfe daz geschee, daz soll der *zentener dez dorfes* in die erste nacht halden, und dez anderen dages antwerten eyme zentener des anderen dorfes nehest da by gelegen, sonneganges umme gegangen, auch eyne nacht by dem zentener zu bliben, und also vorwerters der anderer zentener dem dritten, der dritte dem vierten, der vierte dem funfften, iecliche den menschen eyne nacht zu behalden. Und als der funffte zentener yn die funffte nacht gehalden hait, so sol er und die gemeinde yn an daz hogerichte antwerten, und sullen die funff zentener eynen under yn kysen, und den setzen zu eyme riechter, *und die anderen viere sullen urteil sprechen von dem menschen.*"

Auch im gericht Bruch an der Untermosel, welches zu Schönfeld gehalten wurde und wozu 8 oder 9 dörfer gehörten, urtheilten die 9 *zender* über alle hohen verbrechen. [1]

Nach diesen stellen darf man ernstlich zweifeln, daß diese centener oder zender einerlei seien mit dem *centenarius* unserer gesetze und urkunden.

Der zentgraf sowohl wie der gograf erhielt sein amt von dem königlichen grafen, oder dem sonstigen höheren oder geringeren inhaber der grafschaft. Dieser hatte das

---

[1] Weisth. v. 1506. Gr. 2, 331 u. 332. Wie verhält sich dort das *honnelgedinge* zum hochgericht?

recht „centuriones ponere“[1], „centgrauios constituere“.[2] Schon im Alamannischen volksrecht tit. 41 heißt es: „Ut nullus causas audire praesumat nisi qui a duce per convencionem populi iudex constitutus est, ut causas iudicet.“ Das reichsgesetz von 1232 (Pertz, leg. 2, 292) bestimmt: „centumgravii recipiant centas a domino terrae, vel ab eo qui per dominum terrae fuerit infeodatus“[3]; d. h. sie erhalten ihre amtsbefugnis, das was einem zentgrafen überhaupt zu thun und zu richten zukommt, von dem landesherrn. Es ist eine schwer zu beantwortende frage, ob dieses gesetz das frühere wahl- und verwerfungsrecht des volks, welches ihm laut obiger stelle des Alamannischen volksrechts und des capitulare Aquisgr. 809, c. 11 zustand, zu gunsten der landesherrlichen gewalt aufgehoben habe oder nicht. Aus den worten allein läßt sich etwas bestimmtes nicht folgern; sie können sich auf die blose bestätigung und einsetzung des gewählten oder vorgeschlagenen beziehen.[4] So viel ist gewiß, daß nicht blos in freien ge-

---

[1] Urk. v. 1160 Mon. Boic. 29, 1, nr. 500.

[2] Urk. v. 1168 Mon. Boic. 29, 1, nr. 516.

[3] Darunter sind diejenigen zu verstehen, welche entweder mit dem vollen grafenamt, oder vielleicht mit der walpodie, oder blos mit dem recht den zentgrafen zu setzen, beliehen sind. Ein beispiel für den ersteren fall ist dieses. Im j. 1237 verkaufen Conrad und Widekind von Merenberg ihre grafschaft Rucheslo mit allen dörfern und gerichtsbarkeiten dem erzbischof von Mainz, und zwar so: Die genannten edlen sollen diese grafschaft irgend welchen ministerialen oder getreuen des erzbischofs, nach seinem wunsch und willen, zu lehen (jure feudi) geben, und wenn diese mit tod abgehn, andere nach dem gefallen des erzbischofs belehnen (infeudabunt). (Die Belehnung war also nur auf lebenszeit.) Der auf diese weise belehnte Mainzische ritter hielt nun die hohen gerichte ab, und setzte den zentgrafen ein. (Guden 1, 544. Kopp 1, 244.)

[4] So heißt es auch in einem weisthum v. 1339 (Gr. 2, 84): „Vortme so mach vnse here (der erzbischof von Trier) eynen schoyltessen machin ind *scheffenen setzin*, dye *gewelit* werdint von den andern scheffenen.“

richten, wie in dem zu Kaichen in der Wetterau, im freigericht vor dem berg Welmitzheim bei Alzenau im Maingau, sondern auch wo die grafschaft erblich geworden war an vielen orten, wie im gericht Altenhaslau[1], im gericht Selbold (Gr. 3, 419), im gericht Assenheim (Gr. 3, 450) und in der zent Beerfelden (Gr. 1, 448) ein wahl- oder vorschlagsrecht des volks sich in irgend einer form bis in's 15te und 16te jahrhundert erhalten hat. Das letztere beispiel ist besonders lehrreich. Oberster vogt und herr über die zent Beerfelden war im j. 1457 der herr zu Erbach, der dies recht vom pfalzgrafen am Rhein zu lehen trug. Wenn ein zentgraf abging, und ein neuer zu bestellen war, so schlugen die zentscheffen dem vogt drei fromme männer aus dem landvolk der zent vor. Konnte er darunter keinen ihm genehmen finden, so sollten ihm andere drei, und wenn nöthig zum drittenmal drei vorgeschlagen werden; aus diesen muste er dann einen zum zentgrafen erwählen, „mit der zentschoffen und *landvolks* wissen und willen.“ Dem landvolk scheint also ein verwerfungsrecht zugestanden zu haben.

Vom gografen gilt das im vorausgehenden gesagte ebenfalls. Er wird, nach Sachssp. 1, 55, vom gerichtsherrn *belehnt*, was auch an sich weiter nichts zu heißen braucht, als : er wird in sein amt eingesetzt, sei es auf lebenszeit oder kürzere dauer. In einem fall bedarf es dessen aber nicht einmal. Wenn ein verbrecher auf der that ertappt

[1] Im gericht Altenhaslau wählte das volk den zentgrafen. Der gewählte muste vor dem herrn von Trimberg, dem inhaber der gräflichen gewalt, erscheinen, ihm an einem weißen stabe ein paar weiße lederhandschuhe überreichen und bitten, „daz er yme daz ampte *lyhen* vnd zyn bestedigen wolle.“ Der zentgraf erhielt dann den weißen stab zurück, und gelobte dem herrn, ein rechter richter zu sein. Ehe er nachher das gericht besaß, muste er noch den gewöhnlichen richtereid schwören. (Gr. 3, 411.)

wird, und der belehnte richter nicht zur hand ist, so können nach Sächsischem recht 3 und mehr dörfer einen gografen wählen, um die handhafte that zu richten. Also *die wahl allein*, ohne daß ihm vom grafen amtsgewalt verliehen ist, gibt ihm in diesem fall befugnis über leben und tod zu gericht zu sitzen. Mehrere gute und alte handschriften des Sachssp. besagen aber, daß auch der belehnte richter es aus wahl des volks sei. Buch 1, art. 58 : „wen man aber *kieset zu langer zeit* (d. h. für beständig, nicht blos auf einen tag zur aburtheilung einer handhaften that), den soll der graf oder der markgraf belehnen.[1]" Auch art. 55 stellt den allgemeinen satz auf, alles weltliche gericht habe beginn von kür (wahl), — womit freilich zunächst gerechtfertigt werden soll, daß der bei handhafter that gewählte gograf auch ohne erhaltene belehnung doch rechtmäßiger richter sei, worin aber auch eine allgemeine und zwar noch geltende regel angedeutet liegt. Der verfasser des Schwabenspiegels war daher vollkommen berechtigt, in c. 86 (Laßb.) den satz : „Jegelich weltlich gerihte hebet sich von kur" dahin zu erklären : „daz ist also gesprochen, das dehein herre sol den livten keinen richter geben wan den sie wellent" (andere handschriften lesen : welent).[2] So allgemein, wie Eichhorn §. 419 note d. es hinstellt, wird den landesherrn im 13ten jahrh. schwerlich das recht zugestanden haben, die gografen *nach gefallen* zu setzen und zu entsetzen.

Ob sich der gograf und der zentgraf in rücksicht der ausdehnung der ihnen übertragenen amtsbefugnisse regelmäßig gleichstehen, wäre noch besser zu untersuchen. Mir

---

[1] Das recht den gografen zu wählen erhielt sich unter besonderen umständen oft bis in späte zeit. vgl. die nachricht aus dem jahr 1578 bei Grimm 3, 271 note.

[2] vgl. Eichhorn, §. 282, note e.

ist kein fall bekannt, wo der zentgraf selbständig halsgerichte abgehalten hätte[1]; wohl aber erscheinen die gografen vieler orten als mit dieser gewalt ausgerüstet, folglich als wahre stellvertreter des grafen; was vielleicht keineswegs die regel ist.[2]

b) Versammlungen und gerichte der zent (des go's).

aa. Ungebotne dinge.

An einem bestimmten orte (der mallstätte), häufig auf anhöhen, bei großen steinen, immer unter freiem himmel versammelten sich 2, 3 oder 4 mal im jahr alle in der zent wohnhaften[3] oder auch nur mit einer hufe lands darin begüterten freien männer. Die tage der zusammenkunft waren durch gesetz oder altes herkommen bestimmt, wurden aber nicht selten noch besonders vorher bekannt gemacht, weil eintretende feiertage und schon die wandelbarkeit des kalenders ungewißheiten erzeugen konnten. Bei diesen ungebotnen dingen wurden herangewachsene junge leute, die einen eignen haushalt anfingen, sowie einwandernde fremde, zu nachbarn aufgenommen und als unterthanen beeidigt.[4] Auch fand hierbei die einführung

---

[1] Nicht einmal die urk. v. 1254. Guden 1, 649 beweist dies, weil unter den causae sanguinis (wo blutrunst stattgefunden hatte) kapitalfälle nicht mitverstanden zu sein brauchen.

[2] So meint auch Eichhorn §. 419. (bd. 3, s. 176.)

[3] Die theilnahme an gericht und volksversammlung hing keineswegs von grundbesitz ab. Die stellen bei Grimm, R. A. 80 u. 81 beziehen sich alle auf blose hubgerichte; und unter diese gehörte natürlich nur der, der höfiges land innehatte. Die von Grimm 290 citirte stelle aus dem Keucher weisth. besagt, daß ein auswärts wohnender eigenthümer eines zu erbleihe oder landsiedelrecht verliehenen guts nicht zum ungebotenen ding zu erscheinen *brauche*, wenn das gut kleiner als eine hube sei. (dorfte = brauchte.)

[4] Reichliche beweise hierfür sollen ein andermal geliefert werden.

und beeidigung neu gewählter scheffen und anderer vorsteher statt.

Am wichtigsten waren diese versammlungen für die rechtspflege; es wurden hierbei alle schwereren vergehen und verbrechen (ungerichte) abgeurtheilt, wegen deren vom verletzten klage erhoben war, oder die durch die dorfvorsteher zur anzeige (rüge) kamen. Die weisthümer und mittelalterlichen rechtsbücher weisen vor das ungebotne ding alle angriffe wobei (durch anwendung von waffen) blut geflossen war (*blutrinnen*, *blutrunst*, *fließende wunden* im gegensatz zu trockenen), oder wo einer dem andern wenigstens das gewand verletzte (*watschar*)[1], oder sonst gewalt anthat, sodaß ein hülfegeschrei (*waffengeschrei*, *zetergeschrei*, *heilachgeschrei*, *mordgeschrei*) entstand, auf das alle waffenfähigen männer herbeizueilen verpflichtet waren.

Außerdem nennen die weisthümer, die sich gewöhnlich mit angabe weniger kategorien begnügen, noch diebstahl, nachtbrand, nothzucht u. s. w. Für diese verbrechen konnte, wenn sich der kläger nicht durch geldbuße versöhnen ließ, eine lebens- oder verstümmelnde leibesstrafe, wie namentlich verlust der hand, womit das verbrechen begangen war, erkannt werden.[2] Daher wird das landgericht ein gericht genannt, *das an hals und hand richtet*, *halsgericht*, *hochgericht*, *oberstes gericht*; das recht ein solches anzuordnen, den vorsitz darin zu führen, und die von den scheffen gesprochenen urtheile zu vollziehen, heißt *blutbann*, und weil

---

[1] Nach manchen weisthümern und rechtsbüchern gehörte schon das blose ziehen des schwertes oder messers vor das höhere gericht.

[2] Breslauer recht v. 1261. §. 11 : „Vmbe eine wunde so slehet man ap die hant, vnd vmbe einen tothslach den hals, of die wunde ist nagels tief vnd liedes lanc.“ Stadtrecht von Winterthur v. 1264. Bluntschli, rechtsgeschichte von Zürich 2, s. 393 : „Qui alium armata manu volneraverit, aut quinque libras persoluet aut manu truncabitur pro emenda.“

dasselbe nicht durch wahl des volks sondern durch königliche verleihung übertragen wurde, *königsbann.*[1] In Lateinischen urkunden *criminalis jurisdictio* oder *judicium sanguinis.* Instr. Pacis Osnabr. art. 5, §. 44 : „Sola criminalis jurisdictio, cent-gericht, solumque jus gladii et retentionis, patronatus, filialitatis, neque conjunctim neque divisim jus reformandi tribuunt.“ Ueber judicium sanguinis vgl. urk. v. 1369 bei Böhmer, c. d. Moenofr. 723, verglichen mit Gr. 1, 561.

Vor das dorfgericht gehörten hiernach : bloses raufen, faustschlag, schimpfen, feldfrevel u. dergl.[2] Es hatte nur an haut und haar zu richten, also z. b. körperliche züchtigung, zufügung eines brandmals, prangerstellung, setzen in den schnellkorb zu erkennen.[3]

Ich will hier wenigstens einige belege zur verdeutlichung nachtragen. Nach dem Sachsenspiegel 1, 2, §. 4 soll jeder bauermeister im gogreven-ding und in jedem vogtding (dem strafgericht das der kirchenvogt hält) rügen : „dat rücht (hülferufen) unde minschen bludende wunden, unde al ungerichte dat in den lif oder in de hant gat.“ vgl. Richtsteig landr. 1, §. 4. Weisth. zu Flieden 1442. Gr. 3, 883 : . . . „was andrifft mit namen hals vnd hant vnd wunden vnd watschern, hert (gehört) gein Flieden an das gericht, vnd vmb schult vnd schaden an die brucken zu dem Nuwenhoffe.“ Im j. 1225 ertheilt könig Heinrich VI dem bischof Engelbert von Osnabrück und seinen nachfolgern das recht, in der stadt Osnabrück und an 7 andern orten seines bisthums, nämlich zu Iburg, Melle, Dissen, Anckem, Bramesche, Damme und Wiedenbrugge,

---

[1] Diese bezeichnung findet sich namentlich in Sachsen häufig.

[2] Eine ausführliche aufzählung der fälle enthält ein spruch des schöppenstuhls zu Leipzig vom j. 1620, abgedruckt bei J. J. Beck, praxis aurea, s. 61—64.

[3] Wilda, 341. Zöpfl, 945.

das gericht, welches gewöhnlich *gogericht* genannt wird, durch eigne von ihnen eingesetzte gografen (per gogravios proprios per eos institutos) halten zu lassen.[1] Die bischöfe selbst, nicht etwa der vogt oder wem sonst die ernennung seither zustand, sollen die gografen zu ernennen haben, wie auch in den worten „*libere* exequantur“ besonders angedeutet zu sein scheint.

Daß die genannten orte die mallstätten sind, wo die gogerichte gehalten wurden, und daß letztere nicht niedere stadt- oder dorfgerichte sein können, ergibt sich aus folgendem. Die urkunde spricht keineswegs von judicia villarum, sondern von judicia *in villis*; das niedere gericht zu Osnabrück, das „judicium civile civitatis Osnaburgensis . . quod *burrichte* vulgariter dicitur“ besaß der bischof schon vor dem jahr 1225, mit dem recht den (von den bürgern wahrscheinlich vorzuschlagenden) burrichter einzusetzen. Die hälfte des einkommens von diesem niederen gericht, welches unter anderm über schmachsachen und injurien zu erkennen hatte, verkaufte der bischof im j. 1225 der stadt Osnabrück.[2]

Die beschaffenheit des gogerichts zu Wiedenbrügge kennen wir einigermaßen aus einem bei Grimm 3, 107 abgedruckten weisthum vom jahr 1549. Hiernach gehörten in dies gogericht 7 kirchspiele und bauerschaften. Johannes Lymberch wird des bischofs zu Münster und Osnabrück „gogreue vnd landtrichter“, das generale placitum, wo alle eingesessenen erscheinen müssen, „landtgoding“, „landgericht“ genannt. Jeder „burrichter“ hat darin zu rugen: „alle vorschwegene bloedtron, wapengeschreye, mesttoge, deuerye, landtschaden, affhagen, affgrauen vnd thunen; want dat sy der hogen ouericheidt yn dat gogerichte vor-

---

[1] Möser, Osnabr. g., 3, urk. nr. 137.

[2] Möser, 3, urk. nr. 138.

schennen.“ (d. h. blutrinnen, waffengeschrei, messerzichen, dieberei, landschaden, abhegen, abgraben und zäunen; denn das gehöre zur hohen obrigkeit und in das gogericht.) Aus Haltaus führe ich folgende stellen an:

j. 1221: „commune placitum, quod dicitur gothing.“

j. 1310: „conventus populi, quod vulgo dicitur godinck.“

j. 1317: „*altum* judicium, quod vocatur gogherichte.“

j. 1338: „coram terre judicio, quod vulgo dicitur „„vor deme gho.““

Streitigkeiten über freiheit, rechtsfähigkeit und grundeigenthum wurden ebenfalls im ungebotnen ding verhandelt.

Das urtheil sprach nicht die ganze volksversammlung, sondern 12 von ihr gewählte *scheffen*, *urtheiler*, *richter*, welche aus den einzelnen dörfern genommen waren. Später ergänzten sich die scheffen durch eigne wahl. Aus der zahl von 12 scheffen möchte man vermuthen, daß die zent ursprünglich ein verband von 12 dorfgemeinden oder bauerschaften gewesen sei. Dem entspricht nicht bloß die größe mancher ziemlich unversehrt erhalten gebliebenen zenten, sondern auch eine noch in der mitte des 14ten jahrh. vorhandene mehr oder weniger bestimmte überlieferung. Das s. g. kleine Kaiserrecht, dessen älteste handschrift aus dem j. 1372 ist, sagt im buch 2, c. 119: „Der keiser hat in etzlichen landen vm ein burg oder vm ein stat ligende *zehen* dorffe oder *zwelf*, vnd hat ober der dorffe terminunge (d. h. über der 12 dörfer mark) einen man gesatzt“ u. s. w.

Buch 4, c. 20 heißt es: „Da ein walt oder ein mark ist, darin sechs dorffe oder zwelfe oder me oder minner gehorn.“

Aehnlich sprechen Fränkische geschichtschreiber früherhin die ansicht aus, daß 12 grafschaften ein herzogthum bildeten.“ [1]

---

[1] Waitz 1, 285.

Den vorsitz in den ungebotnen zent- oder godingen führte der vom könig oder herzog über den großen gau (also über eine anzahl von zenten) gesetzte *graf*, *comes.*[1] Wenn er verhindert war, so schickte er seinen *amtmann*, *boten*, *missus*, *gewaltboten*, *waltboten* (v. Maurer 380, 393. Grimm, wörterb. 2, s. 274), also einen mit vollmacht, gewalt versehenen abgesandten, oder „machtboten.“[2] Der graf hatte deren gewöhnlich einen oder zwei für seine ganze grafschaft. Durch diese ließ er auch alle geringeren geschäfte besorgen.

L. Alam. 36, 1: „coram comite *aut* misso“; vgl. 3. 4. 6. Der missus kann also anstatt des grafen gericht halten. Er kann auch ladungen erlassen. L. Chamavorum, c. 43: „Ingenuus, si per comitem *aut* per missum suum bannitus fuerit.“ a. 825. Dronke, tr. Fuld. no 456: „reuestitionem .. factam coram *missis* Popponis comitis Liutbrante videlicet et Geborohe.“ Daß missus nur *übersetzung* des deutschen wortes bote ist, ergibt sich aus der alten übertragung des Capitulars Ludwigs d. Frommen v. j. 817 (Walter c. j. G. II, 863; Perz, I, 262), wo die worte: „aut per comitem aut per missum eius distringatur — wiedergegeben werden: „athe thuruch then grauun, athe thuruch *bodun* sinin bethungen vuerthe.“ Schwabensp. Laßb. 253^{c} (s. 114): „der rihter oder *sin botte* sol den roup vordren.“ Oefnung zu Mülheim (Thurgau). 1475. Gr. 1, 260: „Item ein herr von Ouw aldt (oder) seine gewyssne *potten* je des jars drü jar-

[1] Aus diesem grund, weil die zent ein gericht ist, worin *der graf* den gerichtsbann hat, und wo er persönlich erscheint um gericht zu halten, heißt sie auch *grafschaft*, *comicia*. Nach dem zentgraf oder gograf scheint sie nicht genannt zu sein, da dann das dorf, welches doch auch in vielen gegenden seinen grafen hatte, ebensogut grafschaft heißen müste, was aber nie der fall ist.

[2] Der zentgraf sitzt hierbei zuweilen unter den scheffen, wie zu Beerfelden. Gr. 1, 449.

gericht haben in dem kelhof." Oeringer weisth. v. 1253: „Swaz er (der vogt) des tages niht gerihten mac, daz sol er des nehisten tages darnach, swenner wil, an dem nehisten gerihte rihten, er oder sin *bote.*"

Im j. 1138 erhielt das kloster Komburg von könig Konrad III die freiheit, daß kein „comes vel quispiam sub eo, qui vulgo *walpodo* vocatur, ullam placitandi, angariandi vel aliquas exactiones faciendi potestatem habeat." (Stälin, 2, 655.)

Im j. 1403 verleiht Johann graf zu Katzenelnbogen dem vesten knechte Goderd Waldboten herrn zu Ulmen und seinen lehnserben zu rechtem mannlehen „die *waldpodie in den vier zenten*, die zu Ellar in unsrer herrschafft gehörig sind, mit allen rechten und gewohnheiten, die einem waldboten zuhörent." etc. (Wenck 1, n. 300.) Weisthum der bergpflege Bubenheim vom jahr 1556. Gr. 3, 825: „Reichart Frickell *waltpott* der bergpflege vnd schultheiss zu Metterich." Weisth. in der Pellenz. 1417. Gr. 2, 488: .. „eyns grauen von Virnenburg *walpode*" (derselbe hat die hochgerichte namens des grafen abzuhalten).

Die amtleute zu Kleinsimmern in der Trier'schen herrschaft Pallenz hießen *gewaltsboten* (nach angabe Kremers in Act. Acad. Palat. 3, 286. vgl. v. Maurer, 393). Weisth. zu Oerbach. 1480. Gr. 1, 628: .. „dat ein juncher van Richenstein und keiner me si und sin sulle in der vurgeschr. grafschaft, buissen der Aldecke, ein *walppode*, und darumb he ein walppode ist, sall he haben in der vorgeschr. grafschaft zu Wiede van den frien luden den dritten dienst, den dritten pennink und den dritten weidehamel und dat dritte fassenachtshoen." Die andern zwei theile bez. zwei dienste kommen dem grafen von Wied zu. Wenn letzterer das hohe gericht hält, so muß sich der walppode oder sein schultheis auch einfinden, aber untenan sitzen und schweigen. Der walpode hat auf befehl des grafen verurtheilte verbrecher hinrichten zu lassen, und erhält deswegen den dritten theil der güter, welche der missethäter besitzt, oder die bei ihm gefunden werden.

Laut urk. v. j. 1235 (Kopp 1, 240—242) ließ der landgraf von Thüringen die 3 ungebotnen dinge auf dem Sendberg bei Frielendorf, wo unter andern über mord und todeswürdige diebstähle geurtheilt wurde, durch seine *officiales* et *sculteti* abhalten. (Beide worte brauchen nicht etwas verschiedenes anzuzeigen; scultetus erklärt vielleicht nur die allgemeinere benennung officialis, d. h. amtmann.)

Im j. 1253 ließ der landgraf das Hessenland durch zwei ritter verwalten.

„Wernherus de Biscovishusen, et Conradus de Elbene, habentes a domino Marchione Misnensi terram Hassie in commisso."

In einer zweiten urkunde vom näml. jahr: „habentes a domino marchione Misnensi procurationem Hassie in commisso." (Kopp 1, n. 57 u. 58.) Das geschlecht derer von Bischoffshausen soll sich nach Kopp 1, 274 später Bischhausen geschrieben haben.

Im j. 1254 lassen parteien eine vergleichsurkunde besiegeln: „sigillis honorabilium virorum ac nobilium domini Conradi de Elbene et domini Heinrici advocati de Glizberg a domino Marchione Misnensi habentium terram Hassie in commisso." (Kopp nr. 59.) a. 1256: „coram judicibus terre Hassie ordinariis Conrado de Elbene et Heinrico de Glizberg *militibus*. (Kopp n. 60.) 1256. 1 April: „Giso miles de Gudensberg, judex a domino lantgravio per terram Hassiae constitutus." (Kopp 1, 277 nach einem von Kuchenbecker gefertigten auszug.) a. 1266: „Giso de Gudensberg, jvdex provincialis Hassie." (Kopp n. 61.) 1271. „Albertus comes de Waldenstein et Giso judex terre Hassie dictus de Gudinsberg." .. Da Albert in der urkunde vor Giso steht, ihm auch in der hernach folgenden urkunde der titel eines judex provincialis wirklich beigelegt ist, so wird er schon damals dieses amt bekleidet haben. Dies ist auch der grund, warum er sich *comes* (hier soviel wie *vicecomes* oder gograf?) nennt; denn er war ein bloser ritter, kein reichsgraf. (Kopp 1, 278.) „G. miles de Venne jvdex a provinciali jvdice constitvtvs videlicet domino Al. de Waldensten militi.“ (Kopp n. 62.) : „Albert von Wallenstein war also landrichter, und bestellte einen ritter zum unterlandrichter, unter dessen vorsitz im gericht Maden (in judicio Maden) eine sache entschieden wird.“

Das datum fehlt in der urk., und Kopp spricht auch keine vermuthung über ihr alter aus. (Kopp 1, 279.)

Seit dem ende des 13 jahrh. heiȝen diese commissäre oder stellvertreter des landgrafen *advocati, advocati provinciales, landvögte,* wie auch der kaiser in Schwaben, im Elsaȝ, in der Wetterau solche landvögte aufzustellen begann. 1290 : „Johannes Rietesel advocatvs domini lantgravii, terre Hassie domini.“ 1294 : „Tammo advocatvs terre Hassie.“ (Kopp 1, 282.) 1295 : „Johannes miles dictus Ritesel advocatvs domini lantgrauii, terre Hassie domini.“ (Kopp nr. 63.) Um 1300 : „Volpertus de Hohenfels officiatus domini lantgrauii in partibus superioribus.“ Auch noch 1318 wird er officiatus des landgrafen genannt. (Kopp 1, 283 und nr. 64.) 1329 : „Hermannus de Drevordia miles, advocatus dni. lantgravii terre Hassie.“ (Kopp 1, 284.) 1362 : „Stebin von Schartinberg, ritter, landgraf Henrichs zu Hessen *landfoyd.*“ (Kopp 1, 284.) Aus urkunden des 15 und 16ten jahrhunderts kennt man eine beträchtliche anzahl von rittern, welche „landvögte zu Hessen“, oder „landvögte an der Lahn“, „l. an der Werra“ waren.

Seit dem ende des 15ten jahrh. wurden sie auch *statthalter* genannt. (Kopp 1, 284 u. 288.) Eine andere häufige bezeichnung war amtmann. 1429 : „Hans von Urff, obrister amptmann der herrschafft von Ziegenhain.“ (Kopp 1, 247.)

bb. Das afterding.

Wenn die bei einem ungebotenen ding angebrachten rechtssachen nicht ganz erledigt werden konnten, so wurde nicht noch der zweite und dritte tag dazu genommen, sondern der graf oder sein bote setzte eine andere tagfahrt auf 14 tage später an. Diese hieß *afterding*, *nachrecht*, *nachgericht*, *nachtaiding*, *aftergericht*, *botschaftding*, *wissig*, *wissigung*. [1]

Hierzu wurden *blos* die 12 scheffen und die sreitenden parteien nebst den nöthigen zeugen entboten, verbotschaftet.

Daß dieses nachgericht gerade zur aburtheilung von *verbrechen* angesetzt wurde, ergibt sich bestimmt aus Sachsenspiegel 1, 2, §. 2 : „Leget man aver en ding ut *um ungerichte* von dem echten dinge over virteinacht, dat solen se (de scepenen) süken, dur dat ungerichte gerichtet werde.“ d. h. legt man aber über 14 nächte nach dem echten ding wegen verbrechen ein ding aus, das sollen die scheffen besuchen, damit die verbrechen gerichtet werden. — Dasselbe besagt das unten mitgetheilte weisthum über das waldgericht zu Dornstetten; und die Fränkischen capitularien setzen es vollends außer zweifel.

Das weisthum zu Dornstetten macht jedoch die merkwürdige einschränkung, daß nur derjenige in's afterding geladen werden könne, *der im ungebotnen ding angeklagt, gerügt worden sei*, außer wegen verbrechen die erst später bekannt werden; und dies scheinen die übrigen stellen zu bestätigen. So besagt die urk. v. 1291 [2] : „si vero aliqua *mota in prefatis tribus iudiciis* plene non fuerint diffinita, wenn also irgend welche in den echten dingen angeregte, vorgebrachte rechtssachen nicht ganz erledigt worden sind, in eo casu possunt indici tria alia posteriora iudicia, . . .

---

[1] vgl. Grimm, R. A. 837. Homeyer, richtst. landr. 427.

[2] vgl. unten s. 64.

ad huiusmodi *terminanda.*" Auch nach der Blume des Sachsensp. gehören ins afterding die sachen, „di man czu deme einen tage (dem rechten dingtag) nicht wol *geendin* mochte." In der Hohen mark bei Homburg wurde immer 14 tage nach dem pfingstmärkerding ein s. g. bußsatz- und thaidigungstag gehalten, wozu blos die dorfvorsteher (als urtheiler), die rügenden förster und märkermeister, und die gerugten frevler entboten wurden. Allein die ruglisten *musten jedesmal vorher im öffentlichen märkerding verlesen sein.* (Aus akten; vgl. auch §. 24 des weisthums v. 1484.)

Warum das afterding 14 tage nach dem echten ding, und nicht gleich am darauf folgenden tag gehalten wurde, dafür lassen sich mehrere gründe denken. Der graf konnte sich nicht länger als einen tag verweilen, indem er auch die übrigen zentmallstätten besuchen muste; oder es geschah um minderer belästigung der scheffen willen; oder ist der grund ein in die heidnische zeit zurückreichender? Das ungebotne ding war zugleich opfer- und volksfest, es wurde mit fröhlichkeit und gelag beschlossen, und dauerte wohl die ganze nacht durch. Es wäre unpassend gewesen, am morgen wieder mit dem ernsten geschäft des richtens zu beginnen.

In städten, wo man vom hergebrachten und alterthümlichen sich leichter lossagte, legte man zuweilen, z. b. zu Magdeburg, das afterding auf den nächsten tag nach dem echten ding.

Auch beim afterding bekam der graf oder sein bote auf kosten der zent unterhalt und herberge, oder es musten ihm statt dessen die rechtsuchenden parteien gewisse gebühren entrichten; er durfte, wie die weisthümer sich ausdrücken, vom gerichtsstabe zehren. Die schöffen scheinen eine vergütung nicht erhalten zu haben; das erscheinen im afterding liegt ihnen wegen ihres grundbesitzes als öffentliche pflicht ob; haben sie ihr aber genügt, so sind sie dann auch vom besuch aller weiteren gerichte, wenigstens *des grafen*, frei. (Sachssp. 1, 2, §. 2). (Wenn sie sonst zu gericht saßen, wo blose schuldklagen verhandelt wurden, erhielten sie ohne zweifel gebühren.) Sächs. Weichbildrecht art. 45: „Dem burchgreven noch deme scultheiten nis nen schepe noch burgere ordel plichtich to vindene buten dinge, it ne si in ener hanthaften dat." (d. h. Kein scheffe noch bürger ist verpflichtet dem burggrafen (zu Magdeburg) oder seinem schultheißen außer in den herkömmlichen gedingen urtheil zu finden, es sei denn daß sich eine handhafte that ereignete. vgl. Breslauer recht 1261, §. 12. Ich lasse nun die belege selbst folgen.

Die ritter von Bikkembach hatten die criminalgerichtsbarkeit im dorf Heidebach und hielten dort jährlich drei ungebotne dinge ab . . . „Si vero aliqua mota in prefatis tribus iudiciis plene non fuerint diffinita, in eo casu possunt indici tria alia posteriora iudicia [1], que *afterdink* vulgariter appellantur, ad huiusmodi terminanda; ad que tamen posteriora iudicia *venire nullus compelletur, nisi actor et reus*". (urk. v. 1291. Guden 1, 852.)

Die herrn von Hohinloch hielten als inhaber der vogtei in der stadt Oeringen (zw. Wimpfen und Hall) jährl. drei gerichte. „Swaz er (der vogt) des tages niht gerihten mac, daz sol er des nehisten tages darnach, swenner wil, an dem nehisten gerihte rihten, er oder sin bote." (weisth. v. 1253. Grimm 3, 608.) Panteiding zu Patzmannsdorf (Oesterreich) um 1460. Gr. 3, 694: „Item sew (sic) ruegent vnd meldent all jar drew pantayding, vnd yetz (jedes) tayding sein *nachtayding*. [2]

Haidenfeldter v. 1420. Gr. 3, 564: „Auch mag min herr von Werthcim oder sin gewalt dry geschworen mon-

---

[1] also nach jedem ungebotnen ding ein afterding.

[2] panteiding = *bann*teiding.

tag haben in eim jeglichen jare zu Haidenfeld, vnn bedarff man dess, so mag man auch *zwey afftergericht* haben nach jedem geschwornen montag, vnd sollen auch zu derselben zyt von dem stabe zehren.

Dieffenthaler w. 1449. Gr. 3, 566: „wann vnser gn. h. von Wertheim .... sein amptman oder schultheiss geschwornen montag zu Diefenthal halten, so sollen sie von dem stabe zehren."

Vgl. Gr. 3, 879. j. 1484: „Item vmbe den vergesse (d. i. kleines vergehen) weist man *dem stabe* 20 pfennig, die geburen dem zentgreuen. W. zu Hausen. Gr. 2, 32: Item weist der scheffen einem lehenherrn einen freyen innzugk, vnd jedes jars zween dingtag zu Haussen..... Soll er lenger nicht vff des armen mannes seckell zehren, als sein dinktag vnd *affterdinktag; wo er aber lenger zehren wird, soll er vff sinen seckell gehen.*"

Die 18 zur herrschaft Itter gehörigen dörfer besuchten jährlich drei s. g. hauptgerichte zu Vöhl. „Bey jedem haupt-gericht .... müßen alle unterthanen, greben, richter und vorsteher zum zeichen der landeshoheit und ihrer schuldigen unterthänigkeit ohncitirt erscheinen. Dabey werden die landes-fürstliche verordnungen und sonstige publicanda, amts-ordnungen, auch was in das policeywesen einschlägt, publicirt und eingeschärft. Bey dem *vier-wochen gericht*, welches allemahl 4 wochen nach jedem haupt-gerichte ist, erscheinen nur die rüger und diejenige partheyen, welche rugen mit einander außzumachen haben. Hierbey müßen dem alten gerichtsbrauche nach der denunciant und denunciat jeder, er mag gewinnen oder verlieren, 5 albus sportuln ins gericht zahlen. Davon bekommen beide beamten die eine und die gerichtschöffen die andere halbschied." (Herrschaft Itterische gerichtsrolle von 1765.) Wie die meisten landgerichte, so hatte auch dieses seine alte competenz verloren, und urtheilte nur noch über feldfrevel und dergl. Die rüger waren die jährlich gewählten tag- und nachtschützen.

Von dem gericht Rossstall in Franken wird in einer nachricht vom 17ten jahrh. „beweisgründe über Rossstall etc. betr.“ gesagt: „Zu anfangs deß wieder angeordneten gerichts sind deß jahrs 3 gewöhnliche *ehehafft* und unmittelst derselben von 14 tagen zu 14 tagen andere verhöre und klagetäge gehalten worden, also wann in selben tägen richter .... ein oder die andere sach nit erörtten können, ist solche biß uff die ehehafften, oder wie es itlich mal genennet wird, uff sein volles recht verschoben worden; nach solchem (von 1510 an) hat man *monatliche klagtäge* und endlich zwischen den gewöhnlichen ehehafften *nach-recht* gehalten ....“ Staudinger, im Anzeiger f. kunde d. d. vorzeit. 1858, s. 303.)

Weisth. zu Vimbuch. Gr. 1, 433: Der schultheiß hält im jahr „dry offen gericht“, wo alle die über 14 jahre alt sind erscheinen und rügen müssen. „Ouch sol ein schultheiss zue yedem offen gereicht darnach zweye gericht ye über 14 dage nach einander haben, so man sin bedarff vnd notdürfftig ist.“

In das waldgericht Dornstetten im Schwarzwald gehörten 7 dörfer und weiler, deren einwohner jährlich zu zwei gerichten in die Ahe zu kommen, und alda auf den eid zu rugen hatten, was im waldgebiet rugbar war an holz, an feld, wasser, weiden oder an freveln (z. B. messerzucken.) Auch um erb und eigen wurde hier gerichtet. 12 aus den dörfern gezogene richter sprachen das recht. „Item es jst öch recht inn dissem waldtgericht, wer es, das denn lütten vff die gericht inn der Ahe nit gericht möcht werden, so haut ein amptman wohl zu gepietten ein *affterting* am neundten tag näch dem, alls man inn der Ahe gericht gehept hatt, gehn Dornstetten an denn kreben, da sollent *die zwölff richter* gehorsamb sin, recht zu sprechent.“ (hier erschienen also nicht alle einwohner.) „Es jst auch recht, welcher dem andern in das waldtgericht inn der Ahe fürgebutet, würt im nit gericht jnn der Ahe, so mag er im wohl gebietten jun das affterding, da soll im dann gericht werden; *welcher aber dem andern nit jnn das waldtgericht fürgebüt*, der sol im och nit inn das affterding gebietten, es sie denn vmb freuel die erst verrüegt worden weren, da mag einer denn andern anstett [1] vmb beclagen, oder er mag in wohl darumb gebietten in das affterding."

Wenn übelthätige leute im gericht gefangen werden, „die soll man antwurten einem amptmann gehn Dornstetten; ist aber er amptmann nit daheimb, so soll man die antwurten einem burgermeister, vnnd sollent denn die armmen lütt (d. h. die unterthanen) nichz damit zu schaffen haben, *vntz dass man sollich lütt verrechtigen will*, so hat denn ein amptmann *denn armen lütten darzu zu gebietten*, vnz dass das recht vergät." (Grimm 1, 381 u. 385. 15tes jahrh.)

Blume des Sachsenspiegels (aus dem ende des 14 ten jahrh.) I, B. nr. 19. Homeyer, Rstg. 363):

„*Aftirding* ist, alz ab der richtir rechte dingetag gehabt hette u. beschide daz czu deme andirn tage, alz ab is were um schulde adir um eide adir um andir sachin, di man czu deme einen tage nicht wol geendin mochte." nr. 22. „Der burggrefe czu Meideburg hat drei echteding, eins noch den czwelften, eins noch der Ostirwochen, eins noch der octaven Sancti Johannis tage des Confess., u. daz gerichte setzt her drei tage noch enandir. Der irste tag ist der echtedingtag, di andirn czwene heissen *aftirdinge*."

---

[1] Ist vielleicht zu lesen: „an stell"? Wird der thäter nach beendigung des großen gerichts erst ausgemittelt, oder bei der verübung eines frischen verbrechens ertappt, so kann er in das afterding geladen werden. Im letztern fall kann aber auch *auf der stelle*, ohne den gerichtstag abzuwarten, gegen ihn anklage erhoben werden.

Gudenus 4, 903. j. 1262 : „Advocatus habebit et tria condicta in anno, que dicuntur *jahrgeding*. Quicunque absentaverit se ab his, componet. Post ista tria condicta homines ibunt ad alia *condicta*, rogati vel vocati, secundum iustitias ibidem dictatas et approbatas." (condicere ist verabreden; condictum also übersetzung von „ding".)

Die folgenden belege beziehen sich fast alle nur auf *hub-* oder *höfige gerichte*, sind aber, weil die letzteren den volksgerichten durchaus nachgebildet waren, nicht minder beweisend. Weisth. zu Sulzbach. 1408. Gr. 1, 573 :

„Wer in das gericht gehöret und ein dingmann ist, der soll den hof und das gericht suchen dreimal im jahr." (nach Neujahr, Walpurgis und nach unser lieben frauen tag.) Gewisse bußen erhält die ganze gemeinde; andere aber kommen den schöffen allein zu; „darum muss der schöffe zu den dreien obbenandten zeiten *über 14 tage* das gericht *wieder* suchen." (Also *nur* die scheffen besuchten die nachgerichte.)

Niederbachheimer hubenweisthum. 1553. Gr. 1, 593. „Hält man denen junckern von Stein alle jahr drey dingtag; . . . . und ob jemand der huben halber zu thetigen het, muss der scheffen uff ihren eigen kosten einen *affterdingestag* halten; wo weiter tag zu halten von nöthen, soll uff der partheyen kosten gehalten werden."

Weisth. des hofgedings zu Bendorf. 1671. Gr. 1, 612 : „Es antwortet der scheffe : Wyr sein allejärlichs dem gedachten gotzhaus von rechtswegen vier hohe dincktage schuldigh vnd pflichtigh zu halten; . . . . vnd ein jeder der obg. vier dincktege hait eynen *affterdincktag*, nemlich den viertzehenten tagh glich darnach."

Hubgericht zu Ruseck. 1423. Aargau. Gr. 1, 171 : „daz ein her von Russsegk wer ye die herschaft vnd zwing ze Russsegk inn hat, sol iarlich meyen geding vnnd herpst geding haben, also daz er solich geding achttag vorhin verkünden sol allen genosssen ze hus ze hoff oder vnder ougen. . . . . Wäri och, daz yemand *nachgerichtes* begerte, des sol och ein twingher willig sin vff der costen, die des bedörfften. Doch sol der her daz erste nachgericht han in sim costen."

Oefnung zu Neukilch (Schafhausen.) Gr. 1, 296: „Was jn den obgemelten mayen und herbst gedingen den ze mal nitt gericht mag werden, wer den keller an rüeffen wirdt von dem kleger, so sol ym der keller jn acht tagen ain ander gericht machen."

W. zu Cappel. 1540. Gr. 1, 420: „das da jars daselbs sollen sin drü hubgericht und drü *afftergericht*, das erst im hornung, das ander im meyen und das dritt im herpst."

Recht des hofs zu Obereckingen. 1500. Gr. 1, 306. „Es mögen ouch zu Obereck durch einen jeden abt zu sanct Blasien oder sinen probst zu Burglon jerlich dreu dingkgericht, das ein uff sant Hilarien, das ander uff den meyen, das dritt uf sant Martins tag, und nach jedem gericht *zwen nachgericht*, und sonst im jar, wann das die notturft heischet, ungevärlich gehalten werden."

Recht des dinghofs zu Efringen. Gr. 1, 323: „Es mag och des gotzhus von sant Blesyen amptman *dru nachgeding* han ze iöglichem vorgescriben geding" u. s. w.

Nach dem weisth. v. 1433. Gr. 1, 403 hatte die abtei Hirsau zu Burbach gericht jedesmal auf den dritten tag nach sanct Martinstag, nach dem Obrostentag und nach St. Walpurgentag, und ebenso immer 14 tage nach jedem dieser dinge.

„Recht des hofs zu Sundhaus (Unterelsass). Gr. 1, 677: „Dirre hof ist ouch in dem recht gelegen, das allwegen am nehsten montag vor sant Martinstag . . . (und) an sant Cicilien obent soll *rechtding* sin, und darnach uber achttage die *botschaft*, und sonst die zwei dinge *selbbotten* sin, und soll man die nit gebieten."

Dinghof zu Wrazhoven. Gr. 1, 718 : . . . „wölle (welche) hüber denne nit do ensint zu den vorgenanten dreyen dingen, den daget man uber 15 tage noch jeglichem ding, ob men will, und das heisset die *botschafft dinge.*“ (vgl. 1, 724. 1, 699.)

Dinghof zu Hausbergen. 1408. Gr. 1, 717 : „In dem vorgenanten dinghoffe ist zwirrent in dem jahre ding.“ (Ausbleibende bessern 2 schilling pfennige.) „Und welche zu den zweyen dingen nit erschindt, den soll man ruffen oder verkünden, dass sie über vierzehen tag nach jeglichem vorgenanten dinge da seyend, so ist *bottschafft ding*; und ist es denne, dass sie aber nit da seynd zu *ussdingen* [1], das ist in den achtesten tage nach der bottschafft ding, und wer da nit da ist, der bessert aber 2 schilling pfenn.“

Dinghof zu Bruschwickersheim. Gr. 1, 711 : . . . „er (der hof) soll haben dry ding in dem jahre, und zu jeglichem ding *zwo bottschaft.*“ (vgl. 1, 730.) Jura curiae in Berse. 13tes jahrh. Gr. 1, 692 : „In ista curia observantur tria placita in anno, que dicuntur hubdinc.“ — Jedem derselben folgen 2 oder 3 placita, „que dicuntur *botschefte.*“ Gr. 1, 739 : „nach yedem dinck ein *botschafft* über 14 dage.“ Gr. 1, 739 : „auf den tag des dings „sollent alle huber *selbebotten* in den hoffe komen.“ Gr. 1, 724. j. 1529: „. . sollen die heimbschen der glocken gehorsam sein, so dick sie die glocken hören, und die ussere huber zu den andern dingen einmal, es were dan, das man sie *botschaft.*“ (d. h. die auswärts gesessenen huber brauchen nur einmal zu kommen, es wäre denn, daß man sie botschaftete, besonders entböte. Das bei Grimm in klammern eingefügte „schickte“ ist daher zu streichen. vgl. auch Grimm, Deutsch. wörterb. „botschaften“.) Weisth. des godings zu Brokensen. 1529. Gr. 3, 238 : „by pen twintig gulden vp de goe tho komende *verbotschopt.*“ (bei

---

[1] ussding ist das letzte ding, schluß-ding.

strafe von 20 gulden auf das gogericht zu kommen verbotschaftet, d. h. geboten, geladen.)

Gr. 3, 762. j. 1450 : „Hat der scheffen geweist, dass alle die zennder, scheffen, hoffleuth . . . . drey mail im jahr zum rechten jahrgedingh dienstpflichtigh seindt zu Tholey zu kommen vnnd zum *affteriahrgedingh.*"

Auszug aus dem weisth. zu Fellerich v. 1581. Gr. 3, 793 : „Weysen auch albie drey gerichtlicher jhargedingh vnd zwo wissigungh, vnd die *wissigungh* weist man zu viertzehen tagen nach dem jhargedingh. Das nechst jhargedingh helt man des mitwochs nach der zwantzigst tagh, nachdeme viertzehen tagh seindt frey wissigungh. Das ander helt man mitwochs nach banfreytaghs tagh, vnd nach viertzehen tagen seine freye wissigungh. Das dritte mitwochs nach s. Peterstagh vnd das ist so frey, dass man keine wissigungh weist."

Weisth. zu Edingen. 1588. Gr. 3, 793 : „Vort wysen wir vnserm erw. hern drey jargedingh vnd zu iglichem jargedingh drey *wissigh.*" Weisth. zu Meckel, 1541. Gr. 3, 797 : „Auch weisst der scheffen dry jargeding im hoff vnd zu igklichem jargeding zwoen wissigs zu vierzehen tagen." Vgl. auch w. z. Kerlich v. 1463. Gr. 3, 828.

cc. Außerordentliche vollgerichte.

Fiel zwischen den echten dingen ein *schweres* verbrechen vor, dessen aburtheilung keinen verzug litt, so berief der graf oder sein bote ein außerordentliches ding (*nothding*). Dahin wurden gerechnet alle fälle gefährlicher gewaltthat (not), wie diebstahl, mord, raub, mordbrand, nothzucht (notzog), insbesondere wenn der verbrecher auf frischer that ertappt, oder blos gesehen und verfolgt worden war.[1]

---

[1] Blume des Sachssp. (ende 14 jahrh.) 1, B. 25 (Homeyer, Rstg 365) : „Ein *notding* ist do man *not* klagin wil, u. dorumme ist is auch not, daz man ein ding hege durch der hanthaftigin tat wille, alz von dewbe mort rawb mortbrant hurczog gewalt valsch."

Erhob der verletzte sofort vor eintritt der nacht seine anklage, und brachte den ergriffenen vor gericht, so konnte er ihn nach anderen als den gewöhnlichen beweis-grundsätzen überführen, und es fand auch eine härtere strafe statt. Um dem ankläger auch bei abwesenheit des richters (des grafen oder seines gografen) diese vortheile zu sichern, war es ihm nach Sächsischem recht verstattet, seine klage auch beim fronboten anzubringen. Mit beweisführung und urtheil konnte es dann bis zur rückkehr des richters anstehn. (Ssp. 1, 70. §. 3.) Es konnten aber auch die einwohner von mindestens drei dörfern zusammentreten, und einen gografen küren, und unter dessen vorsitz, obwohl er weder vom könig noch vom grafen den blutbann hatte, konnte der verbrecher zum tod verurtheilt, oder geächtet werden. (Ssp. 1, 55. §. 2; 1, 56, 57, 71.)[1] Etwas ähnliches findet sich auch in städten. Nach der Jenaer gerichtsordnung aus der zweiten hälfte des 15ten jahrh. §. 25 (bei Michelsen, stadtordnung für Jena 1858. s. 76.) konnte im fall der abwesenheit des stadtrichters der stadtrath einen gografen kiesen. „Geschicht aber ein handthafftige tadt vnd vmb vngerichte, vnd mag man den (dann) der stadt richter nicht gehaben, so sol der rath kisen einen *gogreffen,* der die gehe (jähe) tadt richtet, wie oft das not geschicht."

In Franken- und Schwabenland läßt sich bis jetzt nichts ähnliches nachweisen; was der Schwabenspiegel c. 91 (Laßb.) vorbringt, ist unverständlich und offenbar nur aus dem Sachsenspiegel geschöpft.

---

[1] Daß es innerhalb des landgerichts noch einen engeren verband von je *drei* dörfern gegeben habe, wie Zöpfl, 23 not. 17 und andere annehmen, folgt daraus *allein* noch nicht. Da es heißt „to minnest von dren dorpen", so konnten offenbar auch mehrere an der küre theil nehmen; aber wegen der wichtigkeit der sache sollten es mindestens drei sein.

Bei diesen außerordentlichen strafgerichten kamen nicht blos die scheffen, sondern *das ganze volk* zusammen, das ohnehin schon verpflichtet war, auf das waffengeschrei herbeizueilen und den verbrecher einbringen zu helfen oder zu verfolgen. Ich kann hierfür allerdings nur spärliche beweise beibringen, und ein vielleicht wichtiger entgeht obendrein durch verderbtheit des texts (es ist das weisthum auf dem Landsberg. Gr. 1, 473); aber sie reichen doch wohl aus, namentlich, wenn sich, wie ich glaube, erweisen lassen sollte, daß todesstrafen nur in gegenwart des ganzen volks vollzogen werden konnten.

Hiernach wird man auch anzunehmen haben, daß verbrechen, welche todesstrafe zur folge haben, im afterding *nicht* abgeurtheilt werden konnten, oder daß sich dann wenigstens das ganze volk nochmals versammeln muste.

In dem gerichte auf dem Schivelberg, wozu 14 hondschaften gehörten, und in dem auf Kempener heide in der Eifel, wozu 9 hondschaften gehörten [1], hielt des erzbischofs von Köln gerichtsvogt („der wyslich [2] vait van Hengbach") die 3 ungebotnen dinge („die dru gesworen gedincge") ab. Wurde in den sprengeln dieser gerichte ein verbrechen begangen, so hatten, weil beide bezirke zu dem Zülpicher burgbann gehörten, entweder schultheiß und scheffen von Zülpich, oder die von Geich, die voruntersuchung zu führen, augenschein einzunehmen, die übelthäter zu verwahren. Der je nach der örtlichkeit competente schultheiß hatte dann durch den gerichtsboten *die hunnen und das land* auf einen bestimmten tag zu entbieten (und natürlich dem gerichtsvogt hiervon kenntnis zu geben), damit von diesen das verbrechen abgeurtheilt werde. [3] Die betr.

---

[1] Lacomblet, arch. 1, 213.

[2] wysliche voytdinge. Gr. 2, 84.

[3] Lacomblet, 1, 228 u 229.

stelle des weisthums aus der ersten hälfte des 13ten jahrh. (Lacomblet 1, 249. vgl. Grimm 2, 708) lautet : .... „ind der schultisse sall deme boeden bevelen, dat hey beboede dye hunnen ind dat lant die up der gerichte eynich gehorich sint; ind da sall der wisselich vayt van Hencbach sin mit den hunnen ind mit deme lande, ind die scheffenere van Tzulpge off van Geich soelen zuicgin an die hunnen ind an dat lant, so wat sy gesehn haint; ind dan sall der wyslich vayt van Hencbach darumb dincgen mit den hunnen ind mit deme lande, ind dye scheffenen van Tzulpge ind van Geich enhant des dan numme zo doin."

d. h. und der schultheiß soll dem boten befehlen, daß er aufbiete die hunnen und das land die auf der gerichte eines gehörig sind; und da soll der „wisselich" vogt von Hencbach sein mit den hunnen und mit dem lande, und die scheffen von Zülpich oder von Geich sollen den hunnen und dem land zeugnis ablegen, was sie gesehen haben; und dann soll der wyslich vogt von Hencbach darum dingen mit den hunnen und *mit dem lande*, und die scheffen von Zülpich und von Geich haben dann damit nichts mehr zu thun.

Es werden also hiernach, wenn verbrechen vorfallen, *außer* den 3 ungebotnen dingen besonders angesagte vollgerichte gehalten. Ob blos die hunnen, die hier die stelle der scheffen zu vertreten scheinen, oder auch das lant (d. h. das landvolk, die landschaft), also die ganze versammlung das urtheil sprach, ist schwer zu sagen.

Weisth. zu Trappstädt v. 1527. (Franken) Gr. 3, 894: „Schicken zwene manne in satz an das centgericht zue Königshofenn, besuchen *alle halssgericht* mit der *gantzen* mannschafft, besuchen *die vier grossen gericht* mit der mannschafft, sie werdenn dann solches durch bitte erlassen."

Priuilegium vber das peynlich halsgericht zu Budingenn. 1495[1] : „Wir Maximilian von Gots gnaden Rhomischer

[1] nach alter abschrift im archiv zu Darmstadt. (ungedr.)

khonig .... bekennen .... das vns der edell vnser vnd des reichs lieber getrewer, Ludwig von Isenburg graff zu Budingen hat furpringen lassen, Als er von vns vnd dem heyligen reich die hohen gericht zu Büdingen, Grindaw, Selboldt vnd Wolfferborn zu lehen hab, sey vntzher vbung vnd geprauch gewesen, so man miʒthettige schedliche leuth in denselben gerichten angenomen, vnd rechtfertigen wollen, das alle *scheffen* der gemelten gericht, *auch das landuolck* haben muʒen versamlet werden, dadurch rechtfertigung zu zeythen merglich lengerung, verzug, auch schweren costen vnd schaden vff ine tragen, vnd desshalb vil rechtfertigung vnderlaʒen sein, vnd hinfuro vnderlaʒen worden mochten, vnd vns daruff demutiglich anruffen vnd bitten laʒenn, ine hierin gnediglich zu uersehen, Wan wir aber zu furderung rechts auch den gemelten graff Lutwigen zu gnaden genaigt sain, Darumb vʒ Rhomischer khoniglicher machtvolkomenheit ordnen, setzen vnd wollen wir, So sich hienfur von dato diʒ brieffs begebenn, das in den gemelten gerichten gegen miʒthettern rechtfertigung noth sein wurde, das dan der gnant von Isenburg sein erben vnd nachkhomen solche rechtfertigung gegen miʒthettern sollen fertigen lassen, Alʒ (? also) das die miʒthettigen oder verdachten doselbst verwarth in beywesen zweyer scheffenn des gerichts zu Budingen dartzu verordnet befragt, vnd nach schuldt oder vnschuldt, wie sich geburn wurdet, durch die scheffen zu Budingen *in irer gewonlichen ratstuben* moge volnfaren vnd geurtheilt werden, vnuerhindert cynicher vbung prauchs oder gewonheid wie die in gemelten gerichten gehalten, gepraucht oder herkhomen sein. die wir auch gantz vʒ vorgemelter macht vfheben vnd abthun, in vnd mit crafft diʒ brieffs etc. ... Wormbs 16 August. 1495."

Da die 3 ungebotnen dinge im gericht Büdingen wie in allen benachbarten gerichten noch bis in's 18te jahrhundert, aber als blose ruggerichte fortbestanden haben (laut urk. v. 1727), so kann sich das privilegium nicht auf ihre abschaffung beziehen. Es will nur bestimmen, daß die aburtheilung der verbrechen nicht mehr in diesen ungebotnen dingen und an der alten mallstatt, sondern in der rathsstube geschehen solle, *und* daß auch wegen dieser verurtheilung das landvolk nicht mehr außerordentlicher weise berufen zu werden brauche.

Wenn ein im Flamersheimer wald (im Jülich'schen) frevelnder ausmärker zum tod verurtheilt werden sollte, so wurde dies in den vorausgehenden 3 tagen und 6 wochen in allen kirchen angekündigt, und bei dem gericht musten alle erffen, anerffen, waltseeis und cotter, also die hübner wie die minderbegüterten erscheinen. (weisth. bei Gr. 2, 686.)

Auch die einwohner der 15 dörfer des gerichts Nehren im Rheingau scheinen jeder aburtheilung eines verbrechers beigewohnt zu haben. Wenigstens sollten sie bis zum ende des rechtens mit ihren gewehren da sein und den richter beschützen (wenn hierunter nicht ein bloser ausschuß verstanden ist). (Weisth. v. 1489. Gr. 1, 549.)

Vertrag zwischen dem hochstift zu Würzburg und der freien reichsritterschaft v. 19 Juni 1717 bei J. J. Beck, praxis aurea, anhang, s. 15: „Obwohlen auch 16tens so wol adeliche als andere cent-verwandte bey Würtzburgischen hohen cent-gerichten des jahrs wenigsten dreymal *mit gewehr* zu erscheinen und *durchzugehen* bißhero schuldig gewesen: so haben jedoch Seine hochfürstliche gnaden es dahin gnädigst limitirt, daß aus einer des hochstiffts centbaren adelichen oder mit Würtzburg vermischten gemeind[1]

[1] In manchen dörfern stand nämlich die *niedere* gerichtsbarkeit halb dem bischof von Würzburg, halb einem oder mehreren rittern zu; in anderen gehörte sie einem ritter ausschließlich; die einwohner musten aber die von bischöflichen beamten abgehaltenen zentgerichte besuchen, waren dahin zentbar (zentpflichtig), und musten auch scheffen dazu stellen.

(die von alters her völlig in person zu gericht gangen) wann sie 20 mann oder darüber an der zahl starck ist, jedesmals nur 2 mann, wo sich aber in einer solchen pur adelichen oder vermischten gemeind oder dorff weniger centverwandte unterthanen befinden, nur 1 mann wechselweis bey denen jährlichen dreyen hochgerichten, *die cent-schöpffen und rüger* jedoch *so wohl bey denen gewöhnlichen helff-* als *hoch-gerichten* gebührend erscheinen, ... dahingegen bey vorstellung eines neuen centgrafens, aufricht- oder reparirung der gerichtsstatt, oder wann ein ubelthäter zur würcklichen execution gebracht, und zum gericht begleitet werden muß, alle adeliche centschöpffen, rüger und centverwandte, ohne ausnahm so viel man von centwegen darzu nöthig erachten oder aufbieten würde, sich ebenfalls darbey einfinden sollen."

Der ausdruck „notgericht" kommt auch im sinne eines blosen *gastgerichts* vor, welches auf verlangen des fremden, der sich nicht lange verweilen kann, angeordnet wird.[1] Bischweiler w. v. 1499. Grimm, R. A. 402 : „Item keme ein fremder man und begehrte ein *notgericht,* dem sol man unverzogenliche gehorsam sein."

W. zu Alsenzbruck. 1507. Gr. 1, 793 : „Item ein *nothegericht,* wer des in disem gericht bedarf oder han will, der soll dem schultheissen bürgen setzen, daran er ein genügen hat, für solchen costen als das gericht kost zu erkauffen vnd was das gericht verzert." Desgl. Gr. 3, 550.

dd. Das wöchentliche gericht.

Alle 8 oder 14 tage oder jeden monat zu bestimmter zeit kamen die scheffen oder die vorsteher aus den ein-

---

[1] *not* heißt nämlich nicht blos gewalt, gewaltthat, sondern auch die durch gewalt erzeugte bedrängnis, dann überhaupt das bedürfnis, wenn es auch nicht gerade von gewalt herrührt.

zelnen dörfern zusammen, um unter vorsitz des zentgrafen, landrichters, gografen oder vielleicht auch des gräflichen gewaltboten, geringere an sie gebrachte klagen abzuurtheilen. Insbesondere wurde hier auch über berufungen gegen urtheile des dorfgerichts entschieden.

W. zu Melrichstädt. 1523. (Franken) Gr. 3, 890 : „Sollen sein furstlich genad do haben ein *zentgreuen,* der soll vonn seiner fürstlichen genaden wegen haben stab vnnd bann, der auch macht hat *alle vierzehe tag* ein zentgericht nemlich vff ein dynnstag zu sytzen. Auch hat er macht, solchs drey oder vier wochen auffzuschlagen, auch, ob vonn nothen were, neher ein gericht zu sitzen."

Weisth. zu Lauterbach, 14 jh. Gr. 3, 358 : „Das erste der gemelten vier gebodt ist, das allermenniclichen (wer) an das gericht gehoret, sal zcu dem *lantgericht* sin, vnd da mogen die hern (die ritter von Eisenbach) *alle viertzehin tage gericht machen.* Ader zu den drihen vngeboten dingen" . . . . soll jeder im gericht begüterte in selbstperson erscheinen.

Weisth. des gerichts zum Bornheimer berg v. 1400. bei Orth, rechtshändel, 2, 431 : „Auch ist ein iglicher zintgreve *ungeboden* schuldig *allen dornstag über 14 dage* zu gericht zu komen, iz were dan heilige dag, by verluste 20 phennige die gefallen sulden; wer es aber daz ein zintgreve nit ruge hette, so mochte er zwey gerichte uzblieben; bliebe er aber lenger uz, so verlore er aber 20 phennige. Were aber einer *verbodet* zu gerichte und queme dan nit, einer hette ruge oder nit, so verlore einer sin busse dem voigt und dem richter und auch den zintgreven die hoeste busse." Die zentgrafen sind hier dorfvorsteher; daß sie über berufungen von den dorfgerichten entscheiden, setzt sowohl das weisth. v. 1303, §. 12 (Gr. 3, 485), als das weisth. v. 1400 außer zweifel, indem es z. b. im letzteren heißt: „und auch wann die zintgreven die urteil ußsprechin." Noch im vorigen jahrh. musten aus den zum landgericht

Cassel gehörigen ämtern und dörfern *jeden montag* abwechselnd die hälfte der 12 schöppengräben auf dem landgericht erscheinen, und vorgefallene vergehen und verbrechen zur anzeige bringen (rügen), auch sonst auf befragen mancherlei auskunft ertheilen. (Kopp 1, s. 318.)

Die herrn von Eppenstein waren seit 1369 vom St. Bartholomäusstift zu Frankfurt mit der vogtei und dem blutbann im dorf Kelkheim beliehen. (Böhmer, c. d. Moenofr. 723.) Alle einwohner musten drei vogtdinge besuchen. „Item mag myn jungher *alle viertzehn tage* da gericht thun halden, dar an soln gene alle die, die der hern eigen ontphangen hain, und in dem gericht gesessen sin; dess weren sich dye eynleifftigen.“ (diese brauchten blos die drei ungebotnen dinge zu besuchen.) (W. v. 15ten jahrh. Gr. 1, 561 u. 565.)

Gr. 3, 578. j. 1447 : . . „Teyln wir vor recht, das bede vorgnanten hern oder ir beder vogt alle Peterstag ein gericht haben zu sietzen zu Kaltensontheim, vnd dasselbig gericht sollen suchen alle die zentpflichtig sein in dem gericht. Darnach teylen wir zu recht, das sie *alle viertzentage* vnd einen tag megen sietzen ein gericht, ob sie des gelangt.“

Ueber die verhältnisse im freien gericht Kaichen vergleiche man meine geschichte desselben s. 63. Die vier ungebotnen dinge wurden im 17ten jahrh. nicht mehr zu Kaichen, sondern gemeindeweise in jedem flecken gehalten. Dem entsprechend hielt der amtmann in jedem dorf *von 8 zu 8 tagen*, oder *alle 14 tage* „amtstag“, zur entscheidung bürgerlicher klagen. Ein dorfscheffe war beisitzer.

Das s. g. landgericht in Schwaben wurde an jeder der 4 mallstätten Leutkirch (später Ysni), Altorf, Ravensburg und Wangen jährlich *zwölfmal* gehalten.

Oefnung zu Tablatt (St. Gallen). 1471. Gr. 1, 225 a. e. : „Item, vnd ob es nottdürfftig wirtt, so sol man alle jar zway jar gericht haben, ains jm mayen, vnnd ains jm herbst; .... vnnd sol der amman ainem yettlichen der vierzehen jar altt, vnd och eltter ist, gepietten dartzuo zekomen achttag vorhin an dry schilling pfennig. .... Item, man sol den nachpuren vnd jnsässen *alle wochen* ain mäl, das ist vff den guotten tag, aln gericht haben."

Weisth. der stadt Selz (Speiergau). 1310. Gr. 1, 759: „Die vierzehen scheffen teilent uffe iren eit unt sprehchent, daz man *drů voldinc*[1] haben sol alle iar vor eins abbetes cameren von Selze (diese voldinge wurden auf einen dienstag — „cinstag" — gehalten). Dar nah teilent die 14 scheffen, swer sich sûmet an demme mentage, so *wocliche gerihte* ist zû Selze in der stat, der kûmet wol vollen ziete an demme cinstage zû disen gerihten, die da heisschent voldinc, an alle bûsshe. . . Zu den selben drûn voldingen so sol meinlich sin, beide von der stat unt von den dorfen, die in daz gerihte horent." Gr. 1, 59: „wuchgerichte"; „wüchen gerichte." In dem vertrag zw. Würzburg und der ritterschaft (oben s. 76) werden die *hohen centgerichte* von den gewöhnlichen *helfgerichten* unterschieden. Auch zu letzteren musten die scheffen erscheinen, nicht aber das ganze volk.

3. Bedeutung des großen gau's.

Zur fränkischen zeit hatten die gaue folgende staatliche bedeutung.

1) In der regel ist über jeden gau ein graf gesetzt, welchen der könig, oder, wie bei Alemannen und Baiern, der herzog ernennt. Darum heißt ein gau auch zuweilen grafschaft; z. b. schreiben urkunden v. 861 u. 972 statt pagus Linzgowe, comitatus Linzgowe[2]; und in einer an-

---

[1] „Zu wissen, dass die gemeind zu Ellstatt wisent alle jar zu rechten all *drei vollgericht*, die sint ungebotten." Gr. 1, 788.

[2] Stälin 1, 299.

dern urk. v. 1012 heißt es geradezu : „Popponem, supradicti *pagi* (Lobodungowe) comitem.“[1] Zuweilen sind einem grafen auch zwei gaue untergeben gewesen, und ebenso kommt es vor, daß ein größerer gau in mehrere grafensprengel abgetheilt war, wie im jahr 780, und noch 979 der Thüringische Hassega... „decima de Hassega de comitiis, quas Albericus et Marquardus nostro tempore tenere visi sunt.“[2] Die aufgabe des grafen war es, im gau die steuern und sonstigen einkünfte für den könig beizutreiben, wenn erforderlich, die waffenfähigen leute zum kriegsdienst aufzubieten, und im frieden die hohen gerichte in den einzelnen zenten abzuhalten.

2) Die kirchenprovinzen und sprengel wurden gleich im 7 u. 8 ten jahrhundert den einzelnen volksgebieten und deren unterabtheilungen angepaßt. So umfassen die bisthümer Constanz und Augsburg genau das gebiet der Alamannen, während die daran stoßenden bisthümer Speier, Worms und Würzburg Fränkisches land beherrschten.

So bildet die gränze zwischen Wetterau und Niederlahngau auch die gränze des Mainzer und Trierer bisthums. Ein bisthum erstreckte sich über viele gaue; und da der bischof einen theil seiner amtsgeschäfte durch stellvertreter ausüben lassen muste, so pflegte er für jeden gau einen besonderen archidiaconus zu ernennen. Aber eine sichere regel bildet dies nicht. Noch weniger entsprechen die decanate, oder gar die einzelnen pfarreien streng einer politischen eintheilung, wie bereits mehrfach, z. b. von Stälin 1, 277, bemerkt worden ist, und wie ich für die Wetterau bestätigen kann. Die anlage einer kirche, und die einpfarrung benachbarter dörfer hierzu, hing vielfach von ganz zufälligen umständen, z. b. von stiftungen, ab, und es erzeugt

---

[1] Dahl, beschr. d. fürst. Lorsch, urk. 4.

[2] Wenck 2, nr. 6 u. 25.

eine lange kette von irrthümern, den umfang von gerichten nach pfarreien feststellen zu wollen, orte mit pfarrkirchen zu mutter- oder urdörfern zu stempeln.

Man legt dem großen gau gewöhnlich noch eine andere bestimmung bei. Alle freien einwohner desselben sollen sich alljährlich dreimal an einer mallstätte unter vorsitz des grafen versammelt haben, um über verbrechen gericht zu halten, und auch sonstige öffentliche angelegenheiten zu berathen.[1] Nach der ansicht einiger stammten diese versammlungen aus der ältesten zeit, während die meisten[2] sie als eine schöpfung Karls des Großen bezeichnen. Dieser habe die befugnisse des zentdings auf die große gauversammlung übergetragen; die zentbezirke und zentgerichte hätten zwar fortgedauert, aber mit nur untergeordneter bedeutung.[3] Nur wenige, wie J. Grimm[4], Eichhorn[5], v. Bethmann-Hollweg[6], beharrten bei der abweichenden

---

[1] Man war um so mehr zu dieser annahme geneigt, als man in dem Englischen shiregemot, dem Dänischen sysselthing, dem Norwegischen fylkithing, einrichtungen ähnlicher art erblickte.

[2] z. b. Weiske 66, Waitz 2, 445. Walter §. 102.

[3] So Weiske, 34. Waitz 1, 56. Walter §. 574 (616 der 2ten ausg.) Letzterer drückt sich etwas unbestimmt aus über die doch so wesentliche frage der competenz der neuen gauversammlung und ihr verhältnis zur zent.

[4] R. A. 793.

[5] St. u. rechtsg. §. 74 note d. §. 75 : „Die gerichtsstätten (für das placitum generale) waren die der einzelnen centen; es scheint nicht, daß es eine malstatt für alle freie, die zu einem grafensprengel gehörten, gegeben habe"; auch die spätere verfassung (die freigrafschaften und gografschaften) unterstütze dies. vgl. auch §. 83. 164. 206.

[6] Die Germanen vor der völkerwanderung, s. 29, mit bezugnahme auf Eichhorn : „in Deutschland hat sich das ordentliche gericht für rechts- und friedensbrüche stets an den malstätten der hundertschaften erhalten."

meinung, daß die ungebotenen dinge der zent zu allen zeiten die einzigen versammlungen aller freien gewesen und geblieben seien, daß sich also die gerichtsverfassung in dieser hinsicht seit den ältesten zeiten gar nicht geändert habe. Ich habe mich von anfang an zu dieser ansicht bekannt, und halte dieselbe nach reiflicher prüfung jetzt für völlig unumstößlich. Der wichtigste beweis dafür liegt in den späteren zuständen selbst. Nirgends erblickt man im 12ten, 13ten, 14ten jahrhundert große gauversammlungen; überall werden die drei ungebotnen dinge in kleineren bezirken gehalten, überall vor dem zent- und gogericht über blut gerichtet. Man hilft sich gegenüber dieser schwierigkeit durch die annahme einer abermaligen veränderung. Die großen gauversammlungen sollen nach kurzem bestehen ein ende genommen haben, ihre zuständigkeit entweder a) auf die alten zentgerichte zurückgefallen, oder anderwärts b) an ganz neu gebildete gerichte übergegangen sein.[1] Vielfach sei nämlich eine völlige

[1] Stälin 1, 542. Walter, §. 264 (287), 269 (291), 271 (293), 578 (620). Kopp, der übrigens eine feste vorstellung über größe und innere verfassung der zent in seinem buche über die gerichte in Hessen nirgends an den tag legt, unterscheidet für das spätere mittelalter zenten und höhere (gräfliche) landgerichte über mehrere zenten. Ihm folgt hierin Walter §. 578 (620) und 600 (642), sowie Landau, territorien 358. Der beweis dafür ist aber Kopp keineswegs geglückt. Daß in urkunden des 16ten jahrhunderts, wie nicht minder schon in solchen des 12ten, ausdrücklich den zentgerichten die hohe gerichtsbarkeit beigelegt wird, will er (1, 305—309) aus „einer ansehnlichen erweiterung ihrer jurisdiction“ erklären, welche schon frühe eingetreten sei. Der grund von Kopp's irrthum ist, wie man aus s. 309 ersieht, daß er das zent*gericht* nur in denjenigen fällen für ursprünglich competent hielt, welche nach den capitularien unter vorsitz des zent*grafen* abgeurtheilt werden können. So schließt er z. b. s. 234 folgendermaßen: „Weil über freies grundeigenthum nur vor dem grafen geurtheilt werden konnte, so sind gerichte, wo laut vorhandenen urkunden solche rechtsstreite verhandelt und entschieden werden, nicht als zent- sondern als höhere grafen-gerichte anzusehen (oder, wenn sie ausdrücklich doch

umwandlung und zerstörung der alten einrichtungen eingetreten, und aus dieser mittelalterlichen verwirrung, welche man als „auflösung der gauverfassung“ zu bezeichnen beliebt, hätten sich ganz neue gerichte unter dem namen von grafschaften, landgerichten, zentgerichten, gogerichten herausgebildet. *Wie* dies vor sich gegangen sein soll, wird gewöhnlich nicht näher angegeben. Einen versuch der art hat Wenck, Hess. landesg. 2, 955 gemacht, und unter vielen „vielleicht“ und „möglicherweise“ aus unbegründeten annahmen unrichtige folgerungen gezogen. Ich halte es von vornherein nicht für statthaft, einer solchen theorie beizutreten, solange nicht im einzelnen einmal der beweis geführt worden ist, daß sich wirklich derartige gerichte völlig neu gebildet haben. Denn diese bildung fällt, nach der gewöhnlichen meinung, in eine zeit, aus der man urkunden in überfluß hat, um über die schicksale der einzelnen gebiete und herrschaften sichere rechenschaft zu geben. Mangelnder beweis läßt sich keineswegs mit dem dunkel des mittelalters entschuldigen. Ich muß ihr aber auch aus folgenden positiven gründen die beistimmung versagen :

1) Es ist richtig, daß schon seit dem 8ten jahrh. eine auflösung der alten verfassung ihren anfang nahm. Durch

---

zenten genannt werden, so kommt dies nur von einer im mittelalter eingetretenen erweiterung ihrer zuständigkeit her). Kopp verwechselte competenz des zentgerichts und amtsbefugnis des zentgrafen. In weitere irrthümer verfiel er durch die ungegründete annahme, daß güter da hätten aufgelassen werden müssen, wo rechtsstreite darüber auszumachen waren (vgl. meine geschichte des freien gerichts Kaichen s. 53). Auch Wenck 2, 421 meint, Kopp's landgerichte seien zum guten theil eben nur zentgerichte (diejenigen ausgenommen, welche Wenck selbst für große gaugerichte hält). Uebrigens sind noch sehr viele andere ebenfalls in den fehler verfallen, die zuständigkeit des zentgerichts mit der des zentgrafen zu verwechseln, z. b. Eichhorn §. 302, welcher daher §. 303 „die bloße centgerichtbarkeit“ irrigerweise der „oberen gerichtbarkeit“ entgegensetzt.

die immunitätsverleihungen an die bischöflichen kirchen und an die großen klöster wurden aller orten einzelne personen und grundstücke, ja ganze dörfer aus ihrem zentverband in bezug auf gerichtsbarkeit[1] losgelöst, und einem vom bischof oder abt ernannten richter (advocatus, vogt), der in allen stücken an die stelle des grafen trat, unterworfen. Durch diese immunität, welche noch manchen im 11 und 12ten jahrh. gegründeten klöstern ertheilt wurde, nicht mehr aber den zahllosen kleinen klöstern des 12 und 13ten jahrhunderts, entstanden eine unzahl ganz kleiner gerichte, die zum theil bis in spätere zeiten fortdauerten. Was nicht immun war, stand aber noch im 10ten jahrh. regelmäßig unter dem einen grafen des gau's.

2) Mit dem 11 und 12ten jahrh. aber ging eine viel wesentlichere veränderung vor sich.

a. Den bischöfen und klöstern wurde nun vom könig das grafenamt selbst, sei es über den ganzen gau, oder über einzelne zenten eingeräumt. Wo dies der fall war, verschwanden natürlich die immunitätsgerichte; die immunitätsleute besuchten wieder wie ehedem die zentgerichte, und hier führte nun statt des grafen der vogt, oder wem sonst der bischof oder abt das amt lieh, den vorsitz.[2]

b. In anderen grafschaften wurde das grafenamt erblich, und beim vorhandensein mehrerer erben entweder von ihnen gemeinschaftlich versehen, oder jedem erben eine anzahl von zenten zugetheilt.

Nun hatte also das grafenamt vielfach nicht mehr das alte ansehn; in vielen gauen stand ein theil der zenten

---

[1] Nicht aber in bezug auf antheil an der gemeinen mark! Dies geschah nur ausnahmsweise.

[2] Durch das erblichwerden dieser vogtei und des grafschaftslehens ist es später weniger mehr in die augen fallend, welche ungeheueren herrschaftsrechte die kirchen in dieser zeit erlangten.

unter kirchen, ein anderer unter den alten grafen. Aber die zenten selbst und ihre innere verfassung blieb von diesen veränderungen völlig unberührt, da es keinen unterschied machte, ob ein graf, oder ein kirchenvogt, oder wer sonst, herkam, um die ungebotnen und die übrigen gerichte abzuhalten. Es haben sich daher auch viele solcher zenten und landgerichte bis in's 16 und 17te jahrh. fast unversehrt erhalten.

3) Aber der zersetzungsprozeß hat frühe schon auch in den einzelnen zenten fortschritte gemacht. Die erblichen grafen und vögte verkauften, vertauschten, verpfändeten einzelne dörfer daraus, oder einen theil der ganzen gerichtsbarkeit, oder sie belehnten ihre ministerialen damit, oder mehrere miterben theilten ihre rechte unter sich. Hierdurch sind viele, aber keineswegs alle zenten zerrissen worden. Mitberechtigte pflegten jahrhundertelang diese gemeinschaftlichen gerichte durch ihre beiderseitigen beamten *gemeinschaftlich* zu verwalten, bis man endlich im 16 oder 17ten jahrh. fast überall zur wirklichen theilung schritt.

Es muß mit allem nachdruck betont werden, daß dieser prozeß durchgängig ein *zersetzungsprozeß* war, der das größere in kleinere theile zerlegte, daß nur höchst selten und erst in jüngerer zeit verschiedene zenten, oder einzelne zu verschiedenen zenten gehörig gewesene dörfer zu einem neuen ganzen verschmolzen worden sind. Das älteste mir bekannte beispiel der art ist die im j. 1384 durch erzbischof Adolf von Mainz verfügte vereinigung des gaugerichts *vor* der stadt Geißmar und desjenigen zu Kalden zu einem einzigen gaugericht, welches auf dem markt zu Geißmar gehalten werden sollte.[1] Solche vereinigungen wider-

[1] Wenck, 3 urkb. s. 217. Kalden ist (nach dem index bei Wenck) Calderen, ein dorf bei Wilhelmsthal; Geißmar die Stadt Hofgeißmar. (Zeitschrift f. Hess. gesch. (Cassel) 1, 180). Zu diesem gericht oder der grafschaft Geißmar gehörten im j. 1273 mehr als 20 dörfer. Guden 1, 751.

sprachen dem alten herkommen, sie waren unthunlich, weil die dörfer *zu verschiedenen marken* gehörten, oder auch vielfach, weil ein herr das eine gericht vom reich, das andere von einer kirche zu lehen trug. Ich will dies an einem beispiel klar machen, deren sich unzählige anführen ließen. Die freien herrn, späteren grafen von Ysenburg und Büdingen besaßen seit dem 14ten jahrh. das aus 15 dörfern bestehende gericht Büdingen, seit 1424 das aus 4 dörfern bestehende gericht Grinda, beide als reichslehen [1]; desgleichen seit dem 13ten jahrh. das aus 4 dörfern bestehende gericht Eckardshausen, wovon ein dorf Würzburgisches lehen war. [2] Diese drei gerichte, obwohl unmittelbar aneinander stoßend, sind doch zu keiner zeit verschmolzen worden; jedes hielt seine besonderen ungebotnen dinge ab, und beschloß über seine eigne mark.

Es ist daher die von Wenck, 2, 956 geäußerte ansicht, daß es sitte gewesen sei, dörfer, höfe und gerichte zu einem schloß zu schlagen, und so willkürlich ganz neue gerichtsbezirke zu bilden, entschieden zurückzuweisen. Man pflegte allerdings herrschaftsrechte, wie privatgefälle als zubehör von schlössern zu bezeichnen; aber dies hatte auf die gestalt der verschiedenen gerichte, welche zu einer herrschaft gerechnet wurden, nicht den geringsten einfluß. Eine so unzweifelhafte thatsache bedarf wohl keines beweises; man lese nur die einzige urkunde vom jahr 1321 bei Wenck, 2, nr. 282, welche gerade von der herrschaft Büdingen und den zugehörungen anderer schlösser handelt.

Man wird nach diesen ausführungen schon geneigter sein, in den seit dem mittelalter überall klarer hervortretenden gerichten überreste der ältesten verfassung zu erblicken. Ich glaube oben nachgewiesen zu haben, und

---

[1] Landau, Wettereiba 108 u. 105.

[2] Landau, 124.

jeder wird bei weiteren nachforschungen leicht weitere bestätigungen finden, daß die kleinen pagi, comitatus, centenae urkundlich bereits im 8 und 9ten jahrh., also *vor* der angeblichen auflösung der gauverfassung vorkommen, und daß dieselben auch später sich noch als gerichte oder landschaften darstellen. [1] Andere umstände legen eben so gewichtiges zeugnis für das hohe alter dieser verbände ab.

a. Die versammlungen des zentvolks werden auf bergen oder bei gewässern abgehalten, die mallstatt bezeichnen aufgerichtete steine und ein in ehren gehaltener baum. Im mittelalter lag kein grund vor, die versammlungen an solche orte zu verlegen; nur in der vorchristlichen zeit hatte dies alles sinn und wichtige bedeutung. [2]

b. Aber auch die zusammensetzung des schöffenstuhls aus angehörigen der einzelnen dörfer, und die wahrscheinliche verbindung von 12 dörfern zu einer zent, trägt das gepräge des höchsten alterthums.

c. Noch entscheidender endlich ist die thatsache, daß diese gerichte nach natürlichen verhältnissen, nach höhenzügen und wassergebieten abgetheilt waren, und eine gemeinschaftliche mark bildeten.

---

[1] Daß Sachsen in ältester zeit in solche kleine goe eingetheilt gewesen, gibt man allgemein zu. vgl. z. b. Wenck 2, 954. Daß die späteren Sächsischen goe und gografschaften hiermit übereintreffen, halten viele wenigstens für wahrscheinlich, wie z. b. Eichhorn §. 164 (der sich freilich an andern orten, z. b. §. 83. note C. u. §. 419 wieder undeutlich und nichtssagend ausdrückt). Ebenso unklar ist Möser, Osnabr. g. II, abschn. 2, §. 26.

[2] In dieser wichtigen frage steht mir des großen Jacob Grimm urtheil bestätigend zur seite, indem er s. 793 seiner rechtsalterthümer sagt: „Die ansicht des heidenthums verlangte zur gerichtshaltung ***heilige örter,*** an welchen opfer gebracht und gottesurtheile vorgenommen werden konnten. Jene opfer tilgte der christenglaube, ***er ließ aber die alten gerichtsstätten ungestört.*** Wir können daher noch bis in die spätere zeit eine vielheit von plätzen aufzählen, welche sitte und herkommen für die haltung der gerichte beibehielt."

d. Endlich spricht auch die einfachheit und zweckmäßigkeit der oben geschilderten verfassung für ihr hohes alter. Wie ist man dagegen in verlegenheit, wenn man sich große gauversammlungen, scheffen des großen gaus, und die art und den gang ihrer verhandlungen vorstellen soll! Wie schwer kommt es einen an zu glauben, daß alle freien männer so umfangreicher gaue wie der Hessengau, der Maingau, die Wettereiba, dreimal im jahr oder noch öfter an einem ort hätten zusammenkommen müssen; welche belästigung für die entfernter wohnenden, die einen ganzen tag brauchten um zu kommen, und wieder einen zur heimkehr; und dies alles nur zu dem verhältnismäßig untergeordneten zweck der strafrechtspflege. Denn staatsangelegenheiten wurden seit der herrschaft der könige hier nicht mehr verhandelt; und die verfügung über die gemeine mark stand niemanden zu als der einzelnen zentgemeinde. Was sollte auch nun der zent übrig geblieben sein, nachdem der große gau ihre wichtigsten befugnisse absorbirt hatte? Neben den drei ungebotnen dingen des großen gaus können nicht noch zentversammlungen bestanden haben; denn die freien leute sollen nach ausdrücklichem gebot des gesetzgebers nicht mehr als drei allgemeine versammlungen zu besuchen genöthigt werden.[1] Zum überfluß will ich versuchen, dreierlei thatsachen noch fester zu begründen; nämlich

1) daß es vor Karl dem Großen allgemeine versammlungen des großen gaus nicht gegeben hat;

2) daß Karl keine solchen einführte; und

3) daß die gerichte und versammlungen, welche man in einzelnen gauen dafür gehalten hat, keine gaugerichte waren.

In bezug auf den ersten satz wird mir die sache leicht.

---

[1] Folgerichtig nimmt daher Walter §. 574 (616) an, daß der graf fortan *nur mit scheffen* in der zent gericht gehalten habe.

Es ist seit dem erscheinen von Weiske's vielfach angeführter schrift ziemlich allgemein zugegeben, daß in den ältesten zeiten bis etwa auf Karl den Großen die versammlung der hundertschaft der mittelpunkt des öffentlichen lebens gewesen sei, soweit nicht der staat als ganzes in betracht kam; daß also bei der zent-versammlung nicht blos über die gemeine mark, über anlegung von wegen und brücken beschlossen, sondern auch alle wichtigeren rechtssachen abgeurtheilt worden seien.[1] Der königliche graf, seitdem es deren gegeben, sei abwechselnd an den mallstätten der mehreren ihm untergebenen zenten erschienen, und habe den vorsitz in den versammlungen geführt. Dies wird denn auch von dem Alamannischen volksrecht bestätigt.

L. Alam. 36, 1. (Karol.), und übereinstimmend in Hloth. und in Landfrid. 35 : „Conventus secundum consuetudinem antiquam fiat in omni centena coram comite aut suo misso et coram centenario. Ipsum placitum fiat de sabbato in sabbatum aut quali die comes aut centenarius voluerit; a septem in septem noctes, quando pax parva est in provincia; quando autem melior post 14 noctes fiat conventus in omni centena, sicut superius diximus." das heißt: die zusammenkunft soll nach alter gewohnheit stattfinden in jeder centene in gegenwart des grafen oder seines boten und in gegenwart des centenarius. Dasselbige Ding soll von woche zu woche[2] stattfinden, oder an

---

[1] Weiske, 64. Waitz 2, 444. Nach seiner ansicht haben in der ältesten zeit gauversammlungen bestanden; sie sind aber durch die könige beseitigt, und ihre gewalt auf das königthum übergetragen worden. Karl der Große habe also den ältesten zustand nachher guten theils wieder hergestellt. Walter §. 98 (der 2 ausg.).

[2] *Sabbat* heißt ebensowohl die ganze woche, wie das gottgeweihte ende derselben, der ruhe- oder feiertag. (Henschel, glossar). Die meisten, auch J. Grimm, R. A. 820, übersetzen zwar „samstag". Allein

welchem tag es dem grafen oder dem centenarius beliebt. Von 7 zu 7 nächten, wenn geringer friede im lande ist, wenn aber besserer, nach 14 nächten, soll die zusammenkunft in jeder centene stattfinden, wie wir oben (d. h. soeben) gesagt haben.

Die worte „in omni centena“ beweisen, daß es sich hier um ein gericht der zent handelt; wer aber dabei zu erscheinen habe, ist nicht näher angegeben. Eichhorn §. 75 n. c. meint, das gesetz wolle conventus vom placitum unterscheiden, und mit ersterem die versammlung aller freien bezeichnen, mit placitum dagegen das gericht, wo-

---

den Christen konnte sabbat doch nur ihr dies dominicus, also der sonntag, sein, nicht der tag des Jüdischen sabbats; und in der that bedeutet in dem Latein jener zeit sabbat niemals den samstag. Daß das gesetz den sonntag zum regelmäßigen gerichtstag gemacht, ist man ebensowenig geneigt anzunehmen, und gewiß mit recht. Sonach bleibt nur meine obige auslegung übrig, für die sich auch noch mancherlei andere gründe anführen lassen.

1) Der samstag war bei keinem andern Deutschen volke gerichtstag, und erscheint in späterer zeit auch bei den Alemannen nie als solcher.

2) Die worte „de sabbato in sabbatum“ wollen einen zeitraum bezeichnen, der zwischen den einzelnen dingen liegen soll; hätte das gesetz einfach den tag bezeichnen wollen, an welchem die gerichte zu halten seien, so würde es besser „die sabbato“ gesagt haben. Einige wenige handschriften lesen nun zwar auch so, und Merkel hat ihre schreibung in den text der Landfridana aufgenommen; allein gegen die übrigen handschriften aller 3 promulgationen kann sie meiner ansicht nach nicht aufkommen.

3) Die worte „aut quali die comes aut centenarius voluerit“ heißen nicht etwa so viel als: „quali die *aut* comes *aut* centenarius voluerit“; vielmehr bildet das erste aut einen gegensatz gegen das vorher gesagte, und es ist also ausgesprochen: Von woche zu woche soll gericht sein, oder nach kürzeren oder längeren zwischenräumen, wie es der graf oder zentgraf für nöthig oder weniger nöthig erachtet; doch, (bestimmt der gesetzgeber genauer.) mindestens alle 14 tage; und wenn es die menge der rechtsstreitigkeiten verbietet, sollen die gerichtstage gar nicht hinausgeschoben, sondern jede woche einer gehalten werden.

bei sich blos scheffen und parteien einfinden. Nur „durch ungeschicklichkeit im ausdruck“ würden die beiden namen im zweiten satze vermischt. Eichhorn wurde in dieser annahme dadurch bestärkt, daß in den früheren ungenauen ausgaben des Alam. volksrechts obige stelle in zwei paragraphen abgetheilt war. Obwohl sich seine auslegung in keiner weise halten läßt, so liegt ihr dort ein richtiger gedanke zum grunde.

Das gesetz schreibt weiter nichts vor, als daß von 8 zu 8, oder mindestens von 14 zu 14 tagen gerichtstag sein soll. Wollte man annehmen, daß sich hierbei alle freien hätten einfinden müssen, so würde dies gegen die sonst allgemein gültige regel laufen, daß die ungebotnen echten dinge an gesetzlich bestimmten und herkömmlichen tagen stattfanden. Weiter verbietet ein allgemeines reichsgesetz vom j. 802, die freien leute zu mehreren allgemeinen gedingen als den drei von *früherher* bestimmten erscheinen zu lassen; und doch sollte in dem unter Karl dem Großen neu redigirten Alamannischen gesetz eine bestimmung geblieben sein, welche alle freien mindestens 26mal im jahr zum erscheinen verpflichtete? Wenn überdem die Alamannischen centenen den Fränkischen an größe ähnlich waren, woran bis jetzt so wenig gezweifelt wurde, daß man sie vielmehr für größer hielt, so leuchtet die unmöglichkeit einer solchen einrichtung ein. Es würde für die freien eine unerträgliche bürde gewesen sein, alle 14 tage aus 15 bis 20 dörfern sich an einem ort zu versammeln; und ihre anwesenheit würde obendrein aus mangel an geschäften häufig völlig zwecklos gewesen sein.

Es ist in der mitgetheilten stelle offenbar von mehreren arten von gerichten die rede, von solchen welche der graf, oder — in seiner verhinderung — sein bote, amtmann, und von solchen, welche der centenarius abhält. Es ist eine unrichtige ansicht Weiske's, s. 80, daß nach Alamannischen recht kein gericht ohne den grafen oder seinen boten gehalten worden sei. Die worte „*et* coram centenario“ drücken aus, daß die zusammenkünfte, welche nach alter gewohnheit vor dem centenarius stattgefunden hätten, auch in zukunft vor ihm stattfinden sollten; sie wollen keineswegs blos sagen, daß sich der centenarius jedesmal *mit* dem grafen, etwa als sein gehülfe, einfinden solle. War der graf oder sein bote anwesend, so war der zentgraf überflüssig.

Daß der centenarius aber für sich gericht hielt, ergibt sich daraus, daß auch ihm die befugnis eingeräumt ist, den tag des gerichts anzusetzen („quali die comes *aut* centenarius voluerit“), sowie aus §. 3, wo von denjenigen die rede ist, welche sich dem grafen *oder* dem centenarius im ding nicht stellen, und die der graf *oder* der centenarius nicht zum gehorsam bringen kann.

Als resultat stellt sich dar, daß auch nach Alamannischem recht allgemeine dinge aller freien nur einigemal im jahr stattfanden, dagegen von 8 zu 8, oder von 14 zu 14 tagen der graf oder sein bote, oder aber der centenarius mit den schöffen allein gericht hielt, wie dies nach obigen nachweisen auch noch in viel späteren jahrhunderten geschah.

Auch nach dem Salischen volksrecht sagt der *centenarius* aus eigner macht ein mallum an. Dieses mallum ist aber auch nicht nothwendig ein allgemeines ding; leicht kann auch dort eine auserlesene zahl rachinburgen genügt haben; denn der malloberg mit dem volk wird an andern stellen ausdrücklich hervorgehoben.

Aehnlich läßt sich das Bairische volksrecht, 2, c. 15. verstehen : 1. „Ut placita fiant per Kalendas aut post quindecim dies, si necesse est, ad caussas inquirendas, ut sit pax in provincia, et omnes liberi conveniant constitutis diebus ubi iudex ordinaverit, et nemo sit ausus contemnere venire ad placitum. Qui infra illum comitatum manent sive regis vassi sive ducis, omnes ad placitum veniant. Et qui neglexerit venire, damnetur quidecim solidis.

2. Comes vero secum habeat iudicem, qui ibi constitutus est iudicare, et librum legis ut semper rectum iudicium iudicet de omni caussa quae componenda sunt.“ d. h. 1. Die dinge sollen zu anfang jedes monats oder wenn es zur untersuchung der rechtssachen nöthig ist, nach 14 tagen stattfinden, damit friede im lande sei; und alle freien sollen an den bestimmten tagen da wo der richter verordnet hat zusammenkommen, und niemand sich unterstehen nicht zum ding zu kommen. Vassen des königs sowohl wie des herzogs, welche innerhalb dieser grafschaft wohnen, sollen alle zum ding kommen. Und wer zu kommen versäumt, soll um 15 solidi gestraft werden. 2. Der graf aber soll den richter, der dort bestellt ist zum richten, und das gesetzbuch bei sich haben, auf daß er immer rechtes urtheil gebe über alle sachen, welche zu schlichten sind.

Aus der übersetzten stelle folgt ebenfalls nicht, daß monatlich oder gar alle 14 tage versammlung *aller* freien sein sollte, wie z. b. Eichhorn §. 75, note a. annimmt. Im gegentheil fand diese nur *constitutis diebus* statt, und die monatlichen gerichte waren nur kleine. Alle im §. 1 genannten dinge, namentlich aber das wo alle freien erscheinen, sind solche der grafschaft, wie sich aus den folgenden worten, „infra *illum* comitatum“ ergibt. Comitatus ist hier ebenfalls die kleine grafschaft, gografschaft, zent.

Wir gehen nun über zur prüfung derjenigen capitularien, durch welche das ältere recht geändert und versammlungen aller freien des großen gau's an einem ort eingeführt worden sein sollen[1]. Dieselben lauten folgendermaßen:

---

[1] Manche, wie z. b. J. Grimm, R. A. 822; Walter, §. 102 rechnen auch das capitulare Karls d. Gr. v. 769, c. 12. (Pertz, leg. 1, 33) hierher. „Ut ad mallum venire nemo tardet, primum circa aestatem, secundo circa autumnum. Ad alia vero placita, si necessitas fuerit, vel denun-

Karoli Magni Capit. Lang. 802, c. 14. Pertz, leg. 1, 104 : „Ut ante vicarios nulla criminalis actio diffiniatur, nisi tantum leviores causas quae facile possunt diiudicari; et nullus in eorum iudicio aliquis in servitio hominem conquirat, sed per fidem remittatur usque in praesentiam comitis. Et (nämlich die vicarii) ingenuos homines nulla placita faciant custodire, postquam illa tria custodiant placita quae instituta sunt, nisi forte contingat, ut aliquis aliquem accuset; excepto illos scabinos qui cum iudicibus resedere debent."

Capit. 803. min. c. 20. Pertz 1, 115 : „Ut nullus ad placitum banniatur, nisi qui causam suam quaerere aut si alter ei quaerere debet; exceptis scabineis septem, qui ad omnia placita praeesse [1] debent."

Capit. Ingelh. 807. c. 12. Pertz 1, 151 : „Ut per placita non fiant banniti liberi homines, excepto si aliqua proclamacio super aliquem venerit, aut certe si scabinus aut iudex non fuerit; et pro hoc condemnati illi pauperiores non fiant."

Capit. Aquisgr. 809. c. 5. Pertz 1, 156: „Ut nullus alius de liberis hominibus ad placitum vel ad mallum venire cogatur, exceptis scabineis [et vassis comitum [2]] et qui illorum causas quaerendi aut respondere debent." (Eine andere handschrift liest besser : „nisi qui causam suam

---

ciatio regis urgeat, vocatus venire nemo tardet." Allein wie alle übrigen bestimmungen des gesetzes, bezieht sich auch diese offenbar nur auf die geistlichkeit, namentlich bischöfe, äbte und dergleichen würdenträger, denen eingeschärft wird das mallum oder placitum *des königs* (vgl. capit. min. c. 14. Pertz 1, 115), die reichssynode, im sommer und herbst, oder auch sonst, wenn *der könig* sie besonders entbietet, zu besuchen. Dieser ansicht scheint auch Pertz zu sein, nach den citaten in leg. 1, 217, note 10 zu schließen.

[1] Andere cod. : „esse."

[2] Diese worte fehlen in einer handschrift.

quaerere debet ac respondere.") In andern handschriften lautet das capitel noch anders : „Ut nullus ad placitum venire cogatur, nisi qui causam habet adquaerendam; excepto scabinis et vassallis comitum."

Hludowici I. capit. 817. c. 15. Pertz 1, 216. (Von den mehreren handschriften enthält übrigens nur eine einzige dieses cap. 15) : „De placitis siquidem quos liberi homines observare debent, constitutio genitoris nostri penitus observanda et tenenda est : videlicet ut non in anno nisi ad tria placita *comitum* veniant, et nisi aut accusatus fuerit aut aliquem accusaverit, vel ad testimonium perhibendum vocatus fuerit. Ad caetera vero placita quae centenarium tenent, non alius venire compellatur, nisi aut qui litigat aut iudicat aut testificatur."

Hludowici I. capit. Aquisgr. 817, capit. miss. c. 14. Pertz 1, 217 : „De placitis siquidem quos (lies quae) liberi homines observare debent, constitutio genitoris nostri penitus observanda atque tenenda est, ut videlicet in anno tria solummodo *generalia* placita observent, et nullus eos amplius placita observare compellat, nisi forte quilibet aut accusatus fuerit, aut alium accusaverit, aut ad testimonium perhibendum vocatus fuerit. Ad caetera vero, quae vicarii vel centenarii tenent, non alius venire iubeatur, nisi qui aut litigat, aut iudicat, aut testificatur."

Zu Deutsch : „Hinsichtlich der dinge (gerichtsversammlungen) bei welchen die freien leute sich einfinden müssen, ist die verordnung unseres vaters durchaus zu beobachten und zu halten, nämlich daß sie (die freien) im jahre nur allein zu *den* drei allgemeinen dingen zu erscheinen haben, und niemand sie nöthige bei weiteren dingen zu erscheinen, ausgenommen etwa den, welcher angeklagt worden ist, oder einen andern angeklagt hat, oder zur zeugnisablage aufgerufen worden ist. Zu den übrigen (dingen) aber, welche die vicarien und centenarien halten, soll niemand anderes zu kommen geheißen werden, außer wer entweder streitende partei ist, oder urtheilt oder zeugnis gibt.“

Capit. Hlotharii I. Olonn. 823, c. 13. Pertz 1, 233 : „Similiter concedere volumus cunctis liberis personis, ut nullus iudex publicus seu ministri publici eos contra legem audeant pignerare in bovibus (andere handschr. bubus), quia audivimus multa damna atque afflictiones propter hoc populos nostros sustinere. Neque cogantur ad placita venire praeter ter in anno, sicut in capitulare continetur, exceptis scabinis, et causatoribus, et testibus necessariis; quia omnibus (oder omnem) passionem volumus auferre, ut populus noster pacifice sub nostro regimine vivere possit.“

Hludowici et Hlotharii Capit. Wormat. 829, c. 5. Pertz 1, 354 : De vicariis et centenariis, qui magis propter cupiditatem quam propter iustitiam faciendam saepissime placita tenent, et exinde populum nimis adfligunt, ita teneatur sicut in capitulare domni Karoli imperatoris continetur in libro 3. capitulo 40. „Ut nullus ad placitum manniatur[1], nisi qui causam suam quaerit, aut si alter ei quaerere debet, exceptis scabinis septem, qui ad omnia placita adesse debent.“ Item de eadem re in capitulari nostro libro 4. capitulo 55 : „De placitis siquidem quos liberi homines observare debent (folgt wörtlich c. 14 des capitulare von 817, nur daß es statt „quae vicarii vel centenarii tenent“ blos heißt : „quae centenarii tenent“).

Es ist also hier verordnet, daß die sämmtlichen freien leute regelmäßig nur dreimal im jahr zusammen kommen sollen, zu den drei *durch das gesetz* bestimmten dingen (placita quae instituta sunt). Aus gebot (bann) *des grafen* oder seiner unterbeamten (missi, vicarii, centenarii) soll kein weiteres allgemeines ding stattfinden. Dies sprechen die

---

[1] Einige handschriften haben *banniatur*.

capit. von 802, 803, 807 und 809 aus, wo das gebrauchte wort *bannire* ad placitum, *cogere*, wohl zu beachten ist.[1]

Aus den worten des capit. Lang. 802 „nisi forte contingat, ut aliquis aliquem accuset" könnte man versucht sein zu folgern, daß wenn zwischen den drei ungebotnen dingen eine criminalanklage erhoben worden sei, das ganze volk habe müssen versammelt werden — wie es noch in spätern jahrhunderten wenigstens hier und da brauch war. Und zwar müste dies angenommen werden für alle anklagen wegen verbrechen, die sonst in den ungebotnen dingen gerügt zu werden pflegten; da der ausdruck „accusare" sich auf alle, auch geringere verbrechen beziehen läßt.

Eine solche auslegung ist aber jedenfalls mit den übrigen mitgetheilten capitularien nicht vereinbar, welche besagen, daß die freien leute zu keinen weiteren als den drei dingen zu kommen brauchen, außer wer etwa (quilibet) angeklagt worden ist, oder angeklagt hat, oder zum zeugnis aufgerufen wurde. Also nur ein ankläger, angeklagter und zeuge muß auch zu anderen dingen erscheinen (selbstverständlich auch die scheffen). Ich bin der ansicht, daß dies auf das *afterding* zu beziehen ist. Die fassung des gesetzes ist allerdings unbehülflich und auffallend; denn bei den dingen, welche die vicare und centenare halten, erscheinen ja auch nur parteien und zeugen, und doch werden diese dinge den vorausgehenden gegenübergestellt (ad caetera *vero*" etc.). Dennoch verhält es sich hiermit ganz richtig; man muß nur davon ausgehen, daß vorher von gerichten die rede ist, welche *der graf* abhält. Das capit. 817, c. 15 nennt die placita geradezu tria placita

---

[1] Wenn auch die ungebotnen echten dinge gewöhnlich vorher angesagt, verkündigt zu werden pflegten, so war dies doch kein bannen; denn es wurde nur der tag des durch das gesetz angeordneten dings ausgerufen.

comitum[1], und daß auch das afterding ein vom grafen abgehaltenes gericht ist, folgt daraus, daß *anklagen* hier verhandelt werden (nisi forte quilibet *accusatus* fuerit etc.), während im gericht des vicars oder centenars nur geringere sachen, z. b. schuldklagen zur aburtheilung kommen, daher hier auch der ausdruck gebraucht ist: „qui *litigat.*“

Urtheilsprecher[2] bei allen diesen kleinen gerichten, sowohl denen des grafen als des centenars, sind die *scheffen*[3], deren mindestens sieben erfordert werden (exceptis scabineis septem qui ad *omnia* placita adesse debent). Die vicarii und centenarii führen nur den vorsitz, sie halten das gericht ab. Capit. Aquisgr. 817: „placita . . quae vicarii vel centenarii *tenent*“; zu diesem vom centenarius abgehaltenen ding muß erscheinen „qui aut litigat aut *iudicat*“, woraus die verschiedenheit der vorsitzenden und richtenden personen ersichtlich wird.[5]

---

[1] *greffending.* w. zu Arheiligen v. 1423. Gr. 1, 427. *graffending.* a. 1431. Gr. 3, 658.

[2] Die Lombarda-commentare des Ariprand und Albertus bezeichnen die 7 scheffen als „assessores“. (Anschütz, 156.)

[3] Die scheffen sind bei allen gerichten dieselben, nämlich die zentscheffen. Der graf hatte nicht etwa besondere, für die ganze grafschaft ausgewählte scheffen, wie z. b. Walter, §. 99 (1 ausg.) annimmt. Wenigstens läßt sich dies nicht aus dem capit. miss. 824, c. 4 (Pertz 1, 247) erweisen. Hier wird verordnet, zu den landtagen welche die königlichen sendboten abhalten, sollen die bischöfe, grafen u. s. w. erscheinen; „et habeat unusquisque comes vicarios et centenarios *suos* secum, necnon et de *primis* scabinis *suis* tres aut quattuor.“ Die primi scabini sind weiter nichts als die ersten, ältesten, angesehensten scheffen; und wenn gesagt wird, jeder graf solle *seine* centenarien und *seine* scheffen mitbringen, so sollen diese centenarien und scheffen nicht von anderartigen unterschieden werden, sondern es sind einfach die in seinen sprengel gehörigen gemeint.

[4] Die zahl von 7 scheffen beweist, daß die gerichte der vicarien und centenarien keine dorfgerichte gewesen sein können; denn in den dörfern gab es (außer einem zentscheffen) keine scheffen, und wo sie später eingeführt wurden, sind ihrer fast immer nur 4, selten 6.

[5] So schon Maurer, gesch. d. d. gerichtsverf. s. 65, note 28.

Daß Karl der Große versammlungen aller freien der großen gau's *eingeführt* habe, geht aus keinem der mitgetheilten gesetze hervor. Er schärft vielmehr nur ein, daß die leute *nicht mehr* als drei allgemeine dinge zu besuchen angehalten werden (ut in anno tria *solummodo* generalia placita observent, et nullus eos amplius placita observare compellat.).[1] Diejenigen daher, welche zugestehen, daß es vor Karl versammlungen aller freien des großen gau's nicht gegeben habe, können auch unter den hier erwähnten tria generalia placita keine solchen verstehen, solange nicht aus anderen quellen erwiesen wird, daß Karl solche eingeführt habe.

Der zweck der besprochenen verordnungen war, zu verhüten daß die ärmeren leute durch allzuhäufige versammlung der ganzen zent belästigt und in schaden gebracht würden. Den beamten des grafen, den vicarien und centenarien, wird schuld gegeben, daß sie ohne noth aus bloser habsucht recht oft ding hielten; und dieser misbrauch soll abgeschafft sein. So heißt es im capit. v. 829 : „De vicariis et centenariis, qui *magis propter cupiditatem* quam propter iustitiam faciendam saepissime placita tenent, et exinde populum nimis adfligunt"; und in einem schreiben der bischöfe an kaiser Ludwig II v. j. 855, c. 14 (Pertz 1, 432) : „Quosdam *ministros comitum propter frequentia placita* pauperiorem populum nimis affligere comperimus; unde maiestatem vestram obsecramus, ut capitulare avi vestri de hac re observare praecipiatis."

Aehnlich erzbischof Hincmar von Rheims epist. 4, c. 15. op. Baluzii 2, 790 : „Comites et vicarii vel etiam

---

[1] Die zeit wann sie stattfinden wird als bekannt vorausgesetzt. Die drei versammlungen sind ohne zweifel ältesten herkommens; sie fielen wahrscheinlich zusammen mit den drei heidnischen opferfesten, den drei hochgezeiten. (Grimm, R. A. 821 u. 822.)

decani plurima placita constituunt, *et si ibi non venerint compositionem ejus exsolvere faciunt.*"

Den beamten war es also um die bußen der ausbleibenden dingpflichtigen zu thun.[1] Sie bekamen auch wohl bei allen solchen versammlungen mehrtägige freie verköstigung, und außerdem vielleicht gebühren oder geschenke.

Sollte das afterding früher ein vollgericht gewesen sein, und Karl es zum blosen kleinen gericht gemacht haben? Oder wollte er vielleicht die berufung des ganzen volks in fällen handhafter that verbieten? Daß dieses verbot dann freilich nicht überall durchgedrungen ist, das alte recht vielmehr an manchen orten fortbestanden hat, zeigen die oben mitgetheilten beweise. Dies wäre keineswegs ein alleinstehendes beispiel unwirksam gebliebener gesetze. Auf der andern seite hätte man die verhältnismäßig seltene erwähnung außerordentlicher vollgerichte bei handhafter that aus der befolgung des verbots zu erklären.

Zur aufhellung und bestätigung des oben gesagten, sind noch einige bestimmungen der capitularien über die zuständigkeit des zentgrafen zu erörtern.

Capit. Aquisgr. a. 810, cap. 2. Pertz leg. 1, 162: „Ut ante vicarium et centenarium de proprietate aut libertate iudicium non terminetur aut adquiratur, nisi semper in praesentia missorum imperialium, aut in praesentia comitum."

Capit. proposita. 810, c. 15. Pertz 1, 163: „[De] res et mancipia, ut ante vicariis et centenariis non conquirantur."

Capit. Aquisgr. 812, c. 4. Pertz leg. 1, 174: „Ut nullus homo in placito centenarii neque ad mortem neque

---

[1] v. Daniels, handb. 1, 555.

ad libertatem suam amittendam, aut ad res reddendas vel mancipia, iudicetur; sed ista aut in praesentia comitis vel missorum nostrorum iudicentur."

Capit. Aquisgr. 817 alia capit. c. 11. Pertz 1, 215: „Omnis controversia coram centenario definiri potest, excepto redempcione terrae et mancipiorum, quae nonnisi coram comite fieri potest."

(Dieses kapitel haben nicht alle handschriften. Ansegisus IV, 16 liest statt redempcione „redditione", und so haben auch bei Pertz zwei handschriften.)

In dem ding des centenars, also wo dieser, nicht der graf, den vorsitz führt, kann niemand zum tod oder zum verlust seiner freiheit (wenn es sich darum handelt ob er freier oder eigenmann sei [1]), auch nicht zur herausgabe von grundeigenthum oder leibeignen verurtheilt werden.

Zur zeit der erlassung jener capitularien stand bereits auf vielen verbrechen todesstrafe, auf mord, raub, diebstahl, brandstiftung, und nach manchen volksrechten auch auf meineid. Die wichtigeren verbrechen waren also meist dem ding des zentgrafen entzogen; doch gab es noch gar manche, die schwere strafen, wie z. b. verlust der hand nach sich zogen, und es fragt sich ob hierüber der centenarius richten durfte? Daß er gewöhnlich *nicht* darüber gerichtet hat, scheint mir ausgemacht; viele spätere urkunden und weisthümer bewahrheiten das; ob er aber auch gar nicht competent war, ist schwerer zu entscheiden.

Ad *res* reddendas ist wohl auf grundeigenthum zu beziehen, da das capit. 810 c. 2. sich dafür des ausdrucks proprietas bedient, das capit. v. 817 geradezu von terra redet.

In dem capitulare von 817 darf unter „controversia" doch nur ein civilrechtsstreit verstanden werden, wie auch

---

[1] So versteht auch Kopp 1, 229 die stelle.

Eichhorn §. 74. note g. richtig annimmt (gegen die falsche meinung Rogge's, s. 52). Civilrechtsstreitigkeiten wurden allerdings durchaus, die 2 genannten fälle ausgenommen, vor dem centenar entschieden. Ganz ähnliche bestimmungen traf für die Lombardei das Capit. Lang. 802, c. 14 : „Ut ante vicarios nulla criminalis actio diffiniatur, nisi tantum leviores causas quae facile possunt diiudicari; et nullus in eorum iudicio aliquis in servitio hominem conquirat, sed per fidem remittatur usque in praesentiam comitis."

Unter criminalis actio ist hier eine zur competenz des landgerichts gehörige sache verstanden, also nicht ein kleiner frevel, den der dorfrichter aburtheilt.

Von diesen an's landgericht gehörigen strafsachen sollen unter vorsitz der vicare nur die leichteren abgeurtheilt werden. Leviores causae sind solche, welche eine geringere strafe zur folge haben, wo namentlich keine todesstrafe zu erkennen ist. Bei schweren verbrechen ist gewöhnlich nicht blos die beweisführung, sondern auch die vollziehung schwieriger; daher der beisatz : l. c. „quae *facile* possunt diiudicari."

Der folgende satz muß verbessert werden : „et nullus in eorum iudicio aliquem hominem in servitium conquirat", d. h. niemand soll im gericht der vicare einen menschen in leibeigenschaft verlangen, auf rückkehr desselben in leibeigenschaft klagen; vielmehr soll der als unfrei angesprochene gegen stellung von bürgen bis zur anwesenheit des grafen entlassen, von der klage entbunden sein. Die worte „usque in praesentiam comitis" beweisen, daß der graf an der nämlichen mallstatt erschien, wo auch der vicarius gericht hielt.

Die im vorausgehenden mehrfach genannten *vicarii* werden den centenarien offenbar vollständig gleichgestellt. Was das für die Lombardei bestimmte capitulare von 802 lediglich mit bezugnahme auf die vicarii verordnet, verfügt das capit. von 829 nur für die centenarii, und die übrigen gesetze nennen beide zusammen. (vicarii *vel* centenarii, vicarii *et* centenarii.) Vicarii gab es offenbar nur in einigen theilen des groſsen Fränkischen reichs, insbesondere in der Lombardei[1]; dort waren sie das, was anderwärts die centenarii, wie auch Walafrid Strabo in der oben mitgetheilten stelle richtig angibt, woraus ihm Sachsse, histor. grundlagen 282 mit wenig recht einen vorwurf machen will. Die ansicht von Walter, §. 99: „in *jeder* centene habe es einen vicar des grafen gegeben, der mit dem centenar concurrirende gerichtsbarkeit gehabt hätte" kann ich daher nicht für begründet halten.

Von den *missis comitis* werden die vicarii sowohl in dem capit. Lang. 802. c. 14 u. 18, als bei Walafrid Strabo klar unterschieden.

Die Angelsächsische gerichtsverfassung stimmt, soviel sich wenigstens aus den Angelsächsischen gesetzen entnehmen läſst, mit der Fränkischen vollkommen überein. Das gericht der hundertschaft ist das regelmäſsige für alle wichtigeren rechtssachen; alle freien kamen nur in der hundertschaft, und zwar nur vielleicht zweimal im jahr zusammen; die grafschaftsversammlung bestand nur aus den beamten, vorstehern, geistlichen und sonstigen bevorzugten. Ich will dies kurz begründen.

Das *scir-gemôt* soll nach Edg. 3, 5 des jahres zweimal gehalten werden; der bischof der scire und der ealdorman sollen dabei gegenwärtig sein, und jeder von ihnen göttliche und weltliche rechte weisen. Cnut 2, 18 wiederholt dies fast wörtlich, und bestimmt dann in c. 19, daſs jemand das shiregemot erst dann um recht angehen darf, wenn es ihm nach dreimaligem ansuchen in der hun-

---

[1] Vgl. Waitz, 2, 339. Gengler, Deutsche rechtsg. s. 281. Urkunden aus dem Deutschen Frankenland, in welchen der centenarius häufig erwähnt wird, nennen niemals einen vicarius als gerichtsperson.

dertschaft nicht geworden ist. Auch an den könig darf man, nach c. 17, nur gehen, wenn man in seiner hundertschaft sein recht nicht erlangen kann.

Nach den sogenannten leges Henrici Primi c. 7, §. 2 müssen im shiregemot gegenwärtig sein „episcopi, comites, vicedomini, vicarii, centenarii, aldermanni, praefecti, praepositi, barones, vavasores, tungrevii et caeteri terrarum domini.„

Unter den terrarum dominis hat man weltliche und geistliche obrigkeiten, ritter und dergl. zu verstehen, nicht gewöhnliche grundeigenthümer; denn daß diese und die übrigen freien nicht erschienen, ergibt sich aus §. 7 und aus c. 31, §. 3. vgl. auch Lappenberg, 1, 581.

Die spärlichen stellen über das hundredgemot besagen folgendes: Edw. 2, c. 8: „Jeder gerefe soll immer um vier wochen ein gemot haben.“ (Edgar I) Verordnung, wie die hundertschaft gehalten werden soll. c. 1: „Erstens, daß sie sich je um vier wochen versammeln.“

Leges Henrici I. c. 7, §. 4 und c. 51, §. 2: „Debet ... hundreta vel wapentagia duodecies in anno congregari.“

Wer im hundred-gemot erscheinen muste, ist dabei niemals angegeben; und man hat nicht nothwendig anzunehmen, daß allen freien zwölfmal im jahr diese pflicht obgelegen.

Die leges Henrici I. c. 8 besagen auch ausdrücklich das gegentheil: „Speciali tamen plenitudine si opus est, *bis* in anno conveniant in hundretum suum *quicunque liberi*, tam hudefest (l. heordfaest) quam folgarii“ (d. h. die herdfesten, mit eigenem haus und herd angesessenen, und die folgere, die einem andern folgen, dienen. s. Schmid, glossar.)

Dabei bleibt es freilich noch eine sehr zweifelhafte frage, welcher werth der privatarbeit, welche den namen leges Henrici Primi führt, beigelegt werden darf.

Die seitherige theorie hat die folge gehabt, daß alterthumsforscher wirklich die mallstätten der gaugerichte vieler gaue aufzufinden glaubten, und daß hierdurch wiederum die theorie neue festigkeit und bestätigung erhielt. So stempelt Dahl, in seiner geschichte des fürstenthums Lorsch s. 134 das gericht auf dem Landsberg bei Heppenheim zum „ältesten und obersten gaugericht im Oberrheingau"; Wenck 1, 89 note erklärt Marvels für den sitz des gaugerichts im Einrich, Sconenberg für die mallstätte im Engersgau; Bd. 2, 522 behauptet er, der Mechtilhäuser hof sei nicht blos mallstatt des landgerichts Mechtildhausen, sondern zugleich auch des gaugerichts für den gau Cunigessundern gewesen. Für den Oberlahngau sieht er sich dagegen 2, 451 gezwungen zwei grafenbezirke und zwei gaumallstätten, zu Wetter und zu Rucheslo, anzunehmen.

In der Wetterau wird von dem jahre 1040 bis 1064 ein comitatus Malstat genannt, und orte aus den verschiedensten und entgegengesetztesten theilen der Wetterau als darin gelegen bezeichnet, wie z. b. Wehrheim im westen, Oberohmen im nordosten, Fischborn und Orb im äußersten osten. Das erste ist vom zweiten etwa 14, das zweite vom dritten und vierten etwa 12 stunden entfernt; und von Wehrheim nach Orb ist es weiter als 15 stunden. Da man bei Bauernheim, ohnfern des flüßchens Wetter, eine örtlichkeit des namens Malstatt auffand, so glaubte man hier den alten versammlungsort des gau's entdeckt zu haben. Ich habe früher in meiner geschichte des freien gerichts Kaichen s. 16—19 nicht bestimmt widersprochen, sehe mich aber nun nach weiterer prüfung hierzu genöthigt. Keine einzige urkunde bestätigt, daß zu Malstatt ungebotne dinge gehalten worden seien, keine einzige daß alle bewohner der Wetterau dorthin dingpflichtig waren. Wohl aber werden die „tria generalia placita" des späteren landgerichts Bingenheim bereits im j. 951 u. 1030 genannt.

(Dronke, nr. 678 und Schannat, dioec. et hierarch. Fuld. s. 248.) Der name Malstatt, und comitatus Malstatt reicht allein noch lange nicht hin, eine gauversammlung der ganzen Wettereiba wahrscheinlich zu machen.

Auch für die vorher genannten gaugerichte vermißt man irgend erheblichen beweis, ja häufig jeden versuch eines solchen. Anders verhält es sich mit dem Hessengau, dessen gauversammlung nach Wenck 2, 416 u. f. und Landau, beschreibung des Hessengau's, zu Maden stattgefunden haben soll. Es ist auf die beweisführung hier um so mehr kurz einzugehen, als sie vielen schein für sich hat.

Das dorf *Maden* liegt am fuße des Gudensbergs, einige stunden von Fritzlar; nahe dabei das städtchen Gudensberg mit zwei verfallenen burgen. In den alten urkunden heißt Gudensberg : Wutensberc um 1170 (Dronke nr. 831), a. 1266 : Gudensberg und Godensberc (Kopp nr. 61). Die darnach sich nennenden ritter und grafen heißen : a. 1131 Ludewicus comes de Wuodensberg (Wenck 2, nr. 54), a. 1189 Erchengerus de Wodenesberch (Wenck 2, nr. 84), (s. Landau, Hessengau, 50). Gudensberg ist also berg des Wuodan, des höchsten gottes der alten Deutschen (Grimm, R. A. 801 note), wie Donnersberg in der Rheinpfalz berg des Thunar, Donar.

Maden, „Mathanon", wird um's j. 800 zuerst urkundlich genannt in einem güterverzeichnisse der abtei Hersfeld (Wenck 2, urk. 12, s. 17). Im j. 1045 schenkt könig Heinrich einer gewissen Chuniha „tale predium, qvale visi sumus habere Vanahac in pago Hessin atque in comitatu Werinheri comitis scilicet Madanvn dicto situm" (Kopp 1, urk. 47). Vanaha, später auch Vennehe, Ritterfenne genannt, ist ein ausgegangener ort bei Gudensberg (Landau, 51). Der könig schenkt also sein gut zu Vanaha, gelegen im Hessengau und in derjenigen grafschaft des grafen Wernher, welche Maden heißt. Landau, 44 gedenkt auch einer ungedruckten urk. im archiv zu Fulda v. j. 1061, worin steht : „in provincia Hassia, in comitatu . . . qui dicitur Madena.“ Urk. des 13ten jahrh. in der Zeitschrift für Hessische gesch. 3, 61 (Cassel) und Kopp, urk. nr. 56 : „Postremo conuentum est (d. h. die parteien kamen zusammen) in locum qui vocatur Maden *sedem scilicet iudicialem.* (Hier kam ein vergleich zwischen den streitenden theilen zu stande.) Presentes autem fuerunt : dominus Heinricus de Utershusen judex, et *omnes milites ac rustici prouinciales ad idem concilium pertinentes.* (Da die angelegenheit *durch vergleich* ausging, nicht durch rechtsspruch, so verlieren Wenck's folgerungen [2, 421 note] ihre kraft.) Im jahr 1074 schenkte erzbischof Siffried von Mainz dem kloster Hasungen außer andern gütern auch die „decimationes super omnia rura noviter culta vel colenda, quae sub comitura Mathenun retinentur“ (Wenck 2, nr. 38), also alle gegenwärtigen und künftigen *noval*zehnten in der grafschaft Maden.

Im jahre 1263 stellen Sophia lantgravia Thuringie, domina Hassie . . et Heinricus filius eius, lantgravius Thuringie einen revers aus, daß sie von dem erzbischof zu Mainz unter andern besitzungen und rechten zu lehen empfangen haben : „comiciam sive lantgericht Hassie, omnes decimas comicie ipsius, sive infeudate sint aliis, sive non.“ (Guden 1, 702.) Daß die *land*grafschaft zu Hessen niemals von Mainz sondern von kaiser und reich zu lehen getragen wurde, daß die Mainzer erzbischöfe auch nach 1263 im besitz sehr vieler zehnten im Hessengau gefunden werden, haben Kopp 1, 257 und Wenck 1, 419 bereits erinnert. Unter diesem „lantgericht Hassiae“ ist nun auch in der that nichts weiter zu verstehen als das landgericht Maden, laut einer urkunde v. 1325 (Wenck 2, nr. 298). Darin fordert erzbischof Matthias als ihm angeblich heimgefallene lehen : „die graveschafft vnd das landgerichte zu Heßen, daz man nennet das gerichte zu Maden, Gudensperg burge vnde stat die *in* dieselben gravenschafft vnd lantgerichte horent, mit allem dem daz dazu horet, vnd alle die *zehenden,* die in dieselben graueschafft vnd landgerichte horent, sie habe wer si habe, oder sin verluwen oder unverluwen.“ Vgl. auch urk. v. 1347 bei Guden 3, 339. Dieses landgericht Maden mit den zehnten darin (die an's kloster Hasungen geschenkten novalzehnten ausgenommen) trugen auch die landgrafen von Hessen bis in die letzten zeiten zu lehen. Den sinn dieser urkunden haben Kopp 1, 258 u. 260 und nach ihm Wenck 2, 418 so gründlich erläutert, daß nichts weiter hinzuzufügen ist. Landau, s. 39 geht etwas sehr weit, wenn er willkürlich in *beiden* urkunden „decimas“ und „zehenden“ in centas und centen verändert.

Uebrigens hält Wenck nichtsdestoweniger an der ansicht fest, daß Maden nicht blos der sitz eines zentgerichts, sondern auch eines gerichts über den Hessengau gewesen sei. Er klammert sich hierbei hauptsächlich an eine urkunde an. Im j. 1247 stellen die brüder Hermann und Heinrich von Wolfershausen einen revers aus, daſs ihnen der erzbischof Sifrid von Mainz „iurisdictiones, que *cente* vocantur“, deren der landgraf ihren vater und sie widerrechtlich entsetzt gehabt, „et specialiter iurisdictionem super villam Dyetmelle que *oberste gerichte* vocatur“ zu lehen gegeben, und ihnen auch weiter verpfändet habe: „omnes centas quas sculteti de Kassel hactenus procurarunt“ . . „Denique, licet, sicut predictum est, centas quasdam nobis in feudo concesserit, et alias nobis titulo pignoris obligaret; homines tamen in ipsarum centarum terminis commorantes, nichilominus tenebuntur venire ad *maius tribunal comitatus Hassie*, si ex aliqua causa illuc fuerint evocati.“ [1] Hieraus soll folgen, daß eine anzahl von zenten unter einem höheren gericht der grafen von Hessen gestanden hätten, worunter man nichts anderes als das gericht

[1] Guden 1, 597.

zu Maden verstehen könne. Auch Kopp 1, 254 schließt ähnlich, obwohl er das höhere gericht nicht zu Maden sucht. Ich halte diese auslegungen für irrig. Unter den jurisdictiones, welche der erzbischof denen von Wolfershausen leiht, wird das *oberste* gericht zu Kirchditmol besonders aufgeführt, und von den zenten unterschieden; wenn es daher am schluß der urkunde heißt, daß die in den *zent*-bezirken wohnenden leute einer ladung vor das höhere gericht der grafschaft Hessen folgen müsten, so läßt sich dies nicht auch auf die leute des gerichts Kirchditmol beziehen, wie Kopp 1, 254 will. Die den brüdern von Wolfershausen eingeräumte zentgerichtsbarkeit kann recht wohl nur das, *was ein zentgraf richten durfte* [1], und etwa *einen theil* der hohen gerichtsbarkeit, z. b. über blutrunst, begriffen haben, die aburtheilung größerer verbrechen aber dem landgrafen oder seinen beamten vorbehalten geblieben sein. Unter dem majus tribunal comitatus Hassiae braucht man nicht an ein gericht über den *ganzen* bezirk der grafschaft Hessen zu denken (und daß es ein gericht zu Maden gewesen sei, wird nirgends gesagt); es ist nur das höhere, den grafen von Hessen zustehende, ihrem grafenamt anhängige gericht in den betreffenden zenten selbst; das abstractum „comitatus" steht für das concretum „comitum"; und comitatus bedeutet doch ursprünglich und eigentlich *das amt,* dann folgeweise erst den *amtsbezirk.*

Die verhältnisse waren hier vielleicht ähnlich beschaffen, wie in anderen landgräflichen gerichten. Im gericht Reitzberg z. b. hatten die Schenke zu Schweinsberg den angriff, gebot und verbot, gemeine schlechte steinwürfe, *selbst blutrunst,* also ein stück der höheren gerichtsbarkeit. Die hohe peinlichkeit war ihnen aber nicht eingeräumt.

---

[1] So heißt es ja auch in dem reichsgesetz von 1232: „centumgravii recipiant *centas* a domino terrae", worunter die hohe gerichtsbarkeit doch nicht mitverstanden sein kann.

(Kopp 1, 301.) Im jahr 1235 bewilligt landgraf Conrad von Thüringen dem propst des klosters Cappel, daß er über die bewohner des dorfs Lymessfelt die gerichtsbarkeit haben solle, sowohl bei geringen als großen verbrechen, auch denen wobei blutrinnen erfolgt. Die amtleute des landgrafen sollten, jedoch mit vorbehalt der zustimmung des propsts, einen *centurio* für das kloster und seine güter ernennen (der also wohl namens des propsts und mit ihm die gerichte hielt). Die gerichtsbarkeit über mord und diebstähle, wegen deren *todesstrafe* eintrat, erhielt aber der propst nicht; diese wurden nach wie vor auf dem Sendberg vor den amtleuten des landgrafen in den 3 ungebotnen dingen abgeurtheilt, welche daher auch die bewohner von Lymessfelt noch weiter besuchen musten. (Kopp 1, 240.) Auch in Ostfranken und Schwaben kamen ähnliche vergabungen eines theils der zentgerichtsbarkeit, sei es durch die landesherrn oder durch den könig, häufig vor, und es entstand so die an vielen misverständnissen schuldige unterscheidung zwischen unbeschränkter und beschränkter (centa illimitata, universalis, plena, und c. limitata, specialis, particularis) oder hoher und niederer zent (c. sublimis und c. inferior).[1]

Will man sich mit dieser erklärung des ausdrucks „majus tribunal comitatus Hassie“ noch nicht zufrieden geben, so darf man aus der urkunde von 1247 immerhin nicht folgern, daß sich alle bewohner des Hessengau's jährlich zu drei großen gauversammlungen versammelt hätten; denn die urkunde redet nur von vielleicht 2 oder 3 zenten, und die darin wohnenden leute sollen nur „si ex aliqua causa illuc fuerint evocati“, also nur auf besondere ladung, vor dem höheren gericht der grafschaft Hessen erscheinen. Unter diesem könnte selbst ein bloses hofge-

[1] Vgl. darüber J. J. Beck, praxis aurea, a. 1720, s. 14—17 und s. 87 und den im anhang abgedruckten vertrag zwischen dem hohen stift Würzburg und der unmittelbaren reichsritterschaft v. 19. Juni 1717.

richt der landgrafen verstanden sein, wie sie im 14ten jahrhundert sicher an vielen landesherrlichen höfen bestanden.[1]

In der historischen zeit sind also versammlungen aller freien leute des Hessengau's nachzuweisen. Wie es früher damit gewesen sein mag, läßt sich nur vermuthen. Tacitus nennt einen ort *Mattium* als mittelpunkt des Chattischen volks[2], und man ist wohl berechtigt, dies für unser Mathanon, Madanun zu nehmen. Vielleicht kam man hier aus *allen* gauen wo Hessen wohnten, sei es in masse oder nur durch gesandte, zu religiösen oder nationalen festen zusammen; vielleicht galt auch von dem Wuodensberg was Tacitus in der Germania c. 39 von den Sueven berichtet: „eoque omnis superstitio respicit, tamquam *inde initia gentis, ibi regnator omnium deus,* cetera subiecta atque parentia.“ Denn merkwürdig bleibt es, daß das kleine zentgericht, welches zu Maden am fuße des Gudensbergs gehalten wurde, den stolzen namen trägt: „landgericht zu Hessen.“

---

[1] Vgl. z. b. Homeyer, richtsteig. landr. s. 514.

[2] Annal. 1, 56: „Caesar (Germanicus) incenso Mattio (*id genti caput*) aperta populatus, vertit ad Rhenum.“ So nennt Tacitus, Hist. 1, 68 auch Aventicum (Avenche oder Wiflisburg, östlich vom Neuenburger see) hauptort der Helvetier. „Auenticum gentis caput“; Annal. 3, c. 43. Augustodunum (Autun) hauptort der Aeduer. „Augustodunum caput gentis.“ (Landau, territorien 218 u. 267.)

Zweites Buch.

Almeinde und sondereigen.

Zweites Buch.

I. Die zentmark.

1. Benennungen.

Mark, ahd. marka, marcha (Latein. margo) von merken, ahd. markôn, bedeutet ursprünglich *zeichen, merkmal,* daher auch nordisch münze, also werthzeichen. [1] Von den zeichen und malen, welche in feld und wald die gränzen kenntlich machten, nahm mark selbst die bedeutung von gränze an; es ist das alte Deutsche wort dafür. [2]

Nur das ziehen einer gränze gibt ausschließliches eigenthum; sie ist zum begriffe des eigenthums unentbehrlich. Daher drückt Caesar, B. G. 6, 22 sehr treffend das nichtvorhandensein des privateigenthums durch die worte aus: „neque quisquam agri modum certum, aut *fines* habet proprios". Sobald im lande eine feste abtheilung und zuweisung von wald, wasser und weide geschah, wurden gränzen gezogen, bestehend aus erdaufwürfen, heegen

[1] v. Maurer, einl. 40; Schwenck, Deutsch. wörterb. unter „mark".

[2] *gränze* ist erst seit dem 15. jahrh. aus dem Slavischen herübergenommen.

oder anderen zeichen. Alle welche eine gemeinschaftliche gränze oder mark hatten, waren mitmärker, markgenossen; alles was ihre gränze einschloß war ihr gemeines eigenthum (almeinde), in welchem gemeinschaftliche heerden weideten, freie pürsch und fischerei galt, und gemeinschaftliche ordnungen den gebrauch der gemeinen güter regelten.

Nichts war also natürlicher und naheliegender, als daß man das eingehegte land selbst bald seine gränze, seine mark, nannte, ja daß mark zuletzt sogar die in diesem raum angesiedelte und berechtigte genossenschaft heißen konnte. [1] Mit dem worte gericht verhält es sich ganz ebenso; es bedeutet namentlich auch das unter einem gemeinschaftlichen gerichte stehende land, mit seinen bewohnern.

Sobald innerhalb des weiteren raums der größeren mark noch das einzelne dorf in den festen besitz bestimmter ackergelände kam, und sich in diesem betracht gegen die größere gemeinschaft abschied, entstand der begriff der *dorfmark*. Dieser begegnet allgemein in den so zahlreichen urkunden des 8 u. 9ten jahrhunderts; so, um nur eins von zahllosen beispielen anzuführen, Cod. Lauresh. nr. 3019. j. 773 : „ego Albuin dono ad sanctum Nazarium in pago Wetdereiba in Odupher marca 4 jurnales de terra aratoria“.

Daß „mark“ zu irgend einer zeit vorzugsweise die bedeutung von (gemeinschaftlichem) „*wald*“ gehabt habe, läßt sich nicht behaupten und die von J. Grimm, in den grenzalterthümern s. 111, sowie mythologie, s. 60, mit rücksicht auf altnordischen sprachgebrauch versuchte zurückführung des wortes „mark“ auf den begriff des dunkeln, schwarzen „walds“ findet wenigstens in dieser bezie-

---

[1] z. b. Selbolder w. v. 1366. Gr. 3, 420 : „sall der eingreffe globen . . . . der marcke truwe vnd holt tzu sin“.

hung keine unterstützung.[1] — Aus demselben grunde muß auch die von K. Schwenck in seinem wörterbuch d. Deutsch. spr. 4 aufl. gegebene auslegung aufgegeben werden, mark bedeute außer zeichen und gränze auch den wald, weil derselbe die grenze der rodungen bildete, so wie auch der Römische gott des waldes, Silvanus, zugleich ein beschützer der gränze sei. Zudem wird der name „mark", „markwald" auf gewisse arten von wäldern, nämlich auf königliche oder landesherrliche forste *niemals* angewandt, während er für wälder und gründe, die almeinde sind, ganz gewöhnlich ist.

Urk. v. 1279 b. Bodmann 1, 441 : „Abbate et conuentu asserentibus, se merito debere gaudere eo iure in nemoribus, pascuis et aquis, tam propinquis quam remotis, quod uidelicet ius *marke* vocatur, quo dicte vniuersitates gaudebant, et gaudent . . . . Et sic per consequens prefati abbas et conuentus, qui similiter sunt incole Rinichowie, a nemoribus, pascuis et aquis, seu aliis communibus iuribus, que *marke* dicuntur non essent excludendi." Also was die gemeinschaft besitzt, die communia jura, wird mark genannt. Stadtrecht von Winterthur v. 1264. Bluntschli, rechtsgeschichte von Zürich, 2, 392 : „Item silva dicta Eschaberch eo jure communi quod volgo dicitur *gimeinmerche,* quemadmodum hactenus ab antiquo fuisse dinoscitur, in vsum ville cedet abhinc inantea memoratae (Wintirtur)." Urk. v. 1201 b. Lacomblet 2, 2 : „Similiter homines de Turren de communi silua, quam vocant *holzmarke,* persoluent . . . duos modios auene."

Diejenigen welche zusammen eine gemeine mark haben, heißen *märker, mitmärker, markgenossen,* Westfälisch *mark-*

[1] Siehe auch v. Maurer, einl. 41. Landau, territor. 164. Baur, Hess. urk. 1, nr. 951. j. 1361 : „die *wisen,* die man die marke nennet." Gr. 1, 526. j. 1421 : „daz bruch, gnant die marcke". Gr. 1, 137. j. 1484 : „dass der bruel ir gemein march sein sol".

genoten, latinisirt *marchiones, commarchiones*; z. B. . . „circummanentes rustici, quos hic commarchiones appellant. (Norberts leben Benno's II, bischofs zu Osnabrück vom j. 1068–1088.) Baur, Arnsb. urk. nr. 28. j. 1239: „universitas omnium commarchionum." Lateinisch wird es mit *confines* wiedergegeben; z. b. in der constit. pacis v. 1085. Pertz leg. 2, 56. Schon althochdeutsche glossen übertragen *kamarcho, kamarchio* durch *vicinus* oder *confinis*. (Grimm, gramm. 2, 736.)[1]

---

[1] Viele, wie Rogge 99 und 44, Grimm R. A. 858, Weiske 35, Zöpfl 875, v. Maurer, einl. 42, glaubten auch in tit. 16, 1. §. 2 des Bairischen volksrechts unter commarchanus einen markgenossen, mitmärker, verstehen zu sollen, und es sind namentlich von Rogge allerlei unrichtige theorieen auf diese erklärung gebaut worden. Man würde zu derselben gar nicht gekommen sein, wenn man gewust hätte, daß die bewohner von 20 und 30 dörfern markgenossen waren, und nicht blos die bewohner eines einzigen dorfs, und daß letztere sich unter einander gewöhnlich nicht märker, sondern blos nachbarn, hausgenossen, nannten. Commarchanus bedeutet hier nur einen angränzer, anlieger, anstößer, dessen acker an den im streit befangenen acker anstößt. So nehmen auch Waitz 2, 266 und Homeyer, richtsteig landr. s. 465 an. Ein solcher anlieger konnte natürlich die beste auskunft darüber geben, wer den streitigen acker besessen habe, ja er konnte allein sicher und zuverlässig wissen — worauf es hier gerade ankommt — wer der ältere besitzer gewesen, und wer erst nach der hand in besitz gekommen. Es sind dies thatsachen, welche keineswegs *jedem* bewohner eines dorfs bekannt sein können und bekannt zu sein pflegen, worüber selbst feldgeschwornen und feldschützen oft genauere wissenschaft abgeht. Das Bairische volksrecht verlangt im interesse desjenigen, gegen den der beweis geführt wird, daß wer eigenthum oder besseren besitz behauptet, auch die *besten* beweismittel gebrauche, nicht etwa personen zu zeugen aufrufe, die auf grund ungenauer beobachtungen falsche aussagen machen. Da die besten zeugen genommen waren, so war auch ein gegenbeweis durch zeugen nicht möglich, sondern nur eine überführung des meineids durch gottesurtheil. (Der acker des commarchanus muste mindestens 6 solidi werth sein, und letzterer außerdem noch 6 solidi im vermögen haben, sodaß sich der gegner im fall des meineids an ihn halten konnte; denn die strafe des meineids betrug nach Bairischem recht 12 solidi. So hat v. Maurer, einl. 71 die worte

In Niedersachsen, wo statt wald der ausdruck „holt" (holz) geläufiger ist, heißen die miteigner *holten*, *holtgenoten*, *holzgenossen* (Grimm, grenzalterthümer 111). Auch *erben*, *ganerben*, *coheredes* werden sie genannt. Ueber die fast nur in Westfalen vorkommende benennung *erfexen* vgl. Grimm, R. A. 504; Wiener jahrbücher 45, s. 127 u. Deutsch. wörterb. 3, 718. Was *schargenoten*, *schernoten*, *schernen* sind, bleibt erst noch besser festzustellen. vgl. die anführungen bei v. Maurer, 108.

Im Rheingau und in der Rheinpfalz ist statt mark *heingereide* (hengeraydt. Schöpflin, Alsat. ill. 1, 653), *gereide*, *gereite* gebräuchlich.[1] Der markgenosse heißt dort *gereidengenoß*, *reydegenoß*.[2] Ueber die ableitung des wortes bestehen sehr verschiedene ansichten. *Hein* erklärten Schöpflin, Alsat. diplom. nr. 774 note. Würdtwein, nov. subst. 12, 170 note. v. Löw, 3, für : wald, lucus, silva; *gereide* schien ihnen so viel wie gerede, gericht, um so mehr als sie das wort heimgerede für einerlei mit hein-

„et similem agrum" richtig erklärt.) Etwas analoges findet sich auch noch viel später. Wer im Flamersheimer wald (im Jülich'schen amte Tomberg) beholzigungsrecht für seine hofstatt in anspruch nahm, der muste sein recht mit vier seiner *nächsten* nachbarn beweisen, die nach ihm zu schwören hatten. Gr. 2, 685 : „Dan wer sich vermeist der gerechdicheit zo hauen, der sall brengen veyr sinre neister naberen, tzwein bouen im vnnd tzwein vnder im, die veyr sullen myt im zo den hillgen sweren, he vur, ind die veyr nae, dat der hoeffthoestart ader platze, dar he sich up vermist, eyn anerff des waldtz zo sin, eyn anerff sy." Ob es mit dem von Bodmann 642 (vgl. Grimm, R. A. 859) erwähnten siebengezeug seine richtigkeit habe, bin ich außer stand zu prüfen.

[1] Nach Schöpflin, Alsat. illustr. 1, 653 heißen die geraiden auch *bruderschaften*.

[2] Die stelle bei Böhmer, fontes rer. Germ. 2, 209 : „urbani qui heimgereiden vocantur" kann ungenau sein, da dem herausgeber nur späte abschriften zu gebot standen.

gereide hielten. Allein J. Grimm hat in den Wiener jahrbüchern 45, 127 diese erklärung widerlegt, indem er sagt: „gereite unterscheidet sich ganz von gerihte, dieses ist neutral, jenes wird in allen bekannten stellen (die heingereite, die hantgereide) weiblich gebraucht.[1] Das althochd. kireiti (pompa), mittelh. gereite (apparatus, instructus) helfen nichts, weil sie ebenfalls neutral; doch kann das zu suchende femininum damit einer wurzel sein.“ Andere, aber nicht richtigere erklärungen geben Bodmann 440, und Zöpfl, s. 730. Meiner ansicht nach kann hein, hain, (aus hagen) ebensogut *hecke*, *heege* bedeuten als wald; und von heegen waren ja die marken ehemals umfaßt. Doch kommt es darauf weniger an, da gereide ein ganz selbständiges wort ist, dessen bedeutung für sich zu ermitteln steht. Es findet sich noch in der zusammensetzung *hofreite* (ebenfalls einem femininum), wofür auch zuweilen *hofgereit* vorkommt (Haltaus, 940). Welcher sinn ihm aber zu grunde liegt, soll hier nicht weiter vermuthet werden. Vielleicht sind auch die unerklärten worte *wytreite* Gr. 1, 148, 160 und 172, und *wyttraichi*, *weyttraichi* Gr. 1, 381, 392, 393 hierherzuziehen.

Würdtwein, nov. subs. 12, 170. j. 1256: „(Nos) Universitas eorum qui *Heingereide* dicuntur de Gotramestein.“ j. 1256 (ibid. 171): „rusticos de Gotramestein et eorum complices qui heingereide dicuntur.“ . . . . „Prefatis rusticis et hiis qui heingereide dicuntur perpetuum silencium imponentes.“ Der satz „rusticos de G. et eorum complices qui heingereide dicuntur“ wiederholt sich in einer anzahl von urkunden, s. 173, 226, 246, 248, 252. (246 u. 248 steht „heingereit.“) Nicht die einzelnen, sondern *die*

---

[1] Ich füge hinzu, daß in den urkunden bei Würdtwein, nov. subs. 12, 227 ff. lantgerethe, lantgerihte, gerihte von heingereide klar unterschieden wird.

gesammtheit der bauern und ihrer mitberechtigten wird heingereide genannt, gerade so wie auch häufig die gesammtheit der märker „die mark" heißt.

Im j. 1291 begnadigte könig Rudolf die gesammten bürger der neu angelegten reichsstadt Landau „quod vos habeatis plenum jus utendi lignis in silva *Heingereite*, quemadmodum jus habent subscripte videlicet, Nossdorf, Guntramsteyn, Sibeltingen, Colchenbach, Burckwiler, Franckwiler, Albrechswiler, Hanskirchen, Schembach, Rotenbach, Hannbach, Mettenbach et Grevenhusen." (Schöpflin, Alsatia diplom. nr. 774; bei Grimm, w. 1, 767 note ist verdruckt Hemgereite.) Urk. der stadt Landau v. 1295 in Mone, zeitschr. 8, 142 : „umbe den walt, der do heißet *heingereite*, in dem uns recht hat gegeben der kueng Rudolf selige. [abschr. aus dem anfang des 14 jahrh. Die um 3 jahrhunderte jüngere abschrift bei Grimm, w. 1, 766 schreibt durchgängig „heimgeraidte" (!)] Würdtwein, nov. subs. 12, 317. j. 1394 : „wir die *gereide* gemeinlich, mit namen Landav, Gotermstein" (folgen die namen der übrigen 13 dörfer und höfe). Zu anfang der urkunde hieß es : „daz . . eine missehellunge ist gewest zwischen . . dem closter zu Uzerstal . . . und den erbern luten gemeinlich die zu der *heingereiden* horent . . ., umb gemeinschafft die die vorgenante herren der apt und convent sprachent zu han off den walt der die *heingereide* heiszet." Wie ist die stelle, s. 314, zu verstehen : „so mag man sie rugen als einen ungerett genossen"? Urk. bei v. Maurer 55, note 7 : „in dem waldt von gehöltz soll ein jeglicher *geraidengenoß* einer alßviel der andere haben und nemmen." Weisth. zu Edenkoben. 14 jahrh. Gr. 1, 772 : „und was der *gereyden* verbotten ist, das ist ime (dem bischof) auch verbotten." Gr. 1, 493, zeile 1. j. 1455 : „Auch weysen wir, wer do in pflicht ist, der soll hude (heute) hie syne, vnnd soll sin *heingereide* suchen."

Urk. v. 1509 über die waldmark zu Bleisweiler, in Mone's zeitschr. 8, 138: „Item die beholtzuenge in der *gereyden* betreffen, dwile wir nit macht han (nämlich pfalzgraf Alexander), yemants holtz daruʒ zu geben, so wollen wir doch an den *reydegenossen* uʒ gnaden und keyner gerechtigkeyt understene zu erlangen, das den gemelten styftsherren (dem kloster Klingenmünster) viertzig oder fuenfzig stucke holtzs zue irem buwe dienende gefolgt werden.“ Eine darstellung der haingereiden in der Pfalz und ihrer theilung soll das Intelligenzblatt des königl. Bayr. Rheinkreises (Pfalz), jahrgang 1827, 1828 und 1829 enthalten, im jahrg. 1828 s. 330 auch ein weisthum vom j. 1526 abgedruckt sein. Diese und andere von Mittermaier, privatr. §. 120 note 29 angezogenen quellen, sowie die von Bodmann, 456 erwähnte kurfürstl. Mainzische haingeraidsordnung von 1732 waren mir nicht zugänglich.

2. Die mark ist ein geschlossenes landgebiet.

Die mark ist ein geschlossenes landgebiet, kein conglomerat zerstreuter besitzungen einer mehrzahl von berechtigten.[1] Wo immer gränzen einer mark beschrieben werden, beschränkt sich dies nicht auf die gemeinen wälder und gründe, sondern dorf und feld sind allemal mitbegriffen. Beispiele hierfür lassen sich unzählige beibringen. Daher ist derjenige „ausmärker“, welcher nicht innerhalb des so beschriebenen umfangs der mark sitzt. Daher erklären sich die in allen weisthümern wiederkehrenden verbote, aus der gemeinschaft gezogene nutzungen „aus der mark“, an auswärts wohnende, zu verkaufen.

Alle welche innerhalb des umfangs der mark wohnen, haben markrecht, ihnen allen sind wälder, weiden und

[1] Auch Landau, territ. 186 faʒt die mark als „ein ungetrenntes, eine einheit darstellendes, fest in sich abgeschlossenes landgebiet“ auf.

gewässer gemein, und heißen daher auch *gemeinde, almeinde* [1], *communitas, gimeinmerche, meinwerk, gimeinwerch, waldemêne, woldemeyne* [2] u. s. w. Im j. 1279 erklären die Mainzischen ministeriales im Rheingau auf ihre eide als recht des landes : „quod *omnes* in confinio quolibet (in einer mark) *residentes* equale ius in nemoribus, pascuis et aquis, secundum morem regionis, habere deberent, nisi huiusmodi iuris renunciatio legitime probaretur.“ [3]

Urk. v. 1248 in Mon. Boic. 8, s. 186 : „locum communem . . que in vulgari dicitur *gmainde.*“ Urk. v. 1281 in Mon. Boic. 13, s. 22 : „silvam . . que vulgo dicitur *gemainde*, quam sibi injuste usurpabant homines de Sinzingen.“ Urk. v. 1207 bei Mone 1, 112 : „compescuum, id est teutonice almeinda vel *gemeinweida.*“ — Urk. v. 1241 (vgl. Grimm in Haupts zeitschr. 8, 392) : „communia pascua sive *algmendam*; — in donatione predicte *algmande.*“ Gr. 1, 765. j. 1275 „in communibus pascuis, que *almeinde* vulgari vocabulo nuncupantur.“ Urk. v. 1220 b. Guden, syll. 117 : „in communitate rusticorum eiusdem ville, quam *almeinde* nuncupant. Urk. v. 1133 bei Schöpflin, Alsat. dipl. nr. 252 : „potestatem secandi in silva publicali, quod vulgo *almeide* dicitur.“ Urk. v. 1292 bei Baur, Hess. urk. 1, nr. 276 : „Nec vllatenus admittatis, vt aliqua fiant noualia . . . . in communitate villae Morle, que *almende* vulgariter appellatur.“ Das citat v. Maurer's, s. 29 note 32 nach

---

[1] al = ganz, wie in alot; mein = gemein (schon ahd. kommt meinscaf statt gimeinscaf vor); almein also : was durchaus, ganz, oder allen gemein ist, woran niemand ein abgesondertes, vorzugsweises recht hat (vgl. Grimm, in M. Haupt's zeitschrift f Deutsches alterthum 8, 389). Nichtswisser des vorigen jahrhunderts hielten das wort für das Lateinische „aliment“, ja sogar in urtheilen des reichskammergerichts begegnet man diesem groben verstoß. (vgl. v. Cramer, Wetzlar. nebenst. 3, 134.)

[2] Landau, territ. 165. Grimm a. a. o. erklärt es für communio silvae, silva communis.

[3] Bodmann 441.

Mader, ist hiernach zu berichtigen. Urk. v. 1219 b. Guden, syll. 108 : „de communi nemore, quod *almeina* dicitur." Urk. v. 1275. Grimm, 1, 765 : „omnes alie silve . . . . sint communes et *almeinde* vulgari vocabulo." Nach Mone, zeitschr. 8, 137 soll in einer urk. von Blotzheim im Oberelsaß, vom j. 1435, *alamenda* ville vorkommen. Baur, Hess. urk. 1, nr. 5, j. 1186 : „Erat apud uillam Leheim (Oberrheingau) terra quedam campestris et ex antiquo inculta, communibus tantum pascuis exposita . . Sepedictam terram . . . perpetuo incultam manere et communibus, quod uulgares *almeine* dicunt, uacare usibus concessimus." Saalbuch des amts Battenberg : „gemeine gebräuche oder allmen."

Im j. 1657 stellt die „gemein" zu Unter- und Oberflorstadt eine urkunde aus, worin sie einem gläubiger das recht einräumt, wenn das ihm verschriebene unterpfand nicht zu seiner befriedigung ausreiche, „alsdan an andern vnsern gemeynen gütern vnd *allmeyen*, ersucht vnd vnersucht, sich zu befriedigen." Landbuch von Schwiz, s. 208 (v. Maurer, einl. 15) : „es sye vff der *allmy* oder in eygnen güttern." „Vich vff die *allmey* treiben." (Wetterauische urk. v. 1658) Carber weisth. (15 jahrh.) : „die einschirigen wiesen weysen wir ein *allmey* biß Walpur : zu Walpur ane soll man sie hegen biß St. Bartholomeustagh; vnd nach Sanct Bartholomeustagh ist es wieder ein *allmey*."

Auch ein anderer name ist vom an- und mitrecht der genossen hergenommen. Weisth. zu Heimhofen bei v. Maurer, markenverf. 474 u. 475. gegen das 15 jahrh. : „Item wer da mewet off den *ganerben* vor Sant Johanstag" . . „Item soll nyeman kein sunder hert han off die *ganerbe*, vnd sol auch kein ander fiehe daruff gen dan zog fiehe" . . „Item soll nyeman keyn wiese ruden (nach andrer fassung „rotten") off den *ganerben*."

Die mark war nach altgermanischem brauch gegen außen durch eine wehr abgeschlossen und verwahrt.[1] Eine mächtige hecke von vielen ruthen durchmesser, oder ein aufgeworfener graben — *heeg, landheeg, bannzaun, gebück, landwehr, landgewehr, landfrieden* — zog der gränze entlang, schützte die weiden gegen das eindringen fremder viehheerden, die wälder gegen holzfrevler, und hinderte das entlaufen des eignen viehs. Nur an bestimmten orten waren durchlässe angebracht, welche ein von selbst zufallendes thor, *fallthor*, oder ein s. g. *schlag* verschloß. Diese hecken und aufwürfe wurden von der ganzen markgemeinde unterhalten und waren ihr eigenthum.[2] Einzelne bäume in diesen heegen ließ man frei auswachsen und zeichnete sie noch besonders durch einhauen von kreuzen oder wappen; dieselben hießen *malbäume, lochbäume.* Auch große steine wurden als merkmale an die heege oder landwehr gesetzt. Unter solchen steinen pflegte man im innern Deutschland eirunde kieslinge, geldstücke, gläser, kohlen und andere der verwesung nicht unterworfene gegenstände einzugraben, die nach dem verlauf langer zeit den hergang bezeugen konnten. Wo häuser in der richtung lagen, leitete man die gränze mitten über heerd oder haustenne, die beide im alterthum heilige den göttern geweihte örter waren.[3] Die bösliche beschädigung und verrückung der gränzzeichen galt als frevel an der gottheit; es beweisen dies die grausamen und alterthümlichen strafen, welche dem thäter angedroht werden. Nach einigen weisthümern

---

[1] Ausführlichere mittheilungen darüber habe ich im Anzeiger f. kunde der Deutsch. vorzeit, 1860, nr. 1—5 gemacht.

[2] Im 17 u. 18ten jahrh., wo sie zum theil abgingen und verödeten, haben sich die landesherrn vielfach in ihren besitz gesetzt.

[3] Grimm, grenzalterthümer 119, u. 135. Weisthümer 3, 710 u. 717.

z. b. soll er bis an den hals in die erde gegraben, und ihm dann mit einem neuen pflug, einem nie zur arbeit gebrauchten viergespann von fohlen, und von einem pflüger der das geschäft noch nie verrichtet, der kopf abgeackert worden, bis er todt ist. „Daß neuer pflug und neues geschirr u. s. w. erfordert werden, darin ist keine schärfung der strafe, sondern nur die ehrerbietung zu erblicken, die man dem gott zur sühnung des frevels schuldig war. Auch bei andern anlässen sind einem heiligen oder könige rosse vorzuführen, auf denen noch nicht zaum und sattel gelegen hatte, wie viel mehr einem gott?" Nach einem tiefwurzelnden volksaberglauben wandern die seelen aller, die sich an marken und gränzen vergriffen, auf den fluren als irwische oder feuermänner um.[1]

Es ist ein wichtiger beweis für das hohe alterthum der marken, daß sie sich nicht nach willkürlich gezogenen linien, sondern nach höhenzügen und wasserläufen, also natürlichen bildungen, von einander scheiden. Wo das regenwasser, oder der von sonne oder wärme aufgelöste schnee nach zwei seiten in die tiefe rinnt (wasserscheide, schneeschmelze), oder in lavinen hinabrollt oder ruscht (schneeläufe, schneeschleife), also auf dem höchsten punkt des bergrückens, ist die gränze. So zieht nach einer urkunde v. j. 1050 die gränze des gebiets der abtei Pfäfers: „ad montium sumitates vulgo schneeleufe"[2]; die gränze zwischen Oesterreich und Steiermark „alz die regenwazzer vlieszzent."[3] Die weisthümer haben dafür auch die formeln: „wie kugel walzt und wasser rinnt; als stein und wasser rinnt; als der schlegel herab walgt."[4] So heißt es

---

[1] Grimm, grenzalterth. 131 u. 132.

[2] Herrgott, geneal. Habsbg. 2, 122.

[3] Kurz, script. rer. Austr. 1, 243. Landau, territ. 151 note und v. Maurer, 316.

[4] J. Grimm, abh. d. Berliner akad. 1843, s. 124 und R. A. 84.

im ehaftrecht von Peitingau (gegen 1435) Gr. 3, 654, §. 61: „Item es ist auch ze wissen, wie ferr die gmain (almeinde) gat in die sass, so soll man ein slegel nemmen, und soll in tragen in den wald, und soll in lassen walgen; als verr der schlegel herab walgt, als verr mag einer wol hauen im selber on schaden. Haut er aber fürbas, so ist er die puss schuldig, die vor in dem puch geschribn stet.“ So lange also der runde schlegel noch nach der heimath, nicht nach einer fremden mark hinrollt, weiß man sich auf der heimathlichen almeinde, und haut sein holz mit fug und recht.

Gewöhnlich also die ganzen thäler bilden eine markgemeinschaft, ein gericht, was sich nicht selten auch im namen ausdrückt. Dahin gehören z. b. das gericht Bücher thal in der Wetterau, das Busecker thal und der Breidenbacher grund im Oberlahngau, das Schefflenzer thal in der Badischen Pfalz, früher pagus Scaflenzgowe[1]. Diese art der abscheidung war einfach, der veränderung und dem irrthum am wenigsten unterworfen, und der ländlichen lebensart des volkes angemessen. Sie bildet daher auch die fast durchgängige regel.[2] Zuweilen macht aber auch ein bach die gränze; so z. b. die Nidda zwischen der Hohen mark am Taunus und der grafschaft Bornheimerberg. Der gau Cunigessunderen reichte von der Walluf bis zur Crüftel.[3]

3. Jede zent ist eine mark.

Es wirft sich uns nun die folgenschwere frage auf, wie sich die mark zu den politischen verbänden, welche

[1] Cod. Lauresh. 2, 593—595; 3, 155—157. v. Maurer, einl. 54.

[2] Ich behaupte dies aus genauester kenntnis auch gerade für die Wetterau, ungeachtet Wippermann vor nicht langer zeit hier die regel aufzufinden glaubte, die bäche schieden marken und gerichte.

[3] Grimm, weisth. 1, 555 note.

wir bereits kennen lernten, zu dorf, zent oder gau verhalte. Viele sind daran um deswillen gescheitert, weil sie entweder keine richtige vorstellung von gau und zent, oder keine genügende kenntnis der geschichte der marken hatten. Suchte man doch fast nur in Westfalen und in der Wetterau solche alterthümer und hatte keine ahnung von ihrem ganz allgemeinen vorkommen. Nachdem Möser in seiner geschichte von Osnabrück 1, §. 9 den ausspruch gethan, daß „die grenzen der marken mit keiner landesamts- gerichts oder bauerschaftsgrenze zusammenträfen“ [1], beruhigte man sich jahrzehnde lang bei seiner autorität, und war nur besorgt eine absonderliche, wie man wähnte deutschrechtliche, theorie für die „markgenossenschaften“ aufzufinden. In neueren zeiten kam man einigermaßen auf bessere spuren. Die öffentliche gewalt, welche auch in den späteren zeiten von den märkerversammlungen und markbeamten ausgeübt wurde, indem sie einheimische wie fremde frevler pfänden, verhaften, um gut, ja sogar am leben strafen konnten, bestätigte, daß sie volksgerichte [2] und nicht etwa zusammenkünfte von privatleuten waren, wie ein congreß von eisenbahnactionären oder bergwerksgenossen. Auch die häufig anzutreffenden benennungen „*gerichts*wald“, „gerichtsweide“, „landswald“, „amtswaldung“, „zentwaldung“, führten auf andere regeln. Renaud stellte in der zeitschrift für Deutsches recht 9, s. 14, und in seinem lehrbuch des D. privatrechts 1, 334 den satz auf: die markgenossenschaften seien ursprünglich „mit den gauen, centen oder decanien“ zusammengefallen; d. h. also, die politischen gemeinden, hier die weiteren,

[1] Während er doch selbst 1, s. 305 äußert: „der gow Dersaburg besteht noch auf gewisse weise in der jetzigen großen Deseberger mark.“

[2] Hierauf machte zuerst Weiske, s. 33, und nach ihm Waitz, 1, 43 note aufmerksam.

dort die engeren, hätten die markgenossenschaft gebildet. Weniger bestimmt lehrte dies auch schon Eichhorn §. 84[a]. In den letzten jahren verfiel man wieder auf andere theorien. Landau, territorien, s. 190 meinte, mark und gau hätten nichts miteinander gemein; letzterer sei nach der gliederung des volks in stämme gebildet, die mark nach rein örtlichen verhältnissen. Die alten marken seien sehr ausgedehnt und oft größer als ein gau gewesen. Auch v. Maurer geht von einer ursprünglichen verschiedenheit der marken und politischen verbände aus (s. 1). Später, nach dem untergang der alten markgenossenschaft, sei „die markgemeinde vielfach (also nicht immer) in eine landesgemeinde übergegangen“ (s. 21 und 72); „die marken seien in gaue und in gaugrafschaften umgeschaffen worden“; ja dies sei mit den meisten der fall (s. 197; vgl. v. Maurer, einl. 95).[1] Nach einer anderen ansicht, welche z. b.

---

[1] Es läßt sich zum theil im einzelnen erkennen, wodurch Landau und v. Maurer zu ihren unrichtigen annahmen geführt wurden. So meint letzterer s. 8, die Fuldische mark sei ursprünglich sehr groß gewesen, und habe sich über (soll wohl heißen „in“) mehrere gaue, nämlich Wetterau und Niddagau, erstreckt. Das ist aber ein irrthum. Das kloster Fulda erhielt durch schenkungen Karls des Großen, Ludwigs des Frommen und anderer könige die dörfer welche das landgericht und die *mark Bingenheim* in der Wetterau bildeten. Dieses gebiet hieß die Fuldische mark (vgl. die weisthümer bei Grimm 3, 438), und die grafen von Ziegenhain waren darüber erbliche vögte. Außerdem besaß Fulda nachweislich seit dem 13ten jahrh. das dorf Petterweil, welches gewöhnlich zum Niddagau gerechnet wird. Nun scheint v. Maurer aus einer urkunde von 1320 bei Baur, Arnsburger urkb. nr. 525 zu folgern, daß auch Petterweil zur Fuldischen mark gehört habe. Das will aber die urkunde gar nicht sagen, und es würde auch an sich wenig beweisen, da mark oft nur so viel als gebiet heißt. Von der *Bingenheimer* mark liegt Petterweil mehrere stunden weit ab, hat niemals etwas mit derselben zu thun gehabt, stand nicht unter den grafen von Ziegenhain als vögten, gehörte vielmehr mit einer anzahl anderer dörfer des Niedgaus zur *Seulberger mark*!

Auch was Landau, territ. 121 und v. Maurer s. 7 u. 17 über die angebliche Heppenheimer mark vorbringen, halte ich für völlig un-

Bluntschli, in der kritischen überschau 2, 300 und rechtsgesch. v. Zürich 1, 86 vertritt, wäre das *einzelne dorf*

---

richtig. Dem kloster Lorsch ist nie der grund und boden der „silva, quae pertinet ad Hephenheim“ geschenkt worden, deren „marcha sive terminus“ (d. i. weiter nichts als gränze!) im j. 795 beschrieben wird. Es wurde ihm nur der wildbann in diesem außerordentlich großen bezirk überlassen, den bis zum j. 773 der könig besessen hatte. Wald, wasser und weide sieht man ja späterhin überall großen markgenossenschaften zustehn, und es wäre unerklärlich, wie diese dazu gekommen sein sollten. Im besitz des wildbanns dagegen hat sich das kloster Lorsch auch noch später befunden (vgl. das weisthum v. 1423 bei Gr. 1, 463).

Endlich muß ich mich noch gegen eine von beiden gelehrten übereinstimmend aufgestellte theorie erklären. Es läßt sich aus manchen gründen vermuthen, daß manche kleine dörfer und einzelhöfe erst lange nach der ersten ansiedlung und eintheilung des lands, ja erst im mittelalter entstanden sind, also außerhalb des haingrabens des ursprünglichen dorfs hier und da in der gemarkung angelegt wurden. Dieselben bildeten dann stets mit dem hauptdorf eine gemeinde und ein gericht unter demselben ortsvorsteher. Beispiele sind bereits oben s. 38 genannt. Bis dahin ist der forscher noch auf festem boden. Zu sehr zweifelhaften und großentheils völlig irrigen ergebnissen führt es aber, auch aus den 10, 12, 20 und mehr dörfern der großen mark eines herausgreifen und für das *mutter-* oder *urdorf* erklären zu wollen, von dem alle übrigen spätere colonien seien. So nennt z. b. v. Maurer, einl. 49, Rüdesheim das vermuthliche urdorf der 20 dörfer des Rheingaus, und Landau in seiner beschreibung des gaus Wettereiba wendet die theorie auf alle marken dieses gaues an. Es steht diese aufstellung derjenigen zur seite, welche die dörfer aus vertheilung weniger großer gutshöfe entstehen läßt (Stälin 1, 355; v. Maurer 169), wovor schon Grimm, R. A. 562 gewarnt hat. Die meisten marken führen ihren namen fast immer nach dem orte, wo das märkerding und das landgericht gehalten wurde; eines der markdörfer muste doch diesen vorzug haben, und es ist unzulässig, das einem höheren alter und größerer berechtigung zuzuschreiben. Daß die bewohner der „filial- und colonialdörfer“ „meistentheils“, also *nicht* immer, antheil an der gemeinen mark gehabt, daß das urdorf „nach wie vor an der spitze der gemeinen mark, also auch an der spitze der markgenossenschaft“ gestanden, wie v. Maurer s. 2 bemerkt, sind theils viel zu allgemeine, theils unbewiesene behauptungen. Für die angezogenen beispiele muß ich ein vorrecht der dörfer, worin das märkergeding gehalten wurde, sei es bezüglich der nutzungen oder der wahl

regelmäßig eine mark; auch J. Grimm R. A. 503 dachte sich die großen marken aus einem zusammenziehen mehrerer kleinen entstanden. Allein das kleinere ist überall durch spaltung größerer ganzen entstanden; nicht blos am Oberrhein und in Westfalen, wie Bluntschli meint, bildet die große mark die regel; auch in der Schweiz ist dies der fall. Der gesammte canton Uri hat (nach v. Maurer, 48) noch heutzutage gemeine landesalpen; ebenso bilden der canton Schwyz und endlich die 22 kirchhören des landes Toggenburg große markgemeinden. (Renaud, lehrbuch 1, 334 u. 339.)

Um zur richtigen erkenntnis des verhältnisses von mark und gericht zu gelangen, habe ich *alle* in der Wetterau vorfindlichen marken, nicht blos etwa die wenigen, worüber zufällig weisthümer vorliegen, aufgenommen. Urkunden, markbücher, akten, namentlich solche über marktheilungen, setzten mich in den stand, den umfang der marken bis in's genaueste kennen zu lernen. Ueberall

---

der markbeamten, entschieden in abrede stellen; und die s. 214 namhaft gemachten beispiele lassen eine andere erklärung zu, können überhaupt keine regel begründen. In manchen der fälle, die v. Maurer s. 18 aufzählt, rührt die geringere berechtigung gewisser dörfer wohl von besonderen verhältnissen her, die hier nicht außer berücksichtigung bleiben dürfen; in andern, wie z. b. bei der Rodheim-Köpperner mark, hat sie gar nicht bestanden. Auch Landau, territ. 115 meint irrig: „demjenigen orte, nach welchem eine mark genannt worden sei, müsse das ganze gebiet derselben allein zugestanden haben“; hier sei die erste niederlassung gewesen; von dieser stammten alle übrigen ansiedlungen und dörfer. Landau nimmt daher auch an, daß in einem ganzen lande anfänglich nur *sehr wenige* niederlassungen begründet worden seien (s. 240). Jede solche habe ein sehr weites gebiet zur verfügung gehabt. Die alten centen (denn das volk habe sich centenweise niedergelassen) seien daher sehr groß gewesen, und größer und von höherer politischen bedeutung als die mittelalterlichen (s. 192). Mit dem wachsen der bevölkerung sei nämlich die dorfgemeinde (decania) zur cent, die seitherige cent zum gau geworden, der gau aber habe sich in mehrere gaue geschieden (s. 196).

fand ich, daʒ gericht und mark ursprünglich zusammentreffen, und zwar **daſʒ jede zent ehemals eine mark gewesen sein muſʒ.** Dies letztere läʒt sich nicht nur aus einzelnen beispielen vermuthen, wo eine zent bis in neuere zeiten wirklich eine mark geblieben ist (wie z. b. die landgerichte Büdingen, Ortenberg, Bingenheim in der Wetterau, das Rheingau zwischen den beiden bächen Walluf und Wisper); sondern selbst wo sich nur trümmer des gröʒeren ganzen noch vorfinden, läʒt sich die frühere gemeinschaft dennoch mittelbar geradezu beweisen. Die bekräftigung dieses satzes werde ich nicht schuldig bleiben. Um jedem irrthum zu entrinnen, habe ich meine untersuchungen auch auf den Niederlahngau, Maingau, Rheingau, Niedgau, den gau Cunigessundern ausgedehnt, und dort nur bestätigungen meiner ansicht angetroffen.[1]

Diese übereinstimmung von zent und mark bietet eines der weitaus wichtigsten hülfsmittel um die alten eintheilungen des landes sicher zu ermitteln; denn diese vermögensrechtliche verbindung überdauerte mit zähigkeit die manichfachen einflüsse, wodurch die politische und gerichtliche gemeinschaft allmählig verwitterte. Gemeinschaftliche wälder und märkerdinge, koppelweiden, holzungs- und mastungsrechte, mitberechtigung an freier pürsch und fischerei verknüpften bis auf die neueste zeit dörfer, deren trennung sich beim mangel an urkunden in völliges dunkel verliert. Mögen es sich die freunde Deutschen alterthums und Deutscher geschichte angelegen sein

[1] Schon Weiske s. 5 u. 34 nahm an, daʒ centene und mark identisch seien; nur hat er eine unrichtige vorstellung von centene. Schöpflin 2, 127 gibt an, die Godramsteiner oder Ober-haingeraide sei in drei zenten eingetheilt, und in einer derselben, in der Unterzent, liege die stadt Landau. Dies stöʒt die regel aber noch lange nicht um, da wir wissen, daʒ auch blose stücke alter zenten den namen zent führten.

lassen, diese überbleibsel der alten markgemeinschaft ohne aufschub zu verzeichnen; schon beginnt die genaue wissenschaft davon aus dem gedächtnis des landvolks zu entschwinden.

4. Die königlichen waldungen.

Nicht aber das ganze land war in alter zeit bewohnt und im anerkannten besitze einer völkerschaft; ungeheuere wälder, von menschen verlassen, bedeckten ganze landstriche und hielten die völker auseinander. Die Ardennen, der Speßhart, das Buchenland und andere waren noch über reste davon; als einöden schildern sie die urkunden des 7 und 8ten jahrhunderts. Hontheim 1, 130 : „infra vasta Ardenna." Dronke, nr. 3, j. 751 : „Fulda in uasta solitudine Bochoniae." Ob diese wälder in ältester zeit vielleicht wie flüsse und meere als niemanden angehörig galten[1], oder ein zubehör der großen gaue bildeten, also nationaleigenthum waren[2], läßt sich nicht entscheiden.

Seit dem aufwachsen der Fränkischen monarchie legten sich die könige ein verfügungsrecht über dieselben bei[3]; sie gestatteten anrodungen darin, ertheilten behol-

---

[1] J. Grimm in der Wiener jahrb. 45, 126.

[2] Eichhorn §. 84ª. — Binnenseen wurden zuweilen so betrachtet. So schenkte im j. 1148 graf Adolf II und alle Holsteiner dem kloster Neumünster sumpfländer an der Wilster und an der Stör (a comite Adolpho et omnibus Holsatis eidem ecclesiae collatas); und im j. 1424 Adolf IV auf bitten des ganzen landes den Einfeldersee (stagnum Eynelfelde, quod commune totius terrae fuerat, sicut ad petitionem universorum provincialium terrae collatum). Westphalen, 2, 20 u. 386. v. Maurer, einl. 114.

[3] So wie in Amerika noch heutzutage der staat das eigenthum unbewohnter ländereien anspricht. — L. Ripuar. 76 : „in silva communi seu *regis*". vgl. Stälin 1, 397. v. Maurer, einl. 95 u. 107. Unrichtig ist es, die königlichen waldungen „marken" zu nennen.

zigungsrechte und verboten bei schwerer strafe darin zu jagen. Schon im 8, 9 und 10ten jahrh. sind große theile dieser waldungen an bischöfe und klöster geschenkt worden; andere blieben aber bis in's spätere mittelalter krongut und wurden nun, da sich unterdessen das reich zum völligen wahlreich umgestaltet hatte, *reichswaldungen* genannt.[1] Davon ist ein theil durch kaiserliche freigebigkeit an reichsstädte gelangt; der bei weitem größere befand sich in den händen der erblichen reichs-forstmeister, wildgrafen oder anderer lehnsträger, und ging mit auflösung des reichs in landes- oder privateigenthum über. Fast überall haben aber die in und um solche reichswälder gelegenen dörfer, d. h. alle jeweiligen einwohner derselben, ausgedehnte holzungsrechte von alten zeiten hergebracht, in denen sie von der gesetzgebung und von den nach Römischen rechtsregeln urtheilenden gerichten leider nicht immer genügend geschützt werden.

---

[1] z. b. im j. 1276 (Datum Hagenoviae nono Calend. Maij regni nostri anno tertio indictione quarta) gibt könig Rudolf den bürgern zu Gelnhausen die freiheit: „quod *in nemore imperij Büdinger wald nuncupato* ligna in terra jacentia secare possint et colligere". Nach dem weisthum vom j. 1380 (Grimm 3, 426) waren eine große anzahl von gemeinden, wie dies noch jetzt der fall ist, mit bau- und brennholz, mast, laubgerechtigkeit u. s. w. in diesen Büdinger reichswald „geforstet"; das recht des reiches wird als blose obermärkerschaft bezeichnet. Die herrn von Isenburg tragen den Büdinger wald vom reich zu lehen, aber wie es in dem belehnungsbriefe Wentzlaw's für Johann von Isenburg von 1386 heißt, „in aller der maßen, als er von seinen eldern redlichen an jn komen ist vnd er den bisher ynnegehabt vnd besessen hat", wofür das weisthum von 1380 maßgebend ist; und die bestätigungsurkunde könig Friedrichs von 1440 enthält die clausel: „doch vnschedlichen vns vnd dem reich an vnsern *vnd sust yderman an seinen rechten.*" — Daß der Büdinger reichswald ehemals ausschließliches eigenthum der darum gesessenen bewohner gewesen und erst im mittelalter zu einem königlichen forst gemacht worden sei, wie v. Maurer, einl. 116, meint, läßt sich nicht erweisen.

5. Märkerdinge und markbeamte.

a. Die märkerdinge.

Wenn das landgericht, der untergau, die mark war, so muß ursprünglich der versammlung der gerichtsgenossen das verfügungsrecht über die almeinden zugestanden haben, es müssen also die markangelegenheiten entweder in den 3 ungebotnen dingen, oder in weiteren besonderen versammlungen, märkerdingen, verhandelt und abgemacht worden sein. Versammlungen von dieser größe haben sich hier und da, wo die mark zusammenblieb [1], bis in sehr späte zeiten erhalten; zum märkerding zu Blugenheim versammelten sich die einwohner von 9 dörfern, zum märkerding zu Büdingen 15 dörfer, zu Dieburg 15 dörfer, zu Eltvill im Rheingau 20 dörfer, und bis zum j. 1811 kamen auf der aue bei Oberursel in der Hohen Mark am Taunus gegen 4000 märker zusammen. — Sie wurden unter freiem himmel, bei einer linde, *und an demselben ort* gehalten wie das landgericht. Ob diese märkerdinge ursprünglich mit den ungebotnen dingen einerlei waren, ist schwer zu beweisen; doch halte ich es für wahrscheinlich, weil sie ebenfalls *ungebotne* versammlungen waren und freie leute nach vorschrift der capitularien jährlich mehr nicht als drei ungebotne dinge zu besuchen brauchten.[2] Zur nämlichen zeit, wo man den landrichter

---

[1] Ein fall, daß dörfer gemeinschaftliche wälder, aber kein gemeinschaftliches märkerding gehabt hätten, ist mir nicht bekannt.

[2] Auch finden sich noch mehrfach *drei* ungebotne märkerdinge, z. b. Gr. 1, 591; 3, 419. — Im j. 1300 werden in dem märkerding zu Selbold zwischen den Deutschordensbrüdern in Sachsenhausen und mehreren Selbolder einwohnern etliche morgen land ausgetauscht. „Actum aput Selbolt, in iudicio quod merchirdinge vulgariter nuncupatur.“ (Böhmer, cod. Mfr. 332.) Einer auflassung von gütern zu Selbold „in dictae villae Selbult judicio“ gedenkt eine urk. von 1305. Baur, Arnsb. urk. nr. 1232.

und die dorfvorsteher kürte, wird man also auch die markbeamten, waldboten, förster u. a. m. für's nächste jahr gewählt haben. Die bestrafung der markfrevel, die beschlußfassung über die gemeinen nutzungen, gingen schnell von statten, konnten also recht gut beim ungebotnen ding erledigt werden. Wurde die mark getheilt, so muste sich das ändern. Es entstanden so viel märkerdinge als theile. Als beispiel kann das Kaicher gericht in der Wetterau dienen. Dasselbe war im 15 jahrh. in eine anzahl von marken gespalten : die Altenstädter mark mit 4 dörfern, die Carber mit ebensovielen, die Heldenberger, Büdesheimer und Rodenbacher mark, aus nur je einem dorf bestehend. Genau ebensoviele märkerdinge gab es auch, während alle bewohner des ganzen Kaicher gerichts 4 mal im jahr das ungebotne ding an der alten malstat Kaichen besuchten. Bemerkenswerth ist, daß selbst das genannte dorf Rodenbach, welches mit Altenstadt eine gemeinde und ein dorfgericht bildete, unter dem nämlichen grefen stand — im 16 jahrh. einen eignen wald und ein besonderes märkerding hatte, das märkerding zu Altenstadt also nicht mehr besuchte.[1]

Die verfassung der marken, wie wir sie aus den weisthümern und sonstigen urkunden kennen, war nun folgendermaßen beschaffen. In jedem frühjahr (um Walpurgis) und herbst (um Michaelis) kamen alle männer, welche in der mark mit eignem rauch angesessen waren, an der gewöhnlichen malstatt zu einem *märkerding*, *markrecht*,[2]

[1] Ungegründet ist die angabe v. Löw's s. 7 u. 23, welche auch in Waitz' verfassungsgeschichte 1, 30 überging, daß am Oberrhein nie ein einzelnes dorf eine mark allein besessen habe. Sie findet sich schon bei Reinhard, de jure forest. s. 123, der sie aber nur seiner s. 127 entwickelten unrichtigen theorie zu lieb aufstellt.

[2] Mockstädter markordnung v. 1663 art. 58 : „nachdem aber der märckermeister das marckrecht halten will.“ etc.

höltding, *holzgericht* zusammen. Wer ausblieb, wurde um geld, in wiederholungsfällen selbst mit verlust der markberechtigung bestraft.[1] Auf diese weise haben zuweilen ganze gemeinden ihren antheil an der mark eingebüßt.

Wenn die wälder eicheln und eckern in hinreichender menge ertrugen, so wurde eine besondere versammlung angesagt, um über die zahl der einzuschlagenden schweine beschluß zu fassen. Dasselbe geschah, wenn es erforderlich schien die markgränzen zu umgehen.[2] Nach man-

---

[1] v. Maurer, 344.

[2] Dies geschah regelmäßig von zeit zu zeit, und sonst bei allenfallsigen irrungen. „Ein solcher begang glich den jahreszügen der gottheit durch das land oder der umtracht des gottes durch die fluren, und bildete ein wahres volksfest, dem die ganze gemeinde fröhlich beiwohnte, wobei es nicht an gelagen und schmäusen, im heidenthum gewis nicht *an opfern* fehlte“ (beispiele von markumgängen mit kreuzen und heiligenbildern führt v. Maurer, einl. 225 und markverf. 319 an). „Aus einer meldung des zehnten jahrhunderts dürfen wir entnehmen, daß ein einzelner grenzführer gewählt wurde, der seine rechte feierlich mit dem *handschuh* bekleidend damit auf die zeichen fingerdeutete : circumductor efficitur, praecedens et indice demonstrans .... ibat ergo, et *ciroteca*, quam rustici *wantum* vocant, manu superducta, demonstravit.“ Sighardi miracula sancti Maximini, bei Pertz 6, 232 (Grimm, grenzalterth. 133). Wo drei marken zusammenstoßen, ahd. drimarcha, pflegten die vorstände und beamten derselben zum zeichen nachbarlicher freundschaft an einem gemeinschaftlichen tisch einen einfachen imbiß zu nehmen. Der tisch stand hier gewöhnlich in der mitte, und in jeder der drei ecken ein stuhl, sodaß jeder der vertreter auf seinem eignen gebiete saß. Beispiele aus weisthümern giebt Grimm, grenzalterth. 136. Das zusammenessen und trinken hatte, wie es scheint, auch eine symbolische bedeutung; es lag darin ausgesprochen, daß man beiderseitig die gränzen, wie sie abgegangen waren, als richtig anerkenne. Herrschte darüber keine übereinstimmung, protestirte ein theil, so ging man ohne gemeinschaftlichen imbiß auseinander. Märker, welche bei gränzbesichtigungen ausblieben, verfielen in strafe. Waldordnung v. 1400 bei v. Maurer, 483 : „wann aber die ganerben jhre *loch* besehen wöllen, welches dorff nit da were, dass bricht sein eynung, als vorgeschrieben steht.“ vgl. daselbst s. 493, urk. v. 1510.

chen weisthümern war jeder, auch der geringste märker, berechtigt, die berufung eines außerordentlichen märkerdings zu begehren; weigerte man es ihm, so stand die mark offen. Weisth. über die Dieburger mark. v. 1429: „Sie wyseten auch daz man eyme yglichen mercker, er sy arme oder riche, wann er sin begert, ein merckerdinge machen sal vngeuerlich; vnd wo man des nit dede so solte die marcke offene vnd alle buße — — abe sin.“

Die zum märkerding versammelten märker hatten das recht über ihr eigenthum frei zu verfügen, selbst dessen theilung oder gänzliche veräußerung zu beschließen. Sie vereinbarten, wie wasser, wälder und weiden von jedem genutzt werden dürften, wie viel holz z. b. im nächsten jahr jeder erhalten, welche wälder gehegt, und wie die übertreter einer solchen vereinbarung oder *einung* [1] bestraft werden sollten. [2] Endlich wählten sie, soweit sie sich im besitz des wahlrechts erhalten hatten, in mündlicher abstimmung ihre markbeamten für das nächste jahr.

---

[1] Weisth. zu Wetter v. 1239. Gr. 3, 344: „*einungam* .... de agris, pratis, pascuis, sylvis et via communi.“ Gr. 1, 765, j. 1275: „item quando facta fuerit cum consilio, quod dicitur *eynunge* vulgariter, ordinatio super silvas, transgressor ipsius abbati tenebitur ad emendam.“ Urk. v. 1295 in Mone's zeitschr. 8, 142: „als wir da globet han den vorgenanten dorfen, stete zu haltene alle die *eynunge* unde die recht, die sie hant von alter her gehabt.“ — Auch die für übertretung der einung zu zahlende *buße* wurde nachher „einung“ genannt. Gr. 1, 7: „vnd die můtwillcklich .. vnd von ungehorsami nit dar kument, die gebent ze *einung* dri schilling.“ Weisthum zu Selz, j. 1310. Gr. 1, 761: „Swer in die vorgenante welde veret bi nat unt da inne holz howet bi nat, wirt er beghriffen, so ist er schuldig die *einunge*.“

[2] Was Rogge, s. 38 über einen *besonderen* „markfrieden“ im gegensatz zum „volksfrieden“ sagt, beruht auf der irrigen voraussetzung einer verschiedenheit von markgenossenschaft und gemeinde, und auf dem gebrauch unquellenmäßiger ausdrücke, die zu so manchen unklaren theorien zu hülfe genommen zu werden pflegen.

Dies alles hieß „die mark bestellen.“ [1] Zu einem gültigen beschluß gehörte nur mehrheit der stimmen; die minderheit mußte sich fügen. [2]

b. Die markbeamten.

Der markbeamten pflegten mehrere zu sein, mit verschiedenen obliegenheiten. Der oberste von ihnen war der *obermärker*, *obermärkermeister*, *waldbote*, *waldmeister*, [3] in einer urk. v. 908 *supersilvatores* [4], zuweilen auch *vogt* (advocatus) oder *schirmer*; in Sachsen der *holzgreve*, *holzgraf*, dessen amt eine holzgrafschaft, holtgravia, genannt wurde. [5] Zu obermärkern konnten in den meisten marken nur solche genommen werden, die mindestens *eine hube lands* in der mark besaßen, nicht also minderbegüterte oder auswärtige. Auch

---

[1] Wegen dieses rechts freier selbstregierung wurde auch das märkerding nicht blos im namen des obermärkers oder landesherrn, sondern auch in dem *der märker* gehegt. z. b. Dieburger w. v. 1429: Hießen die Mainzischen amtleute . . „den zenggreffen mit namen Contz Schroden den mercker fregen, von wes wegen man das merckerdinge hegte vnd yme friede vnd bane dete? Da wyseten die mercker gemeynlich vngezweiet vnd sprachen: von vnsers gnedigen herren von Mentze *vnd der mercker* wegen.“

[2] v. Maurer, 359.

[3] Guden 5, 805. j. 1334.

[4] Grimm, R. A. 950.

[5] Nachweise über alle diese benennungen siehe b. v. Maurer, 203. Hier mag es bei folgenden beispielen bewenden. Um 1220 heißt es von den freien herrn Wernher und Philipp von Bolanden: „*advocati* sunt etiam super marcam lignorum in Dippurc spectantem et super pascua et allmeinda.“ Archiv f. Hess. gesch. 2, 353. Ihr rechtsnachfolger, der erzbischof von Mainz, wird im weisthum v. 1429 „als oberster schurer, schirmer vnd mercker“ der mark bezeichnet. Weisth. zu Edenkoben. 14tes jahrh. Gr. 1, 772: „Sie wisen auch, das ein bischof zu Spiere soll sin ein *schirmer* uber den walt, und hat recht mit eim wagen usz dem slosz zu Kirwiler brennholtz in demselben walde zu holen; und was der gereyden verbotten ist, *das ist ime auch verbotten*, und darumb so sint sin alle unfelle in demselben walde.“

war es häufig altes herkommen, den in der mark angesessenen rittern dieses ehrenamt zu übertragen, wenn sich darunter ein den märkern wohlgesinnter und tauglich scheinender fand. Ein wirkliches *vorrecht* der ritter ward dies aber sehr selten, und nur in folge äußerer einwirkungen auf die markverfassung.

In den bei weitem *meisten* marken *setzten sich die landesherrn in den erblichen besitz des obermärkeramts;* auf welche art und weise, läßt sich nur selten nachweisen. Im 16ten und 17ten jahrhundert sprachen sie es vermöge der landesherrlichen hoheit und gewalt an,[1] und vielleicht war diese anschauung auch schon früher im schwang. Aber vielfach ist das amt auch anläßlich einer wahl durch die märker in ihre hände gelangt. So weisen im j. 1385 die scheffen der mark Biberau (Gr. 1, 513): „wir wysen myn herren von Falkenstein vur einen rechten *gekaren foyd*, nit vor einen geboren foyd, die wile das er den merkern recht vnd ebin tut, so han sie in lieb vnd wert; dede er abir den merkern nit recht vnd ebin, sie mochten einen andern setzen;“ und die märker zu Kaltenholzhausen (Gr. 1, 587.): „dass sie einen herrn von Dietz gekohren hant vor zeiten zu einem obersten märcker, also dass sie (die herrn) ihnen die marcke sullen helffen hägen, schirmen und schutzen.“

Das älteste mir bekannte beispiel von erblichkeit des obermärkeramts bietet die Hohe mark am Taunus. Im j. 1192 verkauft Heinrich herr von Hanau dem Gottfried herrn von Eppenstein seine rechte (wahrscheinlich blos eine mitberechtigung) an den burgen Eppstein und Hom-

[1] In den marken, wo durch theilungen die einzelnen dörfer an verschiedene landesherrn fielen, kam es zwischen den letzteren häufig zu irrungen. Jeder verlangte antheil an der obermärkerschaft, und wollte durch seine beamten die mark mitverwalten helfen. Beispiele gibt v. Maurer, 229 u. 222.

burg vor der Höhe, mit dem waldbot-amt und allen andern zubehörungen.[1]

Das amt wurde als zubehör einer burg, und zwar, wie sich später ergibt,[2] der burg oder des schlosses Homburg betrachtet und mit diesem vererbt. Die Eppensteiner behielten beide bis zum j. 1486.[3] Die grafengewalt in der Hohen mark, im j. 1271 grafschaft Ursel genannt, besaßen sie aber *nicht*. Diese stand vielmehr schon im j. 1271 den herrn von Falkenstein zu, und bildete ein zubehör des schlosses *Königstein*,[4] welches letztere erst aus der Falkensteinischen verlassenschaft im j. 1419 an die herrn von Eppenstein fiel.[5] Hiernach sind die angaben v. Maurers, s. 379 note und 381 seiner geschichte der markverfassung zu berichtigen.

Auch im Rheingau war das obermärkeramt erblich und mit der grafengewalt verbunden. Urk. v. 1228 bei Bodmann 1, 480 : „Anno . . . 1228 mense Aprili in judicio provinciali per sententiam definitum est vnanimem, quod Embricho et frater eius Wernherus dicti Ringrauii per omnes siluas de Rinegowe plenam habeant communio-

---

[1] Urk. Gottfrieds von Eppenstein v. 1192 : „Vendit ille (Henricus de Hagenowe) nobis . . . omnem justitiam et utilitatem, quam juxta literas super comecia et dominio parentele nostre confectas possedit in castris Eppenstein et Hoenberg, cum jure silvatico, quod *waldbod ambet* dicitur, et omnibus aliis attinenciis.“ Wenck, histor. abhandl. 1, 134. Archiv 1, 502. Der verkäufer, wie der käufer Gottfried von Eppenstein waren freie herrn, gehörten also zum hohen adel.

[2] Weisth. v. 1401. Gr. 3, 488. Wenck, Hess. landesg. 1, 93.

[3] Der besitzer des schlosses Homburg war nach dem weisth. v. 1493 bei Gr. 3, 490 auch „oberherr und waldbotte“, oder „oberwaldbott“ in der kleinen Seulberger mark. Aber letztere ist ohne zweifel nur ein von der Hohen mark abgerissener theil.

[4] Archiv f. Hess. gesch. 8, 240. Dies zeigen auch die weisthümer bei Grimm, 3, 495 ff.

[5] Archiv 1, 71 u. 72.

nem, *sicut parentes sui habuerunt ab antiquo* in eisdem. Item communi consilio statutum est, quod predicti Ringrauii villis superioribus bannum, id est wereholz, in predictis siluis, quando ipsis opportunum fuerit, sine consensu villanorum inferiorum indicere, et eis forestarios et custodes, qui *waldpode* dicuntur, instituere valeant, et hoc obtinet in siluis, que circa Renum sunt. Nach einem verzeichnis der lehen des rheingrafen Wolfram, (abgedruckt bei Kremer, orig. Nassoic. 2, 217), welches vor das jahr 1209 fällt (daselbst s. 234 note), hatte derselbe vom Mainzer erzbischof „comeciam in Rinchowe“ als beneficium, und vom reich „bannum in Rinchowe super comeciam“, da der erzbischof diesen nicht verleihen konnte. Von den grafen von Nassau trug er zu lehen : „ain wiltban infra Waldaphen et Wissebura“, also im ganzen Rheingau. (Kremer 2, 223 und 221.) [1] Wolfram hatte diese lehen mit bewilligung der lehnsherrn von seinem oheim rheingraf Embrico, seiner mutter Luicardis bruder, überkommen. (das. s. 222.) Dieser Embrico oder Embricho ringrauius wird im j. 1143 ausdrücklich unter die „ministeriales“ gesetzt (Justi, Hess. denkwürdigkeiten, 4, 33), und auch das angeführte lehnsverzeichnis ergibt, daß die rheingrafen nicht zum hohen adel gehörten. Als zubehör des grafenamts [2] galt hier auch das obermärkeramt; die mit jenem beliehenen haben auch dieses inne. Die in der urkunde von 1228 genannten brüder Embricho und Wernher besaßen die lehen zusammen (habeant communionem), übten die beamtenrechte gemeinschaftlich aus. Die waldpoden die sie setzen, könnten doch missi, nuntii silvestres sein,

[1] Nach dem Rheingauer landweisthum v. 1324, Gr. 1, 534, stand aber der wildbann später dem erzbischof von Mainz zu.

[2] „Grundherr“ des Rheingaus in dem sinne wie v. Maurer, 217 vermeint, war der erzbischof von Mainz nicht von weitem.

nicht gewaltboten. So heißt es auch in einem weisthum über die wälder bei Ebernach an der Untermosel, Gr. 2, 434 : „ein *waltbotte* der vber die welde ist gesazt (sie) zu bewaren."

Der obermärker führte in den märkerdingen den vorsitz, und ordnete, wenn es erforderlich war, besondere versammlungen an. Ihm gebührte die oberste aufsicht in der mark und über die markbeamten. Er hatte die erkannten strafen sowohl gegen inmärker, als namentlich auch gegen ausmärker vollziehen zu lassen. Der obermärker war an die auf dem märkerding aufgerichtete einung ebenso gut gebunden, wie jeder gemeine märker. Was er sich erlaubte, stand auch jedem märker zu, setzte er sich über die markordnung hinaus und frevelte, so durfte jeder andere es ungestraft ebenfalls thun. Dieburger weisth. v. 1429 : „Mee so wysete der merckere eymudiclichen vnd vngezweyet zum rechten, wann myns obgenan. herren gnade oder sine amptlute sich nit wollent begnugen lassen an solichen geboden der man dann vberkeme vnd vberfuren die vnd auch das, das der mercker zum rechten gewyst hette, *so stunde die marcke offene* vnd *wern auch alle buße abe* als lange biß daz man ein merckerdinge hette vnd die marcke mit iren geboden widder bestelte ane alle geuerde." Weisth. über die Hohe mark. v. 1401. Gr. 3, 488 : . . . „vnd der walpode sulle jerlichs off sant Kathr. tag mit den merckern die marg bestellen, vnd wie die marg off sant Kathr. tag bestalt wirt, vnd was gebode der walpode uber den walt machet, also sal er auch halten. Verbrechet er aber, *so sal der lantman nit buszen, obe er darnach auch verbrechet*. . . Heuwet . . eyn walpode in der gebuckten hegemarg, so sal er als wole buszen als der lantman, vnd der lantman als der walpode."

Neben dem oberwaldboten, obermärker, wurde auf ein jahr ein *untermärkermeister* gewählt, dem die ausführung der vom obermärker getroffenen verfügungen, wie : anweisung von holz, pfändung der buȝfälligen, führung der markrechnung, beaufsichtigung der förster, — und bei verhinderung oder absterben des obermärkers, leitung der ganzen mark zukam. In gröȝeren marken, wie z. b. in der Hohen Mark am Taunus, wurden auch hierzu ritter genommen, und es blieb dieses amt ein durch wahl verliehenes, auch wo das obermärkeramt erblich war.[1] Zur hut des waldes bestellte man endlich eine anzahl *förster* oder *waldschützen.*[2] Alle diese ämter waren ehrenämter, und konnten vom gewählten nicht ausgeschlagen werden, widrigenfalls er in eine strafe verfiel.[3]

Die förster brachten die frevler, edle wie unedle, beim märkerding zur anzeige (ruge); die obermärker oder märkermeister setzten die strafe an; der ganzen versammlung aber stand die letzte entscheidung zu, wenn der bestrafte sich gegen den ansatz beschwerte.[4] Auch nur sie konnte die strafe erlassen. In manchen marken aber war auch den obermärkern ein begnadigungsrecht eingeräumt, wie z. b. in der Fossenhelde.[5] Namentlich frevelnde ausmärker waren häufig seiner gnade verfallen, und musten sehen, wie sie sich mit ihm abfänden. Anderwärts erhielt er nur einen bestimmten antheil der gegen ausmärker erkannten buȝen, z. b. in der Dieburger mark ein viertheil, in der Hohen Mark (laut acten) die hälfte. Auf scheffen war das recht der urtheilfällung nur selten übergetragen,

---

[1] Weisth. über die Hohe Mark v. 1401. Gr. 3, 490: „vnd sal man kiesen zu merckermeistern vsz den eteln; mag man der nit han, vsz den priestern; mag man der auch nit han, vsz den lantman, die darzu die besten vnd nutzten weren.

[2] Die verschiedenen benennungen derselben sind zusammengestellt bei v. Maurer, 256—260.

[3] v. Maurer, 192.

[4] v. Maurer, 272 u. 357.

[5] Weisth. v. 1444. Gr. 1, 584 zeile 1. vgl. v. Maurer, 372.

und nur in manchen marken werden solche überhaupt erwähnt; z. B. in der Bibrauer[1], Babenhäuser, und Dieburger mark.[2] Die verfassung, wie sie sich in diesen drei großen marken des Maingaus erhalten hatte, ist aber vielleicht die ältere und ursprünglichere, und es wäre der untersuchung werth, ob diese markscheffen auch die zentscheffen waren, oder warum und seit wann sie dies nicht mehr sein konnten.

Ueber einnahmen und ausgaben ließ sich die märkerversammlung von den untermärkermeistern jährlich rechnung ablegen, oder setzte, wenn es an zeit gebrach, einen ausschuß zur nachträglichen prüfung der rechnung nieder. Ueber die verhandlungen wurde seit dem 15ten jahrh. ein kurzes protocoll in ein besonderes „markbuch" eingetragen. Die versammlung endigte mit einem fröhlichen gelag, wobei die meistens auf der stelle einbezahlten brüchten vertrunken wurden. Das weisthum über die Fossenhelde v. j. 1383 (Gr. 1, 580) bestimmt, daß, wenn es mit dem zapfen zu langsam gehe, man dem faß einen boden einschlagen und mit schüsseln daraus schöpfen solle, damit jedermann zu trinken bekomme. Dem obermärker ließ man die ehre des „antrunks".[3] Schilderungen, wie es bei diesen märkerdingen herzugehen pflegte, werde ich demnächst in einer geschichte der marken des freien gerichts Kaichen geben. Die grundsätze über dingpflicht, über beweisverfahren und urtheilfinden sind hier dieselben oder ähnliche wie bei den übrigen volksgerichten; es ist daher eine besondere darstellung des gerichtsverfahrens gegen mark-

[1] Weisth. v. 1385. Gr. 1, 512 : „mercker-scheffen".

[2] Weisth. v. 1429 : „vnd als nu die mercker die uff die stule gehorent, gesessen waren" (vorher war von den „merckerstullen" die rede).

[3] z. b. in der Dürstorfer mark. Gr. 1, 590. vgl. auch das weisth. über die Gärteshecken. Gr. 1, 589.

frevler an diesem orte überflüssig. Dagegen heischt es genaue beachtung, wie die verschiedenen beamten der mark für ihre mühewaltung entschädigt wurden.

c) Bezüge der markbeamten.

Der obermärker erhielt gewöhnlich doppelt oder viermal so große nutzungen als ein gewöhnlicher märker; wenn er kam das märkerding zu halten, so konnte er mit seinen begleitern und dienern auf kosten der mark zehren, empfing auch wohl einen theil der übrig bleibenden bußen. In manchen marken wurde ein stück wald zu seinem privatgebrauch abgesondert. So hatte der erzbischof von Mainz als oberster schurer, schirmer und märker der Dieburger mark, bestimmte holzungs- und mastrechte, sowie ein viertheil der bußen. Außerdem weisen die märker: „*vnd vmb die beschurunge* so habe auch myns herren gnade in besunderheit ein weldchin genant das Haynchin vnd den zehenden im vlnholtze by Werlachen gelegen.“ Die untermärker und förster erhielten gebühren und taggelder [1], meist auch doppelte nutzungen. Man überließ ihnen auch besondere wiesenstücke zum gebrauch, die s. g. *markwiesen*, *märkerwiesen*, *försterwiesen* [2]. Die beamten der landesherrn haben dieselben aber vielfach zu fiscalischem oder selbst privateigenthum umzuwandeln gewust.

---

[1] Diese wurden häufig aus den einkommenden bußen bestritten. z. b. w. zu Sachsenheim, 1449. Gr. 1, 454: „auch so weisen wir, *das man von allen einungen den schützen lohnen soll*, und was davon übrig ist, das soll halber unsers gn. herrn pfalzgraf sein, und das ander halbteil des landvolks die in die allment gehören.“

[2] In der Hohen Mark hieß die dem waldschreier (markbüttel) eingeräumte wiese die „*schreierwiese*“. Oefnung v. Nossikon. 1431. Gr. 1, 24: „item einem weibel, der das gericht gebütet, der sol die *weibelwisen* von solicher dienst wegen inn haben nutzen niessen.“

Endlich erhielten die obermärker von jeder selbständigen haushaltung in der mark ein huhn (*rauchhuhn*, *waldhuhn*, *holzhuhn*, *weidhuhn*), und eine kleine abgabe an getreide (*waldhafer*, *holzkorn*, *markweizen*, *märkerhafer*). In manchen marken, wie z. b. in der Büdinger, kam letztere dagegen den förstern zu und betrug von jedem hausgesäß 1 simmer.[1] In der Hohen mark entrichtete jeder märker den förstern 2 laibe brod, dem waldschreier 1 laib. Rodheimer weisth. v. 1454: „Item sall ein igklich mercker der frucht im felde hoit den furstern geben ein sicheling korns ader ein garben waiß ob er des korns nit hett, ader ein habber garben, obe er korn ader waiß nit hette. Hette aber er des alles nicht, so sall er inen geben ein engelschen, ader ein engelsch wert eier daruor vff den grünen dornstag desselben jares.“ Rechte zu Birmensdorf und Urdorf. 1347. Gr. 1, 36: „Wer ouch, das dry oder vier by einer fürstatt weren, der jegklicher sin *sunderbrot* essi, der sol jegklicher geben dem vorster ein dincklin garbe, vnd ein wienachtbrot.“ Oefnung v. Flaach. Gr. 1, 94: „yetlich husshab, ess sy man oder frauwen oder wer ess sy, vnnd *syn eygen brott yssett*, sol yedes iars dem vogttherren zu Flach ein fassnachthun gebenn.“ Oefnung zu Burgau 1469. Gr. 1, 198: „yeklicher husman und mit namen yegklich *sundrig spis* (speise), es sig frow oder man, in dem genanten gericht vnd gerichtsmarcken, sol jerlich ainem vogt ain vassnachthun geben.“ Oefnung von Nossikon. 1431. Gr. 1, 24: „(es soll geben) jegkliche *hussröichi* ein fassnachthun.“ Lacomblet, arch. 1, 322. 13tes jahrh.: „Hec sunt iura archiepiscopi (Trevirensis) de officio foresti. Hec sunt iura magistri forestariorum. Quelibet area in qua fit ignis per singulas villas ad hec spectantes, debet episcopo *dimidium maldrum avene* annua-

[1] Urk. v. 1656.

tim.“ Ibid. 355 : „Item quelibet domus in Ofdemedinc (Ochtendung, vgl. 307) dat annuatim 1/2 maldrum avene in festo Gertrudis, quod dicitur *holzcorn*.“ Lacomblet, urkb. 2, nr. 1. (Niederrhein) j. 1201 : „homines in hac silua communionom habentes in cathedra s. Petri persoluent predicte curie tres modios auene, qui vulgo dicuntur *holzkorn*. Gr. 1, 209. j. 1495 : „ain jeclich huss zuo Rickenbach, es seye gross oder klein, git jerlich ainem herren von sant Gallen zwen schiling pfenning vnnd zwo hennen ze *holtzrecht*.“ Im kirchspiel Kirburg wurde dem grafen von Sain, „als des kirspels rechten natürlichen land- und oberherren, — wegen wasser und waid — das fleischgelt vom vihe und ein *weidhuen* jherlich gelibert.“ J. 1582. Gr. 1, 646. Oefnung von Wülflingen (Zürich) v. 1484. Gr. 1, 138 : „Item welicher husshablich da ist in dem gericht, der sol dem vogt geben ein *holtzhun*.“ Weisth. zu Mülbach. Gr. 1, 697 : „Wer feur oder rauch macht in dem gericht, der gipt dri pfenning zu *waldrecht*, und dri hüner, die uf einen gatter gefliegen mögen.“ Urtheilsbrief bei Heider, Lindauische ausführung, s. 805 : „wer wunn vnd waid nussi, der solle alle jahr dem gottshauss ein fassnachthennen geben.“ (v. Maurer, einl. 294). Weisth. zu Dornstetten. 15tes jahrh. Gr. 1, 383 : „es jst auch recht inn dissem gericht, welcher arm mann will buwen ein hus inn der dörfflin einem, vnnd allsbald er die vier schwellen geschrenckht, so soll er denn jährlich geben einem herren, der Dornstetten innhät, zwej viertel habern, das haist *waldthabern*, vnnd darumb haut er recht zu nüessen wun, weiden, holtz, veldt vnnd wasser, vnnd sich daruss zuernehren, wie er mag.“ Saalbuch des amts Gießen v. 1629. fol. 218 : „Zue Alttenn Buchßeck gefelt von jeder behaußung so bewohnett wirdt, jährlichs einn huhn vnßerm g. f. vnndt herrnn, werden *waldt-hüener* genandt, vndt wirdt berichttet, daß hiergegen sie die inwohner daßelbsten inn vorjahrenn ihren gebrauch mit beholtzung inn dem Hangenstein gehabtt, welches aber nuhnmehr nichtt beschichtt. Jetz angezeigter hüener werden gefreyett heimberger, schöpffenn, opfermann, hirten, veldtschützenn, vnnd diejenigen, so vff freyen höffenn vnnd güettern sitzen, auch die kindtbetterßenn nach altter gewohnheitt. Gleicher gestalt läst Naßaw Sarbrüeckenn furgemelte waldthüener auch erhebenn."

Die natur dieser abgaben ist in älteren und neueren zeiten vielfach misverstanden worden. Man betrachtete sie als eine bezahlung, wogegen den märkern vom eigenthümer des walds (wofür man den erblichen obermärker hielt) die beholzigung gestattet worden sei, [1] und mancher herrschaftliche diener meinte gar, wenn sein herr auf diesen waldhafer, oder die waldhühner verzichte, brauche er auch den bauern kein holz mehr zu verabreichen. Die erstere annahme gewinnt bei der art, wie sich manche weisthümer, z. b. das zu Dornstetten, ausdrücken, einigen schein; allein sie ist doch unrichtig. Die weisthümer wollen die abgabe nicht als jährlichen kaufpreis, oder als eine art zins hinstellen; sondern sie sagen gerade, der landmann sei für seine berechtigung *mehr nicht* als die geringe haferabgabe oder das huhn an die erblichen obermärker zu geben schuldig; mehr könne ihm nicht abverlangt werden. Geradezu ist dies ausgesprochen in dem weisthum zu Blenich. 15 jahrb. Gr. 1, 812: „Item wer zu Blenchen sitzet, der der vorg. huben nit enhait, und die herren nit ane gehoret, der ist den herren von Lewenstein *nit me* schuldig dan ein vasnachthun, und darumb gebrucht he wasser und weide."

---

[1] So legt selbst noch v. Maurer, einl. 294, eine der hier mitgetheilten stellen aus. Renaud 9, 85 meinte, es ließen diese abgaben „zuweilen" auf ein obereigenthum des bezugsberechtigten schließen. Allein dies ist unmöglich, weil die angaben in *allen* marken und forsten vorkommen.

Das waldhuhn und der waldhafer entsprechen ganz dem was anderwärts grafenhuhn und grafenhafer heiʒt, d. h. der abgabe, welche alle freien männer jährlich dem grafen zu entrichten hatten. Beides sind öffentliche, keine vom gutsherrn aufgelegten lasten; und die märker finden sich zuweilen bemüʒigt, dies ausdrücklich hervorzuheben. z. B. weisth. zu Vehlen (Niedersachsen). Gr. 3, 313 : „We dem gogreuen in düsser ghoe ein hoin thogeuende schuldig si? Alle de einen eigen roock hebben, vthbescheden dar twe vp einem houe wohnen, dar von schal men 1 hoin gegeuen werden. Was de gogreue fur sinen *gohauern* und *honer* wederumb tho donde schuldigk? *Darum schal he verpflichtet* sin tho befordern, dat wege vnd stege gebetert vnd in wolstande geholden werden.“ Gr. 1, 350. zwisch. 1453—1484 : „Item und ye das hus, da lüt in sind, das sol geben ein halb malter haber und zwei hünr, und wer ein nüw hus buwet der git nucz das selb jar . . . . *Und darumb git man den haber*, das einer fri sie in sinem hus u. hof, das in nieman darin schmäche, überlauf noch benotte.“ Oefnung v. Rorbas. 1605. Gr. 1, 89 : „ein ieder inn der gmeind gesëssen gibt jerlich dem jungckherrn zů Tüffen ein vassnachthůn, vnd ist ime schuldig zwen tagwen zethun, *dargegen sol er sy dan schirmen.*“

Diese abgaben haben zugleich eine symbolische bedeutung; wer sie gibt bekundet damit, daʒ er eignen haushalt führt, und wird durch annahme von seiten des beamten als nutzungsberechtigtes gemeindsglied anerkannt.

d. Einschränkung des selbstverwaltungsrechts durch die landesherrn.

Seit dem 16ten und 17ten jahrhundert fingen die landesherrn kraft ihrer landesfürstlichen hoheit und oberbotmäʒigkeit an, auch in die verwaltung der marken einzugreifen, und ohne befragen der märker markordnungen zu erlassen [1]. Wirkliche oder angebliche misbräuche lieferten hierzu den vorwand, das wohl der märker selbst den rechtsgrund; und es fehlte nicht an schriftstellern, die die nöthige theorie zur rechtfertigung dieser gesetzgebenden gewalt in umlauf brachten. Der Nassauische regierungsassessor zu Diez, J. J. Reinhard, spricht in seinem 1738 gedruckten buch, „tractatus de jure forestali, vom märkerrecht“ s. 149. dem landesherrn das recht zu, markordnungen zu erlassen und abzuschaffen, auch wenn sie von undenklichen zeiten her gegolten und mit dem zusatz bestätigt wären, daß sie ewiglich in kraft bleiben sollten. Denn der herrscher könne sich kein gesetz vorschreiben, von dem ihm nicht erlaubt sei abzugehen. (Imperantem sibi ipsi legem scribere non potuisse, a qua ipsi recedere non liceat.) Er habe das recht über den gebrauch der wälder bestimmungen zu geben, den märkern ihre gerichtsbarkeit über markfrevel zu entziehen, welche, da sie bei einem verderbten zustand des staats aus einer art selbsthülfe ihre entstehung genommen, in den jetzigen friedlichen und befestigten zeiten unnöthig sei und des grundes entbehre. Mit der gerichtsbarkeit könne er den märkern natürlich auch die zubehör derselben, die markbußen, entziehen, wenn es ihm nicht besser scheine, sie ihnen aus gnaden zu lassen.

Mit solchen augen betrachteten die landesherrlichen beamten fast überall die überreste alter selbstverwaltung; kein wunder, daß von der markverfassung zuletzt kaum mehr als ein schatten übrig blieb.

---

[1] vgl. Renaud, in der zeitschr. 9, 57.

II. Die dorfmark.

1. Bestandtheile und benennungen.

Die gemeinschaft der zent beschränkte sich seit der zeit der völkerwanderungen auf wald, wasser und weide. Das ursprünglich ebenfalls gemeinschaftliche ackerland war in den ausschließlichen besitz der einzelnen dorf- oder bauerschaften übergegangen, deren jede daher ihre eigne *dorfmark* hatte (vgl. oben s. 35). Darüber stand ihr allein gebot und verbot (bann) zu; sie ließ sie durch eigne *feldschützen*, *weibel* oder *bannwarten* gegen frevel bewachen und behüten, daher die dorfmark auch *bann*, *dorfsbann*, *schutzbann*, *hude*, *schutzhude*, genannt wird [1]. Vielfach sind nach und nach auch einzelne wiesen- und weideflächen, ja selbst waldstücke in den ausschließlichen besitz der dorfschaft gekommen, obwohl die gemeinschaft in bezug auf das übrige fortdauerte. Der grund hierzu wurde meist dadurch gelegt, daß die mark jedem einzelnen dorf be-

---

[1] Landau, territorien, 113. Unzweifelhaft unrichtig ist die auslegung v. Maurer's einl. 217, wonach schutzbann so viel wie beifang, captura, nämlich abgesteintes und dadurch aus der (feld)mark ausgeschiedenes land wäre. Auch Grimm R. A. 499 hat, wie sich unten ergeben wird, die von der Babenhäuser mark redenden stellen misverstanden.

stimmte, ihm am nächsten gelegene wiesen und wälder bis auf widerruf zur benutzung überließ, woraus sich dann ein festes herkommen ausbildete; oder es erfolgte auch gleich von anfang eine unwiderrufliche zutheilung; oder das dorf maßte sich ausschließliche rechte blos an, wodurch unzählige streitigkeiten zwischen den markdörfern hervorgerufen wurden. Es ist aber wohl zu beachten, daß zur dorfmark *keineswegs immer* wiesen und weiden gehörten, daß es bis in die letzten jahrhunderte vielmehr gegenden gab, wo die wiesenthäler noch völlige gemeinheit vieler dörfer waren, andere, wo wenigstens nur ein geringer theil der wiesenflächen einen bestandtheil der dorfmarken bildete.[1]

Baur, Arnsb. urk. nr. 646. j. 1333 : „6 morgin busche adir waldis gelegin for dem Pale in deme *banne* des dorfis zu Langingunse."

Hallwachs, de centena illimit. 87 : „acker, wiesen, waldungen . ., so im Waldgirmser, Dorler, Atzbacher, Kuntzebacher, Heuchelheimer und Giesser *bann* liegen" (die erstgenannten 5 dörfer liegen bei Gießen).

Würtemb. landr. 2, 16. §. 17 : „ein ligend gut, so in derselben statt- oder dorffs-*bännen* und bezirck gelegen."

Weisth. zu Twann. 1426. Gr. 1, 182 : „Diese drei *bannwarten* sollen . . . in gelübd genommen werden . . . die reben zu hüten dem armen wie dem reichen, so lang der *bann* währet."

W. zu Illhausen. 1460. Gr. 3, 404 : „Ylhusen mit syner tzugehorde, wasser, weyde, hultz vnd feldt, als ferre yre marg vnd *schutzban* geet."

Oefnung zu Neukilch (Schafhausen). Gr. 1, 296 : „Es ist ouch wyssend das der kellnhof die rechtung hatt, das ym ain waybel behüetten sol was darin gehört, es syennd

---

[1] Ich werde an einem andern orte höchst merkwürdige beispiele dafür aus der Wetterau beibringen.

äcker oder wysen die im Nuwkilcher *banne* glegen synndt.“ Gr. 1, 368 : „Man sol ouch zwene banwarte han, die des bannes hüten.“ Bischofsheimer w. 1460. Gr. 3, 477 : „als wyt das *schotzbanne* geit.“ j. 1477. Steiner, gesch. des Rodgaus, 182 : „das dorff und gericht zu Grevenhawsen, wasser und weide in dorff und in feld, als jr *schuzbane* und *flurscheyde* zeicht.“ Urk. v. 1402 bei Chmel, reg. Ruperti beil. 11 : „ob yemant *in den bennen* zu Sleczstat einen dotslag beginge. Auch ob yemant *bynnen den bennen* der vorgeschriben stat dheinen wont sluge, oder sine gelieder zu breche, von dem sal man riechten nach gesecze vnd gewonheit der vorgeschriben stat.“

Baur, Arnsb. urk. nr. 877 note. j. 1360 : „zwa hube in Gambacher *hude.*“ nr. 1048. j. 1381 : „eyn stucke landis gelegin in Dreysir *hude;* vnsirn zehinden in Ebirsteder vnd Musschinheimer hude.“ nr. 1179. j. 1427 : „$1^1/_2$ morgen wiesen . . jn Akarbir geriechte, *schutzhude* vnd termenye.“ Gr. 3, 451. j. 1409 : „tzuschen Liechener termynie vnd *schutzhude,* vnd tzuschen Roddeheymer termynie vnd schutzhude biss vff Beynharts termynie vnd schutzhude.“

Zwischen den einzelnen dorfmarken blieben gewöhnlich koppelweiden liegen, die den viehheerden als triftweg zu den almeinden dienten, und zugleich eine gränze machten; vielfach ließ man auch bäche und kleinere gewässer als gränzen gelten, schloß sich aber durch zäune oder ausgeworfene gräben nicht weiter von einander ab.

2. Art der ansiedlung.

Betrachten wir nun näher, wie die einzelne dorfschaft angesiedelt war.

1. Bei den meisten Deutschen völkern herrschte, wie noch jetzt, so schon in ältester zeit die sitte, nahe beisammen zu wohnen, und von dieser gemeinschaftlichen

ansiedlung aus das umliegende land zu bebauen. Alle *höfe, hofstätten, hofreithen* waren an einem orte aufgeschlagen, und von einem gemeinschaftlichen zaun oder graben umgeben und geschützt. Als belege für diese namen mögen folgende stellen dienen : Schannat, trad. Fuld. 65. j. 781 : „vna hovastat." Cod. Lauresh. 1, s. 261. j. 1165 : „aream etiam id est hovestat." Daselbst 2, s. 162 : „unam hubestath." 3, s. 33, 76, 297, 299 : „hovestat, hovesteti." (vgl. v. Maurer, einl. 269.)

W. v. Bischofsheim, Gr. 3, 478. j. 1460 : „23½ hoffreide, genant huphoffreide ader hoffestat." Dolp, Nördlingen, urk. 2. 3. 9. j. 1344. v. Maurer, einl. 21 : „das huss vnd hoffreit . . ein hoffrayt mit hewsern." Weisth. aus d. 13 jahrh. (Elsaß) im Anzeiger f. kunde d. Deutsch. vorzeit. 1860. s. 95 : „Swenne die hůber bedorfent vffen ir *hůphöve* holzes, so sol in der meier vnn der probest geben drvzehen hôlzer zů einem botichen zeime hvse." Lacomblet, urkb. 2, s. 149. j. 1244 : „area, que vulgo dicitur *houereide* (nach Landau, territ. 13).

Hofstat geben die Lateinischen urkunden mit *area* wieder, hof oder hofreite mit *mansus, mansio,* Französ. maison, höfner, hofbewohner mit *mansionarius.* Gr. 3, 822. j. 1427 : „item requisiti de mansis, vulgariter houen, dixerunt, quod" etc. Günther 2, nr. 2. j. 1202 : „rustici qui vocantur hövere ; . . . . mansos quoque scilicet houve." Mansus ist von *manere,* sich aufhalten, wohnen, gebildet. [1]

Cod. Laursh. 1, nr. 19. j. 815 : „in qua villa sunt *mansi* 19 et servi praesenti tempore *manentes* cum uxoribus et liberis numero 13 . . . . Altera villa, ... in qua sunt mansi 4 et servi manentes totidem." Falke, tradit. Corbeiens.

---

[1] J. Grimm, R. A. 536. v. Maurer, einl. 269.

s. 56 : „sunt ibi *manentes* homines tam liti, quam etiam servi“.[1]

Der Dorfzaun hieß *tun*, Holländisch tuin, *hain*, *heege*, *gebück*, *bannzaun*, *etter*, und wo zugleich ein graben ausgeworfen war, *haingraben*.[2] Die ausgänge der ortsstraßen verschlossen thore, welche von selbst zufielen, und daher *fallthore*, valdor, falter, hießen.[3] Ob die straßen ursprünglich in bestimmten richtungen und winkeln angelegt waren, läßt sich nicht mehr ermitteln. Das dorf innerhalb seiner umzäunung hatte einen besonderen frieden; alle fehde war darin untersagt.

Es ist schon darauf hingewiesen worden, daß an vielen orten mit zunahme der bevölkerung dorfartige ansiedlungen außerhalb des haingrabens entstanden, denen vielleicht von der gemeinen mark etwas land zur anrodung überlassen wurde. Solche colonien lassen sich vom älteren dorfe leicht unterscheiden. Sie werden theilweise erst seit dem 10 oder gar erst seit dem 14ten jahrh. erwähnt; sie sind durchschnittlich ärmer als das hauptdorf; sie stehen mit letzterem unter einem dorfvorsteher, welcher seinen sitz immer im hauptdorf hat. Im übrigen nehmen sie an allen rechten der gemeindeglieder theil. Das land, welches die bewohner solcher tochterdörfer besaßen, gehörte zur dorfmark, stand unter den schützen und dem feldgericht der ganzen gemeinde, wie dies selbst noch heutzutage an vielen orten fortdauert. Manche tochterdörfer schieden sich aber zu einer

---

[1] v. Maurer, einl. 270.

[2] Nachweise s. in meinem aufsatz im Anzeiger f. k. d. Deutsch. vorzeit. 1860, s. 91, 121—125 und 163—166. Es bleiben einige stellen nachzutragen : Gr. 1, 647, j. 1582 : „gebückh.“ Gr. 1, 451, j. 1516 : „die bannzeune, die um das dorf geen, sollen ganz sin.“ Gr. 2, 177 : „in die bantzune der vorg. dorffe.

[3] Ueber fallthor-säulen vgl. meinen aufsatz s. 124; ferner Gr. 1, 497 u. 518.

eignen dorfmark, mit eignen schützen, eignem feldgericht, eignem wirthschaftsplan aus. Andere erlangten auch das recht eigne dorfvorsteher und richter zu wählen.

2. Manche Deutschen stämme kennen aber nicht die geselligkeit des verbundenen dorfs; jede familie wohnt einsam auf entlegenem hofe, umgeben von ihrem eigenthum an acker und wiese. Dies findet sich z. B. in den nördlichen theilen Westfalens, wo es jedoch hin und wieder nicht blos städte, sondern auch dörfer mit andern einrichtungen gibt. In gebirgsgegenden, wie in den Bairischen, Tiroler und Schweizer alpen, bringen es die örtlichen verhältnisse mit sich, daß man nicht in dörfern wohnt; nur in offenen thälern oder in der ebene treten sie hier auf.[1]

Die größe der Westfälischen höfe entspricht im ganzen der hufe; sie wechselt natürlich je nach der güte des lands. Eine eintheilung in morgen oder joch gibt es hier nicht; das ackerland liegt an wenigen großen stücken, *kämpen*, *koppeln* genannt, zusammen, welche bis zu 10 morgen halten. Jeder kamp ist mit starken hecken oder erdwällen umgeben, und den einlaß verschließt ein schlagbaum, sodaß man, wenn das land driesch, d. h. ungebaut, leer liegt, das vieh ohne hirten darin weiden lassen kann. Das gelände der einzelnen höfe wird durch bald größere bald kleinere strecken gemeinbodens getrennt; in anderen gegenden, wie z. b. in der ehemaligen grafschaft Schaumburg an der Weser, schließt es sich unmittelbar aneinander an.[2] Wälder und weiden haben diese höfe aber in gemeinschaft; die markgenossenschaft findet sich daher hier in derselben weise wie in Franken und Schwaben.[3]

Es ist nunmehr näher zu untersuchen, wie in den ländern mit geschlossenen dörfern die ackerfluren vertheilt,

---

[1] v. Maurer, einl. 10.

[2] Landau, territ. 13, u. 16—20.

[3] v. Maurer, einl. 5.

und ihre bebauung geregelt war. Erst darnach läßt sich die benutzung der almenden betrachten.

3. Vertheilung des ackerfelds.

a. Feld, flur, zelg, esch.

Der zustand des ackerbaus, und die besondere art seines betriebs hat auch von anfang an eine besondere eintheilung des ackerfelds hervorgerufen, die bis in die neuesten zeiten fortgedauert hat. Nicht blos fehlte die kartoffel, auch klee, runkelrüben, stoppelrüben und dergleichen wurden vor dem 17ten jahrhundert selten, in älterer zeit gar nicht gebaut. Nur körner verlangte man vom acker; im einen jahr roggen, waizen oder wintergerste, im anderen gerste oder hafer; im dritten durfte er ausruhen; 9 monate lang bis zum nächsten Juni blieb er den viehheerden der gemeinde als weidegrund geöffnet [1]; nun wurde er zum erstenmal umgebrochen, *gebracht* (von ahd. brechan, brechen) [2], gestürzt, gewendet; im Septem-

[1] In einer Hessen-Darmstädt. verordnung v. 25 Nov. 1776 wird der tiefe stand des ackerbaus dem umstand zugeschrieben, daß aus mangel hinlänglicher winter- und sommer-fütterung der viehstand gering sei, und es daher an reichlichem dung fehle. Um zum anbau von futterkräutern, namentlich des klees, aufzumuntern, wurde verordnet, daß der in's brachfeld eingesäete klee von allem schaaf- und anderm viehtrieb gänzlich verschont bleiben sollte. Doch sollte mehr nicht als die hälfte des brachfeldes damit bepflanzt werden; die andere hälfte sollte nach wie vor mit den heerden bestrichen werden können (die ertheilte befreiung vom kleezehnten in den brachfeldern wurde am 26 Sept. 1780, als fremde rechte verletzend, zurückgenommen). Die verordnung redet von einem „*dreyflührig* eingerichteten acker-bau.“ Denjenigen die *wüsteneien* in bau nehmen und mit klee bepflanzen würden, sicherte die verordnung gänzliche zehendfreiheit dafür zu.

[2] Daher erhielt der Juni, nach Einhard's angabe von Karl dem Großen, den namen *brachmonat*, ahd. brachmanoth, mhd. brochmonat. Gr. 1, 409, j. 1452.

ber pflügte man ihn zum zweitenmal, und säete dann winterfrucht.[1] Diese einrichtung, welche den Deutschen wohl von alters her bekannt war, und nicht erst vom romanisirten Gallien aus verbreitung gefunden zu haben braucht, beruhte auf einer wohlgegründeten erfahrung. Wenn ein acker unbestellt liegen bleibt, so erhält der sauerstoff der luft zeit, erden und gesteine in genügender menge zu zersetzen und für die pflanze zuzubereiten, und die thonerde kann aus luft und regenwasser ammoniak aufnehmen. Das umbrechen im Juni befördert diesen proceß und zerstört die unkräuter. Dieses verfahren ersetzt also den dünger[2]; dem acker kann wieder eine ärndte von winterfrucht zugemuthet werden. Dieses ackerbausystems wegen muste das gesammte ackerfeld des dorfs in drei gleiche theile eingetheilt werden, von denen abwechselnd der eine mit winterfrucht, der andere mit sommerfrucht bestellt wurde, der dritte zur brache liegen blieb. Diese theile

---

[1] Beweise, die bis zum 8ten jahrh. hinaufreichen, stellt Landau, territ. 56 zusammen. Erst seit dem 14ten jahrh. ist ein nochmaliges umbrechen im Juli oder August, gewöhnlich *ruren*, *rüeren* genannt, (Landau, territ. 56. Schmeller 3, 123) oder selbst ein dreimaliges pflügen, *dreiern* (Grimm, wörterbuch. 2, 1378) üblich geworden. Gr. 1, 698. j. 1320 : „zu *brochacke* (sol man geben) ein weissen brot an den acker, und einen sweigkese; und zu *ruracke* also vil; und zu *herbeste* fleisches zu einem mole gnug so er seget.“ Gr. 3, 506, j. 1365 und s. 510, j. 1415 : „lenzfrichte, brachfrichte, rurfrichte.“ Hess. urk. v. 1476. Landau, territ. 55 : „in der lentzen, in der brache, in der rure.“ Im gerichte Viermünden muste 1393 jeder pflug „2 tage eren to (je) der artt, to der hauern 2 tage, 2 tage to der bracke, 2 tage to der rorn, 2 tage to der sait.“ Im j. 1465 musten die bauern des Hüttenbergs : „dinen in der braiche, in der rure, zu der sait, in dem lentzin.“ (Landau, 53.) Gr. 3, 546, j. 1456 : „vnd sollen dem closter alle jare dreye tage fronen, den ersten tage inn der brache, den andern inn der *zwybrache*, den dritten inn der herbstsaat.“

[2] Mit dem weiteren fortschreiten des ackerbaus gab man dem brachacker auch noch dung.

heißen in Norddeutschland und in Franken *feld*, oder *flur*, was das mittelalterliche Latein mit *campus*, *ager*, wiedergibt. Niedersächsische urk. v. 1366 bei Erath, cod. dipl. Quedlinb. s. 522 : „dieselue huue licht vul an alle dren velden also on gut huue tu rechte ligghen scal.“ Eine andere urk. v. 1352 theilt von einer hufe jedem felde 10 morgen zu. (daselbst s. 482 u. 743. nach Landau, territ. 53.) In Schwaben ist *zelg* der name dafür. Im j. 779 schenkt ein gewisser Managoldus in Alemannien „casatum unum cum hoba sua“, welcher schuldig ist einen bestimmten zins zu entrichten, und dem herrn „in omni *zelga* iornale unum arare, et 3 dies asecare (frucht zu schneiden) et 3 amadere (zu mähen).“ Neugart, 1, nr. 77. Aehnliches besagt nr. 113. j. 791 : „unaquaque *zelga* unum iuchum arare.“ Gr. 1, 90 (Zürich), j. 1605 : „die *korn*- vnd *haber zelg*.“ [1] Schwenck stellt das wort zum Angels. tiljan, teoljan, Engl. till, d. i. das land bestellen, pflügen, sodaß zelg soviel wie baufeld, pflugland wäre. Wirklich erklären alte glossen zelga mit „aratura“ [2] und in einer urk. v. 879 bei Neugart nr. 517 heißt es : „in unaquaque *aratura* iurnalem unam aramus.“ Den Baiern und auch den Schwaben heißt das feld *der esch*, oder *oesch*, mhd. der ezesch, ezzisch, ahd. ezzisc, was die glossen mit seges also saat, saatfeld, wiedergeben. Ganz entsprechend im cod. Lauresh. 3, s. 212 : „arat in unaquaque *satione* jurnalem I.“ In einem weisth. v. 1469. Gr. 1, 199 wird esch dem brachfeld geradezu gegenübergestellt : „in esch vnd in die brach.“ [3] Desgl. in der ordnung für Birmensdorf und Urdorf v. 1347. Gr. 1, 33 : „hat aber jeman frömdes vich klein oder gross, der sol es weiden in der brach, vnd nicht in dem esche.“

---

[1] Weitere stellen bei v. Maurer, einl. 74 und Landau, territ. 53.

[2] v. Maurer, einl. 74.

[3] Landau, territ. 54.

b. Gewann.

Ein jedes bauerngut lag hiernach nothwendig auf die drei felder, winterfeld, sommerfeld und brachfeld, vertheilt. Aber auch im einzelnen feld hatte nicht jeder sein besitzthum an einem stück beisammen, sondern es war ihm an vielen verschiedenen orten angewiesen. Jedes feld war nämlich in eine größere anzahl von abtheilungen, *gewannen*, getheilt, welche wieder in morgen, joch, tagwerk oder acker zerfielen; 30 solcher in verschiedenen gewannen gelegenen morgen bildeten ehedem regelmäßig ein bauerngut (hube). Zwei beispiele mögen dies erläutern. Das ackerland des dorfs Altenstadt in der Wetterau, im ganzen 63 huben groß, war nach dem um die mitte des 18ten jahrhunderts aufgerichteten ackerbuch in drei felder getheilt. Das *erste feld* bestand aus dem Huhnlachen-feld, 50 gewann mit 338 morgen zählend, und aus dem Klein-Altenstädter feld, 43 gewann mit 281 morgen zählend, — zusammen 619 morgen. Das *zweite feld* umfaßte das Lückenfeld (93 gewann, 571 morgen) und das Mahlefeld (13 gewann, 53 morgen), zusammen 625 morgen. Zum *dritten feld* gehörten das Craßfeld (53 g., 237 m.) und das Mittelste Bergs-feld (73 g., 422 m.), zusammen 660 morgen. Die gewanne hatten die verschiedenartigste gestalt, je nachdem es sich zur form des bodens schickte; das eine mal sind sie sehr in die länge gezogen, das anderemal mehr quadratisch. Ihre größe wechselt von 1 bis 12, zuweilen bis zu 16, ja über 20 morgen; der durchschnitt ergibt nicht ganz 6 morgen für eine gewann. Im ackerbuch führt jede eine nummer, 1te, 2te, 3te, 4te gewann, und ihre lage ist kurz beschrieben; z. b. 24te gewann, am Lückenbrunnen, 7te gewann, auf den Lückenweg. Die zur einzelnen gewann gehörigen parzellen sind ebenfalls numerirt; ihre größe ist ganz ungleich; halbe, viertels, achtels-morgen liegen neben anderen von 2 oder 3 morgen flächengehalt. Neben dem ackerland verzeichnet das ackerbuch noch : 47 gewann krautgärten mit 99 morgen, 62 gewann wiesen mit 410 morgen, und endlich 189 morgen gemeine weiden. Ganz ähnlich verhielt es sich zu Unterflorstadt, laut des im j. 1811 erneuerten dortigen flurbuchs. Das ackerfeld war in drei *fluren* getheilt; die erste flur bildete das Oberfeld mit 39 gewannen, die zweite das Mittelfeld mit 20 gewannen (das Hartigfeldchen, mit 5 gewannen, machte ein selbständiges ganzes daneben aus, ohne jedoch flur zu heißen); zur dritten flur gehörte das Unterfeld mit 29 gewannen und das Riedfeld mit 10 gewannen.[1] Besonders aufgeführt werden : 9 gewann wiesen jenseits der Nidda, und 8 gewann wiesen im Niederried; sowie die gärten.

Wir haben hier ohne zweifel im wesentlichen die uralte eintheilung vor uns, die sich auch sonst meist bis auf unser jahrhundert erhalten hat. Erst die neueren vermessungen verwischen sie an vielen orten; so zählt die gemarkung Unterflorstadt nun 20 fluren, und auch die wiesen sind nun in fluren eingetheilt.

c. Morgen, tagwerk, tagwan, joch, juchert, acker, mannwerk, mannsmad.

Ein *morgen, tagwerk, tagwan,* ackerland ist so viel als mit einem pferde oder mit 2 ochsen (also einem geschirr, einem pflug) in einem vormittag oder tag geackert werden kann; auf mittellateinisch *diurnalis*, *jurnalis* oder *jurnale*, terra jurnalis, jornalis, gebildet von diurnus, Ital. giorno, Franz. jour. Dronke, trad. et antiqu. Fuld. s. 107 : 20 „diurnales, hoc est, quod tot diebus arari poterit.“ Dasselbe ist ein

[1] „gewann“ ist also keineswegs gleichbedeutend mit flur, wie v. Maurer, einl. 74 angiebt, und ebensowenig ein drittheil einer hube, wie v. Treitschke in Bluntschli's staatswörterb. 4, 162 vermeint.

joch lands, Ahd. joh, Goth. juk; in der gegend von Oldenburg und Bremen noch jetzt jück, Latein. *jugum*, und ein *juchert*, jauchert, Adh. jûchart, Latein. *jugerum*, was mit einem joch ochsen in einem vormittag geackert werden kann. So schon bei den Römern. Varro, de re rust. 1, 10: „jugum vocant, quod juncti boves uno die exarare possint." Plinius, hist. natur. 18, 3, 15: „jugum vocabatur, quod uno jugo boum in diem exarari posset." Urk. v. 849 bei Neugart 1, nr. 324: „iuga etiam boum 6 ad hanc curtem pertinentia." Lacomblet, archiv 1, 381 u. 383. 13tes jahrh.: „sunt ibidem sita 19 jurnalia que dicuntur jugen." Gr. 1, 413: „ein juch veldes oder ein tagwan matten." Anderwärts bezeichnete ein *acker* lands soviel wie einen morgen. vgl. Grimm, Deutsch. wörterb. unter „acker." Gr. 1, 716. j. 1408: „und hat jede hübe 30 acker." Gr. 1, 721 (Elsass) j. 1532: „und thun 30 acker eine huobe."[1]

Einfacher noch war es, die größe des ackers nach der menge der erforderlichen säe-frucht zu bemessen. In einem schatzungsbuch des gerichts Büdingen v. 1615 heißt es beim dorf Rinderbiegen: „1 acker zu einem achtel sehefrucht; acker zu 5 achtel 1 simmer"; oder kurzweg: „3 achtel felts; 6 sechter felts." Diese rechnungsart ist noch jetzt im Vogelsberg und in Hessen nicht ungewöhnlich.

Die morgen (joch, acker) sind nicht überall in Deutschland, ja nicht einmal in einer und derselben gegend gleich groß. Doch ist diese verschiedenheit oft nur eine scheinbare, weil man nicht das gleiche maß zur anwen-

---

[1] vgl. über das gesagte: „v. Maurer, einl. 129—133 und Landau, territ. 44.

dung brachte. — Man maß mit dem seil, *reeb*[1] (funiculus), gewöhnlicher mit der *ruthe* (virga), dem worte nach, einer dünnen langen gerte (vielleicht den gerten der heidnischen priester ähnlich). Diese maße selbst waren *in fuße*, freilich auch nicht überall von gleicher größe, eingetheilt. Nach einer urk. aus dem 13ten jahrh. bei Lacomblet, arch. 1, 379 (vergl. 299), hielt dort die ruthe $15\frac{1}{2}$ fuß, oder 2 donen und $\frac{1}{2}$ fuß.[2] „Item sciendum est quod inquisitum est a centurione de Vrio et communitati ibidem, quot donas contineat unum jurnale? dicunt quod due done et dimidius pes faciant unam virgam, que virga continet 15 pedes cum dimidio, et quod 32 virge faciant unum jurnale pro longitudine, et pro latitudine 5 virge, et sic teneret jurnale 160 virgas." — Hier hat der morgen also außerdem eine der bearbeitung mit dem pflug angemessene längliche form; er mißt 496 fuß in die länge, und $77\frac{1}{2}$ fuß in die breite. Aehnlich erscheint er auch anderwärts. Güterregister des klosters Muri in der Schweiz. Kopp, vindiciae actor. Murensium. Acta fundat. p. 57 und Hergott, geneal. Habsbg. 1, 321. (Landau, territ. 56): „Ter in anno, id est in Junio et in autumno et in vere arabunt quinque juhert singulis vicibus sex virgarum in latum et triginta in longum et ipsa virga habeat novem ulnas in longitudine." Daß aber in dieser beziehung eine feste regel bestanden[3], läßt sich schwerlich nachweisen.

Größere theile von morgen haben ebenfalls wieder vielfach ihre besonderen namen. So heißt in der unteren Lahngegend *sadel*, beim volk *sodel*, *saatel*, ein stück acker-

---

[1] v. Maurer, einl. 135.

[2] done von dehnen (wie spanne von spannen) ist als maß die ausdehnung der ausgestreckten arme, also soviel wie klafter (Grimm, D. wörterbuch); hier $7\frac{1}{2}$ fuß.

[3] so wie im alten Italien das jugerum 240 fuß in die länge und 120 in die breite maß. Varro, de re rust. 1, 10.

land worauf eine meste frucht ausgesäet werden muß [1] oder 1/4 morgen. [2] Im j. 1314 verkaufen mehrere miterben in der gemarkung Oberrechtenbach bei Wetzlar : „unum juger situm in deme Goltberge; item unum *sadale* ibidem; item *sadale* vor der hart; item apud montem Stoppillenberg dimidium juger.“ Wigand, Wetzl. beitr. 1, 259.

Bei weingärten und wiesen rechnete man nach der tagesarbeit eines mannes, und nannte das stück *mannwerk*, manewerc, *tagwan*. Gr. 1, 324 : „von iecklichem manwerk reben; — item ein tagwan reben.“ Gr. 1, 174 : „36 mannwerk an wiesen.“ *Mannsmad*, *tagmad*, was ein mann in einem vormittag mähen kann. Gr. 1, 214 : „ain manssmad höwachs“ (heuwachs, mit heugras bestandene wiese.) Auch nach dem ertrag pflegte man die größe von wiesen zu schätzen. Schatzungsbuch des gerichts Büdingen v. j. 1615 : „1 wiesen zu einem wagen voll heu; wiesen zu 2 fueder, zweischärig; wiesen zu einem karrn voll heu, einscherig; zwei wagen zweyscherige wiesen.“ Weiden ermaß man nach der zahl des darauf sich ernährenden viehs. z. b. „terram pascualem quatuor boum“; — „decem pecorum pascua.“ [3] Später wurden auch die benennungen morgen, joch, juchert bei wiesen, weinbergen, selbst bei wäldern gebraucht.

d. Pflug, hube, hof.

Dreißig in den verschiedenen feldern und gewannen gelegene morgen *ackerland* bildeten das durchschnittliche

---

[1] Schmidt, Westerwäldisches idiotikon, s. 168.

[2] Förtsch, in Wigand's Wetzlar. beitr. 1, 375.

[3] v. Maurer, einl. 133.

besitzthum des gewöhnlichen bauern. Es ist so viel als sich mit einem pfluge und einem geschirr das jahr über bebauen läßt, und wovon sich, mit zurechnung der nutzungen an der almeinde, eine familie reichlich ernährt. Ein solches besitzthum wurde daher auch vielfach ein *pflug lands* genannt.[1] a. 1421: „daß (die paurenn derselben 40 hubenn) vnß vnd vnsernn ordenn (dem Deutschen orden), *von izlichenn pfluge* einn scheffel weitzen vnd ein scheffel rocken, vnnd von itzlichenn hacken ein scheffel weitzen vor das *pflugkornn* alle iahr ... geben solle.“ (Haltaus: pflugkorn.) Selbolder weisth. v. 1366. Gr. 3, 421: „Auch deylen wir dem *pluge* achte swyne.“ Weisth. zu Ekboltzheim. 1532. Gr. 1, 721: „Item, wöller zu Eckheboltzheim oder Wolffesheim hat einen *pflug* zu ackergang, der gibt den herren drey schilling 19 pfenning, das heissen *juchpfenning*.“ Von jeder hube erhielt der herr „15 fiertel multzer kornes“, und außerdem entrichteten die „huober“ zusammen 4 pfd. 14 schill. pfenning „zu zinsse von holtze und ackern, die in den vorgenandten hoff gehörendt; — und welcher seine zinss und *pflugrecht* nicht engyt in den nechsten 14 tagen, nach den gebotten ding, der bessert 2 schilling pfen.“[2]

Gr. w. 3, 482: „daz sie ussdrugen mit rechte ...., weme der *plug* von syme teile von rechte solde dienen von wasser und von weyde.“ Die zentgrafen erkannten, laut weisth. v. j. 1303. Gr. 3, 483: „und sal sin lantsidil deme konege dienen fon des pluges diele [al. teyle]“, d. h. von wegen seiner hube.

---

[1] Dasselbe maß findet sich auch in den Slavischen ländern. Helmold, chron. Slavor. 1, c. 12: „Slavicum vero *aratrum* par boum aut unus conficit equus.“ Landau, territ. 92.

[2] Scherz, glossar. erklärte pflugrecht unrichtig für „jus meliorationum, quod habet dominus utilis.“

Vereinbarung der gemeinden Eberstadt und Hergern mit dem kloster Arnsburg, v. 1420[1] : „Zum ersten mögend die vorgenante geistliche herren von Arnsburg zween landsiedel zu vier *pflug-gewichten* oder einen zu zwey pflug-gewichten, ob sie des anderen nicht haben, in eren hob zu Eberstadt setzen etc. . . . . Auch sollen die mehrgenante zween landsiedel mit eine samentlich geben dise nächste 30 jahr . . jeglichs jahrs zwölf gulden, oder der eine land-siedel von zwey pflug-gewichten, ob sie des andern nicht haben, sechs gulden, mit nahmen umb Sanct Martins tag alse man pfleget beede zu wehren, von dem lehn, das ist von ihren vorgemelten *pflugis-theillen* und von aller deren fahrende haab“ u. s. w.

Im j. 1371 befreite Philipp herr zu Falkenstein in seinem gebiet alle damals den mönchen des klosters Arnsburg zustehenden und von ihnen selbst gebauten güter von allen diensten, geschossen oder beeden. „Wo sy aber gude in unsir hirrschafft oder gerichten verlandtsiedeln, do mögen whir oder unsir erbin uff deß landtsideln *plugistheil* meg-liche beede sitzen und nehmmen : also daß man uff zwo lehinhube als uff ein eygen hube zu deß landtsiedelß theil beede setzin soll; und sollen wihr von der von Arnsburg theile keinerley dienst, geschoß oder beede heischen oder nehmmen, sondern wir sollin ehn ihre theil ohne allerley hindersall lassen folgen.“ (Lennep, landsiedelleihe, urk. 8. s. 35; Kolb, aquila certans pro immun. et exemt. monast. Arnsburgensis. Frankfurt, 1687. urk. 8.)

Weisth. zu Sandhofen 1527. Gr. 1, 458 : „Darnach habent die herren von Schonaw zwey *pflug gewicht* ligen in der gemarck zu Sandthoffen, wan sie die selber bawen, also dass sie keinen hoffman bey uns sitzen haben, so mogen

---

[1] Cramer, rechtl. gutachten die Solmsische landsiedeley betr. Marburg 1740. s. 35.

sie wasser und weyde gebrauchenn mit demselben viehe damit sie es bawenn, und wan sie das thun, so sollent sie davonn bede und steuwer geben, und fronen als eyn ander gemeinsman.

Weisth. zu Altenhaslau v. 1354. Zeitschr. f. Hess. gesch. (Cassel) Bd. 6, s. 337. (fehlerhaft bei Grimm, 3, 413) : „Auch hat ein iglicher, der ein gud selber eszet (a. l. ästet) vnd buwet[1], (das) in dem gerichte gelegen ist, der *einen ganczen hoiff* hat, der hat recht zwelf swyne vff[2] sym hoiffe zu geen in daz eckern, obe er sie selber nit daruff geczogen hette. Wer er aber viel oder wenig, die er daruff geczogen hette, die hetten recht darynne zu geen, da en wer er nymand nicht umb schuldig dann dem hirten sinen lone. ein *halb hoiff* sehes swyne, in solicher maisze als vorgeschrieben steet, eyn *mundhus*[3] vier swyne auch in solicher maisze als vorgeschrieben steet.“ Statt dessen lautet das weisthum v. 1461 : „Auch wyset man, ein *pluge gewocht* hait macht zwelffe swin in die marcke zu tun, hait er aber der selben nit, so mag er also vil zu ime nemen, das die zal erfullet werde, und nit me. Item ein halbe pluge gewuchte sechs swine, vnd ein monthuse vier swine.“

Der gewöhnlichere durch ganz Deutschland verbreitete, und bis auf unser jahrh. erhaltene name für ein gut von 30 morgen war *hube*, seltener *hufe*, ahd. *huoba, hoba.* Die bedeutung desselben ist noch unerklärt; er kann aber ohne zweifel nur von etwas einfachem, naheliegendem hergenommen sein, wie es mit den namen aller übrigen maʒe,

---

[1] über asten s. Grimm, D. wörterbuch.

[2] ? vss. Der sinn ist : das recht des besitzers eines ganzen hofs ist, daʒ 12 schweine in das eckern zu gehen haben, auch wenn er sie nicht selber auf dem hof gezogen, sondern gekauft hat. Die auf dem hof gezogenen, es mögen ihrer so viel sein als sie wollen, haben alle recht.

[3] schutzhaus.

die wir kennen lernten, der fall war. Am ersten sollte man an „pflug“ denken, und im Gothischen heiẞt der pflug *hôha*; allein J. Grimm R. A. 535 hält beide worte nicht für einerlei. Das mascul. *der* hof, hob, hub, hat mit dem feminin. *die* hube nichts gemein, wie auch die zusammensetzung hubhof beweist. Man nahm seither fast allgemein an, die hube habe auch die nöthigen wiesen mitbegriffen. Allein wie oben gesagt gab es in vielen dörfern fast keine privatwiesen; man maẞ sie auch nicht nach morgen oder acker, während es doch immer heiẞt, 30 „morgen“ oder „acker“ machten eine hube aus. Ausdrücklich reden endlich die urkunden bei huben in der regel nur von ackerland. Neugart 1, nr. 84 : „hobas 3 de *eretiva* terra, contenentes jurnales 100.“ Baur, Hess. urk. nr. 419, j. 1300 : „6 hubin landes *arhaftes* ackers.“ nr. 505. j. 1323 : „eyn hube landes daz man *geeren* mag.“ Baur, Arnsb. urk. nr. 820. j. 1354 : „2 hube *artackers*.“ vgl. auch Jw. 4463. Grimm, R. A. 525 note : „mir hât gemachet ein rise mîne huobe zeiner wise.“ So wie man später wiesen nach morgen maẞ, so nannte man dann zuweilen auch ein aus ackerland und wiesen bestehendes besitzthum von 30 morgen eine hube. z. b. Baur, Hess. urk. nr. 747. j. 1333 : „zwa hobe landes *wisen* vnd ardackers“; nr. 1209, j. 1392 : vnsir gud, daz sich leuffet by andirhalbe hube *wise* vnd ackers.“

Beweise, daẞ in den meisten gegenden Deutschlands 30 morgen zu einer hufe gerechnet wurden, gibt Landau, territ. 36. Hier und da hielt sie 40 oder 45 morgen, obwohl dies auf kleinerem morgenmaẞ beruhen kann [1]. Es gab auch *doppel*- oder *zwiefältige huben* zu 60 morgen, deren z. b. die s. g. Fuldischen huben waren [2].

---

[1] Nur in einem und demselben dorf, und vielleicht durch die ganze zent, war der morgen, und ebenso die hube gleich groẞ.

[2] Gr. 3, 478. Würdtwein, dioec. Mog. 2, 619. j. 1348. Landau, territ. 37.

Weil eine hube lands von anfang an, und auch noch später gewöhnlich ein wirthschaftsgut ausmachte, und jede hube von einem besonderen hofe aus bebaut wurde, so pflegte man hof und hube zusammen schlechthin *hof, mansus* zu nennen. Noch jetzt ist dies in den gegenden mit geschlossenen bauerngütern üblich.

Urk. v. 1131. Guden 1, 99 : „ut de mansis ipsis (19 mansis zu Fauerbach in der Wetterau) annuatim 190 maldra tritici fratribus referantur; mansis singulis 10 maldra per annum reddentibus.“ Alle mansi entrichten gleichviel, müssen folglich gleich groß gewesen sein. Altes güterregister von Corvei §. 8. bei Wigand, archiv 1, 2. p. 14 : „12 *mansi* vel *hove*[1] unaquaque 30 habens jugera“. (v. Maurer, einl. 272.) j. 892 (Niedersachsen) : „mansos 30, tantae magnitudinis, ut unusquisque mansus iugera 60 habebat in mensura“ (Landau, territ. 29). Lacomblet, arch. 1, 381. 13 jahrh. : „Primo habet dominus de Yrang 20 mansus quorum quilibet continet 15 jurnalia.“

In sehr vielen urkunden wird jedoch das ackerland, die hube, von der hofstatt unterschieden. Cod. Lauresh. 3, s. 96 : „mansum 1 cum casa et curia, et de terra aratoria hubas 3.“ Daselbst 1, s. 619 : „1 mansum indominicatum, cum omni aedificio superposito, et terram arabilem ad eundem mansum pertinentem, et alias hobas serviles 6.“ (Weitere stellen bei v. Maurer, einleit. 271.) In dem güterverzeichnis der abtei Hersfeld aus dem anfang des 9ten jahrh. (bei Wenck 2, 15), werden neben der zahl der huben immer auch die mansi angegeben. z. b. „in Thuringia villam quae dicitur Gebise et sunt in illa hube 73, mansus 44; in villa Salzungen hube 10, mansus 10; in Cornere hube 15, mansus 24.“ Die gesammtzahl der huben beträgt 1050, die der mansi 795; es gehörte also zu manchen hofstätten mehr als eine hufe, zu anderen hinwieder auch

---

[1] d. i. hobe, hufe.

weniger; im ganzen aber hat jede hofraithe ihre hube; letztere konnten als lehen oder bloses pachtgut von den inhabern nicht vertheilt werden.

4. Feldgemeinschaft.

Weil die einzelnen morgen der hube in den verschiedenen gewannen zerstreut lagen, und ohne betreten anderer nachbaräcker weder bestellt noch abgeärndtet werden konnten, indem die wenigsten an einen gemeinen weg stieʒen, — so drängte sich die einführung einer gemeinschaftlichen feldordnung mit nothwendigkeit auf. Diese war auch dadurch geboten, daʒ das ackerfeld nach der einscheuerung der ärndte den gemeinde-viehheerden als weide diente, folglich zu bestimmter zeit geräumt sein muste. Ein gemeindebeschluʒ regelte also jedes jahr, in welchem theil der gemarkung winterfrucht, und in welchem sommerfrucht stehen, und endlich wo das land zur brache liegen bleiben sollte. Ein solcher setzte auch gewisse endziele für die bestellung selbst fest. Nach allgemein verbreiteter ordnung muste das winterfeld vor St. Gallentag (16 October) oder anderwärts vor Martini, das sommerfeld theils vor St. Georgentag (26 April) theils (bei gerste) vor Walpurgistag bestellt sein [1].

Weil um die fluren, eschen, zelgen, gewöhnlich lauter gemeine weiden lagen, so musten sie vor dem frei weidenden vieh geschützt werden [2]. Dies geschah durch aufrichtung von zäunen, *flurzaun, bannzaun, eschzaun,* ezziszun (l. Bajuv. 9, c. 11) genannt [3]. Auch wo ein öffentlicher weg vorbeizog, gab man der flur diesen schutz. Gr. 1, 137

---

[1] Landau, territ. 59.

[2] Ebenso pflegten stücke der gemeinen weide, welche heugras tragen sollten, *gehegt,* d. i. umzäunt zu werden. Gr. 1, 515.

[3] v. Maurer, einl. 76.

(Zürich). j. 1484 : „es sond (sollend) auch vnser eschen so wol gezündt sein, dass nieman kein schad dardurch gescheh.“ Gr. 1, 524 (Unter-Maingegend) j. 1421 : „Item wan die von Nyddern Roden eynen zun vmb die flore machin.“ Die pflicht den zaun zu machen lag den einzelnen ackerbesitzern ob. Nach dem weisth. v. Strassheim v. 1484 Gr. 1, 456 soll derjenige, der äcker an den öffentlichen Weg stoßen hat, bis zum neujahrstag dieselben verwahrt haben, wenn es im winterfeld ist, bei strafe von 6 pfennigen für jeden weiteren tag der unterlassung; wenn es im sommerfeld ist, bis zu St. Jorgentag. Oefnung v. Kilchberg. 1515. Gr. 1, 204 : „wo strassen vnd weg zwüschen gütern hingand, dieselben strassen vnd weg söllen die machen, dero die güter sindt.“ Weisth. zu Westerwald. 1495. Gr. 1, 649 : „wilzit (welcher zeit) die flurzäune und thor gemacht sollen sin? wist der scheffen, vierzehen tag vor Walpurgen; wer daran sumig wurde solt gebusst werden wie hoch das vor der bank (der schöffenbank) verbotten.“ [1] Gr. 1, 93 : „Item welliche zelg korn hat, da sol sant Martins tag der efad vermacht sin, vnd da der haber gestant, da sol der efad ze ostern vermacht sin.“ Gr. 1, 139 (Zürich). j. 1484 : „Es sönd auch die winterzelgen zu St. Martistag gefridet sein, vnd die haberzelg ze meyen“ (zu Mai). Winterzelg ist so viel wie kornzelg. vgl. auch Gr. 1, 149. Das zu den zäunen nöthige holz durfte sich jeder aus der gemeinen mark holen. Weisth. zu Altenhaslau v. 1354 in d. Zeitschrift f. Hess. gesch. 6, 341 : „wers daz ym notdorfft wer eynes floreczunes, als von alders wegen recht ist, daz sal er hauwen in der wydde margk.“

---

[1] Bei Grimm ist statt vor „von“ gedruckt; allein vorher steht dreimal *vor* der banck, und dieses ist allein richtig, da den schöffen kein solches verbietungsrecht zukam; vor ihnen an der dingstatt muste nur das verbot verkündigt sein, wenn sie darnach strafen sollten.

5. Vorrechte des kronguts.

Von dieser ordnung machten eine wichtige ausnahme die ländereien des weitaus größesten grundbesitzers im reich, des königs![1] *Zusammenhängende* flächen von vielen hunderten von morgen standen in seinem alleinigen eigenthum, und wurden von seinen landsiedlern, liden und eigenleuten nach anordnung seiner gutsaufseher bebaut. Diese güter sind dann durch verleihung oder schenkung theils an grafen, herrn und ritter, noch öfter aber an kirchen und klöster übergegangen, sodaß es sich meist sehr einfach erklärt, warum auch diese zusammenhängende gütermassen besitzen. Ich werde an einem andern orte dergleichen beispiele genauer darlegen, z. b. nachweisen, wie das durch die gemarkungen von Heldenbergen, Eichen, Ostheim, Marköbel, Bergheim in der Wetterau sich hinziehende krongut an die klöster Limburg, Ilbenstadt, das hochstift Bamberg, die herrn von Münzenberg und von Hanau und andere gekommen ist. Je mehr es wahrscheinlichkeit für sich hat, daß alle umfangreicheren besitzungen der grafen ihren ursprung königlicher schenkung oder belehnung verdanken, um so weniger ist es auffallend, sie im besitze ausgeschiedener, der feldgemeinschaft nicht unterworfener ländereien, *beunden, gebunden,* zu finden[2]. Keineswegs genießt aber ihr sämmtlicher grundbesitz dieses vorrecht;

---

[1] Wie der könig in Baiern, Alemannien, Ostfranken, Thüringen, Friesland zu den ausgedehnten besitzungen gekommen sein möge, läßt sich aus dem beispiel des Sachsenlands abnehmen. Karl der Große schickte die führer des volks in's exil, verpflanzte die bewohner ganzer gaue in andere gegenden, nahm vom markeigenthum und von wüsteneien ohne zweifel so viel als ihm gut dünkte, und stattete hiermit die neu gegründeten kirchen und klöster, und seine grafen und ministerialen aus.

[2] Landau, territ. 35. Gr. 3, 619.

vielmehr war immer nur ein kleiner theil ausgeschieden; der größere lag in den drei feldern unter dem übrigen bauerngut, und folgte den regeln der feldgemeinschaft [1].

Die ritter von Löw besitzen dermalen in der gemarkung des dorfs Unterflorstadt in der Wetterau unmittelbar am ort zwei beunen von je 40 morgen an einem stück, und mitten im felde die s. g. Spitzbeune mit 4, und die s. g. Lützelbeune mit 6 morgen. Es ist dies ein theil des ehemals dem kloster Neuenberg bei Fulda zugehörigen guts; das übrige zu erb- oder landsiedelleihe verliehen gewesene gelände, die hubae censuales (vgl. darüber das weisthum v. 1416 bei Grimm, 3, 447), liegt in den oben, s. 162 näher beschriebenen drei fluren zerstreut, und es ist nun in eigenthum der lehnsträger verwandelt. An das kloster Neuenberg war es um's jahr 1030 durch schenkung eines grafen Hartmann gekommen (Schannat. diöc. et hier. Fuld. 248).

Güterverzeichnis um 1200 bei Kremer, orig. Nassoic. 2, 236 : „agris dominicalibus qui *bundin* dicuntur *et* mansis censualibus.

Ein eingezäuntes, oder mit graben und aufwurf umgebenes, und folgeweise der feldgemeinschaft entzogenes grundstück hieß auch *bifang*, von bifâhan, umfangen, befangen [2]; im mittelalt. Latein *comprehensio, captura, captio, septum, clausum, ambitus proprisum*, Französ. pourpris, von prendere, proprendere oder proprindere, letzteres ein wort, welches auch in lex Bajuv. 2, §. 12. l. Ribuar. 75 und in den capitularien Pertz leg. 2, 59 vorkommt [3]. Kindlinger, hörigkeit, 219. j. 881 : „dono . . bifangum 1 ad 36 jurnales in loco ubi Waldaffa insurgit." (an der gränze des Nieder-

---

[1] Landau, territ. 35 u. 106.

[2] v. Maurer. einl. 187. Grimm, R. A. 538.

[3] Landau, territ. 154—159. v. Maurer, einl. 184.

rheingau's). Cod. Lauresh. nr. 2575. 9 jahrh. : „bivangum 1 ad jurnales 14 et prata 5.“ Dronke, nr. 261. j. 811 : „de hoc propriso, quod in lingua eorum dicitur biuanc.“ nr. 165. j. 801 : „capturam . . quae de uilla Berghohe *capta* est.“ nr. 757. j. 1057 : „illum biuanc, qui ibi captus est.“ Guden, 1, 674. j. 1260 : „novis captionibus, quod nuwen biuanc dicitur.“ Dronke, nr. 99. j. 791 : „septum id est bifang.“ nr. 223. j. 804 : „unum ambitum, quem nos bifang appellamus.“

Diese bifänge waren übrigens großentheils neurodungen und zwar besonders in königlichen waldungen; in marken kommen sie seltener vor.

6. Neurodungen in der mark.

Neugerodetes land hieß *neuland*, novale, *neubruch*, *rod*, *reut*, *riuti*, *gereuti*, *niuriuti*, *schwand*, *schwendi*, mittellatein. stirpum, stirpaticum, runcale, laboratura, elaboratus [1]. z. b. Dronke, nr. 354 : „tres laboraturas siluae, quod nos dicimus thriu rothe.“ Vom 7ten bis zum 12ten jahrhundert sind in Deutschland viele wälder ausgerodet und in ackerland verwandelt worden; die meisten der zahllosen dörfer, deren namen sich auf rod oder reut endigt, haben damals ihre entstehung genommen. Am häufigsten geschah dies auf kron- oder kirchengut; nicht selten aber auch in marken, mit ausdrücklicher oder stillschweigender bewilligung der markgenossen [2]. Daraus erwuchsen dann unter umständen merkwürdige rechtsverhältnisse, wie folgendes beispiel lehren mag.

---

[1] Landau, territ. 159—163.

[2] Ein *recht*, vom gemeinland zu seiner hube so viel hinzuzuroden als ihm beliebte, hatte ein markgenosse nicht. Die markordnungen

Zur Babenhäuser mark gehörten im j. 1559 die Hanauischen flecken: Babenhausen, Altorff und Hartershausen, und die den rittern von Groschlag zustehenden flecken Sickenhoffen, Hergerßhausen und Eppertshausen. Die ersteren stellten 10, die letzteren 6 scheffen zu dem märkergericht, welches in der stadt Babenhausen gehalten zu werden pflegte. Diese scheffen hatten über alle fälle und sachen, welche der mark nützlich oder schädlich, zu erkennen. (s. 671.)[1] Der graf von Hanau war oberster märker; die scheffen schwuren: ihm als „obersten marckerherrn" getreu zu sein, und der mark getreulich vorzusein. Er zog die hälfte der frevel und bußen; die mark die andere hälfte. (s. 672 ff.) Die von Groschlag hatten keinerlei recht an der obermärkerschaft; niemand als Hanau hatte in der mark zu gebieten oder zu verbieten. (s. 725. j. 1479.)

Von dem gemeinschaftlichen markwald, oder den markweiden waren im laufe der zeit an vielen orten beträchtliche stücke mit erlaubnis oder stillschweigender zulassung der märker angerodet worden; (s. 687) sie hießen daher *roder*, oder gewöhnlich *markgüter*. Die mark ließ diese stücke aber nicht zu einer einzelnen dorfgemarkung

---

verbieten durchgängig das eigenmächtige roden in der mark, und wohin hätte es auch führen sollen, wenn man jeden hätte gewähren lassen? In der großen mark blieben freilich manche eingriffe der einzelnen leicht unbemerkt, und insofern kann man auch von rodungen ohne wissen und willen der markgemeinde reden. Die von v. Maurer, 157 aufgestellte theorie dagegen entbehrt allen grundes. Wider dieselbe haben sich auch bereits Waitz 1, 186 und v. Bethmann-Hollweg s. 29 erklärt.

[1] Die zahlen bezeichnen die seiten in: Joh. *Meichsner*, Decisionum divers. caus. in Camera Imperiali judicatarum, tom. 2. Francofurti a. m. 1604 fol. Eine zweite ausgabe ist vom j. 1658 und 1663, wodurch Grimm, R. A. 957 zu dem irrthum veranlaßt wurde, die zeugenaussagen in's 17 jahrh. zu setzen.

(zum schutzbann eines dorfs) schlagen, sondern behandelte sie als unter der ganzen mark stehendes gelände. [1] Nur den markbeamten kam es zu, auf denselben zu gebieten und zu verbieten, zu pfänden — nicht den dorfschützen. (s. 693.) Bußfällige wurden durch den „marckerknecht“ am märkergericht zu Babenhausen angebracht und gestraft. (s. 703.) Der mark gehörten noch alle einzelnen bäume welche auf diesen äckern und wiesen standen; nach der wegbringung des heu's hatten alle dörfer das recht mit ihren pferden und kühen auf diese wiesen zu treiben. Dennoch waren sie eigenthum der besitzer, konnten von diesen verkauft werden. In solchem fall muste die wehrung vor den markscheffen zu Babenhausen geschehen, worüber ein eintrag in's markbuch gemacht wurde. [2] (s. 689.) So musten auch nach dem weisthum von 1355 (archiv f. Hess. gesch. 1, 301) die sonderwälder, welche in der mark lagen, im märkerding ausgeboten und aufgegeben werden. Güter, welche zur feldmark eines dorfs gehörten, wurden auch vor dem betreffenden dorfgericht (oder stadtgericht) aufgegeben. Zeugen sagen aus: „.. es werden sonst keine güter vorm marckgericht vffgetragen, denn allein was in der marck ligt“; .. andere: .. „so in der marck gelegen vnd marck seyn.“ (s. 692 u. 693.) Die „markgüter“ waren nämlich entweder vom markwald rings umschlossen, oder lagen doch unmittelbar daran. Das dorf Eppertshausen lag mitten im markwald; und die Eppertshäuser hatten außerhalb ihres dorffriedens (dorfzauns) nichts als markgüter inne! (s. 722.)

---

[1] Im verhältnis zu den dorfmarkungen hießen sie daher *ausfelder*. .. „so aber außfelder oder roder, so nicht in bemeltem schutzbandt gelegen, sondern in der marck gehörig weren.“ (737 u. 741.) Ueber ausfelder, wildfelder vgl. Landau. territ. 177.

[2] Dieses markbuch geht bis aufs jahr 1400 zurück. Es wurde in dem prozeß am reichskammergericht producirt. (s. 719 u. 724.)

Um die mitte des 16ten jahrh. behaupteten die bewohner des Groschlagischen dorfs Hergershausen, daß die s. g. Münchswiese, ungeachtet sie im markbuch als markgut bezeichnet stand (s. 723), in ihrem schutzband liege; daß ihnen zukomme diejenigen zu pfänden und vor ihrem dorfgericht zu strafen, welche vieh auf die wiese trieben, ehe das heu gemäht und entfernt sei. (s. 690.) Hanau widersetzte sich dem, weil es seiner gerichtsbarkeit als obermärker eintrag that, wurde von den rittern von Groschlag beim kammergericht zu Speier belangt, aber von diesem im j. 1583 in seinen rechten geschützt. Zeugenaussagen um 1559 bei Meichsner: „es sey die Münchwiesen nicht Hergershäuser *schutzband*, sondern marckgut; denn sie haben dieser seyt der Gerstprentz kein *schutz*." (s. 696.) ... „wisse von keinem schutz, den es daselbst haben soll." (s. 698.) Auf die frage, was sie unter schutzbann verstünden, antworten die meisten zeugen: er verstehe darunter „ein gut, daruff einer zu rugen, zu pfenden, vnd abzuwehren hab." (s. 705.) ... er verstehe unter schutzband, „daß einer ein gerechtigkeit hab vff dem gut zu pfänden, vnd das zu *schützen*." (s. 706.) ... „Er halt die Münchwiesen nit für marck, sondern schutzband, quia er vor 20 jahren (als er zu Hergershausen zu einem schützen erwehlet gewesen) daruff . . . . selbst *geschützt* vnd gepfändet." Auf die frage: wer gerings vmbhero dieser wiesen zu gebieten vnnd verbieten hab? antwortet der nämliche zeuge: „er halts darfür, vnd wiß nicht anderst, denn daß der schultheiß vnd die marcker zu gebieten vnd zu verbieten haben vmb die wiesen herumb." (s. 707.) ... Es „haben Gröschlagische dörffer jhren besonderen schutzband, abgesteinte marckung, vnd jre besondere gericht gehabt." (s. 694 und 694.) „Hergerßhäuser vnd Sickenhouer schutzband." (s. 716.) ... „ein jedes dorff sein sonderbaren schutzbandt oder district, vnd darinn sein sonder gericht hat, so vber güter [vnd] in solchen schutzbanden gelegen, allein, vnd gar nit das marckgericht zu richten vnd zu erkennen haben.“ (s. 672.)

Einer der beisitzer am kammergericht meinte richtig, unter schutzband sei zu verstehen „districtus bannalis, certis finibus vel limitibus circumscriptus vel determinatus, eine feldmarck oder feldflur.“ (s. 740.) „Der märcker scheffen hat zu recht geweist, anno 1441, daß kein marcker oder ander, kein marckgut, es sey *boden* oder *schare*, beklagen, oder nirgend anderstwo vergifften oder währen soll, dann am marcker geding.“ (s. 725.) *Schare* ist acker, *boden*, wiese, nicht wald, wie Grimm, R. A. 531 (vgl. s. 499) annahm.[1] Ein theil der markgüter waren wiesen, und bei Meichsner, 2 s. 725. werden auflassungen von solchen aufgeführt. In einer ungedr. schuldurkunde des gerichts Grinda von 1399 heißt es : „wo des (die zahlung) nit geschee so mochte her Wernher egenant . . . . griffen czu den obn̄gten stemmen vnd burgen czu arm vnd czu rich czu Grinda in dem gerichte zu iren liben vnd zu allen iren guden sie sin farinde oder ligende, eigen oder lehin, *schare* oder *bodem*, phantgut oder wie man ir gut nennen mag.

Beiläufig einige stellen, worin schare den durch bearbeitung des ackers erzielten ertrag bedeutet. Baur, Arnsb. urk. nr. 733. j. 1346 : „Ich Isengard vor wilen eliche husfrowe Lodewig Nyzelis bekennen, vmme soliche ansprache als ich hatte zu den guden zu Bergin . . . . von mines vorg. huswirtes wegin gen broder Conradin, minen swagir, vnde auch vmme die *schare* dar vffe ir schienen waz, daz ich allis mines rechtin, daz ich dar ane han oder haben mochte, fir zihen han genzlichen.“ Im j. 1369 versetzten einige personen ihr theil an dem zehnten zu Langgöns, den sie vom landgrafen zu Hessen zu mannlehen hatten,

---

[1] vgl. auch jetzt Grimm, Deutsch. wörterb. *boden*.

auf 6 jahre dem kloster Arnsburg „zu abe slage vor eyne summe geldes“, . . „also bescheidenlich, wanne disse ses iar vbir gangen sint, were yeʒ dan sache, daz der vorg. zehinde nicht sollen sich selber gelost en hette an deme abe slage von den *scharen*, dye da binnen gefallin mogint, so globin wir dar after in deme syebinden jare den zehinden widder ledig vnde loyz zu machene von der egen. vorsatzunge.“ (Baur, Hess. urk. 1, nr. 1026.)

j. 1356 : „daz er eigen vnd erbe besitzen sol vnd die schare davone nemen, wil er lebit.“ (Thomas, oberhof. 454.) j. 1398 : „hätte auch Contzechin von Bornheim icht schar von den guden yngenomen“ etc. (ib. 544.) 14 jahrh. : „eygen und erbe, daran der kinde vater oder muder, welchs noch in leben were, sin lebetage die schare und nutze hetten“ (ib. 245). „die schar des weingarts“ (Gr. 1, 611). „vnd alle *winther schare* die dan Herte itzt erarbeyten laiʒen hait, sall ime fulgen in sinen notzen vnd frommen“ (urk. aus einem um 1515 geschriebenen copialbuch). j. 1400 : „daz ich . . . dauon (von den guden) keynerley gulde oder schare offheben sal (ebendaselbst).

Denselben gegensatz wie schare und boden enthält *wunne* und *weide*. In Sachssp. 2, 47, §. 5 heiʒt ungewunnen land so viel wie unbestelltes land; Richtsteig landr. 42, §. 1, gewunnen lant bearbeitetes land (Homeyer, glossar unter „gewinn“). Glosse zum Sächs. lehnr. 60 (Kraut, s. 491, nr. 20) „so jemandt ein land bestünd das noch ungewunnen war, und bawet das von newem“ (d. h. rodet es neu an). Die erklärungen Grimm's in den R. A. s. 46 u. 521 treffen nicht zu, noch weniger die Sachʒe's in seinem Sachssp. s. 346. Der monat Mai heiʒt wunnemonat, weil darin das feld bestellt, nicht weil etwa die weide eröffnet wird, wie Weigand, D. wörterb. 2, 88 annahm. Der ausdruck „wunne und weide genieʒen“ als bezeichnung des rechts eines genossen an der almeinde, stammt aus der zeit der gemeinschaftlichkeit des grundeigenthums, wo jeder gemeindsmann am ackerland sein theil erhielt.

7. Geschichte der ausbildung des sondereigenthums an grund und boden.

Die scheidung des landes in dorfmarken, der dorfmarken in gewanne, und die regelmäßige größe des bauernguts als einer fläche von 30 morgen ackerland, läßt sich einzig und allein aus einer vertheilung gemeinheitlicher ländereien erklären. In vielen verschiedenen gewannen wurde die hube zugemessen, ohne zweifel damit jeder nachbar an dem guten wie am geringen, am nahen wie am entfernten, an dem der sonne zugekehrten wie an dem nach der winterseite gelegenen ackerland gleichen antheil erhalte, niemand verkürzt werde. Eine abschätzung, würdigung der güte der einzelnen lagen durch die feldgeschwornen muste der vertheilung vorausgehen.

Manche haben geglaubt, eine ausgleichung sei vielmehr in der weise geschehen, daß denjenigen, welche schlechteres land erhielten, auch verhältnismäßig mehr gegeben worden sei. Allein dagegen spricht die in einem und demselben dorf durchgängig gleiche größe der huben. Eine vergrößerung der hube würde auch eine solche gleichstellung doch nicht bewirkt haben, weil die erzielung einer gleichen und gleich guten menge frucht auf schlechtem boden mehr ausstellungskosten (aufwand von arbeit, saatfrucht u. s. w.) verursacht, als auf gutem boden. Eine so einfache erfahrung kann keinem ackerbautreibenden volk lange entgehen. Gerade unsere vorfahren musten vorzüglichen werth auf gutes land legen, weil sie zu laß und gleichgültig waren, auch dem schlechten boden durch arbeit und düngung früchte abzugewinnen. [1] Daß es jedem freigestanden habe, sein haus aufzuschlagen, wo er wollte, und hier sich sein ackerland zumessen zu lassen, ist mit der oben geschilderten ordnung unvereinbar. Und ebensowenig kam es dem einzelnen zu, vom gemeinland so viel anzuroden wie ihm behagte. 30 morgen, und nicht mehr, sind jedem zugedacht, auch wenn des ackerlands in überfluß vorhanden sein sollte; nicht willkür und eignes gutdünken weist sie zu, sondern das loos. Noch im 8ten und 9ten jahrh. bezeichnet daher bei Alamannen, Baiern, Franken *loos, luz* [2], Latein. *sors*, ein bauerngut, theilweise auch nur einzelne grundstücke, *consortes* [3], mitlöser, die mitglieder einer gemeinde. L. Burg. 1, 1 : „terra *sortis* titulo acquisita.“ 84, 1 : „quia cognovimus Burgundiones *sortes* suas nimia facilitate distrahere.“ L. Ripuar. 60, 5. L. Wisigoth. VIII, 5, 5; X, 1, 14; und 2, 1.

Urkunden liefern folgende belege [4] : Cod. Lauresh. 2, nr. 2760 : „ego Herewin . . dono 2 *sortes* in . . marca Suegerheim (in pago Gardachgowe) et quidquid ad ipsas pertinere videtur in mansis, pratis, silvis, aquis“ etc. Das. 3, nr. 3262. vgl. nr. 3267 : „ego Rifridus dono . . in pago Alemannorum in Amphinger marca *sortes* 3 cum terris et aedificiis, et mancipia 3.“ etc. 3, seite 211, 212, 215, 216 : „sunt in summa mansi et *sortes* 53.“ (Wormsgau). Einhard bei Adam, histor. eccles. 1, 4. bei Pertz IX, 285. „Qui (Saxones) eam (terram) *sorte* dividentes . . colonis trade-

[1] Schlechtes ackerland stand noch vor 30 und 40 jahren bei unseren bauern in solcher verachtung, daß ihnen der morgen für wenige gulden feil war. Erst von einsichtigen landwirthen lernten sie seinen werth nach und nach besser schätzen.

[2] Grimm, R. A. 534.

[3] l. Ripuar. 60, 2. l. Burg. 49, 1—3. l. Wisigoth. VIII, 5, 5. X, 1, 14; 2, 1.

[4] Weitere stellen bei v. Maurer, einl. 79.

bant singulis, pro sua sorte sub tributo exercendam. (v. Maurer, einl. 278.)

Auch das besitzthum des eigenmanns heißt loos. Cod. Lauresh. 1, nr. 537: „.. dono .. in Dornheim (am Neckar) servum 1 nomine Hildulfum, cum manso et *sorte* sua, ad ipsum mansum attingente, et casa super mansum posita." 1, nr. 812: „.. donamus .. in pago Lobodunensi .. servum 1, et mansum 1, in quo ipse manet, cum *sorte* sua, hoc est cum terris, campis, siluis, domibus, aedificiis, pascuis etc." 2, nr. 947: „.. donamus .. in pago Lubidunense .. servo uno .., cum suo manso et sua *sorte*." 1, nr. 697: Eine frau Rutlindis schenkt dem kloster Lorsch ihren landbesitz im dorf Wibilinga im Lobdengau .. „quae terra habet minus plus tribus *sortibus servilibus*, et mancipia 5." Auf diese stellen haben v. Maurer, einl. 271 u. 278 und Landau, territorien 11 aufmerksam gemacht.

Die verwandlung in privateigenthum war aber eine sehr allmählige; noch jahrhunderte lang macht sich der gesichtspunkt geltend, daß der einzelne sein ackerland nur von der gemeinde besitze; und als längst das volle sondereigen ausgebildet war, übten die markgemeinden allgemein das recht, ackerland, das seiner bestimmung zuwider vom eigenthümer wüst liegen gelassen wurde, oder worauf er wald anwachsen ließ, als gemeindeeigenthum einzuziehen. Sobald das gestrüpp eine gewisse höhe erreicht hatte, wenn, wie die weisthümer sich ausdrücken, zwei ochsen sich darin verbergen können, oder, wenn man es mit einem joch ochsen nicht niederdrücken, ausackern kann, so wurde es als mark behandelt. Stellen hat Grimm, R. A. 525. 82 u. 92, welche die allgemeine geltung des herkommens beweisen, und sich gewiß vermehren lassen.[1] Etwas ähnliches drückt

---

[1] Auch in der Hohen Mark am Taunus wurde es auf dem märkerding vom j. 1558 (§. 4 des protocolls) eingeschärft.

ein rechtssprichwort aus, das in einigen strichen der Wetterau (im ehemaligen gebiet der grafen zu Solms-Laubach) früher gangbar war : „wenn der busch dem reiter reicht an die sporn, so hat der unterthan sein recht verlorn“; nur daß sich hier das recht der mark in ein anfallsrecht des landesherrn verwandelt zu haben scheint [1].

a. Feststellung der vererblichkeit, auch auf weiber.

In ausschließliches eigenthum ging zuerst der platz über, worauf haus und hof erbaut war; dann folgte stufenweise das ackerland und zuletzt die wiesen. Hatte man einmal angefangen nicht mehr alljährlich sondern nur nach längeren zwischenräumen die neutheilung vorzunehmen, so war es ein leichter schritt, sie endlich ganz zu unterlassen, und jeder familie stillschweigend den fortgenuß ihrer hube zu gestatten, bis das herkommen zu festem recht erstarkte. Aus einzelnen merkwürdigen gesetzen läßt sich noch erkennen, wann und in welchem umfang das besitz- und gebrauchsrecht der einzelnen ein unwiderrufliches und vererbliches geworden ist. So bestimmt das volksrecht der in Südfrankreich und Spanien angesiedelten Westgothen im 10. buch, tit. 2, cap. 1 : „die von Gothen und Römern 50 jahre lang besessenen und in dieser zeit nicht eingezogenen loose sollten auf keine weise (von der gemeinde) zurückverlangt werden“ [2]. Bei den Salischen Franken war im 6ten jahrh. ein nachfolgerecht der söhne in das land feststehend [3]. Töchter dagegen erbten land nicht [4], und

---

[1] Eisenhart, 188.

[2] Sortes Gothicae et Romanae, quae intra quinquaginta annos non fuerint revocatae, nullo modo repetantur.

[3] Dies ergibt sich aus den worten der sogleich mitzutheilenden verordnung k. Chilperichs, „sicut et lex Salica habet.“

[4] Töchter hatten ja auch bei der jährlichen theilung kein land erhalten, weil nur männer eine familie, eine haushaltung begründen.

auch geschwister hatten keine anrechte, sondern in ermangelung von söhnen fiel es an die gemeinde zurück. Angeblich im j. 574 bestimmte aber könig Chilperich, wenn keine söhne da seien, sollten die töchter das land erben. (Hat vielleicht das Mosaische recht, 4 Mose 27, hierauf einfluß geübt?) Seien keine kinder da, so solle das land an die brüder, und wenn auch diese fehlten an die schwestern fallen, nicht an die nachbarn. Den entfernteren seitenverwandten wird hier ein erbrecht noch nicht zugeschrieben, das land wurde also, wenn keine geschwister da waren, von der gemeinde eingezogen.

Edictus domini Hilperichi regis pro tenore pacis. art. 3 Pertz, leg. 2, 10: „Simili modo placuit atque convenit, ut si cumque vicinos habens aut filios aut filias post obitum suum superstitutus fuerit, quamdiu filii advixerint terra habeant, sicut et lex salica habet. Et si subito filios [1] defuncti fuerint, filia simili modo accipiant [2] terras ipsas, sicut et filii si vivi fuissent aut habuiessent. Et si moritur, frater alter superstitutus fuerit, frater terras accipiant [2] *non vicini*. Et subito frater moriens, frater non derelinquerit superstitem, tunc soror ad terra ipsa accepat possidenda."

Der text ist folgendermaßen zu verbessern: „Simili modo placuit atque convenit, ut si quicunque vicinus [3], habens aut filios aut filias, post obitum superstitutus fuerit [4] (d. h. von diesen seinen söhnen oder töchtern überlebt wird), quamdiu filii advixerint, terram habeant, sicut et lex Salica habet. Et si subito filii defuncti fuerint, filiae simili modo accipiant terras ipsas, sicut et filii si vivi fuissent et (terras)

---

[1] al. filii.

[2] al. accipiat.

[3] Die änderung in vicinus scheint mir besser als der von Waitz, Sal. recht 132, note 1, gemachte vorschlag.

[4] Man könnte auch lesen: „ut, quicumque vicinus aut filios aut filias post obitum suum superstites habuerit, quamdiu" etc.

habuissent (d. h. die töchter sollen das land so erhalten, wie die söhne es gehabt haben würden, wenn sie am leben geblieben wären). Et si moritur frater, alius (autem) superstes fuerit frater, (hic) terras accipiat non vicini. Et subito (si) frater moriens fratrem non dereliquerit superstitem, tunc soror ad terram ipsam accedat possidendam."

Später erlangten auch entferntere seitenverwandten nachfolgerechte in das land, und zwar soll, der gewöhnlichen annahme nach, das spätere recht dem gesammten mannsstamm nicht blos in der seitenlinie, sondern auch vor den töchtern ein vorzugsrecht eingeräumt haben. Den töchtern und schwestern soll also das ihnen durch Chilperichs verordnung gegebene recht wieder entzogen worden sein. [1] Dies ergebe sich aus lex Salica tit. 59 de alodis, und aus lex Ripuar. 56 (58). [2] So lehren Eichhorn §. 65. Grimm, R. A. 472. Beseler, erbvertr. 1, 50 und system 2, 494. Waitz, Sal. recht 117 u. 124. D. verfassgsg. 1, 202. Walter §. 543. Gerber, system. §. 251. note 5. Gengler, hofrecht d. bischofs Burchard v. Worms, s. 18 [3], und viele andere mehr.

---

[1] Walter, §. 543 (1 ausg.). Zöpfl, s. 783.

[2] L. Sal. 59, de alodis : „1. Si quis mortuus fuerit et filios non dimiserit si mater sua superfuerit, ipsa in hereditatem succedat. 2. Si mater non fuerit et fratrem aut sororem dimiserit, ipsi in hereditatem succedant. 3. Si isti non fuerint, tunc soror matris in hereditatem succedat. et inde de illis generacionibus quicumque proximior fuerit ille in hereditatem succedat. 4. De terra vero nulla in muliere hereditas est sed ad virilem sexum qui fratres fuerint tota terra perteneat." L. Ripuar. 56 (58), de alodibus : „1. Si quis absque liberis defunctus fuerit, si pater materque superstites fuerint, in hereditatem succedant. 2. Si pater materque non fuerint, frater et soror succedant. 3. Si autem nec eos habuerit, tunc soror matris patrisque succedant. et deinceps usque ad quintum genuculum qui proximus fuerit, haereditatem succedat. 4. Sed cum virilis sexus extiterit, femina in hereditatem aviaticam non succedat."

[3] Gengler nimmt aber an, daß nach hofrecht im 11 und 12ten jahrh. in ermangelung von söhnen die töchter das land geerbt hätten!

Ich kann mich jedoch dieser auslegung nicht anschließen, glaube vielmehr, daß auch nach Salischem recht die töchter allen männlichen seitenverwandten vorgingen. Zu dieser annahme gelangt man mit nothwendigkeit, sobald man anerkennen muß, daß der §. 4 des 59ten titels der lex Salica nicht eine ganz selbständige, sondern mit den drei ersten paragraphen zusammenhängende, sie ergänzende bestimmung bildet. Die drei ersten §§. handeln, wie der gegensatz in §. 4 : „de terra vero“ außer zweifel stellt, von der erbfolge in bewegliche habe. Die überschrift „de alodis“ steht damit in keinerlei widerspruch, da alod weiter nichts als freies eigen heißt, fahrnis also ebenfalls umfaßt.[1] Sie erscheint überhaupt auch dann schon gerechtfertigt, wenn sie nur mit rücksicht auf einen theil des titels aufgestellt sein sollte.

Der §. 1 setzt nun den fall, daß jemand ohne hinterlassung *von kindern* stirbt. Die texte haben zwar „filii“, allein dies kann hier nur so viel wie „liberi“ heißen[2]; denn sonst würde nicht blos die mutter, sondern auch geschwister, vaterschwester und noch entferntere verwandte den leiblichen töchtern vorgehen, was undenkbar ist. Auch in andern stellen des Salischen und sonstiger volksrechte wird der ausdruck filii im sinn von liberi gebraucht, und daß es hier diese bedeutung hat, bestätigt der entsprechende titel 56 (58) des Ripuarischen gesetzes, welcher beginnt : „si quis absque *liberis* defunctus fuerit.“

Derselbe fall wird aber auch in §. 4 vorausgesetzt; denn §. 4 wird durch das wort „vero“ und den ganzen darin ausgedrückten gegensatz an die vorausgehenden para-

---

[1] vgl. Waitz, Sal. recht, 121.

[2] Dies erkennen auch an : Montesquieu, esprit des lois liv. 18, c. 22. Waitz, Sal. r. 108; Siegel, die German. verwandtschaftsberechnung s. 20. Zöpfl 781, note 3. Wasserschleben, prinzip der successionsordn. s. 38.

graphen angeknüpft. In noch entscheidenderer weise ergibt sich dies aus den worten „qui fratres fuerint,“ welche man keineswegs so ignoriren darf, wie dies bis jetzt allgemein zu geschehen pflegte. Brüder können das land doch nur erben, wenn keine söhne da sind; daß söhne fehlen, ist *im* §. *4 selbst* nirgends gesagt, muß also im vorausgehenden schon angenommen sein, was nothwendig auf §. 1 zurückführt. Für die drei ersten paragraphen unter den filii „liberi“ zu verstehen, für §. 4 aber nicht, sondern blos „söhne“, wäre eine völlig unzulässige willkür. Die richtige auslegung kann freilich nur beim festhalten der alten texte gelingen. Nicht einmal die umstellung in novelle 167 (Merkel) „sed qui fratres fuerint et ad virile sexu tota terra pertineat“ scheint berechtigung zu haben. Die späteren texte, nov. 267 und 350 (Merkel) lassen die wichtigen worte „qui fratres fuerint“ weg, offenbar im zusammenhang damit, daß sie durchgängig in den vorausgehenden paragraphen den „pater“ eingeflickt haben, dem doch brüder nicht vorgehen konnten.[1] So wird durch dieses zufügen und weglassen die ganze stelle unkenntlich. Auch den zusatz: de terra „Salica“ in den späteren handschriften halte ich mit Waitz, Sal. recht 120, für unpassend und nur durch misverständnis der abschreiber hervorgerufen. Denselben schien es auffallend und mit dem geltenden recht streitend, daß — nach dem von ihnen selbst verstümmelten text! — töchter von der erbfolge in alles land ausgeschlossen sein sollten, und sie schränkten daher diese zurücksetzung auf das selland ein, obwohl sie ebenso verkehrt sämmtlich die worte „*tota* terra“ daneben stehen ließen.

---

[1] Die alten texte erwähnen den pater gar nicht, weil sie ihn ohne zweifel bereits verstorben denken. So nimmt auch Waitz, Sal. recht 108 an.

Um das gesagte zusammenzufassen, so bestimmt das Salische gesetz: Wenn jemand ohne hinterlassung von kindern (und nach seinem vater) stirbt, so wird das land nicht nach der ordnung vererbt wie die fahrnis, sondern es fällt ganz an das männliche geschlecht, nämlich an diejenigen, welche brüder des verstorbenen sind (brüder schließen die mutter und die schwestern aus). Wie es gehalten wurde, wenn keine brüder vorhanden waren, ist, in den alten texten wenigstens, nicht bestimmt, und braucht hier nicht weiter untersucht zu werden. Doch halte ich dafür, daß nun die schwestern kamen, wie die verordnung Chilperichs bestimmte, daß also bis hierher der mannsstamm nur unter gleich nahen erben den vorzug hatte.

Die richtigkeit der gegebenen auslegung wird auf's schönste bestätigt durch tit. 56 (58) des Ripuarischen gesetzes, welcher eine ziemlich wörtliche nachbildung von tit. 59 des Salischen ist. Derselbe setzt auf gleiche weise bis zu ende den fall voraus, wo jemand ohne hinterlassung von kindern stirbt. [1] Beide gesetze zeigen also noch dasselbe recht, wie es durch die verordnung könig Chilperichs vom j. 574 geschaffen wurde, und wie es bis in's spätere mittelalter erweislich in ganz Frankenland gegolten hat.

Auch bei Schwaben, Burgundern, Langobarden und Sachsen gingen unbestritten von alters her die töchter allen seitenverwandten vor. Nach dem einzigen recht der Anglier und Weriner (Thüringer) erbte die tochter das land erst wenn keine männlichen blutsfreunde (schwertmagen) von der vaterseite bis zum 5ten grade vorhanden waren [2].

---

[1] So bemerkt schon Montesquieu, esprit des lois. liv. 18, c. 22.

[2] Die *fahrende habe* erbten schon in der ältesten zeit die töchter eben so wie die söhne. In Tac. Germ. c. 20 heißt es allgemein: „heredes tamen successoresque sui cuique *liberi.*" Erst wenn keine kinder — wiederum heißt es ausdrücklich: liberi — da sind, dann folgen brüder, oheime u. s. w., also männer. Daß die töchter erst in

b. Theilbarkeit der huben.

Gleich nahe erben hatten auch *gleiches recht* zu dem land; entweder konnten sie es in ungetheilter gemeinschaft besitzen und benutzen, oder es *theilen.* Vorrechte der erstgeburt oder der jüngstgeburt gab es nicht. Kein volksrecht, kein gesetz, keine urkunde erwähnt eines solchen. Seit dem 8ten jahrh. bis auf unsere tage sehen wir aus unzähligen urkunden, wie halbe oder drittelshuben [1], einzelne morgen, ja bruchstücke von morgen verkauft, vertauscht, verschenkt werden, was beim system geschlossener güter unmöglich sein würde. Dieses hat sich erst später und nur in manchen gegenden, keineswegs allgemein, sei es auf dem wege des gewohnheitsrechts oder durch landesherrliche verordnungen, ausgebildet. [2] Neueren schriftstellern, welche ohne alle historische kenntnis die untheilbarkeit der huben als alte und allgemeine regel hinstellen und sie in gegenden zu finden glauben wo sie nie bestanden hat, muß ins gedächtnis zurückgerufen werden, daß das die erbleih- und landsiedelgüter beherrschende recht keinen schluß auf das recht des freien eigens zuläßt. Bei jenen litt der gutsherr vielfach keine theilung; wenn

ermangelung von söhnen in die fahrende habe nachgefolgt seien, läßt sich aus Tacitus' worten nicht folgern, und war auch späterhin niemals rechtens. (Nur geringere antheile erhalten sie nach einigen volksrechten.) Noch weniger galt ein vorrecht der erstgeburt. Nur die Tencterer kannten ein solches und Tacitus hebt es als eigenthümlichkeit dieser völkerschaft hervor (c. 32), wie er in c. 27 im voraus anzeigt. vgl. v. Sybel, 12.

[1] Ihnen werden daher die vollen oder ganzen huben, hubae integrae, plenae, gegenübergesetzt. Beispiele siehe bei v. Maurer, einl. 281.

[2] Nach Beseler, system 3, 114, bildet das 16 jahrh. einen wendepunkt. Uebrigens kehrten sich beamte und volk vielfach nicht an diese verordnungen. vgl. Beck und Lauteren, landrecht d. grafsch. Erbach s. 99 u. 367.

der bauer nicht seinen nachfolger bezeichnete, so wählte er ihn aus den erben aus. Schon im 13ten und 14ten jahrh. kennen manche hofrechte stattdessen vorrechte der erstgeburt oder jüngstgeburt.[1] Aber außerordentlich häufig ist das bei alod geltende freie theilungsrecht auch bei zinsgütern zur geltung gelangt. Vgl. z. b. die weisthümer bei Grimm, 1, 247, 292, 378. Ferner 1, 685: „So vil der erben seint, die ein hauptguet zu teilen haben, die alle sollen einen *träger* und hubrecht geben.“ (über hubrecht vgl. 1, 712). Gr. 1, 715: „Wann ein guot ererbt, verendert, vertheilt oder verkauft wird, und wer sich dan dessen annimmt, underzieht oder emptaht, so mancher der erben ist, die zu erbe gont, die alle sollen geben einen *träger* und ein huobrecht, das ist ein halben ohmen und vier pfenning, darvon gehört dem meier vier moss wein und vier den., und das darüberig gehört den huobern.“ (§. 8). „Wenn auch also ein huebig guot in fall (erbfall) käme, das mögen die erben, so fer sie wollen, under sich vertheilen, und (sollen) under inen *ein träger des zins,* der ein huober im dinkhof sei, zu geben schuldig sein.“ (§. 9). Oefnung von Knonau. 1461. Gr. 1, 53: „Item *welcher och der gröst ist* in einer schüppis oder in einer hüb[2], der sol die andern zins infahen vnd inziechen vnd antwurten einem amptman, vnd ist denn demselben der der gröst ist in der hub oder schüppis das recht behalten zu den anderen zinsern, die mit im zinsend, das minen frowen (der äbtissin zu Schennis) gen inn behalten ist.“

Die inhaber eines zinspflichtigen guts, welche dasselbe theilen wollten, musten also gewöhnlich einen aus ihrer mitte, oder einen sonstigen hofhörigen mann zum *zinsträger*

[1] Kraut, s. 497—499. — Grimm, weisth. 3, 151.

[2] d. h. das meiste gut davon hat.

bestellen, der dem herrn den ganzen zins zu zahlen hatte, und ihn selbst wieder von den einzelnen theilnehmern erhob.[1] Dieser träger galt als repräsentant der theilbesitzer, daher auch wenn *er* stirbt das besthaupt, und für erneuerung des lehns das „hubrecht“ gegeben wird.[2]

Im interesse des gutsherrn lag es aber, daß ein so getheiltes gut möglichst wieder in eine hand gebracht wurde. Deshalb räumen die meisten hofrechte und gebräuche, wenn einer der theilbesitzer sein gutstheil weiter veräußern will, den übrigen ein vorkaufsrecht ein, und zwar häufig so, daß der zinsträger den übrigen hierbei vorgeht.[3]

c. Statthaftigkeit der veräußerung.

Die in den ältesten gesetzen noch sichtbaren heimfallsrechte der gemeinde traten allmählig so zurück, daß es statthaft wurde das loos zu *veräußern.* Die lex Angliorum et Werinorum (Merkel s. 10) stellt es dem freien mann völlig anheim, sein erbgut zu veräußern an wen er will. „Libero homini liceat hereditatem suam cui voluerit tradere.“ Dasselbe recht mag der Salier gehabt haben, da tit. 46 des Salischen gesetzes keine anderen voraussetzungen zur gültigkeit einer vergabung macht, als solche welche die form betreffen. Auch die gesetze bischof Burchards für die angehörigen der Wormser kirche, cap. 11., gestatten durch erbgang erworbenes land und eigenleute an andere als die gesetzlichen erben zu vergeben. Der erblasser muß nur bei gesundem leib und geist sein zur zeit wo er die verfügung trifft.[4] Gengler (das hofrecht des

---

[1] vgl. Wächter, Würtemb. privatr. 1, 309.

[2] Weisth. zu Swindrazheim. Gr. 1, 740.

[3] Wächter, Würtemb. privatr. 1, 309 u. 523.

[4] Ganz so wie es im weisthum zu Lossburg v. 1477 (Gr. 1, 391) heißt: „Item welcher mayer sein gutt von hannde gebenn vnnd seine

bischofs Burchard v. Worms s. 19) will diese freiheit nur für letztwillige vergabungen gelten lassen; veräußerungen und schenkungen unter lebenden dagegen, welche die erben benachtheiligen, waren nach seiner ansicht ungültig (den fall der veräußerung aus echter noth ausgenommen). Allein es ist nicht einleuchtend, daß für vergabungen auf den todesfall eine weitere befugnis hätte eingeräumt werden wollen als für andere veräußerungen. Jene musten in denselben formen wie diese vorgenommen werden, weil man eine wesentliche verschiedenheit beider nicht anerkannte. In cap. 2 ist nun auch die unzulässigkeit der veräußerungen unter lebenden keineswegs ausdrücklich ausgesprochen. Gengler folgert sie nur daraus, weil das gesetz gerade den fall betrachtet, wo jemand in armuth gefallen ist, und aus diesem grund sein erbgut verkaufen will. Allein daß dies der einzig mögliche und erlaubte fall sei, folgt daraus doch noch nicht nothwendig; es ist nur das gewöhnliche, daß schulden anlaß zum verkauf geben, und diesen gewöhnlichen anlaß erwähnt das gesetz beiläufig. Der ganz bestimmten verordnung des capitels 11 gegenüber möchte daher Genglers auslegung des cap. 2 nicht aufrecht zu halten sein, zumal sich cap. 6 füglich vom blosen vorkaufsrecht der erben verstehen läßt. (s. darüber unten s. 203.)

d. Beschränkung der veräußerlichkeit beim vorhandensein von leibeserben.

Nach Ripuarischem, Bairischem, Burgundischem und Sächsischem recht ist aber nur demjenigen veräußerung

---

kind oder freundtschafft enterbenn will, der soll das thon vor dem stul zu Vischbach, vnnd auch nit anders, wann er ryten vnnd gon mag, *vnnd soll dauon gon vnnd daruff nit me komen jn sechs wochenn vnnd dreyen tagen.*

des erbguts gestattet, der keine kinder (leibeserben) hat. So gestattet das Ripuarische recht tit. 48 demjenigen, der keine söhne oder töchter hat (si quis procreationem filiorum vel filiarum non habuerit) sein ganzes vermögen wem er will zu hinterlassen, wenn er vor dem könig selbst erscheint und in dessen gegenwart die feierliche handlung vornimmt. In dieser beschränkung blickt die frühere unzulässigkeit der veräußerung noch durch. Was jedoch in gegenwart und folglich mit zustimmung des königs geschehen ist, soll nicht angefochten werden können. Durch das cap. in lege Ribuaria mitt. a. 803. c. 9. (Pertz, leg. 1, 118) wurde gestattet, solche vergabungen auch vor dem grafen oder den königlichen sendboten in gegenwart der scheffen zu machen. Nach Burgundischem gesetz, tit. 1, §. 1, und nach Bairischem, tit. 1, §. 1 darf der vater kein erbgut veräußern, bevor er mit seinen kindern abgetheilt, diesen die ihnen gesetzlich zukommenden vermögensstücke überantwortet hat. [1]

Ob nach lex Saxonum 62 (Merkel) auch nur die kinder feste anfallsrechte haben, oder in deren ermangelung auch seitenverwandte und vorfahren, bleibt ungewiß. Die stelle lautet: „Nulli liceat traditionem hereditatis suae facere praeter ad ecclesiam vel regi ut heredem suum exheredem faciat, nisi forte famis necessitate coactus, ut ab illo qui hoc acceperit sustentetur. mancipia liceat illi dare ac

---

[1] Von der errungenschaft darf der vater vor der abtheilung veräußern was ihm beliebt. Die „terra sortis titulo acquisita" nur kann er nicht weggeben; in bezug auf diese wird das ältere gesetz eingeschärft, welches lautete: „Quia cognovimus Burgundiones sortes suas nimia facilitate distrahere, hoc praesenti lege credidimus statuendum, ut nulli vendere terram suam liceat, nisi illi qui alio loco sortem aut possessiones habet (l. Burg. [antiqua] 84, 1). Hiernach darf also doch, wer mehr als ein loos besitzt, dieses mehr veräußern.

vendere.[1] Den entferntesten verwandten wird doch wohl schwerlich ein so strenges notherbrecht zugekommen sein, und es ist darum eine einschränkende erklärung des wortes heres gerechtfertigt. Beseler, erbverträge 1, 58 u. 15 bezieht es lediglich auf die descendenz, und vielleicht mit recht. Der Sachsenspiegel 1, 52, §. 1 spricht in nicht weniger allgemeiner weise aus, daß ohne erlaubnis „der erben" niemand sein eigen oder seine leute vergeben dürfe. Ebenso unbestimmt lauten das Görlitzer landr. cap. 47, §. 6. Richtsteig landr. c. 25 und andere rechtsbücher und statuten. Dagegen besagt die überarbeitung des Sachenspiegels v. j. 1356, welche den namen des Schlesischen landrechts führt, in c. 77, daß unter den „erben" hier nur die ehelichen *kinder* zu verstehen seien.[2] Auf einen weiteren kreis von verwandten dehnten die Magdeburger scheffen das widerspruchsrecht aus, wie die bei Zimmerle, s. 175 abgedruckten urtheile zeigen. Uebereinstimmung bestand also hierbei keineswegs.

In urkunden begegnet es häufig, daß eltern, brüder, vettern ihre zustimmung zu veräußerungen geben; aber dies kann aus anderen gründen geschehen sein, z. b. weil die erbtheilung noch nicht beendigt war, weil sonstige gemeinschaftliche rechte bestanden; bei verkäufen namentlich hatte diese zustimmung häufig die bedeutung eines verzichts auf das vorkaufsrecht; in andern fällen ließen die kirchen aus bloser vorsicht die erben zustimmen, um kla-

---

[1] Vgl. hierzu urk. kaiser Otto's III v. j. 997: „Filia, nomine Adela, quandam hereditatis jam traditae partem exposcens, dicens, quod pater ejus secundum Sax. legem absque ejus consensu et licentia nullam potuisset facere traditionem, totam patris sui donationem produxit in errorem." Urk. v. 996: „Post ejus mortem altera filia — hanc partem exposcens dicensque, quod pater ejus secundum Saxonicam legem absque ejus consensu et licentia nullam potuisset facere traditionem (Haltaus, 366. Zimmerle 130 u. 173).

[2] Zimmerle, s. 172.

gen wegen erbschleicherei vorzubeugen. Auch in Fränkischen und Schwäbischen urkunden kommt es daher vor, daß der zustimmung von seitenverwandten bei veräußerungen gedacht wird. Von dem blosen vorkaufsrecht und dessen ausdehnung aber darf nicht auf die ausdehnung des widerspruchsrechts gefolgert werden.

Die geschichte des Deutschen grundeigenthums läßt darüber keinen zweifel, daß veräußerungsbeschränkungen der angegebenen art nicht, wie bei adeligen stamm- und fideicommißgütern, auf privatdisposition beruht haben. Nach älterem Deutschen recht kam es einem eigenthümer gar nicht einmal zu, über die erbfolge bestimmungen zu treffen, welche die nachkommen für alle folgezeit hätten binden können. Nur die ursprüngliche zutheilung von seiten der gemeinde erklärt das rechtsverhältnis. Was jemand unmittelbar oder durch vermittlung seiner vorfahren von der gemeinde überkommen hatte, sollte er auch den nachkommen aufbewahren; denn ihr lag daran, der verarmung ihrer zukünftigen mitglieder, und der anhäufung des grundbesitzes in wenigen händen möglichst vorzubeugen.[1] Daher galt die beschränkung auch nicht bei fahrnis, und wahrscheinlich anfangs ebensowenig bei grundvermögen, das jemand durch fleiß und geschick an sich brachte.[2] Noch die meisten mittelalterlichen rechtsordnungen halten dies fest, indem sie nur bei *erbgütern* den erben ein widerspruchsrecht einräumen.[3]

---

[1] Im j. 1536 kam die gemeinde zu Töss, zwischen Zürich und Winterthur, welche den hof Taetnow an sich gekauft hatte, überein: „als wir dann vm mer schutz vnd schirm das holtz vff dem hof Tätnow zerteilt, sond (sollen) die so das selbig innhand nüt verkofen, sonders zu ir noturft vnd hüsern bruchen, damit vnnsere kind vnd nachkomen och mogint geniessenn."

[2] vgl. l. Burg. 1, 1.

[3] Zimmerle 184—193. Erbgut war aber alles was dem veräußerungslustigen durch erbgang zugefallen war. So sagt z. b. das Ham-

e. Veräußerungen mit zulassen der erben.

Wenn die kinder oder die sonstigen erben, denen im bestimmten fall zunächst eine anwartschaft auf das erbgut zukam [1], ihre zustimmung zu der veräußerung erklärten, so ließ die gemeinde dieselbe allgemein zu. Die erben musten aber vor der gemeinde erscheinen und ihre zustimmung öffentlich erklären.

Möglich, daß die gemeinde in älterer zeit sich das recht vorbehielt, der veräußerung ihre genehmigung zu

---

burger stadtrecht v. 1270. 1, 8 : alles land, was einem mann oder einer frau von ihren eltern oder verwandten anfalle, sei erbgut. Es wird nicht gefragt, ob es die eltern und verwandten selbst geerbt oder aber erst erkauft haben (vgl. Kraut, s. 198, nr. 23 und s. 199, nr. 32 u. 33). Eigenleute werden in bischof Burchard's gesetzen für die angehörigen der Wormser kirche, cap. 2 u. 21, im Sachsenspiegel 1, 52, §. 1 (ane erven gelof . . . . ne mut nieman sin egen *noch sine lüde* geven) und im Görlitzer landr. cap. 47, §. 6 gleichgestellt. Dagegen galt nach lex Saxon. 62 freies verfügungsrecht darüber, was wohl auch überhaupt die allgemeine regel war.

[1] Nach den mittelalterlichen rechten, welche auch vorfahren und seitenverwandten eine anwartschaft beilegen, bedarf es doch nur immer der zustimmung derjenigen, welche *zur zeit der veräußerung nächste* gesetzliche erben des veräußernden sind. Haben die nächsten ausdrücklich oder stillschweigend zugestimmt, so können nicht noch die entfernteren widersprechen (vgl. Beseler, system §. 124). Auf ihre von besonderen glücks- oder unglücksfällen abhängenden, also sehr zweifelhaften nachfolgerechte wird keine rücksicht genommen. So bestimmen die Goslarer statuten : „Läßt (veräußert) jemand erbgut, oder legt ihm dingliche lasten auf (bekomeret he dat), und sein nächster erbe ertheilt sein vollwort dazu, *so kann der entferntere verwandte dem nicht widersprechen*“ (gleich nahe erben müssen aber sämmtlich zugestimmt haben). Derselbe grundsatz kehrt in noch vielen anderen gesetzen wieder. — In einer urk. v. 1197 bei Erath, cod. dipl. Quedlinburg. nr. 36, p. 107 wird in gleicher weise dem enkel widerspruchsrecht abgesprochen wo der sohn zugestimmt hatte : „cum tamen secundum consuetudinem terre et juris ordinem, vivente patre suo, in bonis avi sui nichil juris haberet, suus super eo nullus requirendus esset consensus.“ Duncker, gesammteigenth., 120.

versagen oder sie zu ertheilen. War ohne zustimmung der erben veräußert, so konnten dieselben, auch noch bei lebzeiten des veräußerers, das veräußerte gut oder den davon veräußerten theil von jedem dritten ohne weitere entschädigung desselben zurückfordern, vindiciren.[1] Ihnen ist im augenblick der veräußerung das eigenthum angefallen, als wenn der todt wäre, der das gut weggab — — wie der Sachssp. 1, 52, §. 1 sagt. Aus dem eigenthum entspringt ihr klagrecht, von dem sie jedoch binnen jahr und tag gebrauch machen müssen.[2]

f. Veräußerungen aus noth oder an kirchen.

Die strengen anrechte der kinder und sonstigen erben blieben aber wohl von jeher außer berücksichtigung wenn jemand sein erbgut veräußern muste, um sich und seine familie erhalten zu können, oder um der schuldknechtschaft und anderer noth zu entgehen. Die mittelalterlichen rechtsquellen wenigstens sprechen dies durchgängig aus.[3] Nur muste die zwingende noth im echten ding vor der ganzen goversammlung, oder wenigstens vor den scheffen dargethan werden. Diese erklärten dann die veräußerung für statthaft, und erkannten den erwerber als rechtmäßigen eigenthümer an.

---

[1] Man sollte dieses vindicationsrecht der erben nicht retractsrecht, abtrieb, losung nennen, da hierunter gewöhnlich etwas ganz anderes verstanden zu werden pflegt.

[2] Die frist läuft vom tage der vor gericht geschehenen veräußerung, oder, wenn die berechtigten abwesend sind, vom tage wo sie kenntnis davon erlangen.

[3] Eine zusammenstellung bei Zimmerle, 199. vgl. auch eine urk. v. 1280 bei Böhmer, cod. d. Moenofr. 195 : „C. W. per diffinitivam scabinorum sententiam obtinuit, quod ipse pro suis necessitatibus potuit et debuit vendere queque sua bona."

Auch schenkungen und vermächtnisse, welche zum heil der seele an gotteshäuser gemacht wurden, schützte die christliche gesetzgebung schon früh gegen anfechtungen von seiten der erben. Mehrere volksrechte enthalten darüber ausdrückliche bestimmungen. Doch sind auch einige gesetze Karls des Großen, nämlich capit. Aquisgr. 811, c. 5; capit. dupl. in Theod. vill. prom. 805, commun. c. 18, wider die beraubungen gerichtet, die durch „berückung einfältiger menschen", durch „bedrückungen armer leute" zu wege gebracht werden. Solche durch erbschleicherei des klerus bewirkte veräußerungen sollen ungültig sein.

Schon vor der kirchenreformation machte sich das bestreben geltend, vergabungen an die kirche zu verhüten. In der zent Großgerau im Oberrheingau wiesen im jahr 1497 die scheffen: „Item weist der berckscheffe zu recht, wer do setztt vber funf schilling heller kirchen oder klusen, vndt seine erben entrauben will, wer solches vberfhure, derselbig ist meinem gnedigen herrn verfallenn mitt zehen pfundt hellern, vndt doch das erbe dem rechten erben pleibenn" (vgl. die spätere fassung bei Grimm, 1, 494). Die freie reichsstadt Gelnhausen erhielt im j. 1333 von kaiser Ludwig das privileg, daß kirchen oder klöster ein ihnen von bürgern vermachtes liegendes gut binnen jahr und tag wieder verkaufen müsten, widrigenfalls es der stadt anheimfallen solle.[1]

---

[1] Aus der gesammten obigen darstellung ergibt sich, wie verkehrt es war, dem mittelalterlichen Deutschen recht den begriff des eigenthums, namentlich an liegendem gut, absprechen zu wollen. Das fehlen der veräußerungsbefugnis in gewissen fällen schließt nicht nothwendig das dasein eines wirklichen eigenthumsrechts aus, so wenig wie das fehlen anderer, als dienstbarkeiten zu gunsten dritter abgetrennter, befugnisse. Unpassend wäre es den inhaber eines solchen eingeschränkten herrschaftsrechts einen „blosen besitzer" zu nennen; denn er hat einen eigenthümer gar nicht neben sich, seitdem die gemeinde nicht mehr als solcher betrachtet werden kann. vgl. auch Gerber, privatr. §. 76.

g. Verwandlung des widerspruchsrechts der erben in ein bloses vorkaufsrecht.[1]

Seit dem 13ten und 14ten jahrh. sind allmählig in den meisten theilen von Deutschland die beschränkungen in bezug auf veräußerung von erbgütern völlig weggefallen[2], und haben sich in ein bloses vorkaufsrecht umgewandelt.[3] Nicht wenig mag hierzu auch das eindringen des Römischen rechts beigetragen haben, obwohl dieses keineswegs die einzige, vielleicht nicht einmal die hauptsächliche ursache ist. In einzelnen ländern, z. b. Chursachsen, Ditmarschen, Jülich-Berg, ferner in den städten Hamburg, Bremen, Lübeck, Lüneburg, Stade, behielten die erben bis in neuere zeiten das recht, verschenkungen von erbgut zu verhindern, während ihnen bei verkäufen gewöhnlich ebenfalls nur ein vorkaufsrecht vorbehalten war.[4]

Jedes vorkaufsrecht[5] setzt voraus, daß ein verkauf an sich *zulässig* sei, und gibt nur die befugnis gegen erlegung des preises, der dem verkäufer von einem dritten angeboten worden ist, das gut an sich zu ziehen.[6] Es fand

---

[1] Die lehre vom vorkaufs- und abtriebsrecht pflegt in den lehrbüchern des Deutschen privatrechts unter den verträgen abgehandelt zu werden; aber in den seltensten fällen beruhten diese rechte auf vertrag, empfangen vielmehr nur aus der geschichte des grundeigenthums ihre aufklärung.

[2] Ziemlich zu gleicher zeit verschwand auch die zurücksetzung der weiber.

[3] Renaud in Reyscher's zeitschr. f. Deutsch. r. 8, 242. Beseler, system 2, 324.

[4] Zimmerle, 256—263. Pufendorf, observ. 4, nr. 69. Gerber, privatr. §. 82. Weisth. zu Hofstätten v. 1509. Gr. 3, 551.

[5] Andere benennungen dafür sind: „näherrecht, einstand, beispráche, losung, nähergeltung, beschüttung" u. s. w. vgl. C. F. Walch, das näherrecht. 3 ausg. Jena 1795. s. 14.

[6] Wo ein kaufpreis nicht bedingt ist, nämlich bei schenkungen und täuschen, kann auch ein vorkaufsrecht nicht stattfinden. Der eigenthümer hatte also völlig freie hand seine erbgüter zu verschenken, wenn sich nicht etwa das alte widerspruchsrecht der erben forterhielt.

also zuerst statt bei veräußerungen aus echter noth, später, nachdem der grundsatz freier veräußerlichkeit zur geltung kam, bei verkäufen aller art. Da es an die stelle des widerspruchsrechts der erben trat, so kam es eigentlich nur denjenigen erben zu, welche widerspruchsrecht gehabt hatten, also immer nur den *nächsten* [1] und nur bei *erbgütern*. Später änderte sich dies aber vielfach dahin, daß man das gut nicht blos seinen nächsten lebenden erben, sondern, wenn diese es nicht behalten wollten, auch noch den entfernteren bis zu einem gewissen grade anbieten muste. [2] So verlangt das Hamburger stadtrecht v. 1270 (Kraut, s. 198, nr. 19) ein anbieten an *zwei* der nächsten blutsfreunde, denen das erbe anfallen würde. Nach den statuten von Zeeland v. 1256 (Kraut, 198, nr. 18) muß das land den geschwistern, neffen, oheimen, mutter- und vaterschwestern angeboten werden; nicht aber mehr den entfernteren; — nach Solmser landrecht 2, 12, §. 17 den nachkommen, vorfahren und in der seitenlinie den gesipten bis in's 5te glied einschließlich, Römisch gerechnet; — nach

[1] Beseler, system 2, 326. L. Saxon. 64 (Merkel). Bischof Burchard's gesetze für die angehörigen der Wormser kirche (zwischen 1000 und 1025) bestimmen in cap. 2: „Lex erit familiae: si quis praedium vel mancipia in hereditatem receperit et in paupertatem inciderit et ex hac necessitate hereditatem uendere uoluerit, prius *proximis* heredibus suis cum testimonio proponat ad emendum. si autem emere noluerint, uendat socio suo cui uoluerit." — Diese bestimmung bezieht sich nicht nur auf liden und fiscalinen, sondern auch auf solche die leibeigne (mancipia) in ihrem besitz haben können, also *freie* leute unter der gerichtsbarkeit der kirche. Verkauft jemand sein freies eigenthümliches erbgut oder sein erblehn, so muß er es den *nächsten* erben in gegenwart von zeugen anbieten; wollen sie es nicht, so kann er es irgend einem seiner genossen, also je nachdem, einem freien, fiscalinen oder liden der zur familia der kirche gehört (vgl. cap. 21) verkaufen.

[2] Renaud, in d. zeitschr. 8, 272. — Manche neuere satzungen, insbesondere in Thüringen, dehnten das recht sogar auf neuerworbene güter aus (Walch, 317 u. 318), stehen aber darin durchaus vereinzelt.

einer verordnung des erzbischofs von Salzburg v. 1659: „den blutsverwandten väterlich und mütterlicher seiten bis in den 6ten grad inclusive“.[1] So viele ländchen, so viele verschiedene bestimmungen hierüber gab es auch.[2]

Damit die erben gelegenheit erhielten, von ihrem vorkaufsrecht gebrauch zu machen, muste ihnen der verkäufer entweder das gut vor zeugen ausdrücklich zum kauf anbieten, oder wenigstens wiederholt vor der ganzen gemeinde seine absicht, das gut zu verkaufen, kund machen.

Zwingenberger w. Gr. 1, 478: „Item wir weissen auch zu recht, welcher guther kaufft in der centh, der soll sich an den gerichten, da die guther gelegen sind, wehren lassen, *damit dem erben sein recht des abtreibens nicht verhindert werde*; welcher darinn gefahr suchet, der ist u. g. f. u. h. mit 10 pf. hllr. zur buss verfallen.“ — Im j. 1583 bezeugt Matthias Hacke, freigraf zu Arnsberg in Westfalen, durch eine schriftliche urkunde, daß es von undenklichen jahren her gebrauch und gewohnheit gewesen sei: „Nemblich da ein freistuels- oder freiguet jemand woll verkaufen oder in andre hande stellen, da muess durch den freigraven des orts zu dreien ehelichen dingen, das ist zu drien gerichtstagen, uber dem freienstuel uissgerufen werden. Kümpt dann einer und saget: Ich bin des verkeuffers oder innhaber des freienstuels negester neve oder bluetsverwante, und bin daher dem freien guite neiger als ein wiltfrembter, und dattsülbige darthuen: so wirt derselbige dem frembden vurgesetzt u. s. w. (P. Wigand, denkwürdigkeiten. 147.) Kaufte ein dritter das gut ohne daß den erben in einer oder der anderen weise gelegenheit gegeben war, ihr näherrecht auszuüben, so konnten sie es noch nachträglich mit hülfe des gerichts geltend

---

[1] Walch, §. 19, s. 44.

[2] vgl. Beseler, syst. 2, 326.

machen, den im besitz des guts bereits befindlichen dritten gegen erlegung des von ihm gezahlten kaufpreises abtreiben und das gut an sich ziehen (daher die namen *abtriebsrecht*, *zugrecht*, *retract*; man könnte es auch „nachkauf" nennen). Diese befugnis dauerte jahr und tag vom bekanntwerden des kaufs an, bei abwesenden vom zeitpunkt erlangter wissenschaft an.

Uebrigens muste der beim verkauf gegenwärtige oder davon in kenntnis gesetzte erbe alsbald erklären, ob er vom losungsrecht gebrauch machen wolle. Erst späterer brauch stellte es ihm anheim, sich wochen, monate oder gar ein jahr lang darüber zu besinnen.[1] Die gesetze für die angehörigen der Wormser kirche cap. 6 bestimmen in dieser hinsicht: wenn einer sein gut oder erbe an einen stiftsangehörigen (infra familiam, sc. Sti Petri) verkauft hat, und einer seiner erben gegenwärtig war, und nichts dawider gesagt hat, oder wenn einer der erben abwesend war, nachher kenntnis davon erhielt und innerhalb jahresfrist geschwiegen hat, so soll er fortan des rechtes entbehren. (vgl. oben s. 193.) Sachsenspiegel 2, 6, §. 4: „Widerspricht man einer vergabung die man sieht .... nicht alsbald, so mag man ihr darnach nicht mehr widersprechen." Solmser landrecht v. 1571. 2, 12, §. 7: „wann die nechst gesipten selbst bey dem verkauff gewesen und den weinkauff darüber haben trincken helffen, so mögen sie alsdann keinen abtrieb thun." Aehnlich lautet das Mainzer landrecht tit. 24, 10. — Das mittrinken ist zeichen der zustimmung; der nicht einverstandene hätte sich dessen weigern und weggehn müssen.

h. Insbesondere von den vorkaufsrechten bei zinsgütern.

In ähnlicher weise kommt das näherrecht auch bei zinsgütern vor, wo ihre veräußerung überhaupt statthaft

---

[1] Beseler, syst. 2, 332.

war. Wenn die erben keine lust zum kauf trugen, so muste das angebot gewöhnlich erst *dem gutsherrn* gemacht werden, ehe man mit fremden unterhandelte. Recht des hofs zu Schwelm. Gr. 3, 31 : „... Wolde eimand sin guid versetten of verkopen, dem sal dei rechte erve die negste sin“ u. s. w. Hofrecht zu Schöplenberg. Gr. 3, 98 : „Item, off sacke were, eyn hovesman wolde verkopen eyn hovesgut tor errflal (? tal), dat sal hey dreymal an eyn echten hoves gericht veyle beyden, is dan dor geyn anerve des gudes to kopen, so sal *dey hoves schulte* dem kope wesen dey neste, off id em beleyvet; wyl hey nicht, so sal eyn hovesmann neger wesen dan eyn ander.“[1] Gr. 1, 172. Aargau. (1423) : „wölte och yemannd vogtbery gütter verkoffen, die sol er des ersten veil bietten denen geteileten[2], wolten die ess nit koffen, so sol man daz den genosssen bietten, woltan die des nit, so sol man es in die *witreite* bietten.“ Hausbrief des Johanniterhauses Bubikon. 1483. Gr. 1, 69 : „Wer vnnder dess vorgenanten huses eignen lüthen gut verkouffen will oder muss, das der das dess ersten den getheilten feil bieten sol, vnnd demnach den genossen, das ist dess huses eignen lüthen, vnd darnach *dem herren* oder comenthür dess egenanten huses, vnnd wellent die nit kouffen, das er denn das inn die wytreiti schlachen vnnd da verkouffen mag.“[3]

---

[1] d. h. geschehe es, daß ein hofmann ein hofgut zum erbtheil verkaufen wollte, das soll er dreimal an einem ächten hof-gericht feil bieten; ist dann kein anerbe des gutes da, es zu kaufen, so soll der hofschultheis (d. i. der verwalter, aufseher des hofguts namens des hofherrn) der nächste zum kauf sein, wenn es ihm beliebt; will er nicht, so soll ein hofmann näher sein als ein anderer.

[2] d. h. den besitzern von stücken, die mit dem zu veräußernden früher ein ganzes gebildet haben.

[3] Aehnlich lauten viele Schweizerische weisthümer. Grimm, bd. 1, s. 15 (1439); s. 35 (1347); 42, 46, 148, 160.

Ich beziehe hierher auch l. Saxon. 64 (Merkel): „Liber homo, qui sub tutela nobilis cujuslibet erat qui jam in exilium missus est, si hereditatem suam necessitate coactus vendere voluerit, offerat eam primo (primum) proximo suo. si ille eam emere noluerit, offerat tutori suo vel ei qui tunc a rege super ipsas res constitutus est. si nec ille voluerit, vendet eam cuicumque libuerit." — Liber homo ist der freie, der das gut eines edlen in erblicher weise gegen zins inne hat. Das gut ist sein „erbe" (nicht sein eigen); er ist muntmann, untersaß oder hintersaß des gutsherrn. Diesem letzteren selbst (tutori suo), der noch im exil weilt, muß der hofmann das erbe zum kauf anbieten; sind aber desselben güter und darunter das hier fragliche erbleihgut (dies ist der sinn der worte „super *ipsas* res") unter sequester gestellt oder vom fiscus völlig eingezogen, so muß er es dem königlichen verwalter anbieten.

i. Vorkaufsrecht der dorfgenossen, mitmärker und landsleute.

In vielen gegenden Deutschlands war es altes herkommen, daß man höfe und güter auch den dorfgenossen und landsleuten öffentlich zum kauf anbieten mußte, ehe man es auswärtigen überlassen konnte.[1] Jeder gemeindsmann oder zentgenoß ging einem auswärtigen vor, wenn er ebenso viel wie der letztere zu zahlen bereit war.[2]

Weisth. zu Altenhaslau. 1354. Gr. 3, 414: „Item wisen wir, wenn die märker in vnd auswendig des gerichts ihre güther und höfe zu verkauffen noth angienge, (sind) die einwohner vnd leuth in deme gericht sesshaft die nechste,

[1] vgl. Beseler, syst. 2, s. 327. — In Oesterreich hieß dieses recht *landmanns-einstand* (Walch, 389); anderwärts *marklosung*.

[2] An vielen orten hatten wieder die *beiden nächsten nachbarn* ein vorzugsrecht vor den übrigen dorfleuten. vgl. Walch, 399; Struben, rechtl. bedenken 3, 472.

und (haben) zu allen zeiten ein ewigen abtrieb hergebracht." Weisth. v. 1461. Gr. 3, 416: „ausländische werden ihres kaufs nicht gewehrt, denn die einwoner gegen solche den ewigen abtrieb herbracht." (In den originalien dieser weisthümer, die Landau in der Casseler zeitschrift für Hess. gesch. 6, 337 mittheilt, stehen beide stellen *nicht.*) Das abtriebsrecht unterlag also hier nicht einmal einer verjährung,[1] was aber ohne zweifel nicht die regel war. Verbreitung und alter der marklosung sind noch nicht genügend erforscht[2], aber sie kann in nichts anderem als in der alten gemeinsamkeit des grund und bodens ihre wurzel haben. Nur bei äckern und wiesen bildete sie sich gewöhnlich aus, weil nur diese in sondereigen übergingen. Wo aber weiden und wälder zu ideellen theilen privateigenthum geworden sind, oder wo ausnahmsweise einzelne almendnutzungen verkauft werden durften, da treffen wir sofort auch das losungsrecht der markgenossen.

Alpsatzung für die alp Trachselhalden im kanton St. Gallen v. j. 1494, bei v. Maurer, 45: „Welcher algnoз (alpgenoз) seine gerechtigkeit in der alp, oder ein rinderrecht al mehr will verkauffen, — so soll er doch das zum ersten seinem nächsten erben anbietten, ob sie das kauffen wolten, und wenn dan die nächsten erben das nit kauffen wolten, dan so soll er das *einem alpmeister im nammen gemeiner alpgnossen* anbietten, ob keinner alpgnoз das kauffen wolle, und wolte dann doch keinner alpgnoз das dan zumahl auch nit kauffen, dann so soll er das sein, so er feill gebotten hat, zween monat lassen liegen —, wenn dann die zween monat auз, und hinfür sind, dann so mag derselb das sein

[1] Auch eine gräfl. Isenburgische verordnung v. j. 1718 entzog das abtriebsrecht der dorfgenossen jeder verjährung.

[2] Walch, 388. Renaud, zeitschr. 8, 243 hält sie für ein erzeugnis des späteren mittelalters.

in der alp verkauffen und geben, wem, war, und wo hin er will." — Grüningen-Dorfgüller markbuch. j. 1717 : „Auch ist beabredet, daß wär (wer) ein holtzmarck verkauffens willens, soll es bey offentlichem marckeding feill bitten vndt nach beschehenem kauff deme eine ab- vndt dem andern zu geschrieben werden."

In den letzten drei jahrhunderten wurde in manchen landen durch die regenten allen inländern ein vorrecht vor ausländern beigelegt [1], ja letztere nicht selten ganz ausgeschlossen. So verbot im j. 1536 herzog Ulrich von Würtemberg, wegen der schwierigkeit steuern und andere abgaben von ausländern zu beziehen, an solche liegende güter zu verkaufen oder zu vertauschen. [2]

In der Wetterau ließen die grafen von Isenburg-Büdingen veräußerungen an die ritterschaft nicht zu, weil diese frohnd- und steuerfrei sein wollte. Die ritterschaft erwirkte sich unterm 3 Dec. 1547 von kaiser Karl V schirmbriefe gegen diese beschränkung aus [3], es hat sie aber wenig geholfen.

Hier und da sprach nun auch der landesherr als solcher ein vorkaufsrecht an; z. b. lautet ein weisthum zu Wied v. 1553. Gr. 1, 834 : „Ob jemand in der graueschafft von Wiedt erb vnd guet zu verkauffen hette, da kein blutsverwandter vorhanden were, ob nit ein graue von Wiedt alss ein landtherr des kauffs nit naher solt sein, dann ein frembder? Sie ercleren einhelligh, ja."

Es leuchtet ein, daß so mannichfache und in ihrem verhältnis untereinander oft zweifelhafte vorkaufsrechte zu

---

[1] Walch, 106. — Nach einer gräfl. Isenburgischen verordnung v. 1593 haben erst die verwandten, auch wenn sie ausländer sind, das vorkaufsrecht; nach ihnen die dorfbewohner, dann die einwohner des gerichts, dann inländer überhaupt. Erst wenn kein inländer das gut mag, kann es ein ausländer erwerben.

[2] Wächter, Würtemb. privatr. 1, 313.

[3] Limnäus, corp. j. publ. VI, 3, 60 (bd. 2).

vielen streitigkeiten und verderblichen prozessen führen musten. Blutsfreunde, nachbarn und mitbürger entzweiten sich darüber; viele machten davon nur gebrauch, um dritten nicht vorkaufsberechtigten das gut in die hand zu spielen, und es bedurfte vieler eidschwüre misbräuchen dieser art zu begegnen. Der eigenthümer selbst wurde hingehalten und in schaden gebracht, der verkehr mit liegenden gütern überhaupt außerordentlich erschwert. Schon im vorigen jahrhundert fühlte man dies. Eine verordnung Ernst Ludwigs, landgrafen zu Hessen-Darmstadt v. 28 Sept. 1702 besagt: „Nachdem Uns vorgekommen, was massen im kauffen und verkauffen wegen deß, in unsern landen sonst herkommlichen abtrieb-rechts ein grosser mißbrauch erwachse, so gar, daß mancher ehrlicher mann deßhalben zu nichts gelangen, vielweniger frembde, welche sich in unsern landen niederzulassen suchen, etwas an ohnbeweglichen güthern zu ihrer ohnentbehrlichen nothdurfft durch kauff an sich bringen können: . . . so verordnen wir etc.“ (Der abtrieb sollte von nun an nur mit bewilligung des landgrafen oder seiner nachgesetzten regierung geschehen.)

In den letzten 80 jahren ist das vorkaufs- oder abtriebsrecht in Deutschland bis auf wenige reste[1] abgeschafft worden; in Oesterreich 1784 und bezw. 1787, Schleswig-Holstein 1794, Preußen 1807 und vollständig 1850, Hessen-Darmstadt 1812, Oldenburg 1814, Würtemberg 1815, Baden 1839; im canton Luzern 1831, im canton Freiburg 1834. Diese gesetze beweisen zugleich die allgemeine verbreitung des vorkaufsrechtes.

[1] Ueber die länder wo noch einige arten des vorkaufsrechts bestehen s. Beseler, system 2, 332, note 9.

III. Die gemeinde.

1. Die gemeindemitgliedschaft. Classen der gemeindsleute.

Mitglied der gemeinde, und an allen rechten und pflichten eines gemeindsmannes theil nehmend war derjenige *mann*, welcher von einem gemeindsmann abstammte oder als einziehender in die gemeinde aufgenommen wurde, und *eignen haushalt führte.*[1] Ursprünglich bestand die gemeinde nur aus freigeborenen; im laufe der zeit, und zwar schon vielfach im mittelalter, verschwand aber die unberechtigung der liden und eigenleute, sodaß regelmäßig alle bewohner des dorfs auch mitglieder der gemeinde waren. In bezug auf nutzungen wurden die *wittwen* wie männer gehalten, hatten aber gewöhnlich kein stimmrecht. Löste man den eignen haushalt auf und lebte mit andern zusammen, so trat man damit auch aus der gemeinde. Man gehörte zu den *alten.* Dies gilt also namentlich von vätern, die ihr gut den kindern übergaben, und sich nur wohnung und kost bei ihnen aushielten. Die alten waren von gemeindelasten und landesherrlichen frohnden befreit, genossen

[1] Ueber die symbolische bedeutung der rauchhuhn-abgabe s. oben s. 150.

dann aber auch keine nutzungen mehr an der almeinde. Nur ein weniges brennholz wurde ihnen verabreicht und ihnen wohl auch hin und wieder gestattet eine kuh auf die gemeine weide zu treiben. So hielt man es z. b. im dorf Obermockstadt in der Wetterau noch vor 50 jahren. Zu Niedermockstadt dagegen waren die nutzungen so bedeutend, daß dort die „alten," die ihr vermögen an ihre kinder übergeben hatten, sich *nicht* „aus der gemeinde zu thun" pflegten, sondern frohnden und sonstige gemeindslasten forttrugen (sie ließen sie durch ihre kinder mitbesorgen), um die nutzungen fortzugenießen.[1]

Gerichtsbuch zu Eichen. 27 Jan. 1722: „Es über gib auch Nicloß Linden witb ihre nachbarschafft auff, allhier beym gericht, und ist ihr erlaubt eine kuh und 1 schwein zu halten. Auch übergibt Nicloß Dörr die nachbarschafft auff."

Niederwöllstädter gerichtsbuch. 5. Juni 1730 (bei gehaltenem kleinen gericht): „Eodem die erschienen Johann Conrad Reitzen söhne, und baten bei herrn schultheißen und ehrbaren gericht ihren vatter wegen hohen alters, baufälligkeit und langen gemeinen diensten, des manngelts frey und *auß der gemeine zu laßen,* worinnen ihme willfahret und auß dem manngeld und gemeinschafft gelaßen worden."

Daselbst 17. Jan. 1736 (bei gehaltenem hochgericht): „Bey vorgemeltem gericht erschiene Wilhelm Michels hinterlaßene wittib, und zeigte an, daß sie ihrem tochterman Johann Nartzen und ihrer tochter alles in allem eigenthümlich übergeben, und sie *weiter nichts mehr mit der gemeinde zu schaffen noch einigen nutzen begehren wolte,* bate demnach sie wittib auß dem mann-geld zu laßen, so ihr willfahret." 19 Jan. 1740: „Erschiene Peter Bechtold und bate bey sämbtl. gericht inständigst umb die erlaßung sei-

---

[1] Urk. v. j. 1812.

nes mangelds, weilen sein sohn im manngeld stünde; alß wurde ihm mit dem beyfügen, *sich aller benutzungen zu enthalten*, darin willfahret, und vor seine persohn frey gemacht.“

Besitz von ackerland oder wohnhaus war keine bedingung des gemeinderechts; dieses war rein persönlicher natur. Aber allerdings hatte der besitz von vermögen, und besonders von land, wichtigen einfluß auf größe von rechten und pflichten des gemeindsmannes, und auf ihn gründet sich eine wichtige eintheilung der gemeindeglieder in zwei oder drei klassen.

1. Die erste klasse bildeten diejenigen, welche eine volle hube land besaßen, die *hubner*,[1] *ackerleute*, *bauern*.[2] Uebrigens wurde nicht streng die zahl der morgen nachgerechnet; man schloß sie aus der zahl des ackerviehs, das einer hielt. Fuhr er mit ganzem gespann ochsen oder einem pferd, so hatte er auch wohl etwa eine hube lands; daher hießen die hubner auch *vollspänner*, *fahrende*, *geschirrleute*.

2. Wer nur mit einem ochsen oder zwei kühen fuhr, war *halbspänner*, *einspänner* (Grimm, D. wörterb.), *halbbauer*, *halber ackermann*, er führte, wie sich die weisthümer ausdrücken, nur einen halben pflug, besaß nur einen halben hof (oben s. 168). Weisth. zu Lussheim. 1516. Gr. 1, 452: „Darumb gibt einer der ein pflug furet ein halb malter korns, und einer der ein halben pflug fůret, und sunst ein armer, ein firntzel korns.“

In Schwaben hieß ein kleineres gut als die hube *scuopoza*, *scopoza*, *schŭpoza*, *schupuza*, *scoposa*, *schuppos*, *schuppis* etc.,

---

[1] Ob die hube sein eigenthum, oder bloses lehen war, kommt nicht in betracht; auch der besitzer einer zu landsiedelrecht oder erbpachtweise verliehenen hube heißt hubner, ackermann.

[2] Waitz 2, 266 note.

ihre besitzer oder bebauer *schupposer*, *schuppiser.*[1] Das kloster S. Urban zu Roggwil vertheilte, wahrscheinlich im 14ten jahrhundert, sein daselbst gelegenes gut in 72 scopposen, und verlieh diese in erblicher weise an pächter. Jede schuppos bestand aus 12 jucharten, die in den verschiedenen fluren zerstreut lagen; 3 stücke davon waren mattland, 9 stücke acker.[2]

3. Diejenigen, welche keinen ackerbau trieben, kein geschirr hielten, heißen im Maingau, in der Wetterau und in Hessen *einläufige*, *einleuftige*,[3] *einläufer*, *einfältige*, *einfache*, *einzelinge*, *einsiedler*, *einlitzige*, auch *ungewerte*, in Thüringen *hintersassen*, *hintersedel*, in Westfalen und Niederdeutschland *kötter*, *kossaten* (kotsaten, Latein. casati), in Schwaben *tagwner*, *tauwner*, d. h. die tagwan thun, taglöhner.[4] Oeffnung v. Wülflingen (Zürich) 1484. Gr. 1, 138: „Item einer der da sesshafft ist, vnd ist er ein *tauwner*, so sol er dem vogt des jahrs ein *tauwen* thun, vnd im damit han gedienet, *hatt er aber einen zug* (d. h. ein gespann), so sol er im einen tag ehren, vnd hat im auch damit gedienet." Gr. 1, 75: „Wer in der genanten herren vnd vögten gerichtten sitzet . . . der soll in die reben gän, ein *tagwän* tun, vnd geben ein vassnachthun." vgl. auch 1, 106.

Im Altenhaslauer weisthum (oben s. 168) scheinen die besitzer eines *mundhauses* dasselbe zu sein wie einläufige. Die bedeutung von *montmann* im weisth. zu Schlechtenwegen Gr. 3, 372 bleibt noch auszumachen; in anderm sinn steht es Gr. 1, 731.

---

[1] Der name kommt vor der mitte des 12ten jahrh. in urkunden *nicht* vor (!); die sache selbst wird also ebenfalls nicht viel älter sein. Eine erklärung versucht J. Grimm, in Haupt's zeitschrift f. Deutsch. alterth. 8, 394—396. vgl. Landau, territ. 41.

[2] Grimm, weisth. 1, 177.

[3] Die richtige bedeutung gibt schon v. Löw, 38 an.

[4] Renaud, in Reyschers zeitschr. 9, 36.

Grimm sagt im Deutsch. wörterbuch unter „einzeln“: „einzelne leute“ sind auch unverheiratete, die sich noch nicht gesellt haben; „einzelne ehleute“ sind kinderlose. In solchem sinne galt auch ahd. „einluzi, mhd. einlütze, engl. single.“ [1] Auch einläufiger kann dem wortverstande nach einen ledigen mann bedeuten. (Grimm, R. A. 320. 313. 353. 354. 368.) In wirklichkeit sind aber einläufige solche, welche eignen haushalt führen, und also regelmäßig verheirathet sind. Ein einfältiger endlich ist ein einfacher (Schwenck, wörterb. u. Grimm, D. wörterb.).

Weisth. zu Mockstadt v. 1365. Gr. 3, 436 : „die einlefftigen lüthe, die nit uff ihrem aigen oder ihrem erbe sitzen.“ Weisth. zu Birgel v. 1419. Gr. 1, 516 : „die eynleifftigen oder ungeerbten.“ Baur, Hess. urk. 1, nr. 325. j. 1303 : „eyn einleufftig man.“ Weisth. über das Andreasgericht zu Eichen. 1740. Frage : „Wenn ein hoffgenoß todshalben abgienge, womit ist er verfallen und weme soll er das vertheidingen?“ — Antwort : „Ist er ein *ackermann* mit dem besten pferdt, ohne das reidtpferdt und ungezeumbt füllen; wanns ein *einläuffer* mit der besten kuhe, ist es aber eine withfrau mit dem besten kleyd von leinwadt, so sie mit ihrer handt gesponnen. Ist aber der keins fürhandten, so weißens die hoffgenoßen uff die bockshaut.“

Eine norddeutsche urkunde aus der zeit Karls d. Gr. bei Kindlinger, Münst. beitr. 2, urk. s. 3 : „*solivagi*, qui ex parte domini terram non habent.“ Daselbst s. 313 u. 321 : „losjungere seu enlouckelode.“ s. 141 : „mancipia, qui dicuntur *enlupe*“ (Landau, territ. 42). Weisth. zu Keuchen um 1400. Gr. 3, 458 : „Auch giebet ein ackermann in etzlichen dorfen dem obersten greven jares ein somern habern, und ein *einlitzig* ander man einen mesten“ ($^1/_2$ simmer). Weisth. zu Brokensen. 1529. Gr. 3, 239 : „Der

---

[1] Gr. weisth. 1, 432 : „einlutig man.“

hogrefe erhält „von dem ackermanne einen haluen himbten roggen, von dem *kother* einen haluen himbten hauern, dar nein roggen is.“ Weisth. zu Geinsheim. 1455. Gr. 1, 491 und 492 : „*eynlitzge.*“ (Ein späteres, noch ungedrucktes weisthum hat dafür *einläuftige.*) Urk. über die stadt Battenberg v. 29 Aug. 1605 (ungedr.) : „zum andern die handtreichung der einlauftigen so kein pferde halten belangendt, wirdt es bei dem alten herkommen gelaßen, daß die *einsideler* die handt : aber diejenige so pferde halten, die fahrende dienste getrewlich leisten.“

„Die gemeinde Hermanstein, so bey 60 gemeindsleuthe ist, muß denen inhaberen des Hermansteins jährliche dienste leisten, und zwar jeder, so geschirr hält, muß 10 tage mit dem geschirr und 10 tage mit der hand dienen. Dagegen die *einläufftige* 20 tage hand-dienste leisten müssen.“ j .1744. (Estor, kleine schriften 1, 74). (Dienstgeld) „gibtt jahrs ein einleufftiger 10 tornus. Item die jehnige so plug haltten von einem pferd 6 tornus.“ (Saalbuch des amts Gießen v. 1629. fol. 107). „Auch sall ein ackerman mit seiner fure eim apt ein tag dienen ime jare ime gerichte zu Selboldt zu acker zugen, holtz zu furen sonst zu farenn der dinst eyn als he pfleget zu thun welcher eyn der apt will. Auch sal ein *eintzlinger mann* oder *fraw* die nit fure enhan eins ein tag ime jare dienen mit mehenn schneydenn oder hauhe zu machen, jglichs nach dem als es dan pfleget zu arbeythenn, der arbeydt ein welche ein apt will vnd mit (l. nit) mehe.“ (Vertrag, wie es mit den eigen leuten des klosters Selbold soll gehalten werden, v. j. 1421 bei v. Buri, abh. von den bauer-gütern. 1767. s. 423). Zeugenaussage v. j. 1338 über das dorf Heusenstamm in der Bibrauer mark. (Kindlinger, gesch. d. d. hörigkeit, 417) : „Item requisitus, qui homines *eynlufftig* ibidem dicuntur, dicit, quod omnes hii, qui *ungewert lüte* ibidem dicuntur, id est, qui non habent nec tenent agriculturam in campis, de quibus decimam solvant. — — Ceterorum vero hominum ibidem commorantium seu bona possidentium et tenentium, qui *gwertlüte* ibidem dicuntur. (Gewerte leute heißen sie, weil sie mit *ackerland* gewert sind, nicht wegen ihres rechts an der almeinde). Jura in Monre (Thüringen) 1264. Kindlinger, 296 u. 299 (auch bei Grimm, 3, 620) : „quia est jus curie in Monre quod illi homines, qui dicuntur *hindersesse* sive *eynleffigede lüde* in villa Burchwinden, dat quilibet duos pullos annuatim, et sunt tales homines sic vocati illi, qui non habent hereditatem vel agros vel possessiones in villa."

In einem anderen register über diese güter v. 1260 heißt es : „Preterea habemus decimam in pullis in Monre et in Burchwinden de hominibus, qui *hindersedel* dicuntur ibidem, apud nos[1] vero eynlafftege lude." (Bei Bodmann, Rheingau 775 steht : „eylefftege lude.") W. zu Flieden. 1442. (Hessen) : „Item ab eyn arme man vff eynem *hindergut* bwethe, weres sach, ab der von dem gut zoge oder nome (nicht mehr) gehalden mogt oder kunde, der solt sich des gebrauchen zuuerkauffen oder genissen, so er aller beste mocht. Item die *hindersydel*, die bei vnserm gn. hern setzen, da iuncker H. voythere vber ist, sal ime iglicher hantdinst thun, frondinst drey tag als gewonheyt ist." Gr. 3, 379. j. 1483 : „hindersiddel." Gr. 3, 879 : „mit hindersiddeln vnd gebawern." Zu Taubach bei Weimar bildeten noch in diesem jahrhundert die jedesmaligen 13 höchstbegüterten die s. g. *anspännerschaft*, alle übrigen minder begüterten einwohner hießen *hintersättler*. Brachte einer der letzteren mehr land in seinen besitz als einer der anspänner hatte, so wurde er damit anspänner, der andere aber gehörte nun zu den hintersättlern. Die 13 anspänner hatten die herrschaftlichen frohnden allein zu ver-

[1] Die urkunde ist zu Mainz ausgestellt.

richten, wogegen ihnen als gesammtheit aber auch das ausschließliche recht zustand, die grundstücke der hintersättler gegen den gewöhnlichen lohn zu bearbeiten. Den hintersättlern stand frei, sich zu wählen, von welchem anspänner sie ihr feld beackert haben wollten (Ortloff, Jurist. abhandl. 1, 285).

Rudolf I landfr. v. 1281. c. 59. (Pertz, leg. 2, 430): „Es pfendet ein igelich man sinen *hindersazzen* wol an fronboten umb sinen zins unde umbe sin gulte.“ Gr. 1, 312. j. 1344: „*hindersasse.*“ [1] Gr. 1, 340. j. 1397: „*hindersässe.*“ Guden 4, 403. j. 1467: „lehenman, burgman, amptlute, schultheissen, scheffen, burgermeister, rethe, burger, armen lute, underthanen und *hindersassen* des stiffts zu Mentz.“ Gr. 1, 75: „es sye eigen man oder hindersäss“ (!). Im folgenden wird wiederum unterschieden „wer in der genanten herren vnd vögten gerichtten sitzet vnd von sinem libe ir eigen ist“, . . . und wer darin sitzt „vnd von sinem libe nit ir eigen ist“; . . . und §. 43: „Item wer vnder den obgenanten herren vnd vögten sitzet, er sye eigen man oder hindersäss, wirtt im ein knab, so sol man im zwen karren holtz geben, wirtt im ein tochter, so sol man im ein karren holtz geben.“ Gr. 1, 69: „ein jegklicher, er sige eigen oder vogtman.“ Oefnung v. Thalweil. 1572. Gr. 1, 61: „Wäre aber, das ein erber man der erb von dem gotzhuss hett vnnd selber darvff nit ensäss vnnd ein *hindersessen* dar vff hette, von dem selben hindersessen nimpt das gotzhuss den fal . . . ., vnnd lösst im den fal sin lechenherr. — Dingrotul zu Capell. Gr. 1, 825: „Welich huber aber deme eigen vert, und einen *hindersessen* da het, der hindersesse vellet dem huber, obe er stirbt.“ (d. h. der hintersasse gibt für den

---

[1] Was hat man unter den im nämlichen weisthum erwähnten „*ussidellen*“ zu verstehen?

huber den fal. Huber ist hier derjenige, der vom bischof zu Straßburg eine hube lands gegen zins innehat.)

In einem guten theil dieser stellen bedeutet hintersasse oder hintersiedel keineswegs so viel wie einläufiger; es ist vielmehr darunter der erbpächter (untereigenthümer) [1] oder landsiedel gegenüber dem verleihenden gutsherrn, oder sogar überhaupt der blose unterthan, untersaß, gemeint. Diesen letztern sinn hat das wort zuverlässig in einer von burggraf und baumeister der burg Friedberg im j. 1481 ausgestellten urkunde, worin sie einen zwischen ihren „lieben getruwen und *hindersassen* der gantzen gemeyn zu Keuchen“ und dem propst zu Naumburg obwaltenden streit als schiedsrichter schlichten. [2]

Aber auch die übrigen benennungen drücken nicht in allen gegenden immer eins und dasselbe aus, sondern es zeigen sich hierin die erheblichsten abweichungen. So hieß zu Schiffdorf in den Marsch-ländern (herzogthum Bremen) im vorigen jahrhundert wer $^1/_4$ hufe, nämlich 4 spall landes besaß, ein *baumann*, wer weniger, ein *köther.* [3] Zu Münder in Niedersachsen war derjenige ein *erbe*, der 5 morgen land besaß. [4] Bei Landau, territ. 43 steht der auszug einer Niederhessischen urk. von 1556, wonach unter den ködnern solche waren, die bis zu einer halben hube lands besaßen. Zu Stammheim in der Wetterau heißt noch jetzt der besitzer von mehr als 10 morgen land *fahrender*, jeder andere *einläufiger* [5]; die ersteren

---

[1] Im nämlichen sinne steht im Bischofsheimer weisth. v. 1460. Gr. 3, 478 : „*vndersesse.*“

[2] Bernhard, antiquitates Naumburgenses, s. 119.

[3] Pufendorf, observat. jur. univ. 3, obs. 112.

[4] Gr. 3, 297.

[5] Zu Ilbenstadt in der Wetterau brauchte nach altem herkommen derjenige, der keine 10 morgen ackerland besaß, dem feldschützen keinen siegling zu geben (Ilbenstadter gerichtsbuch 17 Nov. 1741).

erhalten 3, die letzteren 2 stecken brennholz. Aehnliches galt zu Ranstadt.

Ob unter den rachinburgen, boni homines, biedermännern, der gesetze und urkunden die hubner zu verstehen seien, kann hier nicht weiter untersucht werden. Aber offenbar kommen die in Liutprands edict (XIII) 83. (Baudi a. V.) genannten „minimi homines, qui nec casas nec terras suas habent", auf die einläufigen heraus. Im Odenwald sollen dieselben noch jetzt „kleine leute" heißen."[1]

Die gemeindsleute überhaupt nannten sich *nachbarn*[2], *hausgenossen*[3], Lat. vicini (Französ. voisin), *dorfsleute,* Lat. *villani*[4], jetzt *ortsbürger.*

Als bewohner eines größeren bezirks gedacht hießen sie *landleute, pagenses, conprovinciales, zentleute.* Wenck 2, nr. 267. j. 1310 : „es sy burger in sinen vesten, oder *lantman* in syme gerichte." Weisth. v. 1341. Grimm 3, 361 : „han wir verhort vff den eydt borgmannen, scheffin, burger vnd *lantlude* der stat vnd des gerichts." Gr. 1, 549. j. 1489 : „die *hubener* vnd *lantman* der 15 dorf. Gr. 3, 355. j. 1467 ; „he sal dass selbe geloben den *nackeburn* unde dem *lantmann.*" In der ahd. übersetzung des capit. v. 817. c. 6. Pertz 1, 262. wird „de suis pagensibus" wiedergegeben : „vane sinen *gelandun.*" Mon. Boic. 28, 1. nr. 15. j. 833 : „pagenses eiusdem loci" (Kempten). Rheingauer landrecht. 14tes jahrh. Gr. 1, 541 : „. . . als vnsers

[1] Deutsche Vierteljahrsschrift, 1858. nr. 82, s. 108.

[2] d. h. nah wohnende, aus mhd. *nachbauer*, *nâchgebûr*, ahd. *nâhkapûr*; bauer, bur, gebur, ist der (haus) bauende, wohnende ; bûr auch die wohnung, das haus, woher noch vogelbauer. Grimm, D. wörterb. Weigand, wörterb. 2, 228. Grimm, R. A. 768.

[3] Gr. 1, 74 : „husgenosse oder vslender". s. auch meine geschichte d. freien gerichts Kaichen, s. 60.

[4] Baur, Hess. urk. 1, nr. 483. j. 1315 : „villani dicte ville, — des dorfs Niederwöllstadt."

herrn des bischoffs amptman *mit dem lant zu Ringawe* dinget off dem gestole zu Lutzelnauwe." Ibid.: „vnd sal daz ymbisz, vnd den costen betzalen *die gemein lantschaft des Ringawes.*" Im. j. 1131 werden die bewohner des Rheingau's (incolae provincie ipsius) *conprovinciales* genannt. (Guden 1, 95. vgl. Bodmann, 1, 452). Urk. v. 1226 bei Bodmann 461 : „milites et comprovinciales de Rincauwe, et de villis circa montes sitis . . . conuenientes, de terminis siluarum conferebant." Weisth. zu Berfelden. 1457. Gr. 1, 448 : „das er die armen leut und *lantschafft* solle lossen bliben bie jren rechten und alten herkommen."

Seit dem 14 jahrh. pflegen die erblichen herzoge, grafen und freien herrn die in ihren gerichten gesessenen landleute *armeleute* zu nennen. Es ist darunter im gegensatz zum vornehmen (ritter, geistlichen und städtebürger) der geringe, gemeine mann verstanden. [1] Arm waren die bauern durchgängig; sie selbst nannten sich ganz gewöhnlich „arme bauersleute." Oefnung v. Dachsen, 1532. Gr. 1, 109 : „des *gemeinen armen mans* er (ehre), nutz vnnd wollfart." In der reichspolizeiordnung v. 1577 ist fast aller orten von dem „armen mann", von dem „gemeinen armen nothdürftigen volk" die rede. Tit. 19 und 20 : „dardurch dieselbe armen nothdürfftigen leuth, was sie gar härtiglich erarbeiten, näher dann sich sonst nach gemeinen gewöhnlichen kauf gebührt, zu geben verursacht und gedrungen werden."

Baur, Hess. urk. 1, nr. 479. j. 1315 : „vnsirn armin ludin." Böhmer, c. d. Moenofr. s. 472. j. 1323 : „dez claiden alle die, die gut in den dorfen (Sulzbach und Soden) hant, ritter von dem lande, burger uz den steden, und *die gemeinen armen lude* uberal in den dorfen, daz die gemende, also vor stet geschribn, in abe were genomen." Schannat,

[1] Grimm, Deutsch. wörterb. unter „arm".

dioec. et hierarch. Fuld. s. 312. prob. 121. j. 1336 : „ut animabus nostris et *pauperum hominum* nostrorum in Stadin salubrius consulatur.“ (Im j. 1304 hatte Staden das recht der stadt Frankfurt erhalten.) Böhmer, c. d. Moenofr. 729. j. 1371 : . . ymant . . . ., es sy *herre* oder *arman* “ v. Harpprecht, staatsarchiv 1, 120. j. 1405 : „ettlich sein diener, ritter, knechte vnnd *armleute.*“ Gr. 1, 415. 15 jahrh. : „wer es were *rich* oder *arman.*“

Unrichtig ist es, das wort mit den Langobardischen arimanni zusammenzubringen (Grimm, R. A. 312), oder sich unter armenleuten gar nur leibeigene, hörige, vorzustellen, wie dies früher vielfach geschah. [1]

In einer vereinbarung zwischen Henrich von Ysenburg, herrn zu Büdingen, mit der stadt Gelnhausen v. j. 1372, werden armeleute und eigenleute sich gegenüber gestellt: „Auch ist beredet, wehre es sache, daß kein *armer mann* der in vnserer herrschafft gesessen wehre, gen Gelhaußen fahren wolte, vnd ihr burger werden, den möchten sie entpfangen . . . . . ; Wo auch vnsere *aigne leuthe* zu ihnen führen in die stadt, wan wir die besinneten alß recht wehre in der jahresfrist, die sollen sie vns lassen volgen“ (nach einer abschrift).

Weisth. des eigengerichts zu Eisenhausen v. 1485. Grimm 3, 346 : „welchen *armen eigenen* mann unsers gnädigen herrn des landgrafen rechte leibsnoith antrifft.“

Seit dem 14 jahrh. kamen auch noch andere bezeichnungen auf. Weisth. zu Eltvill. 1383. Gr. 1, 546 : „also dasz dem armen als dem rychen, dem frömden als dem *vndersessen* recht geschie.

Im j. 1391 gibt k. Wentzlaw der burg und der stadt Friedberg die freiheit, „das sie, alle ire mitburgere, ynwonere, *vndersessen* vnd *vndertanen* aller schulde . . die sie

---

[1] Wigand, Wetzlar. beiträge 1, 160. Grimm, R. A. 312.

den Juden .... schuldig worden sind .... gentzlichen vnd gar ledig vnd loze sein sollen.“ (Baur, Hess. urk. 1, nr. 1207.) Landrecht der grafschaft Berg aus d. 14 jahrh. bei Lacomblet, archiv 1, 84 : „men sall gein (keinem) *undersaissen van der ridderschafft gebahren* syn lyff affwiesen vor geinem gericht dan zo Upladen.“ — Daselbst s. 113. j. 1537 : „ein burger aider undersaiss . .; ein burger aider *lantsaess.*“ Gr. 1, 166. 14 jahrh. : „die genossen vnd die *vndertan*, die ze Meggen in die kilchenn hoerent.“

Statt untersasse wurde nicht selten auch ***hintersasse*** gebraucht (oben s. 217).

2. Aufnahme fremder in die gemeinde.

In die gemeinde konnte ein fremder nur eintreten, wenn ihn die nachbarn ausdrücklich oder stillschweigend als gemeindsmann aufnahmen. Es galt also rechtlich keine freizügigkeit; doch hatte es gewöhnlich keinerlei schwierigkeiten in eine mark aufgenommen zu werden; abweisung wäre von den andern marken mit abweisung vergolten worden.

Die grundsätze des alten rechts lernen wir kennen aus dem merkwürdigen titel 45 des Salischen volksrechts, der „von einziehenden“ handelt [1] und in freier übersetzung lautet : „Wenn einer (d. h. ein fremder) in das dorf einziehen will, und einer oder einige der dorfbewohner ihn

---

[1] „De migrantibus“ lautet die überschrift in den älteren handschriften; spätere lesen : „de eo qui villam alterius occupaverit vel si duodecim mensibus eam tenuerit“, und diese letztere ist auch in das capit. a. 819, c. 9. Pertz, leg. 1, 226 übergegangen. Sie läßt den schein aufkommen, als wenn der titel von besitznahme eines fremden hofes handele. Allein sie ist ein bloses misverständnis der abschreiber. vgl. Feuerbach, die lex Salica s. 54; Waitz, Sal. recht, 124.

aufnehmen wollen, einer aber da ist, welcher widerspricht, so soll jenem nicht gestattet sein dort einzuziehen. Erdreistet er sich aber gegen das wort eines oder zweier sich in demselben dorf dennoch ansäßig zu machen, so kann ihn der widersprechende nachbar in gegenwart von zeugen feierlich auffordern, das dorf binnen 10 nächten zu verlassen. Leistet der fremde nicht folge, so muß die aufforderung noch zweimal, jedesmal mit frist von 10 tagen wiederholt werden. Will er auch dann noch nicht abziehen, so soll ihn der widersprechende vor die versammlung (zum mallum) laden, und dort seine zeugen, die bei den einzelnen aufforderungen zugegen waren, in bereitschaft halten. Bleibt der geladene ohne hinreichenden grund aus, und sind die feierlichen aufforderungen in der gesetzlichen form erfolgt, dann mag der widersprechende, mit seinem vermögen für alles einstehend (d. h. dafür bürgend, daß alle förmlichkeiten richtig beobachtet wurden), den grafen bitten, daß er sich an ort und stelle begebe und jenen von da vertreibe. Und weil er das gesetz nicht hören wollte, so soll er was er dort arbeitete im stich lassen, und dazu als widersetzlicher[1] 1200 denare, welche 30 solidi ausmachen, zu zahlen für schuldig erkannt werden.[2] Wenn aber einer einzieht und innerhalb zwölf monaten von niemanden zum wegziehen aufgefordert wird, so mag er [Nov. 236 : wo er eingewandert ist] wie die andern nachbarn in sicherheit wohnen bleiben."

---

[1] Die malb. glosse *uuidrisitelo* wird wohl „widersetzlicher", „widersässiger" (Gr. 1, 126) heißen; diesen begriff gibt auch die von Grimm, vorr. zu Merkel, s. 56 versuchte deutung. vgl. Gr. 1, 227 : „kompt der nit für gericht, so ist vnnd haisset er *widerhör* vnnd dem gericht vngehorsam."

[2] Den zusatz, welchen spätere handschriften hier machen (bei Merkel nov. 127), lasse ich unberücksichtigt, da er ganz verschiedener deutung fähig ist.

Bei auslegung dieser stelle ist von dem letzten satze auszugehn. Derselbe besagt, daß einem einziehenden nach jahr und tag nicht mehr ausgeboten werden könne, und zwar daß er im dorf wohnen möge so *wie die übrigen nachbarn wohnten* (securus sicut et alii vicini manent ille maneat). Dies hat wohl keinen andern sinn als : der einzüger, wenn er nicht ausgetrieben wird, gilt nun als vicinus, als mitglied der gemeinde, und erlangt alle rechte, welche die übrigen nachbarn auch genießen. Das stillschweigen aller gemeindsleute zu seiner ansiedlung wird nach ablauf von jahr und tag als *stillschweigende aufnahme* angesehen.

Dieser grundsatz hat denn auch noch durchs ganze mittelalter bis in neuere zeiten gegolten. Oefnung von Neftenbach. Gr. 1, 76 : „Es ist ouch vnsers dorffs recht vnd fryheitt, *wer zu vns züchet* vnd by vns hushablich sitzet, der sol wunn vnd weide mit vns haben vnd niessen, vnd mit vns dienen als das von alter herkomen ist.“ Oefnung von Maur. 1543. Gr. 1, 44 : „Sprechent die hofflüt, wer zu Mure husshablich ist gesin, jar vnnd tag, *wannen* (woher) *er komen sy*, der hat als vyl recht und teyl als ein anndrer, vnnd wer hinnen (hinweg) züchet, so hat er kein recht daran me.“

So erlangte, wer in einer reichs- oder landstadt jahr und tag lang mit eignem rauch wohnte, überall bürgerrecht. Wer jahr und tag in einem gerichte saß, wurde unterthan des gerichtsherrn. Weisth. zu Bingenheim. 1434. Gr. 3, 438 : „Item da ein fraw oder man komme gefaren uf die Fuldische margk und sitze darin jar u. tagk ohne folge der hern (d. h. ihrer herrn), die weise man den hern beiden“ (den grafen von Ziegenhain und von Nassau, welche vögte der Fuldischen mark waren). Oefnung zu Altregensperg. 1456. Gr. 1, 82 : „item geschäch es, das ein frömder mensch, fröw oder man, in denen gerichten sässhaft wurd 3 tag vnd 6 wuchen vnd ein jar, vnuersprochen von allen herren vnd von allen gotzhüssern, der sol minen herren dienen vnd vallen[1] als sin eigen lütt.“ Oefnung von Wülflingen. 1484. Gr. 1, 138 : „item es ist auch zewüssen, ob ein frömbd man kem gehn Wülfflingen, wanen er kem von Straassburg oder wanen er kem, vnd sich da nider laat, vnd da sesshaft ist jahr vnd tag vnangesprochen, der sol danenhin stüren vnd dienen alss meines herren eygen man.“ vgl. auch Gr. 1, 151 u. 224.

Forderte der herr seinen leibeignen nicht binnen jahr und tag zurück, so erlosch häufig sein recht an denselben. Oefnung von Breiti. 1439. Gr. 1, 80 : „Item zücht ouch ein frömder man in den hoff gen Breity, der iemans eigen ist vnd belibt in demselben hoff ein jär von sinem herren vnansprächig vnd vnerfordert, der sol denn fürbass hin der eigenscheft ledig, vnd sinem herren nutzit me verbunden sin, die wile er in den selben gerichten sitzet.“ Vgl. weisthum zu Sasbach v. 1432 in Mone's zeitschrift 8, 148, §. 9. Besonders städte erfreuten sich vielfach dieser freiheit. Im j. 1288 erhob der bischof von Münster den flecken Haltern zur stadt und ertheilte richter und scheffen das recht fremde einzüger zu bürgern aufzunehmen; „et si talis in eodem opido, quiscunque fuerit, sine incusatione sui domini per annum et diem permanserit, ipsum absque contradictione cuiuscunque deinceps conservari volumus in omni iure suo in opido supradicto.“[2]

Die mitgetheilte stelle der lex Salica ist von vielen anders aufgefaßt worden. In dem einzüger erblickte man einen solchen, der sich „auf dem boden der gemeinen mark ansiedeln will“ und dort einen „neubruch“ macht. Wenn ihm dies nicht binnen jahr und tag gewehrt worden sei, habe er eigenthum an diesem neubruch erlangt. (Eichhorn in der zeitschr. f. gesch. rechtswiss. 1, 182.)

---

[1] sterbfall geben.

[2] Walter, §. 218, note 5.

Waitz, Sal. recht 129 note 2 u. v. Maurer, einl. 144 finden eine bestätigung dafür in dem gebrauchten ausdruck „*laborare*“, der vorzugsweise das urbarmachen von land bezeichne. Allein in vielen stellen, z. b. in lex Bajuv. 16, 2. l. Sal. 9, 8 (Merkel) bedeutet „labor“ die ausstellung, das ausgestellte land, die pflanzung, schare; und „quod ibidem laboravit demittat“ heißt so viel als im Schwabenspiegel c. 211 (Laßb.) : „er hat sin arbeit verloren.“ vgl. auch Sachssp. 2, 46. §. 1. Auch sonst gibt der titel nirgends einen anhalt dafür, daß dem einziehenden gestattet worden sei, sich nach belieben ein gütchen von der almeinde anzuroden und dieses zu behalten; vielmehr wird er nur wie jeder andere nachbar, weder besser noch schlechter, behandelt; er erhält mitgebrauch an wunne und weide und an wald, und so wenig als es den übrigen nachbarn gestattet war, sich vom gemeinland nach gefallen zuzueignen [1], so wenig kam es dem fremden einwanderer zu. [2]

Nicht wenige meinen, l. Sal. tit. 45 könne sich unter allen umständen nicht auf den fall beziehen, wenn ein fremder ein gut von einem nachbar erkauft habe, und sich auf dieses setze. Denn die veräußerung an fremde sei unbeschränkt gewesen, und die gemeinde habe auch keinen grund zu widerspruch gehabt, weil mit dem gut auch das recht auf die almeinde an den käufer übergegangen, ein neuer anspruch auf nutzungen also nicht erwachsen sei.

---

[1] vgl. oben s. 175.

[2] Um fremde einwanderer herbeizuziehen, wurden ihnen von manchen herrschaften besondere vergünstigungen zu theil. So war es zu Sasbach rechtens, daß wenn ein fremder mann kam um sich im gericht niederzulassen, er nach seiner herkunft nicht weiter gefragt werden sollte; und „ein amptman zů Saspach sol auch dem selben man gunnen zů ruten (roden, reuten) in der marg, wo er wil, ein juch veldes und einen tagwan matten, ob der arm man das begert.“ Weisth. v. 1432 in Mone's zeitschr. 8, 148, §. 8 und Grimm, 1, 412.

Beide argumente halte ich aber nicht für richtig. Schon die später überall hervortretende marklosung zeigt, daß das recht der veräußerung von grundeigenthum an fremde niemals so unbedingt war. *Jeder einzelne* nachbar konnte durch zahlung des von dem fremden gebotenen kaufpreises dem fremden den eintritt in die gemeinde verwehren, so wie nach Salischem gesetz jeder einzelne der niederlassung eines ausländers widersprechen konnte. Könnte sich nicht auch dieses losungsrecht der markgenossen, wie die übrigen vorkaufsrechte, aus einem früheren widerspruchsrecht entwickelt haben? Mir dünkt dies durchaus wahrscheinlich. Die gemeinde hatte in jener alten zeit ein doppelt großes interesse, ihr unbekannte, unzuverlässige, vielleicht unfriedfertige und verbrecherische personen fern zu halten; und einer veräußerung des guts entgegen zu sein, dazu konnten noch mancherlei andere gründe bewegen. Zweitens aber ist es unerwiesen und wie ich glaube unrichtig, daß der verkäufer des guts von selbst immer auch seine nutzungsrechte an der almeinde verloren habe. Dies trat nur ein, wenn er die mark völlig räumte; blieb er aber darin wohnen und hielt nach wie vor eignen rauch, so blieb er auch nachbar und hatte als solcher auch nachbarrechte; denn nachbarn ohne nutzungen kannte die alte zeit nicht. Durch das einziehen des käufers wurde also die zahl der auf allmendgenuß anspruch machenden allerdings um einen vermehrt, und dies war ein weiterer grund der einwanderung zu widersprechen, namentlich wenn die mark bereits stark bevölkert war. Ich glaube also, daß sich die bestimmung des Salischen gesetzes auf *alle* fälle bezieht, wo ein fremder sich im dorf mit eignem rauch ansiedeln will[1], sei es daß er eine ganze hube mit hof erwirbt, oder nur eine anzahl morgen land,

[1] Diese ansicht hat schon v. Sybel, s. 30 vertreten.

und darauf ein haus erbaut [1], oder daß er zu einem andern in dessen haus zieht, und hier eignen haushalt anfängt. Einer dieser fälle muß freilich, wenn man an neurodung auf der almeinde wie gesagt nicht denken darf, vorliegen; ein dorfsmann muß ihn aufnehmen, oder ihm haus oder gelände abtreten wollen, sonst kann der fremde gar nicht fuß im dorfe fassen. Dies scheint aber das gesetz auch auszusprechen: „Si quis *super alterum* in villa migrare voluerit et unus vel aliqui de ipsis qui in villa consistunt eum recipere voluerit, si vel unus exteterit qui contradicat, migrandi ibidem licentiam non habebit." Wollen die worte „si unus vel aliqui eum recipere voluerit" vielleicht auch nicht sagen, daß diese nachbarn den fremden *zu sich in ihr haus* aufzunehmen bereit seien, so scheint doch der ausdruck „super alterum" darauf zu gehen, den man wohl zu übersetzen hat: „zu einem andern" oder „für einen andern."

Die aufnahme in die nachbarschaft kam also nach Salischem recht *der einzelnen dorfgemeinde* zu. So viel sich aus urkunden und weisthümern ersehen läßt, scheint dies auch anderwärts später die allgemeine regel gewesen zu sein; nur genügte wohl regelmäßig stimmenmehrheit. Die gemeinde hatte dann bei den ungebotnen dingen die neuen einzüger namhaft zu machen, damit sie als zentgenossen huldigten und als solche fortan gehandhabt würden. Ob die große zent- und markgemeinde nach altem recht der aufnahme widersprechen oder den aufgenommenen wenigstens die nutzung aus der gemeinen mark verweigern konnte, ist schwer zu entscheiden. Es kam fast niemals vor; im 17ten jahrhundert, als eine große zahl vertriebener Waldenser und Französischer protestanten auf Deutschem

[1] Auf den zweiten fall will es v. Bethmann-Hollweg s. 29 beschränken.

boden zuflucht fanden, erlangte die frage in manchen marken eine praktische wichtigkeit. Auch schon im mittelalter lehnten sich manche märkerschaften dagegen auf, wenn der könig oder ein herr in der mark eine stadt anlegte, oder ein kloster gründete. Bei beiden arten von körperschaften, da sie gar nicht auf ackerbau gegründet waren, stand der vermehrung ihrer mitgliederzahl durch fremde einzügler kein hindernis im wege, und es schmälerte die nutzungen der märker empfindlich, wenn viele hunderte oder gar tausende von städtebürgern und bevölkerte klöster ihren bedarf ebenfalls aus der mark entnahmen. Daher lagen diese korporationen vielfach mit der märkerschaft in streit.[1] Daß es nicht häufiger geschah, hat seinen grund darin, daß den klöstern von ihren gründern gewöhnlich besondere wälder mitgeschenkt wurden, und viele reichsstädte durch königliche gunst holzungsrechte in benachbarten königlichen forsten erhielten.

3. Aufkommen des blosen beisassenrechts. Stellung der Juden.

Nach älterem recht, wo jeder einziehende nachbarrecht erlangte, wenn er nicht binnen jahr und tag ausgetrieben wurde, konnte es beisassen oder beisitzer nicht geben.

---

[1] Beispiele nennt Mone, zeitschr. 8, 130. Ein anderes aus dem Rheingau liefert die urk. v. 1279 bei Bodmann, 441. — Das kloster Uzerstal in der Pfalz mit seinen hofleuten, die im kloster und dessen vorhof wohnten, hatte durch königliche privilegien das recht erlangt 150 stück rindvieh auf die heingereide zu treiben, 100 schweine zur mast in den wald zu schlagen, bau- und brennholz nach bedürfnis zu holen. Daß sich die gereidegenossen lange gegen solche, gar nicht vereinzelte, bewilligungen sträubten, ist begreiflich; ihr widerstand blieb aber erfolglos (vgl. die zahlreichen urkunden bei Würdtwein, nov. subsid. 12, besonders s. 313).

Doch galt schon früh für die Juden eine ausnahme, da diese überall nur ein widerrufliches aufenthaltsrecht, nirgends nachbarrecht genossen. Allmählig, und wohl zuerst in den städten [1], ließ man auch eingeborene Deutsche mit dem ausdrücklichen beding bei sich wohnen [2], daß sie und ihre nachkommen weder öffentliche noch insbesondere nutzungsrechte an der almeinde anzusprechen hätten. Seit wann dies aufgekommen bedarf noch weiterer untersuchung; allgemein ist es nie gewesen, und in vielen Wetterauischen marken hat man beisassen in diesem sinne [3] nie gekannt.

Wo das neue recht streng durchgeführt war, hatten beisassen kein stimmrecht, konnten kein gemeindeamt bekleiden, in städten kein zünftiges gewerbe betreiben, und genossen keine nutzungen an der almeinde, während sie hingegen gewöhnlich alle lasten wie ein gemeindsmann tragen musten. [4] In vielen marken dauerte aber das alte recht wenigstens insofern fort, als man den beisassen ge-

---

[1] Weisthum zu Münzenberg v. 1427 : „burger addir *byseße* zu Mintzinberg."

[2] Ein ganz *fremder* oder *gast* war der beisasse nicht. Gr. 1, 194 : „fremd oder heimisch." Gr. 1, 219 u. 225 : „gast oder insess."

[3] Nicht selten wird das wort in einem ganz anderen sinn gebraucht, weshalb man sich vor verwechselungen zu hüten hat; z. b. hießen zu Langgöns bei Gießen diejenigen söhne von gemeindsleuten, welche sich verheiratheten, aber bei ihren eltern oder schwiegereltern wohnen blieben ohne eignen haushalt anzufangen, *beisassen*; zu Florstadt diejenigen, welche nicht eines der 153 markberechtigten häuser besaßen.

[4] Wächter, Würtemb. privatr. 1, 407 u. 411. Die dörfer Ober- und Niedermockstadt in der Wetterau hatten große gemeinschaftliche weiden. Wenn bäche und gräben ausgefegt werden sollten, so wurde jeder gemeinde ein stück, nach verhältnis ihrer nachbarnzahl, zur ausräumung zugemessen. „Die Juden und beysitzer, welche gar kein erbrecht auf der weyd haben, haben auch ein gleiches thun müssen." — Ilbenstädter gerichtsbuch, 6 Mai 1733 : „Nachdeme der hiesige schutz-jud Meyer sein vieh gegen observanz auff die hiesige weyde zu treiben sich unterfangen", soll er das nächstemal mit 1 fl. strafe belegt werden.

ringere oder selbst volle nutzungen einräumte. Im j. 1684 beschlossen die märker der Hohen Mark am Taunus: „es soll keiner keine schweine eintreiben der nicht nachbar oder *beisaß* [1], und sein eigen rauch hält.“ Die Juden waren von diesem recht schweine einzutreiben, das sie doch nicht selbst ausüben konnten, ausgeschlossen [2], während man ihnen bereits seit dem j. 1616 vollständige beholzigung gönnte. Die Hohe Mark zählte im j. 1597 an 1500 märker, im j. 1777 2619 wirkliche markgenossen, 631 wittwen von märkern, 329 beisassen, ohne die Juden, 67 beisassen-wittwen, 75 adelige höfe und mühlen. Im j. 1811 waren es an 4000 nachbarn, beisassen, auszüger und wittwen mit eigner haushaltung und daher mit vollem markrecht. Die herrschaft Itter zählte im j. 1765 430 gemeindsleute, 61 beisassen und 10 Juden.

---

[1] Alle, welche die dorfgemeinden hier als blose beisassen behandelten, erkannte dagegen die große markgemeinde, getreu den grundsätzen des alten rechts, als theilnehmer an den marknutzungen an.

[2] In der Carber mark, wo es statthaft war die einmalige nutzung auf andere zu übertragen, hatten die Juden auch antheil an der mast. „Nota: wie es mit den Juden zu Burggreffenrodt in der marck beschwerden zu halten. — Der Cärber (nämlich der Cärber Jude) hat sein wehr, dorumb er auch sein gebühr gibt, aber den Burggrefenröder Juden ist nichts eingeprandt worden, habens auch nicht begehret“ (um 1660; Carber markacten).

IV. Die nutzungen an der almeinde.

1. Worin bestanden die nutzungen?

Die nutzungen an der almeinde blieben, nachdem das ackerland in privateigenthum übergegangen war, immer noch sehr bedeutend. Von besonderer wichtigkeit war insbesondere das recht, sein vieh auf die gemeinen weiden zu schicken. Die *grashut* heißt, zum unterschied von der winterlichen masthut, häufig *blumenhute, blumbesuch, blumensuche.* vgl. Grimm, R. A. 507 u. 521, besonders aber Deutsches wörterb. unter „blum," „blume," „blumbesuch." Eine der stadt Biedenkopf und dem dorf Engelbach in gemeinschaft zustehende rindviehweide auf verschiedenen waldblösen führt noch jetzt den namen „blumenhut"; und ebenso wird sie in einem receß v. 17 Oct. 1682 genannt. Würdtwein, nova subs. dipl. 7, 79: „in pascuis publicalibus tam in arboreis tam in gramineis" (Landau, territ. 184). In der öfnung zu Burgau v. 1469. Gr. 1, 197 bezeichnet *der blum* das gebaute getreide; blumbesuch könnte also auch die weide auf den stoppeläckern bedeuten.

Aus den gemeinen wäldern empfing jeder markgenosse das erforderliche brennholz, werk- und geschirrholz zu landwirthschaftlichen geräthen, gerten zu flur- und gartenzäunen, und endlich bauholz zum neubau oder zur wiederherstellung von haus, stall, scheuer und schoppen. Gewöhnlich hatte ein ausschuß der markgenossen oder die förster darüber zu entscheiden, wieviel holz der baulustige nöthig habe. Verbaute er das angewiesene holz nicht binnen jahr und tag oder der etwa üblichen kürzeren fristen, so verfiel er in strafe[1], und das holz konnte sich jeder märker aneignen, auch wenn es schon behauen war.

L. Salica (Merkel) 27, c. 12 : „Si quis in silva materium (l. materiam) alienum capulaverit aut incenderit, 600 dinarios qui faciunt solidos 15 culpabilis iudicetur.“ c. 13 : „Si vero materium ex una parte dolare (l. dolatum, nach nov. 79) praesumserit, 120 dinarios, qui faciunt solidos 3 culpabilis iudicetur.“ c. 14 : „Si quis ligna aliena in silva furaverit, solidos 3 culpabilis iudicetur.“ c. 15 : „Si quis arborem post annum quod fuit signatus praesumserit, nullam habeat culpam.“ — d. h.: Wer im wald fremdes bauholz (das völlig behauen ist) anfaßt, wegnimmt, oder ansteckt, soll 15 solidi strafe zu erlegen schuldig gesprochen werden. Wer nur auf einer seite behauenes bauholz sich aneignet[2], soll 3 solidi schuldig sein. Wer fremdes brennholz im wald entwendet, ist 3 solidi schuldig; wer sich einen baum ein jahr nachdem er gezeichnet worden war aneignet, ist straflos.

Novella 80 (Merkel), nach verbesserung etlicher fehler: „Si quis in silva fustem signaverit et non capulaverit, si vero post annum quod fuerit signatus, qui eum preserit nullam habeat culpam. et si infra annum ipsum capulaverit, solidos 3 culpabilis iudicetur“ (vgl. nov. 299). Dies heißt zu Deutsch : wenn jemand im wald eine stange (jungen baum) mit einem zeichen versah, sie aber innerhalb jahresfrist nicht wegnahm, so soll wer sie sich aneignet straflos sein, wer sie aber vor ablauf des jahres nimmt in 3 solidi

---

[1] v. Maurer, 132.

[2] Wilda, 868.

strafe verfallen. — Es ist wohl ein gefällter oder vom wind umgeworfener und vom finder gezeichneter baum gemeint; denn von stehenden bäumen konnte jeder sich nach belieben nehmen. — Ganz allgemein lautet nov. 202 : „Si quis in silva alterius ligna furaverit, solidos 15 culpabilis iudicetur.“ „Alterius“ gehört zu ligna, nicht zu silva, wie manche, z. b. Grimm, R. A. 501 u. Stieglitz, s. 16 dachten.

L. Ripuar. 76 : „Si quis Ripuarius *in silva communi* seu *regis* vel alicuius locata materiamen vel ligna fissa abstulerit, quindecim solidis culpabilis iudicetur.“ — Es ist wohl zu lesen : vel alicujus locatam materiam vel ligna fissa, d. h. entweder hingestelltes, hingelegtes bauholz, oder gehauenes brennholz. Hiernach scheint also nur die entwendung von bereits gehauenem holz strafbar gewesen zu sein.

Urk. v. 1295 in Mone's zeitschr. 8, 142 : „Der zymmerholtz hauwet, der mag ez laȝen liegen jar unde tag, wirt ez dar nach verlorn, er sol den schaden han, unde der ez nymet, der brichet keyne eynunge.“ Nach dem Rodheimer weisth. v. 1454 muste bauholz binnen monatsfrist aus dem wald gefahren werden; oder der eigenthümer muste es wenigstens umwenden, und dann im folgenden monat wegführen; geschah es nicht, so fiel er in die markbuȝe, „vnd zu ausganck der obgenanten zeit mocht ein iglich ander mercker solche holts ausfhüren vnd verbauwen zu seiner notorfft ane intrag vnd hindernus des der es gehaugen hette.“

Darüber, daȝ niemand sein haus fahrlässig verfallen, die balken daran verfaulen lasse, seine zäune verbrenne oder zerstöre, wurde von markwegen aufsicht geführt und zu diesem zweck jährlich alle häuser und zäune besichtigt, die nachlässigen beim märkerding gerugt und gestraft.[1]

---

[1] Je nachdem die buȝe für vernachlässigung des dachs oder zauns angesetzt war hieȝ sie *dachbuße* oder *zaunbuße*.

Zum zweck der besichtigung *in* die häuser zu gehen, war den förstern zuweilen noch späterhin ausdrücklich untersagt; z. b. zu Weinähr bei Ehrenbreitstein, laut weisth. v. 1658 bei Gr. 1, 605.

Es sind hier noch einige benennungen zu beachten.

Weisth. der Babenhäuser mark, v. 1355 im Archiv f. Hess. gesch. 1, 299 : „*oreholtze.*“ Guden 5, 853. j. 1401 : *oirhultze* vnd durhultz.“ Gr. 1, 524. j. 1421 : „orholtz.“ Steiner, gesch. v. Seligenstadt, s. 362. j. 1491 : „orholz.“ Böhmer, c. d. Moenofr. 18. j. 1193 : „de arboribus, que fructifere non sunt, et in vulgari *urhulze* appellantur.“ Lennep, cod. prob. 500. j. 1539 : „ohrholtz, als aspen, bircken vnd dergleichen . . . . das unfruchtbahre holtz, als aspen, hainbüchen, bercken und dergleichen.“ Steiner, gesch. v. Seligenstadt, s. 385. j. 1329 : „ligna non nociva dicta uhrholz.“ [1] Gr. 1, 129. j. 1536 : „*vnschädlich* vnnütz holtz.“ — Urholz, unschädliches holz, ist also baumwerk das keine mastfrüchte, eckern, liefert, dessen fällung daher keinen schaden verursacht. Den gegensatz bildet das *schädliche* holz. Gr. 1, 117 : „houwt er aber schedlich holtz aichen oder tannen.“ Urk. v. 1339 bei Steiner, a. a. o. : der förster soll alle diejenigen pfänden, welche im wald „schedelich holz unde virbodens“ hauen. In ähnlicher weise stehen sich *hartholz* und *weichholz*, in Westpfalen *blumware* [2] und *dustware*, am Niederrhein *hardhout* und *doufholt* oder *doufhout, fruchtbares* und *unfruchtbares* holz gegenüber. vgl. darüber Grimm, R. A. 506.

Waldordnung der ganerbschaft Staden v. 1753. §. 21: das gipfel- und urholz von denen zum bauwesen abgegebenen stämmen soll sich niemand zueignen. §. 2. Die

---

[1] Der druck hat fehlerhaft novica. Richtig liest dagegen Kindlinger, hörigkeit 421.

[2] z. b. bloomwaere hauwen. Grimm, R. A. 516.

förster sollen darauf halten „daß die scheiter 5 schu lang, auch alle aeste und grobes urholz (das ganz kleine gereißig allein ausgenommen) mit aufgemachet . . . werden." — Im j. 1755 verglich sich die reichsstadt Gelnhausen mit den grafen von Isenburg dahin : daß in ansehung der stadt Gelnhausen unter urholz alles dasjenige von obergehölze ohne ausnahme mitverstanden und begriffen seyn solle, was von demselben nicht durch und durch spaltig ist, und also keine klafterscheiter gibt. — Auch in der Carber mark hieß das oberholz „urholz."

Wenn es buchel- oder eichelmast gab, so konnte jeder nachbar eine bestimmte zahl schweine in den wald eintreiben.[1] Zur controle brannten ihnen die markbeamten mit dem markeisen ein zeichen auf. Um die schweine der verschiedenen gemeinden von einander unterscheiden zu können, pflegte man sie in abweichender weise zu zeichnen, z. b. die einen auf der linken, die andern auf der rechten seite zu brennen. Besondere hirten bewachten sie und verwahrten sie nachts in besonders errichteten ställen, in Westfalen koven, kauen genannt.[2] Wie wichtig die mast in manchen jahren werden konnte erhellt aus der nachricht, daß im j. 1437 in den wald Lußhart zwischen Bruchsal und Philippsburg 35,000 schweine von den umliegenden dörfern eingetrieben wurden.[3]

Endlich hatte in älterer zeit jeder mitmärker das recht zu den erlaubten zeiten in feld und wald zu jagen, und in den markwassern zu fischen, sowie steine und erden zu graben.

---

[1] Erträgt der wald mehr eicheln und bucheln als die in der mark gezogenen schweine aufzehren können, so ist *übernutzen* vorhanden. Gr. 1, 179.

[2] v. Löw, 169.

[3] Mone, zeitschr. 8, 133.

Die in der mark wohnhaften handwerker, als wagner, schmiede, bäcker, korbflechter, ferner kohlen- und aschenbrenner, kalk- und ziegelbrenner und müller empfingen das zum betrieb ihres gewerbes erforderliche holz unentgeltlich, musten aber, soweit dies möglich, mit geringeren sorten vorlieb nehmen. Dagegen war es ihnen entweder untersagt, ihre waaren aus der mark zu verkaufen, oder sie musten sie wenigstens vorher in der mark öffentlich zum kauf ausgeboten haben.

Der alte in fast allen marken nachweisbare schöne brauch, jungen eheleuten ein brautholz oder hochzeitsholz, kindbetterinnen eine ähnliche gabe zu verabreichen, ist seit dem 17ten jahrh. „als misbrauch" von obrigkeitswegen vielfach abgestellt worden,[1] oder sonst in den weniger gemüthlichen zeiten dieses und des vorigen jahrhunderts in vergessenheit gerathen.

2. Das recht der nutzung.

Das nutzungsrecht an der almeinde heißt: utilitas, usus, *nutzung*, *gemeiner gebrauch*, *were*, *wara*, *warandia*, *holzmark*, *holtgewalt*, *märkerrecht*, *achtwort*, *echtwort*.[2] Der name *die* were findet sich in Niederdeutschland bis zum Main. Niesert, Münsterisches urkb. 4, 114. j. 1159: „portionem lignorum, quam vocant wara in silva."[3] Gr. 1, 525. j. 1421: „auch han sie gewiset yeder were 8 fuder holczes." Laut leihbrief wird im j. 1759 verliehen: das herrschaftliche wirthshaus zu Staden nebst „einem gedoppelten holtzlooß und *graßwehr*, wie beydes jährlich der

---

[1] v. Maurer, 126 u. 140.

[2] vgl. v. Maurer, 49—55.

[3] Landau, territ. 170.

gemeinde Staden außgegeben wird."[1] Wer zu einer were berechtigt war hieß *wehrhaft, gewert.* Urk. über Dieburg im Maingau, um's j. 1220, im archiv f. Hess. gesch. 2, 353 : „omnes illic habitantes warandiam habent in marcha communi, quod vulgo dicitur werhaft."[2]

Noch nicht völlig sicher gestellt ist die bedeutung des namens *die achtwort.* Nach Grimm, Deutsch. wörterb., bezeichnete *word* ursprünglich einen unangebauten wald- und weidegrund, dann dessen hegung und einzäunung; endlich die hofstätte selbst von der das weiderecht ausgeht; *acht*, ahd. ahta wäre praedium, grundstück. Nach Homeyer, stellung des Sachssp. zum Schwsp. Berlin 1853, s. 46 ist wort noch jetzt in Niederdeutschland bekannt, und „ein mit eingezäunter platz bei dem hause." Möser, 1, §. 4 gibt an : „word ist bei uns eine area, die zur weide oder zum walde berechtiget ist." Auch Landau, territ. 13 u. 171 erklärt *wurt* für hofstatt, hofreithe (in einer Holsteinischen urkunde v. 1346 bei Michelsen, Schlesw.-Holst.-Lauenb. urk. samml. 1, 240 heißt es : „quandam arcam vulgariter dictam en wurth"); acht, echt sei so viel wie recht, echtwort also gleich haus-gerechtsame. Allein vorausgesetzt, auch die form acht ließe sich auf echt, recht zurückführen, so würde achtwort doch nur rechts-hofstatt, nicht hofstatts-recht heißen.

a. Voraussetzungen.

Wer nachbar war, hatte auch nachbarrecht, d. h. nutzung an der almeinde und stimmrecht im märkerding.

---

[1] *markwehr* oder *amtswehr* hieß die nutzung welche den markbeamten als besoldung eingeräumt war, in der Bellersheimer mark *amtsmark* genannt.

[2] v. Maurer, 51. Möser 1, §. 8 : „wehre heißt bei uns des bauren haus und innerer hofraum; wehrfester ist der hauswirth." So auch Landau, territ. 170.

Hierzu gehörte aber allerwärts, daʒ man in der mark eignen rauch hatte, d. h. *abgesonderten haushalt* führte. Zwei familien, die in einem hause wohnten und aus einer schüssel aʒen, erhielten auch nur eine nutzung; auszüger, die sich auf den altentheil setzten, verloren damit auch ihr markrecht[1]; doch wurde ihnen häufig etwas holz zur feuerung fortgereicht, z. b. in der Büdinger mark $^1/_2$ loos (nach verordnung v. j. 1765); in der Mockstädter $^1/_4$ loos. Verheirathung war bei männern nicht erforderlich, obwohl bei bauern ein eigner haushalt selten von alleinstehenden geführt werden wird.[2] Wer zwar dorfskind oder zum nachbar aufgenommen war, in der mark aber nicht wohnen blieb, erhielt auch keine nutzungen, und brauchte keine lasten zu tragen; er gilt der mark als ein fremder.[3] Dies ist ein so allgemein gültiges recht gewesen, und bis auf den heutigen tag geblieben, daʒ sich nicht leicht ausnahmen finden lassen; es erklärt sich sehr natürlich aus der alten verfassung. Die mark war eben nicht, wie heutzutage etwa eine bergwerksgesellschaft, ein verein mit dem blosen zweck jedem einzelnen, sei er wer er wolle, möglichst groʒen gewinn aus dem boden zuzuwenden; sondern sie war ein politischer verband, der gemeinsame lasten zu tragen hatte, der in älterer zeit insbesondere zu gemeinsamer vertheidigung bestand. Wer äcker und weiden genieʒen wollte, muste auch die darauf gezogenen pferde

---

[1] vgl. oben s. 209.

[2] Es ist keine sehr glückliche neuerung, wenn das Groʒherzogl. Hessische gesetz v. 21 Juni 1852 verheirathung verlangt, die dem armen gar, nach ebenfalls neueren gesetzen, von der gemeinde verwehrt werden kann! Von beiden beschränkungen kennt das alte recht nichts.

[3] Völlig verloren wurde das dorfsrecht durch häusliche niederlassung in einer fremden mark. Oefnung zu Töss 1536. Gr. 1, 133: „so aber vnnsere kind von Thöss an die frömbde kemint, sy dienint oder was sy verhandletint, *di wil sy sich nüt hushablich vsserhalb setzent*, mogent sy das dorfrecht von iren fäteren erben, vnd ane inzug (einzugsgeld) fry zu vns ziehen."

und ochsen zum kriegsdienst bereit stellen, persönlich in die reihen der kämpfer treten oder zur verköstigung der ausgeschickten krieger steuern. Trat dies auch nach und nach in den hintergrund, so dauerte anderes dagegen fort. Die ausräumung der bäche, die unterhaltung von straßen und brücken, die ansaat und pflege der wälder, die bewahrung der gränzen, die bewachung der almeinden, endlich der vom landesherrn geforderte frohndienst, lag allen gemeindsleuten ob; davon schloß sich der auswärts wohnende aus; die mark hatte keine rechte an ihn, folglich auch er keine solchen an die mark.

Außer der mark gesessene personen (ausmärker) hatten aber nicht selten einzelne äcker in der mark liegen, welche sie von ihrem wohnort aus bewirthschafteten. Wenn diese, wie gesagt, auch kein markrecht hatten, so räumte man ihnen doch zuweilen die befugnis ein, während der bestellung ihr vieh auf den gemeinen weiden grasen zu lassen.

Oefnung v. Wülflingen. 1484 (Zürich). Gr. 1, 137 : „Item wer auch, ob ieman vsserthalb dem dorff gesëssen wer, vnd im guth zu dem dorff bouwen wolt, wen der kumpt mit seinem pflug, vnd all die wyl er da bauwet, so sol sein väch gan mit anderem vëch, dass dess geleich ist, vnd wann er dannen wil, so sol er sein väch mit im danen fuhren.“

In der Altenstädter mark wurde er dafür aber auch zu manchen lasten beigezogen. Weisth. v. 1485. Gr. 3, 456 : „Auch weisten sie vor ein alt herkomen recht, were ein man, der guther in Allensteter gmarck vnd termenei het, vnd sess nit in der marg, vnd wolt derselbig solche guther selber asten vnd pawen, so mocht er sein pflugschleuffen nach dreiben vnd mocht sich der gmein gebrauchen, also lang he do zu acker ginge, vnd das fiech, das he nit an den plug het, das sal he dreibenn vnder die gmein hirten; he sall auch den hirten ire pfrun geben; vnd wer es sach, das derselbig man begriffen worde mit einem gemeinen gelde, so sal her solch gelt geben, wie ine die geschworn seczen als ein andern nochpaurn; vnd wan he sein acker geeret, sal he seinen pflug widder scheuffen vnd sein fiechen widder seiner schleuffen noch treiben, vnd die mercker domit vngeirret loissen."

Oefnung von Obermetmenstetten (k. Zürich). Gr. 1, 55 : „Es ist ouch ze wissen, wer in der vorgenanten vogty nit sesshaft ist, der hett anweid in die ess, wer aber das ieman in der vogty buwte ond dar inn nit sesshaft were, die wil er denn in der vogty buwet oder wirbet, so mag er ouch den wol da weiden; wenn er aber dar inn nit buwet, noch wirbet, so sol er denn niena da weiden in der ess, denn wenn brauch ist oder zelgen vsgang, [1] so mag iederman denn sin vech wol lan löffen."

Anderwärts war man nicht so freigebig. Oefnung von Ellikon. Gr. 1, 119 : „Item welich vsser (= ausmann?) inher buwet, der sol mitt sinem zieenden fich vnd geriselten pflug in das dorf farn, wenn er vmb geerd, so sol er risen, vnd wider en weg farn, vnd vns hie vngeiert laassen."

Nicht selten wurden ausmärkern, insbesondere aus frommer gesinnung gotteshäusern, holzungs- und weiderechte in der mark eingeräumt. Diese vergünstigung ließen sich die märker gewöhnlich durch eine auffallende gebühr, einen kuchen, einen geschmückten hammel, eine kleine geldmünze, jährlich anerkennen. Die meisten derartigen abgaben lassen sich wenigstens in der Wetterau darauf zurückführen.

„Charakteristisch ist die ironie altdeutscher rechtsbestimmungen, womit ein nichtberechtigter, der aber scheinbare ansprüche macht, abgewiesen wird; indem ihm die weisthümer irgend eine kleinigkeit umständlich zuerkennen,

---

[1] d. h. außer wenn brache ist oder die zelgen ausgehn, abgeärndtet sind.

lassen sie ihn im grunde leer ausgehen."[1] Wenn die herrn — sagt das Vorholzer weisthum b. Gr. 3, 259 — durch den wald reiten, mögen sie ein reis brechen, dem pferde die mücken damit abzutreiben; und wann sie aus dem walde kommen, sollen sie das reis zurück in den wald werfen, sonst sind sie bußfällig. Die holten zu Hohenhameln gestanden dem pastor von Sievershausen (an mast?) was die krähe vom baum trete (Gr. 3, 256). Den inhabern der s. g. Herrnwälder in der Carber mark wiesen die märker als ihr recht an der mast: „wenn der herr durch den wald reitet, und sein ritterknabe mit aufgehaltenem schild hinter ihm, was von eckern oben herab in des knaben schild fiele und liegen bliebe, das sei des herrn" (Gr. 3, 462).

b. Zulässigkeit der stellvertretung.

Uebrigens wurde nicht darnach gefragt, ob jemand selbst in der mark sich aufhalte, oder den haushalt unter die aufsicht eines dieners oder geiselhofmans gestellt habe, oder ob er einen pachter, landsiedler, erbleihträger auf seinen hof setzte. Alle dergleichen personen galten als seine stellvertreter, und erhielten als solche nutzungen an der almeinde; und zwar galt hierbei der wichtige grundsatz, daß so viele der verwalter, pächter, landsiedel, erbpächter mit eignem haushalt waren, auch ebensoviele nutzungen aus der almende abgegeben wurden.

W. v. Fossenhelde. 1444. Gr. 1, 583: „so einer in der marck begütet vnnd geerbt sey, der soll sich der marck auch gebrauchen in den guedern, vnnd nirgendts anderst, er sey edel oder unedel, so fern er auch hauss darinnen held, unnd rauch habe; helt er aber selbst nicht hauss oder rauch, *und hette die güter einem andern verlawen*, der da

---

[1] Grimm, in den Wiener jahrbüchern 45, 123.

hauss in der marck hielt, vnd rauch hette, derselb soll sich auch der marck, alss andere märcker, zu den gütern gebrauchen, vnnd niemand anders, vnd er soll auch die zeit, er die inhat, der marck verbundlich und gehorsamb sein, vnd derjhenige der sie verlawen hat, solle mit der marck nichts zu thun haben."

Im märkerding konnten aber die verpächter, verleiher oder lehnherrn noch selbst erscheinen und mitstimmen; ja sie sind nach manchen weisthümern, z. b. dem Altenhaslauer v. 1354 (Gr. 3, 411) gehalten zu erscheinen.[1] Nach dem Altenstädter weisthum v. 1485 (Gr. 3, 454) werden sie von ihren landsiedeln wenigstens dann geladen, wenn man sich bei der wahl eines obermärkers nicht einigen konnte. Die pächter oder leihträger stimmen aber natürlich mit ihnen, wenn sie anders nur in der mark einheimisch, d. h. gemeindsleute sind, werden also keineswegs durch die lehnherrn ausgeschlossen. So heißt es im Altenstädter weisthum: „vnd wan die lehenhern also genn Allenstat kommen, so sollen dieselben ... *mit den merckern* eins werden, vnd soln in die kore gene" u. s. w.

c. Gleichheit der rechte für alle gemeindsleute.

Die einläufigen, kötter, tagwner waren, wie oben dargethan, ebenfalls mitglieder der gemeinde, und folglich auch markgenossen. Sie hatten also recht im märkerding

---

[1] Wer eine hube land im gericht besaß und rauch darauf halten ließ, muste ja auch zu den drei ungebotnen landgerichten kommen (vgl. weisth. z. Keuchen, 1400. Gr. 3, 459, weisth. z. Lauterbach, 14 jahrh. Gr. 3, 358) und konnte ein ihm übertragenes scheffenamt nicht ausschlagen. Hierin schimmert noch eine erinnerung durch, daß die hube von der zentgemeinde herrührt. Wer sie innehat wird nicht als fremder betrachtet; denn wie könnte ein fremder land in der mark besitzen?

über die benutzung der almeinden und vertheilung der gemeinen lasten mit zu beschließen und an der wahl der markbeamten theil zu nehmen. Ihr stimmrecht war auch kein geringeres als das der schupposer oder hubner; wohl aber ihre nutzung an der almeinde.

In einigen marken galten sie aber ausnahmsweise nicht als markgenossen und hatten, wenn auch nutzungen, so doch kein stimmrecht. So in der Ostbevernschen mark in Westfalen, nach einem weisthum v. j. 1339,[1] und in der Bibrauer mark im Maingau, laut weisthum v. j. 1385,[2] welches besagt: „Wir wysen me, das eyn iglicher gewerter man, der gewert wil sin, der sal han zwene vnd dryssig morgen wesen vnd eckir, eine hobestad, vnd off die hobstad mag er bauwen hush vnd schuren, bachush (backhaus), gaden und einen wenschopp (wagenschoppen), obe er iz bedarff, vnd mag sinen hoff befreden vss der marg, als er sich druhit dynne zu behalden."

„Auch wysen wir, das ein gewerter man in sime hofe mag han zwei vnd dryssig schafe, vnd sal die tryben vor sinen rechten jares hirten."

„Wir wysen dem gewerten, wan fol eckren ist, zwej vnd dryssig swine zu driben vur sinen rechten jar hirten, weriz aber nit fol eckern, wie dan die merker zu rade wurden, also sulde man iz halden."

„Auch wysen wir, *daz der einlefftige kein recht en sal han in der marcke, dan waz er gnaden von den merkern hat.*"[3]

Die einläufigen werden also hier nicht zu den märkern gerechnet, und haben kein stimmrecht, da es vom guten

[1] Grimm, w. 3, 176.

[2] Gr. 1, 512.

[3] vgl. hiermit die oben s. 214 mitgetheilte zeugenaussage über das dorf Heusenstamm, welches zur Bibrauer mark gehörte (Steiner, gesch. des Rodgau's, s. 27 u. 86).

willen der märker abhängt, wie viel nutzungen sie ihnen gönnen wollen.

Viele rechtslehrer, wie v. Löw, 24, 79 u. 117; Bluntschli, rechtsg. v. Zürich 1, s. 251; Waitz, 1, 38; Mittermaier, privatr. §. 97; Renaud, in der zeitschr. 9, 59 u. 98; lehrbuch 1, 336; v. Maurer, 122 und andere haben in diesen beiden weisthümern die ursprüngliche allgemeine regel ausgesprochen finden wollen. Die nutzungen der kötter und einläufigen sind nach ihrer ansicht überall anfangs nur widerrufliche vergünstigungen gewesen, und erst in den letzten jahrhunderten in ein förmliches recht umgewandelt worden, womit eine aufnahme der kötter und einläufigen unter die zahl der markgenossen verbunden gewesen sei.

Diese ansicht scheint mir jedoch völlig verwerflich. Der rechtszustand wie er sich in zwei vereinzelten marken im 14ten jahrh. ausgebildet hatte, kann weder eine allgemeine regel, noch eine regel überhaupt erweisen. Für das gegentheil läßt sich eine bei weitem größere zahl von urkunden, darunter solche von höherem alter als die genannten weisthümer, beibringen, sodaß vielmehr dieses als regel erwiesen ist. [1]

Urk. v. 1173 bei Bodmann 1, 453: „Nos huius ville inhabitatores, que ab antiquo dicta est Euerbach, nos inquam *indifferenter vniuersi, diuites, pauperiores,* et *mediocres,* dedimus operam etc. — — Silua nobis erat, contigua et conterminalis monasterio sancte Marie, quod et ipsum vocatur Eberbach, et in hac silua nullus nostrum priuatum habebat aliquid, sed communiter pertinebat ad omnes ville nostre incolas. — — Communibus votis tradidimus eis

[1] Nach dem weisth. der Letter mark v. 1528. Gr. 3, 144, büßen ungewarte, obwohl sie beholzigungsrechte in der mark haben, höher als gewarte. vgl. v. Löw, 259. Ein solcher grundsatz erscheint ebenfalls nur als ausnahme; in allen andern marken weiß man davon nichts.

(iam dicti loci fratribus) iam dicte silue particulam." Weisth. der Selbolder mark. 1366. Gr. 3, 419: „des sollen vssgen die rittere vnd auch die merckere mit den scheffen vnd mit den *armen* vnd *richen*, vnd sollen tzu rade werden vmb eynen cingreffen (dieser war hier auch vorstand der mark)." Weisth. zu Windecken u. Ostheim v. 1393 u. 1429[1]: „wir die mercker gemeynlichen edel vnd vnedel, *arme* vnd *rich*, zu Wonnecken vnd zu Ostheim, die zu der zyt an eyme uffen merckerdinge by eyne waren." Wenn ein im Flamersheimer wald (im Jülich'schen) frevelnder ausmärker zum tod verurtheilt werden sollte, so wurde dies vorher in allen kirchen angekündigt, und bei dem gericht musten alle erffen, anerffen, *waltseeis* und *cotter*, also die hübner wie die geringeren leute, erscheinen. (Gr. 2, 686). „Sie wyseten auch daz man eyme yglichen mercker er sy *arme* oder *riche* wann er sin begert ein merckerdinge machen sal vngeuerlich, vnd wo man des nit dede so solte die marcke offene vnd alle buʒe wie vorgeschriben stet abe sin." (Dieburger weisth. v. 1429. nach dem original.) Im j. 1381 sandte das kloster Arnsburg seine freunde „an daz gerichte vnʒs dorffis zu Musschinheim, daz da heiʒit vngeboden ding", . . . und lieʒ durch sie bitten . . . „semudeliche edele vnd vnedele, *arme* vnd *riche* zu Musschinheim" . . . daʒ man ihm ein stück gemeinen wegs gegen ein anderes grundstück abtrete, was auch geschah. (Baur, Arnsb. urk. nr. 1049.) Weisth. zu Hofstetten. 1384. Gr. 3, 543: „vnd das sal auch *das dorff* geben, der *arm* als der *reich*."

In der (Oberurseler) Hohen mark musten die märkermeister schwören, „der marg getruwelich fur zu sin, die zu uersehen, zu schuren vnd zu schirmen, vnd glich damit vmbzugeen *den armen als den reichen*." (weisth. v. 1401.

[1] In der (Casseler) zeitschrift d. vereins f. Hess. gesch. 7, 189.

Gr. 3, 489). Zu Uebelbach und Langenbach im Schwarzwald war es rechtens, „dass man niemand nüzt erlauben sollt, es wäre dann *richer* und *armer lüth* im thal gemeiniglicher will.“ (Aussage v. 1487. Gr. 1, 400). Weisth. über die Carber mark v. 1508, bei Mader, gesch. der burg Friedberg, 2, 124 : „seyen alle mann, in der marck gesessen, *arm* und *reich*, edel und unedel, mitmärcker.“ — Die 4 markdörfer zählten um's j. 1660, also nicht lange nach dem verheerenden dreißigjährigen krieg, 39 „hübner“ und 53 „einleuffige.“ Bei der wahl der märkermeister hatten sie alle *gleiches* stimmrecht; zu märkermeistern aber pflegten nur solche genommen zu werden, welche eine hube lands besaßen. — Altenstädter markbuchsprotocoll v. 8/28 April 1657 : „so seint samptliche einleuffigenn von der marck abgetretten, vnter sich einen vndermarckhermeister zu erkießen, gestalt sie dan Reitz Rosen ernennet vnd vorgestelt haben.“ Gr. 1, 79 : „Vnd wer der ist, der zu Nefftenbach gesessen ist, der sol vnd mag bruchholtz in der von Nefftenbach gemein merck howen, *einer als der ander*, vnd wunn vnd weide niessen, als das von alter herkomen ist.“ Oefnung von Breiti. 1439. Gr. 1, 80 : „Item welicher ouch in dem hoff ze Breity dry schuch witt und breitt hät, es sy eigen oder lehen, vnd dar in gesessen ist, der ist weidgenoss mit andern sinen nachgepuren in holtz vnd in veld.“ Oefnung v. Maur. 1543. Gr. 1, 43 : „Aber sprechent die hofflüt, dass da ein holtz gelegen sy, heißt Guldinen, das ist gemeines dorffs zu Mure, *rich* und *armen* gelich, dasselb holtz ist der von Mure fry ledig eygen.“

In allen diesen stellen ist die formel „arme und reiche“, „edle und unedle“ gewählt, um die nichtbesitzenden ausdrücklich als märker anzuerkennen. Ebenso entschieden thut dies die zweitletzte formel; denn 3 fuß land in die weite und breite ist so viel um darauf stehen zu können.

Mit dem alten rechtssprichwort: „*der bauer bringt den gemeinen nutzen mit auf die welt*“ [1] hat es demnach trotz der Germanisten seine volle richtigkeit.

Daß in alter zeit die leibeignen nicht zur gemeinde gehörten, kein stimmrecht hatten, nutzungen nur namens ihres herrn erhielten, ist außer zweifel. Dunkeler bleibt, welche stellung die liten einnahmen. Eine urkunde v. j. 890 bei Neugart, cod. dipl. Alam. 1, s. 485 besagt: „Notum sit.. quod nos fratres de monasterio sancti Galli, in pago Ringowe (oberhalb Bregenz) de iustis et publicis traditionibus atque legitimis curtilibus, talem usum habuimus, qualem unusquisque *liber* homo de sua proprietate [2] iuste et legaliter debet habere, in campis, pascuis, silvis, lignorumque succisionibus, atque porcorum pastu, pratis, viis, aquis, aquarumque decursibus, piscationibus, exitibus et reditibus.“ — Hiernach gewinnt es den schein, als wenn in Alemannien nur freie leute markgenossen gewesen wären.

Ein anderer grundsatz galt im 12ten jahrh. im nördlichen Hessenland. Nach einer urkunde v. j. 1143, bei Justi, Hess. denkwürdigkeiten, 4[a], s. 31, schenken die sämmtlichen freien und dienstbaren einwohner von Kirchditmold, welche gemeinhin märker genannt werden, durch die hand ihres vogtes Adelbert von Schauenburg einen ort Weißenstein zur gründung eines klosters. — „Liberi et *seruiles* omnes uidelicet incole de Thietmelle qui uulgo dicuntur *merchere* per manum aduocati sui . . . Adelberti de Scowenburch locum illum in Witzenstein . . . deo et sancte matri eius Marie ibidem famulandum contradi-

---

[1] Reinhard, de jure forestali, s. 116.

[2] „de sua proprietate“ weil sich die größe der nutzung in vielem betracht darnach richtete. Das kloster spricht so viele nutzungen an, als es höfe hat und haushaltungen darauf unterhält.

derunt.“ — Die serviles, welche hier mit über die almeinde verfügen und märker genannt werden, können wohl nichts anderes als liten sein. Auch Hucbald im leben des heil. Lebuin (Pertz 2, 361) übersetzt „lassi“ mit „serviles.“ (leibeigne heiʒen *servi*). Im Görlitzer landrecht, cap. 47, §. 6 heiʒen die unfreien *dienstman*. Bei den Sachsen waren die liten ja auch in der nationalversammlung vertreten [1], und Karl der Groʒe pflegte sich auch von ihnen geiʒeln geben zu lassen.

Daʒ im späteren mittelalter in beziehung auf gemeinderecht jeder unterschied zwischen freien und unfreien verschwand, ist bereits oben s. 209 gesagt worden.

3. Gröʒe der nutzung.

In älteren zeiten, wo wald und weide im überfluʒ vorhanden waren, maʒ man dem einzelnen märker seinen antheil an der nutzung nicht ängstlich ab. [2] Er mochte immerhin so viel holz im gemeinen walde holen, als er auf seinem herde verbrannte, so viel vieh auf die gemeine weide schicken, als er im eignen stalle stellen und mit eignem futter überwintern konnte. Der bedarf sollte niemanden vorenthalten sein, aber es sollte ihn auch niemand überschreiten, also die mark zu seinem besonderen vortheil ausbeuten. [3] Wäre es erlaubt gewesen, bau- und

---

[1] Waitz 1, 184 verwirft diese nachricht mit unrecht; s. 180 gesteht er jedoch zu, daʒ die liten als theil der gemeinde, nur mit besonderem recht, anerkannt waren.

[2] Grimm, R. A. 514 :

dem rîchen walt lützel schadet,
ob sich ein man mit holze ladet.

Das Salische und Ripuarische volksrecht enthalten daher nur bestimmungen über entwendung von bereits gefälltem und gezeichnetem holz. s. oben s. 232.

[3] Protocoll der Letter mark (Westfalen) v. 1528. Gr. 3, 144 : „de buren sollen nicht mer houwen dan tho eren brande up erer weer, und ook de ungewarden der gelick.“

brennholz an auswärtige zu verkaufen, den sommer über eine beliebige zahl von melkvieh auf den gemeinen weiden grasen zu lassen, und es dann vor eintritt des winters zu veräußern, so würde eine gemeinschaftliche benutzung der almeinde nicht möglich gewesen sein.

Als die zunahme der bevölkerung nöthigte das ungetheilte land besser zu rathe zu halten, setzte man in den meisten marken fest, wie viel melkvieh jeder nachbar zur heerde schicken und wieviel bau- und brennholz er fällen dürfe. Dem bedürfnis wurde hierbei an vielen orten bis zu einem gewissen grade rechnung getragen; der besitzer einer ganzen hube lands, meinte man, bedürfe für seine größere haushaltung mehr als der einläufige, der gar keine ackerwirthschaft habe. [1] Aber man begnügte sich dann zwei, höchstens drei klassen zu bilden, und nahm auf weitere unterschiede des besitzthums keine rücksicht. Die eine klasse bestand aus den hübnern, ackerleuten, erben u. s. w., die andere aus den einläufigen oder kotten; an manchen orten machten einspänner oder schupposer eine mittelklasse aus. [2] In jeder dieser klassen wurde einer genau wie der andere behandelt; auch wer 1½, 2 oder 3 huben lands von einem hof aus bewirthschaftete, zählte doch nur als einfacher hübner. In manchen marken, z. b. in der Carber, brachten es die ritter unter günstigen verhältnissen später dahin, daß ihnen doppelte nutzungen eingeräumt wurden, und man sie als *doppelhubner* gelten ließ. Aber dies ist auch in der Wetterau nicht weniger ausnahme als anderwärts.

---

[1] Ueberall geschah dies aber keineswegs; vielmehr kennen viele marken nur eine vertheilung auf die köpfe.

[2] Ein beispiel daß 5 klassen gemacht wurden, führt Renaud in Reyschers zeitschr. 9, 44, aus dem j. 1675 an.

Urk. v. 1560 (Rheinpfalz) bei v. Maurer, 491 : „Zum 18ten ist auch bei der eynung verbotten, dass kein ganerbsangehöriger auss einem hauss vnd hertstatt mit zweyen geschirren jn walt fahren soll, als (d. i. wie) wan einer zwey pferdt hette vnnd wolte mit zweyen karchen (karren) fahren.“ Oefnung zu Töss. 1536. Gr. 1, 133 : „item es mag ein yeder, er sy *rych* oder *arm*, sins fächs (viehs) trü hopt vff vnnser gemeinwerk schlachen (d. i. treiben); welicher aber me dann trü hobt dar vf schlacht, der sol von iedem hobt der gemeind ein zins gäben wie sich die järlich darvm erkent, vnd des fächs vil oder wenig ist, damit die armen nüt von den richen übervorteylt werdint.“

a. Die wiesen und weiden.

aa) Die weiden.

Eine der wichtigsten bestandtheile der almeinde waren die weiden. Die nachricht des Tacitus, daß die Germanen keine wiesen ausschieden, sondern die grasflächen dem vieh zur weide offen ließen, war in vielen gegenden noch 1500 jahre später vollkommen zutreffend. So besaßen die gemeinden Obermockstadt, Niedermockstadt und Dauernheim in der Wetterau bis zum jahr 1696 eine gemeine weide von 658 morgen besten wiesengeländes; und jede gemeinde außerdem für sich allein etwa 150 morgen, von denen ein theil zu heu gehegt wurde. Die daran liegenden gemeinden Staden, Stammheim, Oberflorstadt und Unterflorstadt schickten bis zum jahr 1811 ihr vieh von frühling bis herbst auf eine über 500 morgen große gemeinschaftliche weide; privatwiesen gab es hier überall fast nicht. Durch theilung sind diese wiesenflächen nun eigenthum der einzelnen gemeinden geworden, und dienen nicht mehr als weide. Anderwärts trat diese veränderung schon früher ein; und die wiesen gingen sogar vielfach in das eigenthum der einzelnen nachbarn über; aber fast überall blieben magere abhänge und wüsteneien, die zu heu und grummet nicht taugten, in der alten gemeinschaft. So besaßen die 18 dörfer und dörfchen des ehemaligen landgerichts Ortenberg bis zum jahr 1830 eine solche wüstenei von nahezu 1000 morgen, das Betten genannt, welche von den entfernteren dörfern des jahrs nur einmal mit der heerde besucht wurde, „um das recht zu wahren.“ Aehnliches läßt sich durch urkunden v. j. 1552 für das gericht Büdingen erweisen.

Die alte gemeinschaft dauerte auch noch in anderer weise ganz allgemein fort. Entweder gleich nach der ersten schur, oder doch nach entfernung des grummets, stand aller wiesenboden den gemeindeheerden wieder offen, und zwar den heerden der sämmtlichen gemeinden der zent, oder doch den nächstgelegenen, die sich gewöhnlich allein im besitz erhielten. Ebenso war es vielfach mit dem ackerland nach der abärndtung.[1] Alle diese verschiedenen arten von weiden, woran mehrere gemeinden theil hatten, hießen *koppelweiden.*[2] Der name kommt schon im j. 1028 vor,[3]

---

[1] Weisth. über das Ravengirsburger hundgeding b. Würdtwein, subsidia diplom. 6, 163: „Fragt der schulteis, wie ein gemeind gegen der andern sich halten solt, als von der weyden wegen? — Hat der scheffen geweisst, es soll ein weidig seyn als weit als des closters gerechtigkeit gehet, ausgenommen bannzäune, bann-flure, bann-wassem und grummet gründe, die ein jeglich gemeinschafft von alter vor eigen grummet gebraucht und herbracht haben“ (bei Grimm, weisth. 2, 177 lautet die stelle kürzer und weniger entschieden).

[2] Die ansicht v. Maurer's, s. 150, daß es jedem einzelnen erlaubt gewesen sei, seine wiesen einzuhegen und diesem weiderecht zu entziehen, ist nicht blos unerwiesen, sondern auch, nebst den s. 153 daraus gezogenen folgerungen, unrichtig. Erst neuere verordnungen lassen etwas dergleichen zu; z. b. erlaubt eine Hessen-Darmstädtische verordnung v. 27 April 1776 den eigenthümern von wiesen, diese dreischürig zu machen, und dem eigenthümer einschüriger wiesen, diese bis zum

und ist schwerlich vom Lateinischen copula, Französ. couple, d. i. band, riemen, herzuleiten, sondern Deutscher abstammung. Jeder zur koppelweide berechtigten gemeinde muste ein triftweg dahin offen gehalten werden; zu diesem zweck blieben gewöhnlich zwischen den einzelnen dorfmarken schmale streifen gemeiner weiden liegen.

Die grundsätze, wonach die benutzung der *weiden* durch die einzelnen nachbarn, sei es einer oder mehrerer gemeinden, stattfand, waren folgende :

1. Alles vieh, pferde, rindvieh, schaafe, schweine, gänse, darf nur unter dem gemeindehirten ausgetrieben werden; niemanden ist es erlaubt sein vieh unter einem eignen hirten hinauszuschicken, oder es selbst zu hüten (einzelhüten).

Bibrauer w. 1385. Gr. 1, 513 : „Me wysen wir, das kein man, er sy ritter odir knecht, paffe odir leyge, keine sunderunge sal han mit keime hirten, odir sal keinen ussleger han; wer das dede, der hette der merker recht gebrochen.“ Dieburger w. 1429. (orig.) : „Sie wyseten auch daz yetzunt myne gnediger herre noch nymand anders keynen besundern eigen hirten han solte, sunder menglich vor einen gemeynen hirten driben in yglichem heyngerede da er dann inngesessen ist.“ Weisth. zum Bornheimer berg v. 1303, §. 7 (Gr. 3, 484). „Auch ist for den eingrefen uz gedragen und gedeilet, daz in keime dorfe in des koneges grashefte nieman keinen sundirhirten haben sal, iz insi dan mit der lude willen, die in den dorfen waz-

---

1 ten October mit seinem eignen *fuhr*-vieh (nicht aber mit melkvieh!) für sich allein zu beweiden. Allein mit dem 1 ten October, beziehungsweise nach der 3 ten schur hatten die gemeindeheerden wieder zutritt. Erst das Großherzogl. Hessische gesetz vom 7 Mai 1849 art. 12 räumt jedem einzelnen die befugnis ein, aus der weidegemeinschaft völlig auszutreten.

[3] copeleweide. Lacomblet, urkb. 1, nr. 164.

zer und weide deme konege sollent ferzinsen." Weisth. zu Florstadt. 1416. Gr. 3, 449 : „Item ist gewiset eime probste, oder wer des probstes hof inne hat, der sol ein eigin hirtin han, und die gemeine eiñ hirtin *und niemand me.*" Weisth. zu Mockstadt. 1365. Gr. 3, 436 : „Han die hussgenossen getheilt, dass niemand keinen aigen hirten sall han, dan der auff seinem aigen usse vnd in möge fahren, und hane getheilt, dass niemand das möge gethan (gethun) in der terminie zu Moxstatt, dan der stifft und der probst."

Die gemeindehirten wurden jährlich von der gemeinde gewählt; zuweilen hüteten die ackerleute wohl auch die reihe um; wer wollte, konnte sich einen vertreter stellen. [1] Jede gemeinde, oder mehrere zusammen, hatten einen zuchtstier, leit-stier, zuchteber, deren bereits die volksrechte erwähnung thun. [2]

2. Jeder viehgattung waren bestimmte weiden angewiesen, oder die heerden durften die weiden doch nur in einer bestimmten reihenfolge besuchen. Daher tragen die meisten weiden und wiesen noch heute die namen : roß-ried, kuhweide, sauweide, gänsweide.

a. Einen vorzug genoß das *schürchvieh* oder *zugvieh*, welches zum ackerbau diente; viele weiden waren ihm allein vorbehalten, auf anderen hatte es wenigstens den vorfraß vor anderem.

So heißt es in der Carber markordnung v. 1651, §. 36: „die pferde und dienstviehe gehen abends um 4 uhr auf gedachte Heegweide und morgens um 7 uhr wieder davon; was außer dieser zeit von gedachtem und sonst anderm viehe und esseln darauf betretten wird, ist straffällig und mag der feldschütz eintreiben." 1670 bitten die märker,

[1] So nach einer Ysenburg-Büdingischen verordnung v. j. 1757.

[2] l. Sal. 3, 5 : taurus qui gregem regit. l. Alam. Hlot. 74. vgl. v. Maurer, einl. 152.

„daß die Hegweid dem dinst und akkervieh biß uff Jacobi gehegt bleibe“ (nach akten). Weisth. zu Heimhofen in der Pfalz. 15 jahrh. bei v. Maurer, 475 : „Item soll nyeman kein sunder hert han off die ganerbe, vnd sol auch kein ander fiehe darutt gen dan zog fiohe.“[1] Vgl. auch öfnung v. Töss. 1536. Gr. 1, 130.

Ordnung über den gebrauch der allmeien in der gemeinde Ranstadt in der Wetterau, v. 1763[2] : „Kund und zu wissen sey hiermit jedermännigl., daß wir schultheiß, gericht und vorsteher der gemeinde Ranstadt allhier, daß wir dahin einig worden sind wegen des gemeinden nutzens der allmayen, daß wer solches antheil haben will der muß“

1. „ein jahr warten, und muß in diesem jahr sein eigen hauß bewohnen, und sein geschirr anschaffen, alsdann soll ihm daß gemeine antheil der almeyen auf kommenden Petry tag gereichet und zu erkant werden.“

2. „Wenn der vatter oder mutter einen sohn oder schwieger sohn bei sich in ihre wohnung verheurathen, so sollen solche eltern macht haben ihr gemeinde antheil der almeyen ihren kindern zu überlassen und solches bey den geschwornen und burgemeister anzuzeigen, daß sie solches thun wollen.“

3. „Sollen auch keine die allmeyen nicht doppelt in ein hauß haben, es seye denn, daß das hauß zu zwey wohnung eingerichtet ist.“

4. „Soll jeder sein zuggeschirr, wer den antheil der allmeyen hat, im gehörigen standt erhalten, und wann er solches nicht kann oder thut, so soll ihm der antheil an den allmeyen wieder entzogen werden. So geschehen Ranstadt d. 2ten Merz 1763. Herrschaftl. schultheiß Erk.

[1] v. Maurer erklärt unrichtig : „selbst gezogenes vieh.“

[2] Nach einer abschrift.

(namen der 12 gerichts-schöffen) Joh. Henrich Schwab, als vorsteher. Joh. Wolff, als bürgermeister."

Verfügung der fürstlich-Stolbergischen regierung zu Gedern v. 15 Sept. 1790 [1] : „Nachdem von der gemeine Ranstadt mehrfältige beschwerden darüber geführt worden, daß verschiedene dasige unterthanen küh-geschirr blos in der absicht, die gemeine allmeyen zu erhalten, anschaffen, womit sie hernach weder die herrschaftl. noch gemeine diensten verrichten könten, sondern die meiste zeit zum schaden anderer unterthanen an der waide herum führen, und frevelten, oder wenigsten dem andern geschirr vieh die waide weg äzten, diesem unwesen aber um so mehr nachdrücklich zu steuern ist, weil dadurch andere unterthanen welche pferdte geschirr halten können angereizt werden dörften, küh geschirr anzuschaffen; Als wird hiermit verordnet daß alle diejenige welche keine pferdte oder ochsen geschirr halten, keine gemeine nutzung wie die andern geschirr leute erhalten, sondern in dieser rücksicht wie einläufige angesehen werden sollen. Jedoch ist hiervon der fall ausgenommen, wenn einem sein zugvieh verunglückt, und er daher genöthigt wäre einige zeit sich mit kühen zu behelffen, nur darf dieses nicht über ein halbes jahr beibehalten werden.

„Damit nun sich hiernach jederzeit gerichtet werde, so ist nach beschener publication diese verordnung in die gerichts lade zu legen, und aufzubewahren." Vorstehendes ist der gemeinde Ranstadt vorgelesen worden. D. 17ten Septbr. 1790. Schultheiß Erck.

Verordnung landgraf Ludwigs zu Hessen-Darmstadt v. 27 April 1776, §. 4 : „Die gemeine-heerden des melck- und jungen rindviehs sollen im frühjahr ganz von den wiesen bleiben; vom 1ten October an bis zu einfallendem

[1] Nach dem original.

Frost aber dürffen sie dieselbe beweiden, und soll sodann jede gemeinde die einrichtung machen, daß denen heerden ein wiesen-grund nach dem andern solchergestalt eingeraumet werde, *daß das fuhr-vieh allemal den vorfraß habe.*"

Bei dieser einrichtung hatten demnach diejenigen nachbarn, welche keinen ackerbau trieben, auch keine nutzung an diesem theil der almenden. Als schürchvieh wurde nur das betrachtet, das einer auch den winter über in seinem stall ernähren konnte, mochte dies nun viel oder wenig sein. [1]

b. Ein anderer theil der weiden war auch dem *melkvieh* bestimmt, und solches durften auch die nichtgrundbesitzer [2], die einläufigen, halten. Fast nirgends, wenigstens in der Wetterau, zählte man hierbei ängstlich, wieviel stück jeder hinaus treibe; der misbrauch, daß einer fremdes vieh, oder eine mit seinem haushalt in misverhältnis stehende zahl zum zweck des verkaufs beitrieb, kam selten vor, und ließ sich im einzelnen fall abstellen. Die reicheren schicken noch jetzt in manchen orten ihr vieh gar nicht auf die abgelegene und magere weide, um den mist nicht zu verlieren. Nur in der neueren ordnung über die Carber mark v. 1657, §. 30—34 finde ich eine beschränkung auf eine gewisse zahl. „Was das rindvieh anbelanget, wird hinfüro einem einleuffigen vnder den hürtten zu treiben zugelassen zwo kühe und ein kalb. Einem gemeinen hübner vier kühe und zwey kälbin. Einem

[1] v. Maurer, 144. Weisth. zu Rodheim, 1454 : „Item so sall kein inmercker keines ausmerckers fihe zu ime nhemen, sich der egenanten marck zu gebrauchen, er thue es dan mit wissen, laube vnd verhencknuß der mercker."

[2] Gr. 1, 217 (Sanct Gallen) : „Es mag auch ein jeder in disem gricht Schwartzenbach, welcher ein dorffkind und alda geboren ist, ein kuh und schwyn auff die zelg einem hirten fürschlagen, *ob er schon keine aigne glegne güter habe.*"

vom adel oder doppelhübner zehen kühe und fünff kalbin. Wann dann nothdürftige marckgelder gesetzt und erhoben werden, muß auch der hübner noch soviel als ein einleuffiger daran erlegen und bezahlen.“ Die märker erhoben aber beim märkerding am 4ten Nov. 1657 dagegen einwendung. „Ferner erlaubt mehr angeregte newe ordnung, daß ein doppelhübner solle 10 kühe vnd 5 kälber zu halten befugt sein, wir aber erinnern vnß, daß bißanhero ihme nur 8 kühe vnd 4 kälber zugelassen worden, wiewohlen wir noch zweiflen, ob nicht diese summ . . . *dem alten herkommens zuwider lauffe.*“ Die burg Friedberg nahm aber auf diese beschwerde keine rücksicht; waren doch die doppelhübner alle gerade burgmannen.

c. Von schweinen, schaafen, ziegen, gänsen gilt alles vom melkvieh gesagte.

Ehemals war es üblich, pferde und rindvieh auch die nacht über im freien zu belassen, wie es in vielen gegenden Nordamerikas noch jetzt geschieht.[1] Daher führen noch jetzt viele, dem dorf gewöhnlich nahe gelegene gemeinheiten den namen *nachtweide.* Für die Hessen-Darmstädtischen lande wurde diese sitte durch eine verordnung landgraf Ludwigs v. 15ten Oct. 1776 allgemein aufgehoben. Es heißt darin : „Haben Wir unter andern auch in erwägung gezogen, daß das in Unsern fürstl. landen bis dahin üblich gewesene verderbliche *nachtweiden* mit pferden und rind-vieh, eines theils dem vieh selbst, wegen dem ihm öfters unzuträglichen thau und ungesunden nachtnebeln mehrmalen äußerst schädlich seye, und leicht bößartige

[1] In den Ungarischen pußten hatten (nach Roschers angabe) bis auf dieses jahrhundert pferde, rinder und schaafe selbst während des winters keinen andern schutz, als eine unbedeckte einzäunung gegen sturm und wölfe, höchstens noch einen nothstall daneben für die zarten fohlen, kälber und lämmer.

vieh-krankheiten verursachen könne, andern theils auch die freventliche felddiebstähle, zur bequemen vereitelung der gehörigen policey-aufsicht, dadurch begünstiget werden, gleichwie überhaupt die unter solchen umständen mancherley boßhaften muthwillen verübende jugend, welche des nachts bey dem vieh gewöhnlich auf der weide bleibt, der guten ordnung vielfältig unbezüchtigt entgegen handle.“ Das nachtweiden wird also für die gesammten fürstl. lande verboten und den bauern überlassen, sich mit dem nöthigen futter, um das pferd- u. rindvieh nachts in den ställen ernähren zu können, zu versehen, zu diesem zweck auch namentlich klee und andere futterkräuter anzubauen. Hierzu böten die vielen ganz wüst und öde gelegenen, oder doch schlecht benutzten landstrecken raum und gelegenheit.

Wiesenflächen, die heu liefern, läßt man schon seit jahrzehnten nicht mehr zu weide liegen, weil der ertrag einer vom vieh zertretenen weide in unserem klima ein weit geringerer ist.[1] Aber auch das beweiden der abgeärndteten wiesen hat die neueste gesetzgebung zuweilen zu beschränken gesucht; z. b. entzieht das Großherzogl. Hessische ges. v. 7ten Mai 1849 wiesen mit künstlichen wässerungsanlagen der beweidung, gestattet sowohl den gemeinden, als den einzelnen wiesenbesitzern aus der weidegemeinschaft auszutreten, und beschränkt die ausübung der weide mit pferden, rindvieh und ziegen überhaupt auf die zeit vom 1ten bis zum 15ten October, während es dagegen den schaafheerden, mithin auch denen der schäfereiberechtigten!, vom 15ten October an freie atzung einräumt.

[1] Freidank 120, 27 (Grimm in Haupt's zeitschr. 8, 391):
swelch mate ist gemeine,
der gras ist gerne kleine.
Ueber alp-marken sehe man v. Maurer, s. 36–48.

bb) Die wiesen.

1. Wenn durch beschluß der gemeinde, oder der mehreren mitberechtigten gemeinden, ein theil der weiden zur erzielung von heu und grummet bestimmt worden war, so wurde dieses stück umzäunt, gehegt. Vor der heuärndte steckten die feldgeschwornen mittelst pfählen so viele theile ab, als nachbarn waren, und das loos wies dann jedem ein theil zu. So wird es in vielen gemeinden der Wetterau, z. b. zu Blofeld, noch bis auf den heutigen tag gehalten. Zu Eberstadt, wo ein drittheil der wiesen der gemeinde zusteht, war bis um das jahr 1836 folgender, vielleicht alterthümlicherer, gebrauch in geltung. Zur zeit der heuärndte weckte der trommler früh morgens die gemeinde; aus jedem haus muste sich ein mann zum mähen der gemeinen wiesen einfinden; ebenso zum wenden des gemäheten, wobei schon knaben und kräftige mädchen stellvertretung leisten konnten. Das heu wurde auf so viele haufen gesetzt als es ortsbürger und wittwen waren, und dann durchs loos vertheilt. Ebenso hielt es bis zum jahre 1820 die gemeinde Oberhörgern mit 50 morgen gemeindewiesen, und Landau, territ. 181 bestätigt es für andere gegenden.

2. An vielen orten überließ man jedem nachbar ein bis zwei morgen wieswachs auf die dauer mehrerer jahre, auf lebenszeit, oder auf unbestimmte zeit bis auf widerruf. Das letztere findet sich z. b. in der gemeinde Marköbel in der Wetterau. Vielfach ist daraus eine ausschließliche berechtigung der besitzer, oder doch der anspruch auf eine solche entsprungen, trotzdem daß solche gelände immer auf den namen der gemeinde im grundbuch stehen. Anderwärts ist man zur wirklichen erblichen theilung geschritten.

Bei diesen grasnutzungen wurden alle nachbarn, die fahrenden wie die einläufigen, ganz gleich behandelt; einer bekam so viel wie der andere; wenigstens ist mir bis jetzt kein fall vom gegentheil aufgestoßen.[1] Der gleiche grundsatz kam auch bei theilungen zu erblichem eigenthum zur anwendung; so theilte z. b. Bindsachsen im j. 1828 durch mehrheitsbeschluß 84 morgen wiesen und weiden auf die köpte der nachbarn aus.[2] Mehrere mitberechtigte gemeinden setzten sich allemal nach dem nämlichen grundsatz auseinander.

b. Die wälder.

Die art wie die waldungen von den märkern benutzt wurden, war früherhin eine wesentlich andere als heutzutage. Nicht die gemeinde ließ das holz schlagen und verloosen, sondern jeder märker fällte ohne weitere aufsicht selber so viel bäume als er nöthig hatte. Er muste nur die bestimmten wald- holz- oder wittage einhalten,[3] geheegte ansaaten verschonen, nicht bei nacht hauen. Vielfach einigte sich die gemeinde auch, fruchttragende oder harte bäume (s. oben s. 234) dem holzhieb zu entziehen.

Da aber bei dieser einrichtung die am nächsten gelegenen wälder leicht zu sehr ausgehauen und verödet wurden, so traf man vielfach die bestimmung, daß nur solche bäume gefällt werden dürften, welche die markbeamten hierzu anweisen würden. Am ersten geschah dies

---

[1] Diese wiesengemeinschaft hinderte das aufziehen großer heerden von seiten einzelner; denn da keiner einen großen vorrath trocknes futter sammeln konnte, so konnte er auch nicht vieles vieh im stall überwintern.

[2] Art. 95 der Hessen-Darmstädtischen gemeindeordnung v. 30 Juni 1821 gestattet der mehrheit, theilung zu verlangen, und setzt theilung auf die köpfe als selbstverständlich voraus, weil die nutzungen gleich waren.

[3] v. Löw 155, Lauterbacher weisth. 14 jahrh. Gr. 3, 360. Weitere beispiele macht v. Maurer, 127 u. 136 namhaft.

mit dem bauholz, besonders wo die eiche dazu diente, da ein planloses fällen derselben die mast beeinträchtigte. Mit der zeit wurde die bestimmung auch auf brennholz ausgedehnt. [1] Die anweisung geschah mit dem s. g. scharbeil, schlageisen, waldhammer oder der s. g. waldaxt, welche in der markkiste oder vom obermärker verwahrt und mit seiner bewilligung von den untermärkern und förstern gebraucht wurden. Daher wird das obermärkerrecht zuweilen bezeichnet als „recht des obersten waldhammers.“ Für die anweisung erhielten die beamten eine gebühr, *stammrecht, forstrecht* genannt. [2] Mon. Boic. 4, 294. j. 1076 (Kraut, 241, nr. 22) : „eidem monasterio . . damus : primo ut in nostro foresto sibi contiguo recipere debeant, sine exactione juris quod forstrecht dicitur, omnia ligna que ad edificandum necessaria habuerint vel cremandum.“ Weisth. zu Kirburg. 1461. Gr. 1, 640 : „des sal dergiene der das holz hawen sal van iglichem stamme, he niederhewet, sein stammrecht geben als geburlich ist.“ — Stammrecht hat also eine andere bedeutung als Grimm, R. A. 509, vermuthet.

Bezüglich dürrer äste und andern liegenden holzes blieb es dagegen beim alten; an den wöchentlichen oder monatlichen wittagen konnten sie beliebig im walde aufgeklaubt werden. Sie mit wagen abzuholen war hier und da zu gunsten der armen verboten. [3]

Bemerkenswerth sind die verhältnisse, welche bis auf dieses jahrh. in der Hohen Mark am Taunus bestanden haben. Durch schlechte aufsicht und mangel aller pflege waren

---

[1] v. Maurer, 127—130.

[2] „Forstrecht“ wird es vorzugsweise bei königlichen und landesherrlichen forsten heißen.

[3] Selbst ausmärkern, welche dem wald nahe wohnten, gestatteten die markgenossen nicht selten stümpfe und leseholz wegzunehmen. Grimm, R. A. 514.

die waldungen auf's äußerste verödet, auf großen districten statt hochwald nur noch stümpfe und junger wurzelschlag übrig; mehr als dieses konnten daher auch die märker aus ihrem wald kaum beziehen. Dieselben machten ihr holz selbst, ohne weitere anweisung, und alle hatten vollständig gleiches recht. Eine vom Hessen-Homburgischen justizrath Neuhof im j. 1771 verfaßte abhandlung über die Hohe Mark besagt auf s. 1 : „Endlich werden überhaupt die märker, *welche in der benutzung der mark keinen vorzug vor einander haben, gemeine märker* genannt. So wird z. b. nach dem märker-gedings-protocoll von 1608 den von adel, so vermöge ihrer güter markgenossen sind, in der mark mehr nicht zugestanden, als einem andern „gemeinen märker." [1]

Im j. 1777 erklärten die Hanauischen schultheißen aus 5 markdörfern bei amt : „Alle und jede sowohl frey leuthe [2] als unterthanen, beysaßen, gemeine becker und hirthen, wie weniger nicht sämtliche schutz-juden seyen berechtiget, sich aus der Hohen Marck zu behöltzigen, und habe keiner vor dem andern einen vorzug, außer daß diejenige welche gutes geschirr hätten, das meiste und beste holtz nach hauß brächten." — Im nämlichen jahr antwortete der schultheis zu Praunheim auf die frage, wer zur mark gehöre? — „Alle einwohner der marck-orthschafften, Christen und Juden, nachbarn und beysaßen, freye und unfreye."

Auf grund der aussagen der dorfvorsteher und der ganzen dorfgerichte, berichtete der amtmann Usener unterm 8 Sept. 1777 an die regierung zu Hanau : „Kein

---

[1] Die markmeister schwuren ; „dem obersten waldboten wie auch *dem gemeinen märker* in sachen diese mark betreffend, hold und gewärtig zu sein." Gr. 1, 589 u. 590 : „was gerechtigkeit genante herrn an der *gemeine marck* haben." — „Die *gemeine marcker* der gedachten mark."

[2] Darunter sind wohl freie reichsritter, in der mark begüterte grafen und fürsten, reichsklöster u. s. w. zu verstehen.

mensch welcher in diesen orthschafften wohnet, er seye eine freye person, unterthan, beysaß, wittwe oder Jud ist hiervon ausgeschlossen, ja selbst diejenige welche ihre güther bereits über- und sich aus der nachbarschafft begeben haben, sind berechtiget sich aus der Hohen Marck zu beholtzigen, auch hat keiner vor dem andern einen vorzug, sondern alle sollen gleich gehalten werden; jedoch haben diejenige so gut geschirr gehalten vor andern einen grosen vortheil gehabt.“

Neuhof, a. a. o., s. 49 : „Die märker haben entweder ihr eigene fuhr-geschirre, womit sie ihr holz aus der mark führen, oder müssen solches durch andere besorgen lassen. Diejenige märker, welche kein fuhrwerk haben, werden *einläuffige* genennet. Weil es nun gegen die anzahl der vielen einläuffigen gar wenige fuhrleute sind[1], und diese in den angeordneten wald-tägen nur vor sich das benöthigte holz beyführen, so werden den einläuffigen besondere waldtäge gegeben, welche aber deswegen holzzettuln bey den markmeistern einlösen müssen, damit keine unterschleife geschehen, und nicht die fuhrleute auf jener ihren namen abermals vor sich holz holen. Wer nun ohne einen dergleichen zettul in die mark fähret, wird zur ruge geschrieben. Keinem märker wird erlaubt, durch ausmärker sein holz um lohn aus der mark fahren zu lassen.“

Auf dem am 9 Juni 1762 auf der Aue bei Oberursel gehaltenen märkerding wurde beschlossen : 1. „Die *fuhrleute* sollten außer dem bereits früher gestatteten holztag, den 12ten Juni ihren ersten holztag „auff dörr läger gereiß,“ den 20 Aug. ihren zweiten holztag auf lagerholz und würzelgestümpf, den 24 Sept. den dritten holztag auf wurzeln, erdgestümpf u. lagergehöltz — haben. 2. Die

---

[1] z. b. hatte der markort Vilbel im j. 1826 400 markberechtigte einwohner, darunter nur etwa 70 bespannte.

einläufftige allemal 3 tage nachher auf das nämliche gehölz; und sollten hernach „keine zettel mehr, am allerwenigsten aber auff grün gehöltz gegeben" werden. 3. „Die *schubkarcher* haben ihre holtztäge den ersten (und wann dieses ein feyertag den zweyten) tag nach vorgemelten holtztägen, umb sich von derley wurtzeln, gestümpf und lager-reißer zu beholtzigen."

Dem rechte nach standen sich also hier alle märker gleich; jeder durfte so viel holen als der andere; allein die geschirrleute waren natürlich im stande mehr holz heimzubringen als die einläufigen, welche eines märkers geschirr miethen oder mit schubkarren in den wald fahren musten.

Auch in der Carber mark durften um's jahr 1694 die märker nach belieben stöcke und stümpfe ausmachen, gesunde und fruchtbare bäume aber nur nach besonderer anweisung der märkermeister. Auf eine bestimmte menge waren sie dabei nicht beschränkt. Bei dem im j. 1701 gehaltenen märkerding wünschten die märker, daß jedem jährlich zu rechter zeit *ein gewisses* an brennholz angewiesen werden möge.

In vielen marken, wo es zu einer festen bestimmung der nutzungen kam, wurden dieselben für *alle* märker gleich gemacht.[1] In anderen gab man dem unbespannten und halbspänner kleineren antheil.

Oefnung von Laufen (C. Zürich). Gr. 1, 107: „Es ist ouch zü wisssen, daz zu einer hub gehört 4 füder holtzrechtz vnd zü ainer schüposs zway fuder holtzrecht .... Ouch sol man .... yeglichem hus daz in der vogty gelegen ist, 1 karren mit holtz geben."

Mockstädter markordnung v. 1663: „Einem ackermann (soll man geben) zween wagen voll unschädlich grob

[1] z. b. erhielten zu Dauernheim in der Wetterau zu anfang dieses jahrh. die einleftigen ebensoviel holz wie die ackerleute, musten auch ebensoviel forsthafer entrichten. Ebenso war es in der Büdinger mark.

brennholtz das jahr und nicht mehr. Deßgleichen einem einfeltigen nachbarn das jahr ein wagen voll." In der Wiesbader Höhewaldung (s. g. Grefenhöhe) erhielt nach einem regulativ von 1788 jeder bespannte märker $1^1/_2$ klafter, der unbespannte 1 klafter, der beisasse und aushälter $^1/_4$ klafter holz" (theilungsurk. v. 27 April 1822).

In der Cronberger mark war es altes herkommen, daß „ein jeglicher ackermann . . vier, ein einzelinger aber zwo schweine in die marck schlagen, vnd einer dem andern sein theil abkauffen möge" (ungedr. urk. v. 1626). Nach dem weisth. von Ulm bei Lichtenau, Gr. 1, 432 darf ein „hueber" 32 schweine in das eckern treiben, „vnd ein iglicher der da heisset ein einlutig man, 4 swin."

Weisthum zu Rodenbach (Wetterau) v. 1565: „Wenn man einem einfechtigen nachbar zwey schwein in walt lest gehn, so lest man einem ackermann vier gehen, vnnd einem obermerkermeister acht schwein, wenn es ein volkommen eckern ist. So es aber ein halb eckern ist, so hat ein einfeltiger ein, vnd ein ackerman zwo, vnnd ein ober merckmeister vier schwein in walt zue treyben."

Im j. 1694 verkaufte die gemeinde die mastung an einen „metziger" von Frankfurt um 90 fl. Davon erhielt „herrn burggraffens Excel. von Görtz wegen gebührender 8 schwein *markwehr*" . . . 12 fl. (der jedesmalige burggraf zu Friedberg war obermärker). „Ahn mastgelt under die gemeind getheilt vndt den förstern ihr gebührendes *markwehr* davon zahlt: 78 fl. . . . (Rodenbacher markbuch).

Altenstädter markbuch. j. 1541: „Item isth auch gruntlich beschloszen das ein yegklicher ackerman inn der marck vier wage vol holtz ein jar lang haben soll, vnd ein *einfeltiger* zwen ein jar." J. 1544: „Item soll einem ackerman an brendholtz nit mehr geben werden desz jars dan zwen wagen voll holtz vnd ein hundert backweln inn ansehung das die marck in groszem abenemen; — eynem *eynzelinge* ingesessener marcker (aber) ein wagen vol holtz vnd ein halbhundert wellen zu backe.“ J. 1564 : „Ist diesmals geordnet, das dieszmals einem *einfachen marcker* ein wagen holtz vnd einem ackerman zwen wagen holtz sollen ausgeben vnd mitgeteilt werden.“ Sept. 1609 : „Ist durch alle mercker vnd den H. obermerckermeister erkant, dasz nach gestalt der izigen geringen mastung einem ganzen ackerman zwei, *einem halben ackerman* anderthalb [1], vnd eim *einleufftigen* ein schwein ins eckern eingebrennet werden solle.“ 1627 schlug der obermärkermeister vor : „den ackerleuten einem des jahrs vier wagen, einem *einspänigen* drei, vndt einem *einleufftigen* zween wagen“ zu geben. 1632 beschlossen die märker : „jedem ackerman zween waagen, den *halben ackerman* anderthalben, vndt einem *einleuffigen* einen waagen holtz des jahrs vber zue geben.“

Seit dem j. 1707 waren aber in der Altenstädter mark die einläufigen den ackerleuten ganz gleichgestellt.

Die aufgeführten beispiele sind wie keine anderen geeignet, die alte regel zu erkennen und zu erweisen. Denn in den großen marken, der Wiesbader Höhewaldung mit 22 dörfern, der Cronberger Mark mit 10 dörfern, der Hohen Mark mit gegen 30 dörfern, und in den durch erhaltung ihrer alten freiheit merkwürdigen marken des Kaicher gerichts, verhinderte die gesammtheit jede von einzelnen klassen oder gemeinden versuchte änderung.

In bezug auf die mast galten in mancher hinsicht eigenthümliche grundsätze. In den meisten marken war es demjenigen märker, welcher keine eignen schweine hatte, verstattet sich im herbst solche anzuschaffen, um an der mast theil zu nehmen; in manchen konnte er sogar sein recht an andere märker oder auswärtige abtreten.

---

[1] ein ausgewachsenes nebst einem halbwüchsigen; oder so, daß zwei märker zusammen 3 schweine eintreiben dürfen?

Ordnung der waldmark zu Scherzheim. 1492. Mone, zeitschr. 8, 155: „Item (der) *gemein man* in den fünf heimbergthum hat jeder, so ein voller eckern ist, macht, 4 swin zu schlachen, und wenn halb eckern ist 2 swine. — Item und wer kein swine hat, der hat dennacht (dennoch) die gerechtigkeit, *und mag sin recht verkoufen.*"

In der Carber mark hatten nach der ordnung v. 1657, §. 46 die märker ebenfalls das recht ihre wehr zu verkaufen. „Es hat aber keiner macht sein wehr auserhalb der marck zu verkaufen, ehe und bevor er solches den inmärckern angeboten hat."

W. der Ostbevernsche mark v. 1339. Gr. 3, 178: „Vordmer ist dat unse olde recht unde unse olde wilkore, were, dat ein marckenote nene egene swine hedde, unde sine *ware* nicht bedriven en mochte; so mach he to sess swine vorkopen vor de ware.[1] Men were, dat en kötter sine *ware* nicht bedriven konde, de mach verkopen to enen swine vor sinen kotten, unde nicht mher."

In andern marken durften aber die märker, welche selbst keine schweine hielten, auch keine zur mast einschlagen.[2]

4. Gemeine lasten.

Der theilnahme an den gemeinen nutzungen und an der beschlußfassung in gemeindesachen entsprach die schuldigkeit, die gemeinen lasten mit tragen zu helfen. Im j. 1433 bestand der probst des klosters Naumburg auf seinem recht bei dem gewöhnlichen märkerding „in der merkermenner vnd nochwer zu Heldebergen rait vnd gespriche zu gen, . . . wante he da hette vnde hilde huß

[1] d. h. auf seine ware hin.

[2] v. Maurer, 144.

hofe mede fehe vnd eyen rauch *vnd auch darzu hulfe dienen vnd machen zu brocken stegen vnd wegen* als eyner ander nachwer vnd ackermanne in dem dorffe." (Heldenberger weisthum). Wo die hubner größere nutzungen erhielten als die schupposer, kötter, einläufigen, da musten sie auch in beziehung auf pflege und schutz der almeinden größere lasten tragen. Oefnung von Rickenbach. 1495. Gr. 1, 214 : „Ain jetliche huob sol aim vorster zwo vesengarben geben, vnd zwo habergarben, vnd ain schuopis ain vesengarb vnd ain habergarb, vnnd ain manssmad höwachs in Thurow vier pfennig."

Raesfelder holzordnung. 1575. Gr. 3, 173 : „Und sollen die markgenoissen von einem jederen *erbe* sechs telgen, und von einem halven erve drei, wie dan auch von einen kotten zwei alle jair zu pflanzen oder potten gehalten sein." (Die gehcelen erfen erhielten auch 6, die halben erfen 3 stücke holz zum bauen.)

Altenstädter markbuch. j. 1514 : „hat der vbermerkermeister sambt andern gesworn firstern ein satzung vnder den merkern beschlossen, also das ein ackerman ein tornos vnd ein eiseliger ein schilling geben sol, das dan tragt an der somma 7 fl. 1 ß." Im j. 1578 wurde beschlossen, daß im herbst jeder ackermann 12, und jeder einfeltige 6 eichenstämmchen in dem Hegwald in gegenwart der förster setzen und pflanzen solle. Protocoll v. 24 Juni 1609 : „Weiter ist dißmals beschlossen worden daß sich künfftig alle vnd iede inmärcker rotten-weise vff erfordern, nemlich ein ackerman mit vier, ein halber mit dreien, vnd ein einleufftiger mit zwen jungen eichenstängen, doch außerhalb der waldmarck gefast machen, vnd dieselbe vff anweisung der förster vnd vndermärckers in die waldmarck an bequemen ort sezen vnd pflanzen solle, zu besserm vfkommen vnd erhaltung derselbigen."

Zu anfang des 18ten jahrh. waren in der Altenstädter mark die einläuftigen im holzbezuge den ackerleuten gleichgestellt; einen antrag des obermärkermeisters, herrn von Carben, zu dem früheren herkommen zurückzukehren, lehnten die märker aus dem grunde ab, *weil die einläuftigen auch an den öffentlichen lasten jetzt gleichen antheil trügen;* dagegen beschlossen sie: „die beysaßen aber so in der marck nicht geseßen, noch zu dem erhaltung was condribuiren, sollen davon gäntzlichen außgeschloßen und ihnen nichts gereichet werden."

Daß die adeligen hofleute, pachter oder leihträger, und zwar auch die der reichs-unmittelbaren ritterschaft in der Wetterau, die nachbarlichen beschwerden tragen helfen musten, läßt sich aus zahlreichen älteren und neueren urkunden darthun. Von der mark Rodheim bei Gießen heißt es im saalbuch des amts Gießen v. 1629. fol. 104: „Vnser gdgster fürst vnd herr ist obermärcker vnd landsfürst, dem die jagd in den wälden zusteht. Die 3 gemeinden vnd darinn wohnende von *adel*, alß Lesch, Holtzapfel vnd Wolffskehl aber sind *mittmärcker*, *vnd müssen der marck in allen anlagen das ihrige mittbeytragen vnd versteuren,* wie ihre marckrechnungen von langen jahren ausweißen."

Am 12ten Jan. 1686 baten die märker der Carber mark, darauf zu halten, „daß vermöeg der marckordtnung . . . die befreyete, die in der marck ihren nutzen haben, zugleich auch ahn den vncosten beytragen müßen." Es wurde verfügt: „Nachdem hierüber vorhin von der kayß. burg Friedtberg ein bescheidt ertheilet wordten ist, daß alle hoffleuthe auff denen befreyeten gütthern in der marck ahn allen marck-vncosten mit-beytragen sollen; alß soll es hiebey sein endtlichs verbleibens haben, vnndt solche zu abstattung deren ahngehalten werdten." Carber mark-akten.)

Aber nur diejenigen lasten, welche die pflege und den schutz der almenden angehen, dürfen nach der größe der nutzung bemessen werden, nicht auch alle sonstigen öffentlichen schuldigkeiten.

Zu anfang des 18ten jahrh. nahm die gemeinde Hirschberg zur tilgung von kriegsschulden ein kapital von 180 fl. auf. Um dieses kapital wieder abzutragen ließ sie etwas holz aus ihren waldungen schlagen und aus dem erlös die schuld tilgen, den rest unter die gemeindsleute vertheilen. Einige gemeindeglieder protestirten aber dawider, daß gemeindenutzungen zu bezahlung von kriegsschulden verwendet würden; kriegslasten seien nach dem contributionsfuß, also nach vermögen und ackerbesitz von jedem zu tragen; der ertrag der almeinden aber gebühre allen nachbarn zu gleichen theilen; einer erhalte so viel wie der andere. Sie verlangten also vertheilung des gesammten erlösten gelds auf die köpfe. Der landoberschultheis entschied zu gunsten der beschwerdeführer. Der gemeindevorsteher (heimberger) und seine anhänger appellirten dawider an die regierung, und machten unter anderem geltend, daß es ganz gegen die natürliche billigkeit verstoße, daß die vortheile anders als die lasten getheilt werden sollten. Allein die Fürstliche regierung zu Diez wies sie ab, ausgehend von folgender erwägung: „Dem herkommen nach gebühre aus den waldungen einem gemeindsglied so viel holz als dem andern, und dieselbe gleichheit werde bei vertheilung der heiden und anzurodenden ländereien, beim genuß der gemeinen weide und anderer nutzungen beobachtet. Dabei werde gar nicht darnach gefragt, wieviel steuern ein jeder von seinem privatvermögen bezahle. Wolle man die gemeindenutzungen zu bestreitung solcher kriegslasten verwenden, so werde das darauf hinauslaufen, daß der arme das wenige ihm zukommende hergeben müsse, um den reichen frei zu halten.“ [1]

[1] Reinhard, tract. de jure forest. 115—118.

Diese gründe sind für durchaus richtig zu erachten; das *unvertheilte* gemeindevermögen ist keineswegs vorzugsweise dazu bestimmt, zur deckung von allen möglichen gemeindeausgaben zu dienen; sondern es kann dazu nur herangezogen werden neben dem *vertheilten* land und neben dem *sonstigen* in der gemarkung belegenen vermögen. Die almeinde muß behandelt werden so wie dies geschehen würde, wenn sie an die einzelnen gemeindsleute vertheilt wäre. In den letzten jahrzehnden hat sich freilich in vielen gemeinden, dank französirter gemeindeverfassung, ein ganz anderes herkommen gebildet; und einige gemeindeordnungen Deutscher staaten [1] sanctioniren es sogar in der naivsten weise, daß sich die reichen auf obige art von den armen frei halten lassen. Es wäre hoch an der zeit, daß man sich der ärmeren klasse in dieser hinsicht wirksam annähme.

5. Markfrevel.

Wenn ein markgenosse mehr als sein theil holz hieb, oder zur unrechten zeit, oder an verbotenen orten, so handelte er gegen die auf dem märkerding gemachte vereinbarung (einung), und es traf ihn die angedrohte geldstrafe. Diese strafen waren für die verschiedenen vergehen fest bestimmt; die meisten markordnungen kennen nur eine schlechte, mittlere und höchste buße. Durchschnittlich waren sie sehr gering (die entwerthung des geldes mag daran mit schuld haben); sie warfen nur so viel ab, daß die märker beim märkerding freien trunk hatten. Auf eine empfindliche strafe war es nicht abgesehen; übt ja doch der frevelnde märker nur ein recht auf ungehörige

---

[1] z. b. die gemeindeordnung des großherzogthums Sachsen-Weimar v. j. 1840, §. 31.

weise aus, und ist es ja nicht fremdes gut an dem er sich vergreift.[1] Aber er muß auch, wie einem freien mann und märker geziemt, offen zu werk gehen, nicht nach diebes art die nacht benutzen, nicht die säge gebrauchen; axt und keil müssen vernehmbar sein, den förster aufmerksam machen können.[2] Trifft ihn dann der förster auf frischer that, bei stock und stamm, oder wenigstens ehe er auf den öffentlichen weg[3], oder aus dem wald kommt, so ist er der strafe verfallen; der förster kann ihn beim märkerding rugen, aber nicht pfänden oder gar verhaften.[4] Entkommt er aber dem förster, dieser mag ihn nun von ferne gesehen haben oder nicht, so ist er straflos. Einige alterthümliche weisthümer mögen dies anschaulicher machen. Weisthum zu Sasbach. 1432. Mone, zeitschr. 8, 149 : „Und soll slegel und weck[5] den foerster wecken, wenn er houwet, so rueft er dem forster, und wenn er ledet, so beitet er; und umb das roefen, daz er dût mit der exe, und mit dem beiten, das er dût mit dem laden, kummet er denn von dem stock, do er das holtz gehouwen hat, mit dem wagen, das in der forster mit siner exe mit der lincken hant den wagen nit mag erlangen, wil do der foerster, so mag er dem wagen noch gen, und sol sin rehte hand under sinen

---

[1] Diese anschauung haben auch neuere forststrafgesetze beim volk noch nicht ganz verwischen können.

[2] Grimm, R. A. 47.

[3] vgl. z. b. weisth. zu Bolswiler v. 1316. Gr. 1, 329. — Es zeigt sich in diesen bestimmungen die neigung, das eintreten der strafe dem *zufall* zu überlassen. Aehnliches hat Grimm in seinen „rechtsalterthümern" bei anderen gebräuchen nachgewiesen.

[4] Nach dem Oberurseler weisth. v. 1401 (Gr. 3, 489) können inmärker selbst dann nicht gepfändet sondern nur gerügt werden, wenn sie holz aus der mark verschleppen.

[5] Nach Mone, *keil* zum spalten des holzes. Gr. 1, 431 : „wo sie horent slegel vnd *wegen*."

gurtel stossen, und waz holczes er denn mag geziehen ab dem wagen mit siner lincken hant, bicz das er kummen an sinen hof, daz mag er ton; volget er im aber noch in sinen hof, kert sich denn der margman umb und sleht den forster an sinen kopf zû tode, so sol weder gericht noch rath dar noch me gon.“ Schöner noch lautet das weisthum des hubgerichts zu Cappel v. 1540. Gr. 1, 422: „Item man spricht ouch zum rechten, das da slegel und wecken sollen die forstmeister wecken, und dwil der armman howet so ruft er, und dwil er ledet so bytet er, und wann er in den rechten weg komet und das rad drü mal umb gat, so hat der forster nit mer macht zu rugen. Der forster mag dem wagen nachgeen und sol die recht hand under den gürtel stossen, und mit der linken hand so vil holz abziehen als er mag, und das holz ist sin, und mag ime nachvolgen unz in den hof; wil der forster nit abston, wann er in den hof kompt, schlecht er ine mit einer axt zu tod, und fellet er uff das lehen, so bedarf er ine nit bessern, fellt er aber hinuss, so sol er ine bessern.“ Ordnung über die Carber mark v. 1657. §. 25: „In den Herrnwälden hat kein förster, so darüber bestellet, macht einigen märcker zu verfolgen, darf auch nicht rügen, er erdappe dan den freveler bey stock und stamm auf frischer that; dann dem marcksprichwort nach werde im hawen dem förster geruffen, im laden gewardet vnd im fahren ihme geflogen. Dieses aber auf die innmärcker allein zu verstehen.“ [1]

Der märker brauchte dem förster nicht wirklich zu rufen, sondern die axt, schlegel und keil sind die rufer; auch nicht warten muste er ihm, dies geschah von selbst beim aufladen des holzes. Kommt der geladene wagen so

[1] Noch andere weisthümer gleichen inhalts nennt Grimm, R. A. 514 u. 47.

weit von dem stock des baums, den der märker gefällt hat, daß der am stock stehende förster mit seiner axt nicht mehr an ihn langen kann, — oder erreicht er den „rechten" weg und das rad dreht sich dreimal um, — so findet keine ruge mehr statt. Der förster darf aber dem wagen folgen und sich so viel holz herunterziehen, als er vermag. Um ihm aber auch dies zu erschweren, bestimmen die weisthümer, er solle nur die linke hand dazu gebrauchen, die rechte unter den gürtel stoßen. Folgt der förster bis in den hof, so ist dies verletzung der heiligkeit des hofes, und er kann ungestraft erschlagen werden. Kommt der fallende leichnam außerhalb des hofraums zu liegen (wofür im Cappeler weisthum „außerhalb des lehens" steht, weil die höfe lehenbar waren), so muß das wergeld bezahlt werden; denn es liefert diese lage den beweis, daß der förster nur auf der gränze des hofraums stand, oder gar im begriff war sich zu entfernen, da er nach derselben richtung fallen wird, nach welcher er sich bewegte. — Aehnlich lautet auch das weisthum zu Stollhofen.[1] Trifft der förster den mann noch am flecke, wo er das holz nimmt, und dieser hat es bereits ganz geladen, so findet keine rüge mehr statt. Ist das holz aber noch nicht mit kette oder wide fest gebunden, so darf der förster so lang holz vom wagen ziehn, bis dies geschehen ist, und bis der man den gemeinen weg erreicht. Von dem augenblick an muß er ihn unangefochten lassen. Folgt er ihm bis in sein haus um die buße zu fordern, und der mann nimmt eine von ungefähr in der mittelsäule steckende axt, und schlägt den förster an den kopf daß er stürbe, so ist er, wenn er nur den leichnam unter der schwelle herauszieht, straflos.[2]

---

[1] Gr. 1, 428.

[2] vgl. auch ein anderes weisthum bei Gr. 1, 351. Die thürschwelle galt für heilig. Grimm, R. A. 47 u. 176.

Nicht blos die förster, sondern vielfach alle märker, hatten die pflicht, frevler, welche sie auf der that ertappten, beim märkerding zu rügen, ausmärker aber zu pfänden.[1] Weisth. u. die Fossenhelde. 1444. Gr. 1, 583 : „Item hat der mercker auch vor ein recht geweist, queme ein mercker, der doch nit schütze were, und fünde einen ussmercker oder einen mercker hauen oder hinwegk führen, derselbe solte denselben, er wäre märcker oder ussmärcker rüegen oder penden, gleich einem geschwornen schützen" (rügen soll er den inmärker, pfänden den ausmärker u. vielleicht den inmärker, der holz aus der mark führen will).

Die beeidigten märkermeister und förster genoßen größeren glauben als gewöhnliche märker; ihre anklage, rüge, genügte zur verurtheilung; der beschuldigte wurde nicht zum reinigungseid gelassen.[2] In einer Wetterauischen urkunde v. j. 1292 heißt es von waldschützen : „ita quod electi (custodes) iurent . . . . . . quod accusent in veritate secundum vniuscuiusque meritum, et *nullus* accusationem talium poterit retractare." Desgleichen von feldschützen : „et talium accusationem nullus poterit infirmare" (Baur, Arnsb. urk. nr. 245). Dingrodel von Kirchzarten. 1395. Gr. 1, 333 : „Sprichet ieman den banwarten an, das er habe vnrecht gepfendet, da sol der banwart nemen den stecken in sin hant, vnd sol sweren mit der andern hant, darmit ist sin gnug."[3] — Mit andern beweismitteln konnte man jedoch wohl die unrichtigkeit der anklage darthun.

---

[1] v. Maurer, 191 u. 349.

[2] v. Maurer, 264.

[3] Der stecken, den der bannwart mit der linken hand anfaßt, ist sein schützenstab, nicht der stab des richters. So faßten im Norden schwörende krieger ihren schild, reiter des pferdes bug oder den steigbügel, bei den Friesen fuhrleute ein rad, schiffer den rand des schiffes an. Grimm, R. A. 899. vgl. s. 66 u. 895 ff.

Der anklage eines einfachen markgenossen entging man mit dem eignen eid.[1]

Ausmärkern, die auf andere weise nicht leicht zu zwingen waren ihre strafe zu erlegen, pfändete man allezeit pferde und wagen oder sonstige besitzthumer ab, und nöthigte sie vor dem märkermeister recht zu nehmen. Sie wurden strenger bestraft, durften auch über die gränzen der mark hinaus verfolgt werden, bis zum nächsten fluß oder großen bach. — Leibes- und lebensstrafen drohen die weisthümer nur *boshaften* beschädigern der waldungen, insbesondere der heilig gehaltenen gränzbäume und steine. Aber in geschichtlicher zeit sind sie wohl kaum vollzogen worden; der schuldige konnte glied und hals mit einer geringen geldsumme lösen.[2]

---

[1] v. Maurer, 352.
[2] Grimm, R. A. 520 u. 739. v. Maurer, 371.

V. Verwandlung der zent-almeinden in dorf-almeinden oder in staats- und privateigenthum.

Große zentalmeinden haben, wie bereits oben s. 27 u. 86 angeführt wurde, bis auf die neuesten zeiten fortgedauert; die meisten aber sind in kleinere theile zerlegt worden. Andere haben längst aufgehört almeinden zu sein, indem sie in das eigenthum der landesherrn oder von privaten übergingen. In manchen gegenden geschah dies so allgemein, daß die markverfassung zuletzt dort etwas fast ganz unbekanntes war. Diese vorgänge sind nunmehr einzeln näher zu betrachten.

1. Vertheilung zu dorf-almeinden.

In welcher zeit die trennung der großen mark erfolgte, läßt sich häufig urkundlich nicht mehr nachweisen.[1] Schon

---

[1] Im j. 1283 bekennt Ricardis gräfin von Jülich mit ihren söhnen Walram und Gerard, daß mit ihrer zustimmung ein bei dem hof Isenkrath gelegener wald (silua), Speysbusc genannt, . . „unde communitas (!) villarum quarundam circumiacentium potestatem, que vulgariter *holtgewalt* dicitur, habuisse ac habere dinoscitur, *proportionaliter ad singulas personas* ac *potestates* per partes est distributa." Er wurde also wie es scheint an die einzelnen dörfer im verhältnis zur zahl der

im 13 u. 14ten jahrh. finden sich kleinere marken, sowohl in wald als in weide bestehend, woran nur je 3, 4 oder 5 gemeinden betheiligt waren, und selbst solche, woran nur eine einzige gemeinde eigenthum hatte (vgl. oben s. 136). Solche theilungen beruhten gewiß vielfach auf freiwilligen vereinbarungen der märker. Zuweilen geschah es aber auch, daß einige markdörfer dadurch, daß sie nur die ihnen am nächsten und bequemsten gelegene weide besuchten, nur aus dem nächsten wald ihr holz zu holen pflegten, durch nichtgebrauch ihr recht an den übrigen almeinden einbüßten. Oder umgekehrt, ein dorf leitete aus dem langen ausschließlichen gebrauch ein sondereigenthum ab, sprach aber daneben nach wie vor antheil an den allgemeinen markwaldungen und weiden an. So erklärt sich z. b. daß die 20 dörfer des Rheingaus den s. g. Hinterlandswald gemeinschaftlich besaßen, einzelne der dörfer aber noch besondere waldungen daneben inne hatten. [1] Aehnliches findet sich in vielen andern marken. Den gewöhnlichen anlaß zu marktheilungen gaben in den letzten jahrhunderten die theilungen der gerichte. Jeder herr wollte auch über das seinen unterthanen gebührende stück almeinde die alleinige oberhoheit haben. Die märker pflegten hierbei nicht weiter gefragt zu werden; allen theilungen waren sie abgeneigt, weil sie bei dieser gelegenheit nicht blos von den landesherrn gewöhnlich übervortheilt, eines theils der almeinde beraubt wurden, sondern auch, weil sie fürchten musten, in zukunft nach aufhebung ihrer gemeinschaft den landesherrlichen anmaßungen schwerer widerstand entgegen setzen zu können.

---

einzelnen personen und gewalten getheilt. Dem hof (curtis) Isenkrath standen 64 „potestates, que holzgewelde dicuntur" zu, und er erhielt daher auch 64 antheile (Lacomblet, urkb. 2, nr. 785).

[1] G. E. Köhler, historisch-jurist. abhandlung von der alten waldmark und haingerathe im Rheingaue, 1792. s. 49—52 u. s. 90.

Uebrigens hat nicht bei jeder auseinandersetzung der gerichtsbarkeit auch eine solche der almeinde stattgefunden, vielmehr behielten nicht selten dörfer, welche verschiedenen landesherrn zufielen, ihre alte gemeinschaft in wald und weide.[1] Im vorigen jahrh. betrieben die regierungen die theilungen besonders emsig, weil — durch die erschlaffung des alten gemeingeistes und die vom beamtenthum allmählig zu wege gebrachte entseelung der alten guten markverfassung — die waldungen unter freveln und sorglosigkeit mehr und mehr verödeten.[2] In den letzten 50 jahren hat man das werk völlig zu ende geführt; nur in wenigen gegenden, wie z. b. in Westfalen, ist man noch gegenwärtig damit beschäftigt.[3]

Bei diesen theilungen sind gar viele willkürlichkeiten und misverständnisse untergelaufen, die zum theil aus unkenntnis der markverfassung entsprangen. Ein nicht seltener misgriff der leitenden beamten war es, denjenigen adeligen, welche wohnsitze oder höfe in der mark liegen hatten, ein besonderes stück wald für ihr haus und hof anzuweisen, anstatt sie einer gemeinde zuzutheilen.[4] Die adeligen er-

---

[1] Die dörfer Unterflorstadt, Oberflorstadt, Staden und Stammheim in der Wetterau besaßen bis zum j. 1812 gemeinschaftliche weiden von mehreren hundert morgen; die gemeinschaftlichen wälder waren aber bereits seit 1589 vertheilt, und Stammheim bildete ein besonderes gericht.

[2] In der Wiesbader Höhewaldung wurden zu anfang dieses jahrhunderts ordentlicher weise jährlich 5634 klafter holz geschlagen, und außerdem, einer schätzung nach, an 1000 klafter gefrevelt.

[3] In Bluntschli's und Braters staatswörterbuch, 4, 162 ff. gibt v. Treitschke den gemeinden den rath, ihre waldungen dem staat zu verkaufen, — weil sie dieselben doch nicht genügend schonten, und „das oberaufsichtsrecht des staats oft zu sehr peinlichen verhältnissen führe.“ Das lautet im j. 1859 freilich mehr als verwunderlich.

[4] Bei theilung der Wiesbader Höhewaldung im j. 1822 erhielt jeder adelige hof (freihof), deren 9 waren, ein besonderes stück wald; nur

langten dadurch ein viel größeres vermögensstück als der werth ihrer seitherigen nutzungen war.

2. Abschließung der zahl der nutzungstheile.

In vielen marken ging eine andere wichtige veränderung vor sich; es wurde die anzahl und damit die größe der nutzungen ein für allemal festgestellt, sodaß nun bald nicht mehr alle gemeindeglieder nutzungen erhielten.[1] Dies geschah besonders häufig in kleinen marken, seltener in großen, z. b. in keiner der großen marken der Wetterau oder des Maingaus, und fast nie bei stadtgemeinden.

Es sind dabei verschiedene fälle zu unterscheiden.

a. Einräumung an die gemeindeglieder auf lebenszeit.

Im j. 1855 beschloß die damals 185 gemeindeglieder zählende gemeinde Bingenheim in der Wetterau auf grund des Großherzoglich Hessischen gesetzes v. 21 Juni 1852, daß fortan immer nur 185 gemeindeglieder an wiesen und wald nutzungen haben sollten[2]; nämlich jeder 1 morgen wiesengelände, 30 quadratklafter ackergelände, 2 pflanzenländer, $2^1/_2$ stecken holz verschiedener sorte. Jedes dermalige oder in zukunft nutzungsberechtigte gemeindeglied bleibt lebenslang nutzungsberechtigt. Nach seinem tode

---

die adeligen erbleihhöfe und mühlen wurden den gemeinden zugerechnet, in deren gemarkung sie lagen. — In der Pfalz wurden, nach v. Maurer, 438, diese ungerechtigkeiten vermieden.

[1] Beispiele aus den jahren 1675 u. 1743 führt Renaud in d. zeitschr. 9, 41 u. 42 an.

[2] Hinsichtlich der gemeindehutweiden blieb es beim alten recht; *alle* jeweiligen gemeindeglieder, wieviele deren auch seien, werden recht daran haben.

oder seinem wegzug aus der gemeinde wird von den bisher nicht berechtigten dasjenige gemeindeglied nutzungsberechtigt, welches nach dem eintrag in's ortsbürgerregister das älteste ist. Sollte sich also z. b. in 10 jahren die gemeinde durch geburten oder neueinziehende um 15 vermehren, und nur 10 nutznießer sterben oder auswandern, so werden 5 gemeindsglieder eine zeitlang keine nutzung erhalten, sondern auf den wegfall eines nutznießers warten müssen. Die vertheilung der nutzungen, sowohl des holzes als der wiesen und pflanzenländer, unter die 185 nutznießer geschieht alljährlich durchs loos. Es erhält also jeder alljährlich ein anderes stück wiese und pflanzenland; nutzungsberechtigt sein heißt : unter die zahl der mitloosenden gehören.[1]

Hier ist also *gemeindemitgliedsschaft* und wohnen in der gemeinde rechtsgrund und bedingung der nutzung; das recht unter die mitloosenden zu gehören läßt sich weder auf die erben übertragen noch veräußern; es ist weder an haus- noch grundbesitz geknüpft; die gemeinde ist eigenthümerin der almeinden.

b. Einräumung mit dem recht der vererbung auf gesetzliche erben, sofern dieselben gemeindeglieder sind.

In der Wetterauischen gemeinde Ranstadt scheiden sich die nutzungsberechtigten von alters her in geschirrbauern[2] und nichtgeschirrbauern.[3] Den ersteren kamen

---

[1] Es könnte auch jedem ein *bestimmtes* stück wiese und gartenland auf lebenszeit verbleiben und *dieses* dann nach seinem wegfall an den neueinrückenden kommen. Aber diese einrichtung wird seltener beliebt.

[2] Jetzt ortsbürger die 5 morgen eigenes land besitzen und dieses mit eigenen kühen, ochsen oder einem pferd bebauen. Früher wollte die landesherrschaft, aus deren wald die gemeinde ihr loosholz zu beziehen hatte, nur den besitzer von 10 morgen eigenen ackerlands und von 1½ morgen wiesen als geschirrbauer anerkennen.

[3] Ehemals einläufige genannt (s. oben s. 254 u. 255).

größere nutzungen zu als letzteren. Im j. 1854 beschlossen sämmtliche damals vorhandenen 67 geschirrbauern und 66 sonstige ortsbürger, die nutzungsrechte vererben zu lassen (womit deren zahl von selbst ein für allemal festgestellt wird). Das nutzungsrecht solle immer derjenige verheirathete sohn oder diejenige verheirathete tochter erhalten, welche die elterliche hofraithe als ungetheiltes eigenthum erwerben, und — sofern es sich um eine geschirrbauernutzung handelt — 5 morgen land zu Ranstadt besitzen und geschirr halten, wobei nicht weiter darnach gefragt wird, woher dieses land rührt und wie er es zusammenbringt.

Das erbrecht erstreckt sich hier nur auf die nachkommen, nicht auf andere verwandte. Es ist aber zweitens auch durch den besitz der bestimmten berechtigten hofraithe, und bei geschirrbauer-nutzungen durch besitz von ackerland und halten von geschirr *bedingt.* Die hofraithe selbst ist nicht träger des rechts; denn wer eine solche erbt oder kauft, ohne nachkomme des nutzungsberechtigten zu sein, erhält die nutzung nicht. Stirbt ein nutznießer ohne verheirathete nachkommen, oder sind letztere aus der gemeinde weggezogen, so fällt die nutzung an denjenigen geschirrbauer oder ältesten ortsbürger, der bisher geringere oder gar keine nutzung bezog. [1]

Eigenthümerin der almeinde ist im vorliegenden fall die gemeinde; das nutzungsrecht ist völlig unveräußerlich, vererbt nur *an gemeindsglieder* und geht, wo leibeserben fehlen, an die noch nicht mit nutzung bedachten gemeindsglieder über.

---

[1] Diese neuen bestimmungen sind dem alten recht weder angemessen noch sonst empfehlenswerth. Namentlich liegt für die verknüpfung des erbrechts mit dem besitz des *elterlichen* hauses durchaus kein grund vor.

c. Bindung des nutzungsrechts an den besitz bestimmter hofraithen.

In den letzten jahrhunderten ist es besonders häufig geschehen, daß die mitglieder einer gemeinde den beschluß faßten, demjenigen gemeindskind oder fremden einzüger, die ein neues haus an neuer baustelle aufschlagen würden, kein *bauholz* dazu aus der mark zu verabreichen, — gewöhnlich unter der angabe, daß der wald dies nicht ertrage. Die zur zeit des beschlusses vorhandenen häuser behielten allein anspruch auf verabfolgung von bauholz zu reparaturen und neubauten.

In ähnlicher weise wurde vielfach auch das recht auf brennholz, auf gras-nutzung u. s. w. den bewohnern bestimmter häuser vorbehalten.[1]

Es wird dann mit dem haus vererbt und veräußert, ist aber in folge davon auch immer im besitze eines gemeindeglieds.[2] Seine innere beschaffenheit kann eine verschiedene sein, und es kann namentlich noch immer als ein recht erscheinen, welches den besitzern der häuser in ihrer eigenschaft als *gemeindeglieder* zukommt; ja hierfür spricht allgemein die vermuthung. Diese hausbesitzer bilden dann nur eine laut gemeindebeschluß bevorzugte klasse der gemeindsleute. Durch gemeindebeschluß kann dieser vorzug auch wieder beseitigt, und unter allen gemeindsleuten die alte gleichheit hergestellt werden.[3] Die ein-

---

[1] Dies kann auch so vorkommen, daß wenn in einem solchen berechtigten hause *mehrere* gesonderte haushaltungen geführt werden, jede haushaltung auch eine nutzung erhält.

[2] Auch der auswärts wohnende besitzer einer hofraithe, sofern er rauch darin halten ließ, galt als gemeindeglied. s. oben s. 241.

[3] Weil die mehrheit der gemeinde sich jedoch selten hierzu bereit zu finden pflegt, so hat sich die staatsgesetzgebung zuweilen in's mittel geschlagen, und sie hergestellt.

zelnen haben kein wohlerworbenes recht auf ungeschmälerten fortbezug ihrer seitherigen nutzung.

Wird ein nutzungsberechtigtes haus abgebrochen, oder bleibt es leer stehen (denn daß in dem haus auch ein haushalt geführt werde, ist hier noch immer erforderlich), so fällt die nutzung an die gemeinde, nicht an die übrigen nützungsberechtigten häuserbesitzer.

3. Verwandlung des gemeindeeigenthums in miteigenthum einer anzahl von privatpersonen (vererblichkeit und veräußerlichkeit an nichtgemeindeglieder).

Bei der stadt Grüningen und dem flecken Dorfgüll in der Wetterau liegt der s. g. „Grüningen-Dorfgüller markwald," 683 Hessische normalmorgen groß, welcher von einer s. g. „märkerschaft" besessen und benutzt wird. Diese märkerschaft besteht aus den besitzern der 296 *marken*, d. h. ideellen antheile am wald, wie sie in das markbuch eingetragen sind.[1] Eine solche mark ist reines privateigenthum; sie wird vererbt, ist frei veräußerlich, und sogar theilbar. Bis in neuere zeiten gab es halbe, viertels-, ja sechzehntels-marken. In einem markbuch, welches bis auf den heutigen tag fortgeführt wird, sind alle besitzer einer mark (oder von bruchtheilen einer solchen) eingeschrieben. Wer durch erbgang, kauf, schenkung, gerichtlichen zuschlag u. s. w. eine erwirbt, muß dies in das buch eintragen lassen, da nur die eingeschriebenen als mitberechtigte gelten. Die mark gibt ein recht auf eine verhält-

---

[1] Rührt der name vielleicht daher, daß in älteren zeiten jeder berechtigte ein wahrzeichen (mark) in die hand bekam, um sich über seine mitberechtigung ausweisen zu können?

nismäßige nutzung am markwald. Früher wurde jedem märker sein antheil bau- und brennholz auf dem stamm angewiesen, und ihm überlassen sich das holz selbst zu fällen. Dermalen läßt die märkerschaft alles holz durch taglöhner machen, auf 296 loose setzen und verloosen. Jeder besitzer einer mark erhält 2 summarische stecken, d. h. an scheit-, prügel-, reiß- und stockholz so viel, als dem werth von 2 stecken scheitholz gleichkommt. Baustämme werden nicht mehr abgegeben. Noch vor wenigen jahrzehnden kamen alle märker [1] zu Grüningen zu einem „märkerding" zusammen, wählten die märkermeister und förster, beschlossen über die menge des auszugebenden holzes. In diesem märkerding muste derjenige, der eine mark an einen nichtmärker verkaufen wollte, dieselbe öffentlich feilbieten; es hatte also jeder märker vorkaufsrecht. [2] Jetzt ist die verwaltung des markwalds anders gestaltet; die von der regierung ernannten bürgermeister von Grüningen und Dorfgüll, und 3 von den märkern auf 3 jahre gewählte personen bilden zusammen den markvorstand; den wirthschaftsplan für jedes jahr stellen die forstbeamten des staats fest.

---

[1] Ich kann nicht angeben, ob auch die besitzer von blos halben, viertels-, achtels-marken u. s. f. erscheinen musten und in welcher weise sie stimmberechtigt waren. Zu Holzheim, wo eine ganz ähnliche märkerschaft besteht, geht das markmeisteramt reihum, es kann aber nur derjenige märkermeister werden, der eine *ganze* mark besitzt (so wie in andern marken nur der, welcher eine ganze hube besitzt). Im zweifel muß man wohl annehmen, daß auch nur dieser eine volle stimme hat, der besitzer von bruchtheilen aber ein verhältnismäßig geringeres stimmrecht. (vgl. Renaud, in d. zeitschr. 9, 94.)

[2] Grünigen-Dorfgüller markbuch. j. 1717 : „Auch ist beabredet, daß wär (wer) ein holtz marck verkauffens willens, soll es bey offentlichem marckeding feill bitten vndt nach beschehenem kauff deme eine ab- vndt dem andern zu geschrieben werden."

Mit besitz von grundeigenthum in den gemeinden Grüningen und Dorfgüll, oder mit dem gemeindebürgerrecht daselbst ist das eigenthum einer mark und die ausübung des dadurch gewährten rechts in keiner weise verbunden. Die hälfte der Grüninger bürger besitzt keine marken[1]; viele befinden sich in den händen weit entfernt wohnender privatleute. Es können auch beliebig viele marken in einer hand vereinigt werden. Das eigenthum des markwalds steht ganz allein den märkern, d. h. den eigenthümern der 296 marken zu.[2] Jeder einzelne war dem landesherrn (zuletzt dem fürsten zu Solms-Braunfels) zu einer kleinen weizen-abgabe, „markweizen“ genannt, verbunden. Dieselbe betrug bei den meisten marken 1 meste weizen, bei einigen aber nur $^1/_2$ oder $^1/_3$ meste. Bei der mediatisirung sah man diese abgabe als ein privatgefäll an, und die pflichtigen musten sie ablösen.

Die märkerschaft ist auch seither nicht als engere gemeinde im sinn der gemeindeordnung vom 30 Juni 1821 behandelt worden. Sie ist eine gesellschaft von miteigenthümern, denen zwar nach allgemeinen staatsgesetzen nicht das recht der abholzung ihres walds zusteht, die denselben aber beim vorhandensein von stimmeneinhelligkeit unter sich reell theilen könnten. Stimmeneinhelligkeit muß wohl als erforderlich gelten, weil die aufhebung gemeinschaftlicher bewirthschaftung und beaufsichtigung, wenn auch nicht für den reichen besitzer einer großen anzahl marken, so doch für den einfach berechtigten unvortheilhaft sein würde.

---

[1] Ja die gemeinden Grüningen und Güll haben nicht einmal besteuerungsrecht, da die märkerschaft eigenes gemarkungsrecht für den wald in anspruch nahm und nach langem proceß zugestanden erhielt. Das sind freilich arge ausartungen.

[2] Früher waren es an 330 marken; die märkerschaft hat aber 34 marken von verschiedenen besitzern an sich gekauft.

In der hauptsache ähnlich wie zu Grüningen und Dorfgüll verhält es sich auch mit den benachbarten waldungen bei Holzheim, Griedel, Gambach, Oppershofen, Rockenberg, Trais-Münzenberg, Muschenheim und Bellersheim. Diese sämmtlichen orte liegen nebeneinander und haben vielleicht in älteren zeiten zusammen eine mark gebildet und die theilung zu gleicher zeit vorgenommen.

Im j. 1255 verkauft Guntram ritter von Olfa die hälfte des ihm mit seiner schwester Kunegunde gemeinschaftlichen hofs zu Rockenberg, nebst der hälfte des zu diesem hof gehörigen ackergeländes, der wiesen, und der rechte, welche „*holzmarche*" genannt werden (medietatem bonorum meorum Rokenberch sitorum in agris ad estimationem vnius mansi et plus pratis et iuribus, que dicuntur holzmarche, attinentium curie mee, site in villa predicta etc. Baur, Hess. urk. 1, nr. 108). Im j. 1316 schenkt ein geistlicher zu Wetzlar zu einem altar in der stiftskirche: „Curiam meam in villa *Gulle* sitam, cum tribus mansis terre arabilis, quinque *sectionibus lignorum*, que vulgariter *merkerrecht* dicuntur," — nebst anderen zu dem hof gehörigen gefällen (Wigand, Wetzlar'sche beiträge, 269). j. 1320. „Quod vendidimus monasterio in Arnsburg omnia bona nostra in villa Alstatt (bei Gambach) sita, cum quibusdam *marchiis* nostris seu *jure secationis lignorum* in silva Gambach, ac universis aliis juribus et pertinentiis suis" (Baur, Arnsb. urk. 518). Im j. 1327 verkauft ritter Thiele von Beldirsheim und Christine seine eheliche wirtin „10 achtil korngeldis vf die halbin hvbe zv Gridele, die Cvne Sac von vns hatte, mit wyesin vnd mit *holtzmarke* die dar zv horen" (Baur, Hess. urk. 1, nr. 518). Im j. 1341 bekennen dieselbigen, daʒ sie dem ritter Johann von Rockenberg „han zu kauffe gegebin *4 holczmarke* in deme walde zu Rockinberg vm 8 marg peningе." Im j. 1366 verkauft der Johann von Rockenberg $2^3/_4$ der vorgenannten holzmarke in der marke des dorfes zu Rockinberg weiter an das kloster

Marienschloß (Baur, nr. 795). Im j. 1360 leiht das kloster Arnsburg dem Wigand genannt Piner zu landsiedelrecht: „zwa hube vnd 5 morgin wisin vnd landis, 5 *hultzmarke* vnd die Rodin bussche in Gambachir hude" (Baur, Arnsb. urk., nr. 877 note). Im j. 1424 bekennen genannte eheleute, daß ihnen die herrn von Arnsburg zu landsiedelrecht geliehen haben ihre hofstatt zu Holtzheim, „vnd vns dry wagen folle buweholtzes uß eren welden gegeben han vnd *eyn marke holtzes* uß Holtzheimer welden die habestede da myde zu buwen" (das. nr. 1177).

Diese urkunden beweisen das hohe alter des oben geschilderten rechtsverhältnisses. Schon im j. 1366 werden $2^3/_4$ holzmarken, also bruchtheile von marken, verkauft; 1341 und 1366 sind sie für sich allein gegenstand des kaufs, können also nicht an den besitz eines hauses oder gutes geknüpft gewesen sein. Es geht aber daraus auch mit entschiedenheit hervor, daß den worten „holzmarca ad curiam, ad bona, pertinens," wie in einigen der urkunden steht, eine rechtliche bedeutung nicht zukommt, indem sie nur besagen, daß, wer diesen hof seither eingehabt (der herr oder sein pachter), jährlich die loose holz bezogen und seine feuerung damit bestritten habe.

Verwandte verhältnisse scheinen auch anderwärts bestanden zu haben. Urk. v. 858. Cod. Lauresh., nr. 32: „In pago Lobodengowe . . ., in villa, quae dicitur Walestat . ., areas duas et similiter de terra arabili jurnales 46, et prata . . ., et similiter *waltmarca* ad ipsa loca pertinentia." Der spätere rechtszustand im genannten dorf würde hierüber gewiß weitere aufklärung liefern.

4. Reelle vertheilung der almeinde unter die genossen.

Wie ackerland und wiesen nach und nach zum großen theil in sondereigenthum übergegangen sind, ist bereits oben abgehandelt worden. Holzbestände kamen nur sehr selten zur vertheilung an die einzelnen märker, weil dies nicht leicht zum vortheil der letzteren gereichte.[1]

Die auf seite 280 bis 288 abgehandelten und mit beispielen belegten fälle sind keineswegs die einzigen vorkommenden; es lassen sich noch manche andere denken. Allein sie zeigen doch im allgemeinen die verschiedenen stufen der rechte, welche zwischen almeinde und sondereigen in der mitte liegen. Allgemeine regeln können dabei nur in beschränkter weise aufgestellt werden, da es auf die besonderen verhältnisse jedes einzelnen falls allzusehr ankommt. Nur das läßt sich behaupten, daß überall für eigenthum der gemeinde und für gleiche berechtigung aller gemeindsglieder die vermuthung streitet.

Daß in einer und derselben gegend sich die größten verschiedenheiten ergeben, bezeugt auch Landau, territorien s. 185: „Blicken wir nur nach Hessen, so finden wir an dem einen orte den gemeindenutzen, (wie die markberechtigung hier genannt wird), auf eine feststehende unveränderliche zahl von höfen geknüpft und denselben nur mit dem hofe veräußerlich, im nächsten dorfe sehen

[1] Manche der weisthümer, worin v. Maurer. 56, eine solche vertheilung angedeutet glaubt, sind von ihm misverstanden. Im südlichen Odenwald sollen nach freilich nicht genügend verbürgter angabe die huben zusammenhängende ganze bilden, und aus ackerland, wiesen und *wald* bestehen. Landau, territ. 23 hält sie für königshuben, nämlich für land, welches mit erlaubnis des königs später angerodet wurde. v. Maurer, einl. 11 dagegen meint, der wald sei durch spätere zutheilung an die huben gelangt.

wir denselben mit jeder auch der kleinsten niederlassung verbunden und zwar hin und wieder sogar dergestalt, daß ohne rücksicht auf den umfang des besitzes ein jeder gleich berechtigt ist, und in dem dritten finden wir dieses aus einer bestimmten zahl von loosen bestehende recht als freie ledige waare, welches jeder, auch der fremde, welcher nicht einen fuß breit land in der gemeinde besitzt, erkaufen kann."

Ebenso war es in Würtemberg. (Wächter, Würtemb. privatr. 1, 411.) In den Schweizerkantonen Bern, Solothurn und Zürich sind die nutzungstheile meistens selbständig veräußerlich, obwohl sich auch ausnahmen finden. (Renaud, zeitschr. 9, 48 u. 49).

5. Abschließung der zahl der gemeindsleute.

In gemeinden wo die zahl der nutzungstheile fixirt wurde, blieben die nutzungsberechtigten[1] zuweilen auch allein im besitz aller *öffentlichen* rechte der gemeinde; sie allein wählten den gemeindevorsteher aus ihrer mitte, sie allein hatten ein stimmrecht in gemeindesachen.[2]

Dies war z. b. zu Förtha im Großherzogthum Weimar bis zum jahre 1840 rechtens.[3]

In der Hessischen gemeinde Marbach war der „gemeindsnutzen" feststehend in 23 theile getheilt; wer einen theil hatte, hieß *gemeindsmann*; der antheil muste besonders

---

[1] Die besitzer der bestimmten nutzungsberechtigten güter oder der frei veräußerlichen nutzungsrechte.

[2] Also selbst kinder von gemeindsleuten, wenn sie nicht auch ein nutzungsrecht erwarben, galten hier als beisassen. Ueber die regelmäßige bedeutung des letzteren worts s. oben s. 228.

[3] Ortloff, jurist. abhandl. 1, 311.

erworben werden; „entweder kief man ihn mit einem gute oder auch ohne solches“ (natürlich vererbte er auch). Die übrigen nicht berechtigten einwohner hießen *beisitzer;* wer von ihnen eignen haushalt hatte, mußte jährlich einen frankenthaler in die gemeindskasse bezahlen; hatte er aber keinen haushalt, so zahlte er nur $^1/_2$ thaler. „In gemeindsangelegenheiten hatten nur diese 23 gemeindsleute stimmen, und die beisitzer wurden nicht gefragt.“ Auszüger (d. h. gemeindsleute die ihr gut und ihren gemeindsnutzen an ihre erben oder an dritte, mit vorbehalt eines auszugs, abgegeben haben) galten nicht mehr als gemeindsmänner, wurden aber auch nicht zu den beisitzern gerechnet, und bezahlten keinen beisitzerthaler.[2]

Verbildungen dieser art hat die neuere gesetzgebung überall abgeschafft, sodaß es beisassen ohne stimmrecht und wählbarkeit heutzutage nicht mehr gibt.

6. Verschenkung von almeinden.

Nicht wenige wald- und weidegründe sind von den markgemeinden selbst an kirchen und klöster verschenkt worden. Im j. 1004 z. b. übergab könig Heinrich II dem bisthum Basel einen wald im Elsaß . . . . „assentiente omni populo ejusdem saltus hucusque usum habente.“[3] Die

---

[1] Nach zeugenverhören aus d. jahr 1841, gedruckt bei Dr. Karl Sternberg, Hess. rechtsgewohnheiten (1842), s. 13. Diese ziemlich werthlose schrift leidet besonders an dem fehler, etwas als allgemein gültiges recht hinzustellen, was kaum für einige gemeinden nothdürftig erwiesen ist.

[2] Einer der zeugen sagte aus: „Wenn ich das gut abgegeben habe, so gelte ich nichts mehr in der gemeinde, dann bin ich kein gemeindsmann mehr.“

[3] Herrgott, geneal. Habsb. 2, 99.

bauern von Kirchditmold in Hessen schenkten im j. 1140 dem kloster Weißenstein ein stück ihres waldes.[1] Auch landesherrn und erblichen obermärkern ist manches stück wald von ihren untergebenen bauern gutwillig überlassen worden. Um streit zu vermeiden, um wenigstens für das übrige eine anerkennung des gemeindeeigenthums zu erreichen, opferte man einen theil der almeinde. Leichter konnte man sich dazu in jenen zeiten auch darum entschließen, weil holz mehr als genug vorhanden war und nur geringen werth hatte. Folgende ungedruckte urkunde mag als beispiel dienen.

„Vertrag zwischen Wilhelm vnndt Otto Wulff von Gudenbergk vnd der dorffschafft Horingkhaußen wegen des Altten Hagens. v. 18 November 1605[2]: Zu wissen nachdem die dorffschafft Horingkhaußen daß Buchholtz daselbstenn also genandt vber aller menschen gedencken, vnd noch also geprauchtt daß die ackerleutt ihr achtwerck nach gelegenheitt der höeffe, so dan die köttener ihre bhöeme darauß jerlich empfangen, vnd niemands ohne vrlaub deß holtzgreben vnd der erben darinnen hauwen darff, vnnd jn angeregten Buchholtz ein' ortt, der Altte Hage genandt, gelegen ist, worin Wilhelm vnnd Otto Wolffe von Gudenbergk gevettern ohngefher vor zwelff jharen zu hauwen sich vnderstanden, derwegen dan pfande vnd jegennpfande geschehen, jedoch die von Horingkhaußen possessionem deßen gehöltzes biß anhero continuiret, vnd aber so wohl angeregte beide junckern, als auch der holtzgrebe vnd erben an heudtt sich jn den augenschein verfuegtt, Ob dan woll die von Horingkhaußen vff jren langkwirigen vnd vber rechtliche verjhärung gehaptten besitz sich beruffenn; *jedoch weiln bemelte beiden junckern nicht allein jhre obrig-*

---

[1] Justi, Hess. denkwürdigk. 4^{a}, s. 31 u. 62 (oben s. 247).

[2] Nach einer alten copie auf papier.

keitt seindt, sondern auch bei jhnen wonhafft, vnndt deylich mit hulff, rath vnnd thadt jhnen erscheinen : alß haben der holtzgrebe vnd erben, wie auch die gemeine holtzknechtte nachbenantt, nemblich Chr. Henrich Pfankuche vnd jtziger holtzgrebe, Henrich Fickerney gemeiner holtzgrebe, Jacob Tamme richter, deßgleichen Jacob Schmett, Thömes Duckman wegen Cratzenstein, Harttman Fessen, jtem Joist Fickernei vnd Claus Weltecke gemeine holtzknechtte, auch Stoffel Fiesseler, wegen der gemeine, dieße sache zu gemuth gezogen, also daß sie vor sich vnnd die gantze gemeine vnd jrer allerseits erben vnd nachkommen wolgemeltten beiden jungkern vnd derselben erbenn vnnd nachkommen zu vnterthenigem gefallen auß jrem biß anhero gehapttem besitz erb vnnd gerechtigkeitt solchs Altten Hagens ein stuck jn maßen hirin specificirt, vnnd sobaldt auch verschneidett wordenn, zu jren vnnd ihrer erben eigenthumb, erblichen vnnd wolgefelligen geprauch, (: gleichwol mitt vorbehaltt gemeiner jedoch gepurlicher huede, mast vnd leseholtz wie solches biß anhero darin gewesen :) erblich vnndt vnwidderrufflich cediret, sobaldt tradiret, vnnd ein gereumptt habenn, sich derhalben aller daran gehapter gerechtigkeitt gentzlich begeben, vnnd den jungkern dieselbige zu geeignett; vnd gehett solcher tradirter ortt vnden jm kleinen Alttenn Hagen bey Josias von Wolmergkhaussen acker an, auff eine grosse eichen vnnd also fortt die höge hinauff biß auff den einhang, alß der altte wegk vßweißett, biß ans feltt gleich nach Bertolds kopff, von dar vberm Newendorff herunter biß an Eittell Wolffs wiesen, jm Alten Hagen genandt, vnd also widder an vorgemelte eichen. Dargegen die junckern gemeltten von Horingkhaußen verheißen vnd zu gesagtt sie jn jrer *andern* dießes Buchholtzes gerechtigkeitt nicht allein hinkunfftigk *nicht zu beschweren,* sondern auch jhrem holtzgericht, wie daßelbige jm prauch ist, vndt daß sie bey angeregttem vbrigem Buchholtz hinkunfftig nach aller alttenn vblichen gerechtigkeitt vnbetrangt pleibenn mögen, allewege die handt bey zu halten bey denen von Höringkhaußen zu stehenn vnnd sie derwegen jegen menniglichen jn vnnd vßerhalb rechtens vertretten helffen. Deßen jn vrkundt jst dießer vertragk duppel zu paphier bracht, von den jungkern vnd holtzgreben versigeltt worden, vnd jedem partt einer zur nachrichtung zu gestaltt. Actum Horingkhaußen am 18ten Novembris Ao. sechshundertt funff."

Noch jetzt geht an unzähligen orten die sage, daß der und der nun landesherrliche oder adelige wald ehedem markwald gewesen und von den gemeinden vor zeiten verschenkt, in einem prozeß durch vergleich aufgegeben, oder wegen nichtentrichtung von steuern eingezogen worden sei. Diese schenkungen und vergleiche, setzt die sage vielfach hinzu, seien auf die weise zu stand gekommen, daß die gemeindevorstände in das obige schloß zur tafel geladen, betrunken gemacht oder mit geld bestochen worden seien.

7. Einziehung der almeinden durch die landesherrn.

Ein sehr beträchtlicher theil der wälder und weiden, welche vormals den markgemeinden zustanden, ist im laufe der zeit von den landesherrn eingezogen worden. Konnten auch früher hierüber nur schüchterne vermuthungen gewagt werden, so hat die forschung, namentlich in den letzten jahrzehnden, unumstößliche beweise für diesen höchst folgenschweren vorgang gesammelt und ihn außer zweifel gesetzt. Der neueste bearbeiter der geschichte der markverfassung, v. Maurer, gelangt auf s. 440 zu dem schlusse: „Wo nicht die meisten, doch gewiß sehr viele staatswaldungen dürften, wenn man ihre geschichte bis zu ihrer ersten entstehung verfolgt, in ehemaligen markwaldungen ihren ursprung haben." Ebenso beweist G. Landau[1] durch eine anzahl von beispielen : „daß auch in Hessen die waldungen ursprünglich gemeines eigenthum waren, und daß die markgenossen nicht minder frei und selbständig darüber verfügten als anderwärts."[2]

Klagen, welche aus fernen jahrhunderten herübertönen, zeigen wie frühe schon das hierzu nöthige system von list und gewalt seinen anfang nahm. Dem könig Heinrich IV (1056—1106) klagten die Sachsen[3] :

„ein jeglicher mündel und fremdling
hindert die söhne des lands den gemeinsamen wald zu gebrauchen,
nimmt sich die trift vorweg, und vertreibt so heerden wie zugvieh,
Bringt die erben um ihren besitz, raubt güter gewaltsam."

In den bauernkriegen stand es unter den beschwerden oben an, daß die fürsten wasser und wald genommen hätten.[4] Aber gerade die besiegung der bauern in diesen aufständen zog ihnen den verlust eines großen theils ihrer noch übrigen almeinden zu. Eine ebenso schlimme zeit wurde für sie der verwüstende 30jährige krieg und die auf ihn folgende periode des absolutismus und der unwissenheit in heimischer geschichte. Leichtsinnige oder bezahlte juristen fingen an es als förmlichen rechtssatz zu vertheidigen, daß unbebaute und nicht mit holz bewachsene ländereien, auch wenn

---

[1] „Die waldungen zu halbem gebrauche in Kurhessen", Cassel 1855. s. 7.

[2] Die ansicht Mösers, 1, s. 54, welcher J. Grimm, R. A. 247 wahrscheinlichkeit beimißt, daß die bannforsten sich aus den heiligen hainen gebildet hätten, ist unerweislich und wie ich glaube unrichtig.

[3] „pupillus et advena quivis
indigenas prohibent silvis communibus uti,
pascua praeripiunt, abigunt armenta gregesque,
heredes circumveniunt, vi praedia tollunt."

(Henrici bellum contra Saxones, lib. 1, 48—51.) Grimm erblickt in den heredes die noch später s. g. erven, oder holten, die vollen markgenossen (Wiener jahrb. 45, 121); allein das wort scheint doch hier in allgemeinem sinne genommen.

[4] Grimm, R. A. 247. Ranke, Deutsche gesch. 2, 192. Mittermaier, privat. §. 205.

die gemeinden die weide darauf hergebracht, als landesherrliches eigenthum anzusehen seien. So sagt z. b. Oettinger, de jure et controv. limit. 1, 10, nr. 15 : „Die unfruchtbahre wüstliegende häyden, welche gar keinen nutzen am holtz noch andern tragen, und nicht gebauet werden, auch in keiner stadt oder dorffsmarckung eingeschlossen und also von niemanden besessen sind, werden dem herrn des landes zugeeignet. Und obschon dergleichen wilde häyden in einer stadt oder dorffs zwing und bänn begriffen und die inwohner den viehtrieb darauf hergebracht; so hat doch der landes-fürst oder herr als hohe obrigkeit des orts seinen zuspruch und gerechtigkeit daran vorbehalten, daß man ohne sein vorwissen selbige zu bau-feldern zurichten nicht befugt, und wann man die bewilligung von ihm erlangt, so hat er macht, nicht allein den zehenden als von einem neubruch einzuziehen, sondern auch von oberkeits wegen einen jährlichen boden-zinß darein zu legen, welchen die inhaber zu angehenden nutzen dem cammer-gut reichen müssen.“ [1] Diese theorie wurde denn auch allerwärts getreulich zur anwendung gebracht.

Andere schrieben den landesherrn als solchen, oder in ihrer eigenschaft als erbliche obermärker oder holzgrafen, das eigenthum sogar an allen almeinden zu. So vertheidigte z. b. Piper, beschreibung des markenrechts in Westfalen, 1763, die ansicht, die holzgrafen seien schon von der ältesten zeit her eigenthümer der markengüter, alle markgenossen seine leibeigenen gewesen, und erst in neuerer zeit hätten sich die rechte der letzteren mehr und mehr erweitert. [2] Auch der kammergerichtsassessor v. Cramer meint in seinen Wetzlarischen nebenstunden 3, 131 ganz leichthin, daß in der Bellersheimer mark in der Wetterau

---

[1] Vgl. auch Struben, rechtliche bedenken (2 aufl.) 2, 278 u. 4, 279.

[2] v. Löw, 127.

die ritter von Bellersheim (welche gewöhnlich zu obermärkern erwählt wurden), oder gar überhaupt in allen marken „die adeliche allein die ächte und rechte inn-märcker sind, und die bauren erst, nachdem sie per manumissionem zu einiger freyheit gelanget, mit-märcker geworden.“ [1]

Darauf berief man sich hernach zur beschönigung von übergriffen. [2] Den beamten war kein mittel zu schlecht um zu ihrem ziel zu gelangen, und in höfisch schmeichlerischer weise suchten sie auch ihrer herrschaft die rechtsverhältnisse zum nachtheil der gemeinden darzustellen. Landau, die waldungen zu halbem gebrauche in Kurhessen, s. 10, sagt: „Ueberhaupt waren es die fürstlichen unterbeamten welche zu übergriffen stets am geneigtesten waren, und es finden sich häufig fälle, wo deren eifer von dem fürsten selbst oder dessen regierung in die gebürlichen schranken verwiesen wurde.“ [3]

Die verfassung der marken mit ihren märkerdingen, wobei alljährlich das weisthum, das die rechte des obermärkers genau aufzählte, öffentlich verlesen zu werden pflegte, stellte den planen der gewalthaber zuweilen zähe hindernisse entgegen. Im 18ten jahrhundert ließen sie daher an manchen orten die märkerdinge eingehen, [4] verheimlichten das weisthum und wollten, was sie als obrigkeit und obermärker gethan und verfügt hatten, als kraft

[1] vgl. auch v. Cramer, Wetzl. nebenst. 5, 4, s. 38. Held, reichsprälatisches staatsrecht 2, cap. 9, §. 5, 79. s. 645: „Es giebt auch noch staatsrechtslehrer, welche dem landesherrn alle in seinem lande befindliche waldungen als eigenthum zuschreiben. Sie haben aber hinter dem ofen studirt, unwissend dessen was in Deutschland offen kündig ist.“

[2] Wigand, denkwürdigkeiten 183.

[3] Auch v. Maurer handelt in einem besonderen abschnitt (s. 446) von dem „kampf der markgenossen mit den herrschaftlichen beamten.“

[4] So stellte z. b. der abt des gotteshauses St. Maximin bei Trier im j. 1764 das märkerding der ihm untergebenen dörfer ab. Wigand, denkwürdigk. 180.

ihres eigenthumsrechts verfügt und gethan betrachtet wissen. Die gemeinden führten zwar beschwerde bei den landständen wo es solche gab,[1] oder suchten den schutz der landes- und reichsgerichte nach[2]; aber nicht blos wurde ihnen auch dies mit gewalt erschwert, sondern der mangel an urkunden,[3] an geschickten rechtsbeiständen, an kundigen und vorurtheilsfreien richtern gerade an den obersten gerichten des reichs[4] vereitelte nicht selten alle ihre widerstandsversuche, oder bewog sie wenigstens zu ungünstigen vergleichen. Fühlbare verluste erlitten sie schließlich noch gerade in den ersten decennien unseres jahrhunderts, wo auch die letzte zuflucht der reichsgerichte weggefallen und ein ersatz noch nicht gegeben war.[5]

Zur richtigen beurtheilung von vorgängen der geschilderten art ist es erforderlich auf das von den landesherrn und ihren beamten befolgte system, die bauern um ihre almeinden zu bringen, ein aufmerksames augenmerk zu haben. Es gab hierin so allgemein gekannte und geübte handgriffe, wie in der großen politik auch.

1. Einer der wenigst anstößigen und daher geläufigsten war, daß der landesherr ein ausgedehntes oder gar

---

[1] In Würtemberg z. b. bildete es eine ständige klage der landstände, daß den gemeinden der gebrauch ihres eigenthums erschwert, oder gar entzogen werde, daß man den bauern die holz- und weideberechtigungen in den herrschaftlichen wäldern entziehe, und die regierung muste selbst alle diese beschwerden für gegründet erkennen. Wächter, Würtemb. privatr. 1, 479.

[2] In der Wetterau werden sich wenige märkerschaften finden, die nicht mit ihren gerichtsherrn proceß führten.

[3] Viele adelige verschließen noch jetzt ihre archive ängstlich jeder historischen forschung, gestatten zuweilen selbst ihren eignen beamten den zutritt nicht.

[4] vgl. meinen aufsatz über das reichskammergericht in Reyscher's und Beselers zeitschrift f. Deutsches recht, 1860. s. 148—222.

[5] Dies bemerkte auch v. Maurer, 450.

unbeschränktes beholzigungsrecht im markwald ansprach. Für dieses ließ er sich dann früher oder später gerne mit einem stück wald abfinden, wobei er gewöhnlich nicht zu kurz kam. So erhielt z. b. der landgraf von Hessen-Homburg im j. 1813 bei theilung der Hohen Mark am Taunus von der gesammtzahl der 24,509 morgen wald und weideboden nicht weniger als 4,345 morgen zugewiesen.

2. Anderwärts sprach der regent ein wirkliches miteigenthum am markwald zu einem bestimmten ideellen theile, gewöhnlich zur hälfte oder zu einem drittheile, an. So erklärt es sich, daß z. b. der Großherzoglich Hessische fiscus bis auf diesen tag im kreis Biedenkopf ausgedehnte markwaldungen mit einer anzahl von gemeinden nach festem verhältnis zusammen besitzt. Dieselbe bewandnis wird es mit den waldungen zu halbem gebrauche in Kurhessen und mit dem „recht des dritten baums“ haben, welches dem herzog von Lüneburg in manchen waldungen seines landes zustand.[1] Auch im Elsass fand sich dieses vor. Weisth. zu Mülbach. Gr. 1, 697 : „Item so sprechent auch die huber den herren den dirten baum, von dem dürren Rimbach unz gen ende Rottawe.“ Weisth. zu Haselach v. 1336. Gr. 1, 701 : „So hette er (der herr) ouch den dirten bome in der vogetigen“ (vogtei).

3. Zu demselben ziele führte ein anderer weniger theoretischer weg, den Landau, die waldungen zu halbem gebrauche in Kurhessen, s. 19, folgendermaßen beschreibt : „Nicht mehr das markgericht traf die bestimmungen über die nutzungen der mark, sondern die [herrschaftliche] forstverwaltung. Man wies, es lag das in der natur der sache, den einzelnen gemeinden ihr erforderliches holz meist in der nähe an, und im verlaufe der zeit bildete sich daraus ein auf gewisse waldstrecken beschränktes recht .... Alle

---

[1] Pufendorf, observ. 4, nr. 256.

entlegeneren waldestheile wurden den gemeinden entrückt und gingen dadurch einfach in den ausschließlichen besitz der landesherrschaft über.“ [1]

Daher erklärt es sich, daß so häufig mitten zwischen markwaldungen landesherrliche sonderwälder [2] liegen. Weil die einkünfte daraus der landesherrlichen kammer zuflossen, nannte man sie hier und da *kammerforsten.* So besaß z. b. der erzbischof von Mainz im Rheingau einen forst, der im j. 1267 „Cammervorst“ genannt wird [3]; im j. 1163 verschenkt der freie herr Hartrad von Merenberg „quandam forestem que dicitur Kamervorst“ bei Oberdieffenbach im gau Einrich. [4]

4. Vielfach erhob aber die landesherrliche kammer anspruch auf das eigenthum des *ganzen* markwalds.

a. Um dies die märker am gelindesten fühlen zu lassen, pflegte man ihnen denselben wiederum *leihweise* zuzustellen. So musten 6 dörfer im Marienberger kirchspiel ihre waldungen von den grafen von Nassau für *einen* gulden jährlicher gülde zu lehen nehmen. [5] Ebenso musten die 7 s. g. Freiwaldischen ortschaften, theils im herzogthum Gotha, theils in Preußen gelegen, bei jedem regierungswechsel einen goldgulden entrichten und sich einen vertrag bestätigen lassen. [6] Auch die gemeine landschaft des Rheingaus sah sich im j. 1525 genöthigt, dem kurfürsten von Mainz eine zweideutige verschreibung auszustellen, wodurch er, nach der auslegung verschiedener hofschriftsteller, als obereigenthümer aller waldungen aner-

---

[1] vgl. auch Landau, Wettereiba, s. 233.

[2] Urk. v. 1223: „silva que vulgo *sundere* dicitur.“ Landau, territ. 175.

[3] Bodmann, 480.

[4] Guden 2, 16.

[5] Reinhard, 187; urk. v. j. 1513.

[6] Ortloff, jurist. abhandl. 1, 268.

kannt wurde.[1] Noch im j. 1324 hatte die landschaft zu recht gewiesen, daß sie wald und weide hätten „von gots gnaden vnd des guten sant Martins."[2]

b) Meistentheils behielt der herr den wald unter seinen händen und seiner verwaltung, ließ übrigens die gemeinden im ruhigen bezug des bau- nnd brennholzes, wie sie es seither genossen hatten. Die gemeinden wurden aus eigenthümern blose dinglich berechtigte. Den überschuß an holz und mast zog der landesherr an sich.[3] Fand dann eine auseinandersetzung der beiderseitigen rechte statt, so trug es dem landesherrn einen sehr bedeutenden theil des ehemaligen markwalds. Ein beispiel hierzu liefert die mark Grefenhöhe bei Wiesbaden, bei deren theilung im j. 1822 dem herzoglich Nassauischen domanialfiscus mehr als ein drittheil, nämlich 7626 morgen von 20,789 morgen zufielen.

Uebrigens sind gewöhnlich *die gemeinden* als corporationen inhaber solcher berechtigungen in ehemaligen markwäldern; aus dem belasteten wald müssen daher immer so viele nutzungstheile abgegeben werden, als gemeindeglieder da sind; die zahl der nutzungen ist nicht bestimmt; sie kann ab- und zunehmen. Durch vertrag ist die gesammtmasse des abzugebenden holzes zuweilen ein für allemal festgesetzt worden.

5. So lange ihre bisherigen bezüge nicht geschmälert wurden, hatten die gemeinden keinen dringenden grund zur klage, der sie ohnehin wegen den damit verknüpften schwierigkeiten gern so lang als möglich aus dem wege gingen. Aber diese schmälerungen blieben gewöhnlich

---

[1] Bodmann, 468 note h.

[2] Weisth. v. 1324. Gr. 1, 534.

[3] vgl. Wigand, denkwürdigk. 185.

ebenfalls nicht lange aus, und folgten sich in mehreren stufen.

a. Besonders häufig geschah es, daß die obrigkeitliche verordnung erging, nur zu den bereits vorhandenen häusern sollte hinfort bauholz abgegeben werden, und nur die darin wohnenden märker brennholz empfangen. Neue baustellen und deren inhaber standen hinfort jedes anspruchs ledig.[1] So entzog sich der waldbesitzer der schuldigkeit je nach der zunehmenden zahl der gemeindsleute auch eine größere zahl loose abzugeben. — Die gemeinden ließen sich die benachtheiligung fast durchgängig gefallen, weil sie sich erst nach jahren fühlbar machte, und die dermaligen mitglieder nicht berührte.

Auf diese weise ist die berechtigung häufig untrennbar an eine gewisse anzahl von häusern geknüpft worden. Sie kann hierbei immer noch ein recht sein, welches dem besitzer des hauses *als gemeindeglied* zusteht, sodaß dem eigenthümer gegenüber die gemeinde als berechtigtes subject erscheint.

In Ortloff's, Schüler's u. Guyet's jurist. abhandlungen und rechtsfällen 1, 266—284 ist folgender interessante fall mitgetheilt. Den 7 dorfgemeinden Siebeleben, Tüttleben, Uelleben, Grabsleben, Pfertingsleben, Tröchtelborn und Kobstädt steht das recht zu, daß ihre mit spannvieh versehenen mitglieder ihr brennholz an 2 holztagen in jeder woche unentgeltlich aus dem s. g. Freien Walde, einem theile des herzoglich Sachsen-Gothaischen Georgenthaler forsts, abholen dürfen, sowie daß diejenigen gemeinde-

---

[1] Beispiele aus d. 17 u. 18ten jahrh. nennen v. Löw 150, note 20; v. Maurer, 130; Renaud, in der zeitschr. 9, 38. In manchen marken verboten die landesherrn das aufbauen neuer häuser überhaupt, selbst mit eignem holz und auf eignem grund und boden. Doch kümmerten sich die gemeinden meist nicht um solche ordonnanzen.

glieder, welche bestimmte, von alters her bestandene, häuser besitzen, zu deren besserung und neubau das erforderliche holz unentgeltlich aus jenem Freien Wald erhalten. Als mehrere einwohner von Tröchtelborn sich dazu verstanden, der herzoglichen kammer zu Gotha ihre bauholzgerechtigkeit käuflich abzutreten, erhob die gemeinde im j. 1838 gegen die kammer klage auf annullirung jenes kaufs, und auf fernere anerkennung der der gemeinde zustehenden holzungsrechte. Die juristenfacultät zu Halle erkannte die klage für gerechtfertigt an. Wenn auch den besitzern der berechtigten häuser *der gemeinde gegenüber* ein privatrecht zustehe, das ihnen nicht durch einen gemeindebeschluß entzogen werden könne, zu dessen ausübung sie auch nicht einer speciellen verwilligung der gemeinde bedürften, so erschienen sie doch *dem eigenthümer des Frien Walds gegenüber* nicht als die berechtigten subjecte. Diesem gegenüber sei nur *die gemeinde* berechtigt, und es könne einem einzelnen hausbesitzer daher nicht das recht zustehen, ohne zustimmung der gemeinde über die substanz des rechts zu verfügen. Das oberappellationsgericht zu Jena bestätigte dieses erkenntnis unterm 9 Dec. 1841, indem es in den entscheidungsgründen hervorhob, daß die verknüpfung des holzungsrechts mit dem besitz eines bestimmten hauses mit der natur eines der gemeinde zustehenden rechts keineswegs unvereinbar sei, indem sich dies auf historischem wege sehr wohl erkläre; sowie daß dem recht auf bauholz hier nicht eine andere rechtliche eigenschaft zukommen könne als der brennholzgerechtigkeit, da beide zusammen gehörten und im grunde eine einzige berechtigung ausmachten. (Daß die brennholzgerechtigkeit aber den gemeinden als solchen zusteht, ergibt schon der umstand, daß die anspänner, einerlei wie viele ihrer jederzeit sein mögen, als gemeindeglieder dazu berechtigt erscheinen.)

b. Anderwärts wurde auch der betrag der herkömmlichen nutzung selbst angegriffen. Gemeine hutweiden, die an landesherrliche forsten angränzten, zogen die landesherrlichen förster stück für stück zum forst hinzu, bis zuletzt nichts übrig blieb; auf anderen ließ man das weiderecht bestehen, besetzte sie aber, unter dem vorgeben daß sie „waldboden“ seien, so dicht mit jungen baumstämmen, daß nach wenigen jahren kein gras mehr darauf wuchs. Die beamten waren besonders denjenigen berechtigungen gram, welche dem gedeihen des baumwuchses nachtheil bringen, als laubholen, herabziehen dürrer äste, auskesselung der stümpfe. Die berechtigten, meinten sie, müsten diese befugnisse, welche nach der Römischrechtlichen theorie von den servituten zu behandeln seien,[1] mit möglichster schonung des eigenthümers ausüben; sie könnten daher, wie es dem wald zuträglich sei, darin beschränkt, auf beliebige districte verwiesen, oder ihrer gar ganz entsetzt werden.

Das letztere ist noch in diesem jahrh. von einer kleinen Deutschen regierung mit berufung auf „die prinzipien einer gesunden forstwirthschaft“ ausgeführt worden. Auch die menge des abzugebenden bau- und brennholzes erfuhr eine allmähliche schmälerung, bis man es zuletzt ganz verweigerte.

Ein hauptkunstgriff, dessen sich die landesherrlichen diener am allermeisten zu bedienen pflegten, bestand darin, die nutzungen als allezeit zu erbittende und nur aus gnaden (precario) eingeräumte darzustellen. Entweder ließen sie die gemeinden vor verabfolgung der nutzungen eine schriftliche bitte darum einreichen, oder sie forderten für gestattung der weide, der mast, des laubholens und holz-

---

[1] v. Maurer 439, 440 u. 433.

fällens eine geringe, unfühlbare abgabe.[1] Nach 30, 60 oder 100 jahren reifte der wohleingeleitete, auf der kanzlei als regierungsmaxime fortgeerbte plan. Was man erbitten müsse, hieß es nun, darauf könne man kein recht haben; die abgabe steigerte sich zum „gnadenpreis" und zuletzt zum wahren kaufpreis.[2]

Die regierungs-kanzlei erließ auch wohl im namen des landesherrn einen befehl an die scheffen, sich mit bestrafung von waldfrevlern nicht mehr zu befassen, sondern sie den herrschaftlichen beamten zu überlassen. Diese hatten es damit in der hand, die bauern als frevler zu behandeln, dagegen den übergriffen der herrschaftlichen forstbedienten straflosigkeit und in folge davon bald rechtliche geltung zu verschaffen.

Es werden wenige landesherrliche oder adelige wälder aufzuweisen sein, denen nicht noch spuren des alten markeigenthums anhafteten, nämlich berechtigungen der märker auf holz,[3] laub, mast und weide.[4] Ein solcher überrest war auch in der Babenhäuser mark das allen märkern zustehende vorkaufsrecht in bezug auf die in der mark gelegenen adeligen sonderwaldungen.[5]

---

[1] So erging es schon im 9ten jahrh. dem kloster St. Gallen; Udalricus, graf im Linzgau, wollte ihm die von jeher ausgeübten marknutzungen nur gegen einen zins (sub conductione) gestatten. Neugart 1, s. 485.

[2] Eine Wetterauische gemeinde erhielt noch bis zum j. 1820 aus einem adeligen wald ein s. g. „gnadenholz" um den halben preis; jetzt muß sie den vollen bezahlen.

[3] Weisth. der Babenhäuser mark v. 1355 im Archiv f. Hess. gesch. 1, 299: „Item darzu hant die Groslocke (die ritter von Groschlag) vier holzer, die ruren zu lehen von unseme herren, in den vier holtzern han wir die mergkere *orcholtze* und *weyde*.

[4] z. b. hatten die bewohner des Rheingau's mastrechte im erzbischöflichen Kammerforst. Weisth. v. 1324. Gr. 1, 534.

[5] s. note 3.

8. Geschichte der jagd und der fischerei.

Es ist bereits oben s. 134 hervorgehoben worden, daß in den unbewohnten urwäldern die könige sich das ausschließliche jagdrecht beilegten. Durch schenkung und belehnung sind diese großen wildbanns-bezirke, wie auch die wälder selbst, an bischöfe und klöster, an fürsten, grafen und herrn gelangt, welche letztere sie noch jetzt vielfach besitzen [1].

In den marken dagegen stand das jagd- und fischereirecht in alter zeit der ganzen markgemeinde zu. Jedem märker war es freigestellt zu den erlaubten zeiten in wald und feld durch die ganze mark zu jagen und in den markwassern zu fischen; es galt *freie pürsch* und *freie fischerei.* [2] Machen dies die berichte des Caesar und Tacitus, und die volksrechte auch nur wahrscheinlich, so wird es durch spätere nachrichten um so unzweifelhafter erwiesen. Im j. 951 bestimmte könig Otto I. zu gunsten des abts Hadamar von Fulda : „ut forestam, quae ad villam Achizuvila (Echzell) pertinet, *in qua prius erat communis omnium civium venatio,* nullus venandum audeat ingredi nisi licentia ejusdem abbatis Hadamari successorumque illius.“ [3] Die näher beschriebenen gränzen dieses forsts treffen mit denjenigen der Bingenheimer mark zusammen, in welcher nach dem weisthum von 1434 (Grimm, 3, 438) jagd und fischerei den *märkern* zustand. Die Fuldischen äbte scheinen also von ihrem recht keinen gebrauch mehr gemacht zu haben,

---

[1] Stieglitz, s. 45 u. 97—124; v. Maurer, 430. Im j. 1028 schenken pfalzgraf Erenfrid und dessen gemahlin dem kloster zu Brauweiler ihr eigenthum daselbst, cum . . . iure quod uulgo dicitur *wiltban.* Lacomblet, urkb. 1, nr. 164.

[2] Dies vertheidigten bereits Reinhard, de jure forest. s. 2; v. Maurer, einl. 152 und Landau, territ. 181.

[3] Schannat, histor. Fuld. cod. prob. nr. 33, p. 147.

oder es gelang ihnen nicht es zur anerkennung zu bringen. Im 16ten jahrhundert wusten die landgrafen von Hessen, denen die vogtei erblich zustand, sich in den besitz des wildbanns zu setzen.

Urk. Conrads des Saliers v. 1029 bei Pistor, scriptores rerum Germ. rec. B. G. Struv. 1726. 3, 821 (Kraut, s. 240) : „quandam sylvam, . . sitam singulariter in proprietate praediorum . . Mindensis ecclesiae . . in comitatu B. Ducis cum consensu . . praefati Ducis . . et sui fratris D. caeterorumque *civium* in eadem sylva usque modo *communionem venandi habentium* . . forestari concessimus et banni nostri districtu circumvallavimus, ea videlicet ratione, ut nemo ulterius in eodem foresto absque praelibati episcopi . . licentia potestatem habeat venandi, sagittandi, retia ac laqueos ponendi aut ullo ingenio feras decipiendi, quae merito sub iure banni continentur."

Im j. 1060 schenkt K. Heinrich IV dem bischof von Würzburg „*uuiltbannum* super quoddam forestum infra hos terminos situm . . . . Sigefrido Mogontino archiepiscopo, Witrado Fuldensi abbate, *caeterisque omnibus* qui in praescriptis terminis aliquid proprii possederunt *collaudantibvs*. Ea uidelicet ratione, ut praedictus episcopus et sui successores eiusdem foresti uuiltbannum legitime et potestatiue teneant; . . nullique absque illorum licentia in praenominatis terminis liceat uenari, aut quodlibet ius venandi exercere" (Mon. Boic. 29, 1, nr. 398).

Die mitgetheilten urkunden werfen auch ein wichtiges licht auf die bedeutung des wortes *forst*. Der forst, welcher zu Echzell gehörte, dehnte sich, laut der gränzbeschreibung, über den Bingenheimer markwald, die darin gelegenen, jetzt fiscalischen, sonderwälder, über weiden und feld aus. Durch überlassung des forsts erhielten die Fuldischen äbte keine spanne grund und bodens zu eigenthum, sondern nur das recht, anderen das jagen zu verbieten. Silvam forestare braucht daher nur zu heißen: andere von jagd und fischerei darin ausschließen, — nicht auch: ihnen die beholzigung darin entziehen. Forst ist vielfach nur ein bezirk, der dem freien jagdrecht entzogen ist. Im j. 914 schenkt könig Conrad I. dem kloster St. Emmeram zu Regensburg „forestum iuxta Sulcipah cum forestario Sigifrid nuncupato" zu ewigem eigenthum. Dem original ist ein pergamentstreif angenäht, worauf von gleichzeitiger hand geschrieben steht: „per haec loca et infra haec loca *super omnia animalia forestensia* foresti ad Sulzibach bannus distenditur" (folgt beschreibung der gränze).[1] Bei Henschel, 3, 352 stehen mehrere belege, wo foresta nur so viel wie „bann" oder „gebot" heißt; z. b. charta Caroli C. pro monasterio S. Dionys. apud Doubletum pag. 789: „pari etiam voto attribuimus eis *forestam piscationis atque venationis.*" Selbst bei personen wird forestare zuweilen für proscribere, bannire gebraucht (Henschel, 3, 354, col. 3).

Daß forst auch die bedeutung gehabt habe, welche Grimm, R. A. 794 dem worte beilegt, halte ich mit Stieglitz, s. 49 für unrichtig.

Das freie jagdrecht dauerte in vielen marken bis in neuere jahrhunderte fort. Der Sachsensp. 2, 61 nennt im lande Sachsen nur drei bannforste, worin dem wild friede gewirkt sei (auch in ihnen durfte jedermann bären, wölfe und füchse erlegen). Im landgericht Lauterbach hatte noch im 14ten jahrh. jeder hubner das recht, wann er wollte einen hasen zu fangen und zweimal in der woche zu fischen.[2]

---

[1] Böhmer, Acta Conradi I regis. nr. 22.

[2] Gr. 3, 358.

Das weisthum der Hohen Mark am Taunus v. 1401 besagt [1] : „Wan auch eyn walpode den wiltpann offdut vnd darjnne jaget, so ist dem lantman soliches auch erlaubet.“ In der benachbarten Seulberger mark war das jagdrecht wenigstens den rittern und pastoren geblieben, wenn der waldbote 3 tage zuvor gejagt.

Weisth. v. Fechingen (Saargegend) 15 jahrh. Gr. 2, 50 : „Item wer ess das eyn arm man oder sust die gemeyn fyngent eyn rehe oder eynen hassen iu vnserem vorgenanten baen vnd herlicheit zu Fechyngen, ist von keynen herren indrag gewesten mit here von alther her vsser. Auch haet man macht zu fischen in derselben massen, vnd ist vnserss vorgen. dorffs fryheit vnd herlicheit.“

Hier und da in Deutschland, besonders aber im Elsass und in Schwaben, wo viele freie reichsstädte und eine zahlreiche ritterschaft betheiligt war, erhielt sich die freie pürsch unverkümmert bis in's vorige jahrhundert. [2] Man zählte in Ober- und Niederschwaben nicht weniger als 13 große pürschbezirke, wo edelmann, bürger und bauer nebeneinander jagen konnten. Einer lag bei der reichsstadt Leutkirch, einer bei Memmingen, ein dritter bei Rottweil; der letztere war 5 stunden lang und ebenso breit, und ein bei Rottweil an der freien kaißerlichen straße gehaltenes pürschgericht urtheilte über alle in seinem bereich vorfallenden verbrechen.

In der mehrzahl der marken fand aber das jagdrecht der märker bereits vor jahrhunderten seinen untergang, in-

---

[1] Gr. 3, 488.

[2] Stieglitz, 139. Beispiele aus Baiern zählt v. Maurer, 155 auf. Jacob Otto, freier pürsch beschreibung. — Sollte sich in Schwaben niemand finden, der eine oder die andere freie pürsch einmal gründlich schilderte?

dem es die könige entweder an sich zogen,[1] oder mit zustimmung der märker, zuweilen auch ohne solche, an bischöfe und äbte verschenkten; oder indem die erblichen fürsten, grafen oder obermärker es sich aus eigner macht vollkommenheit anmaßten. Es geschah dies allmählig und zu sehr verschiedenen zeiten. Der eine herr schränkte seine unterthanen nur auf gewisse arten von wild, als vögel, eichhörnchen, hasen, schweine, füchse, bären, wölfe ein, und behielt sich das rothwild vor[2]; der andere entriß ihnen alles recht auf einmal.

Wieder anderswo wurden nur die bauern drum gebracht, ritter, pfaffen und städtebürger dagegen im besitz gelassen. Als im j. 1395 und 1398 die erzbischöfe von Mainz und Köln, der bischof von Paderborn, der landgraf von Hessen, der herzog zu Braunschweig bestimmungen über aufrechthaltung des landfriedens verabredeten, behielten sie nur fürsten, grafen, herrn, rittern und rittermäßigen, städtebürgern und allen pfaffen nebst ihren dienern die freiheit des jagens vor; der bauer der sich auf der jagd blicken ließe, sollte also keinen frieden genießen, sondern nur wenn er hinter dem pflug auf den acker fahre.[3] Doch blieb auch die ritterschaft nicht überall unangefochten.

---

[1] So dehnten sich z. b. die alten königlichen wildbannsbezirke des Büdinger walds und des forsts Dreieichenhain über mehrere benachbarte marken aus.

[2] So war es im waldgericht Dornstetten im Schwarzwald, wozu 8 dörfer und weiler gehörten, laut weisthümern aus dem 15ten jahrh. bei Gr. 1, 384 u. 387.

[3] Guden 3, 609 u. 641. Warum sollen aber unter den rittern, zu den wappen gebornen knechten und unter den pfaffen solche zu verstehen sein, welche „geschlossene grundherrschaften“ hatten? v. Maurer, 156. Solche commentare sind unzulässig.

Seit dem 17 jahrh. bildeten manche servile juristen eine förmliche theorie aus, daß das jagen seiner natur nach, und durch beständiges herkommen, wo möglich von Nimrod her, ein *landesherrliches* recht sei; daß keinesfalls der gemeine unterthan, sondern nur allenfalls der ritter die fähigkeit dazu habe.[1] „Soweit ein strafgericht, so weit auch der forst," oder „wohin der dieb mit der stange (mit dem strange), dahin auch der hirsch mit dem fange,"[2] sind die neugebackenen sprichwörter, womit man die neue theorie mundgerecht zu machen wuste. Sie stand keineswegs allein; auch das eigenthum aller waldungen, aller bergwerke, aller gewässer, sollte ja ein herrschaftsrecht, regal, sein, und rechte der unterthanen gegenüber der souveränen fürstengewalt waren für diese schriftstellernden bedienten nicht vorhanden. Es erschienen zwar auch bereits zu anfang des 17ten jahrhunderts einige gelehrte widerlegungen dieser gefährlichen lehre; aber bei hof und bei der kanzlei blieb sie natürlich in voller gunst.

Der freien pürsch und fischerei wurde, wo sie noch bestand, durch einen federstrich ein ende gemacht.[3] Wo sonst hochwild gar nicht, kleines wild nur in mäßiger menge fortkam, und in folge dessen der ackerbau blühte, wucherte nun dieser landschaden, von den beamten mit fleiß gehegt und gepöscht. Der entmuthigte landmann fing an, das entlegenere ackerland unbebaut liegen zu

---

[1] Der adel dachte ebenso; höchstens ein mitjagen von städtebürgern, und zwar nur von bürgern alter und großer städte wollte er sich gefallen lassen. Pufendorf, observ. 3, obs. 191.

[2] Grimm, R. A. 33. Eisenhart, s. 185 u. 186 erklärt beide sprichwörter richtig.

[3] So in Würtemberg im 18ten jahrh. (Wächter, Würtemb. privatr. 1, 480). Zu Helmstädt um's j. 1750 durch den fürsten von Braunschweig-Lüneburg.

lassen, weil er kaum die aussaat wieder ärndtete.[1] Zu anfang dieses jahrhunderts verschafften gesetze über vergütung von wildschaden einige milderung, aber erst das jahr 1848 hat ein vielhundertjähriges unrecht wieder gut zu machen, und eine der größten plagen des armen landmanns zu beseitigen versucht.

Unrichtig stellt sich v. Maurer, 153—156, die entstehung der bannforsten vor. Es ist ein wahrhaft bedenklicher irrthum, die späteren ausschließlichen inhaber des jagdrechts durchgängig für eigenthümer alles grundes und bodens ihres jagdbezirks, als besitzer „geschlossener grundherrschaften“ auszugeben, welche jagd und fischerei lediglich als ausfluß dieses eigenthums ausübten. Es ist eine unumstößliche thatsache, daß überall, wo nicht mehr die märker die jagd und fischerei hatten, letztere *dem landesherrn*, d. h. dem inhaber der gräflichen gewalt, oder dem *erblichen obermärker* zustanden.

Die fischerei blieb wegen ihres geringeren werthes in vielen gegenden ein freies recht bis in die neuesten zeiten; z. b. ist dies mit $^2/_3$ aller gewässer in der Wetterau der fall; nur pflegen hier jetzt vielfach die nach Französischem muster gebildeten ortsvorstände um eines elenden zinses willen, der in die gemeindekasse fließt, die befugnis zu verpachten.

Uebrigens wurden selbst größere flüsse, wie z. b. die Lahn, von den landesherrn zu bannwassern gemacht.

Aus vorstehendem ergibt sich, daß das ältere Deutsche recht keineswegs jagd und fischerei als im eigenthum am grund und boden enthalten ansah, wie gewöhnlich gelehrt wird.[2] Stieglitz, 24; Mittermaier, Deutsch. privatr. §. 213;

---

[1] Ueber die klagen der Würtemb. landstände s. Wächter 1, 481.

[2] Wenn auch bei verkäufen von liegenschaften jagd und fischerei häufig als zubehörden derselben aufgezählt werden (v. Maurer, einl. 154), so beweist dies weiter nicht viel.

Beseler, 3, s. 175; Bluntschli, §. 84. Ebensowenig war der eigenthümer eines grundstücks befugt, dem markgenossen das betreten desselben und hiermit das jagen auf demselben zu verwehren, wie v. Gerber, §. 92 annimmt. So wie es recht der ganzen gemeinde, ja aller gemeinden der zent war, ihre viehheerden auf sämmtlichen abgeärndteten äckern und wiesen weiden zu lassen, so hat es wenig auffallendes, wenn auch allen zentgenossen freistand, auf den leeren feldern nach lust zu jagen. Gerade die jagdfreiheit machte es den landesherrn leichter sich das ausschließliche recht anzueignen.

VI. Ueber das eigenthum an der almeinde.

Im vorausgehenden wurde nachzuweisen versucht, daß gemeindemitgliedschaft und führung eignen haushalts markrecht ertheilten, und daß die größe des haushalts (der ackerwirthschaft) auch bis zu einem gewissen grad die größe der nutzung bestimmte. Es wurde weiter angenommen, daß das eigenthum der gemeinen mark der *gesammtheit* der märker, der markgemeinde, zugestanden habe und noch zustehe.[1]

Dies ist in seinen folgen hier noch weiter auszuführen und gegen abweichende meinungen in schutz zu nehmen.

1. Weil die mark allen bewohnern gemein war, und nicht etwa blos bestimmten bevorzugten personen oder klassen, oder bestimmten häusern zustand, so pflegen die weisthümer nicht selten *die ganzen dörfer* als berechtigte an der mark anzugeben. Es hat dies zu anfang dieses

[1] Aehnlich äußert sich auch Renaud, in der zeitschr. 9, 80, nur daß er unrichtig die gemeinde (wenigstens ursprünglich, s. 87) als nur aus den grundbesitzern zusammengesetzt ansieht. — Dunker, gesammteigenthum, 152—195 hält irriger weise die spätere ausnahme (oben s. 284) für die regel, und nimmt an, das markeigenthum sei vormals bloses miteigenthum von privatpersonen gewesen, und erst in der folge hier und da in eigenthum politischer gemeinden verwandelt worden (s. 177). Aehnlich auch v. Gerber, system §. 51.

jahrhunderts, wo die unwissenheit über ältere verhältnisse am größesten war, manchmal veranlassung gegeben, die einzelnen dörfer als solche, als corporationen, für die markgenossen zu halten, und z. b. bei theilungen gar nicht nach der kopfzahl zu fragen. Jetzt ist dieser irrthum allgemein aufgegeben.[1]

2. Die zahl der markgenossen ist keine fest abgeschlossene, sondern kann steigen und fallen. Eine merkliche vermehrung der zahl der mitglieder kann die markgemeinde nöthigen, die nutzungen allgemein zu beschränken.

3. Die markgemeinde beschließt, wie bei allen andern gemeindebeschlüssen, mit mehrheit, wie wald, wiesen, weide und wasser benutzt werden sollen. Sie kann die nutzungen jährlich verloosen, oder auch jedem genossen ein stück wiese oder acker auf eine reihe von jahren zum genuß überlassen. Auch die markbeamten wählt sie mit mehrheit.

Die mehrheit ist nach der zahl der im märkerding erschienenen märker zu berechnen.[2]

4. Das einzelne mitglied hat kein unbedingtes anrecht auf eine nutzung von bestimmter größe, ja auf eine nutzung überhaupt; dieselbe kann sich namentlich dann wesentlich mindern, wenn die zahl der gemeindeglieder zunimmt. Einen privatrechtlichen anspruch hat der einzelne nur auf das, was *einem gemeindeglied* und zwar der klasse von gemeindegliedern, wozu er gehört, eingeräumt ist. Wieviel aber den gemeindegliedern nach der größe der almende und nach ihrem reinertrag überlassen

---

[1] Auch v. Maurer, 71 erkennt, wiewohl aus einem unrichtigen grund, an, daß nicht die dorfgemeinden als solche, sondern die bewohner der dörfer die markberechtigten sind.

[2] Renaud, in d. zeitschr. 9, 89 u. 94.

werden kann und soll, bestimmt die gemeinde mit mehrheit.[1]

Es kann also die mehrheit nicht die minderheit ihres rechts ganz berauben und sich allein die nutzungen zuwenden. Die minderheit, und zwar jeder einzelne benachtheiligte würde als mitglied der gemeinde richterlichen schutz anrufen können gegen die *einzelnen*, welche ihm auf grund des ungesetzlichen und daher nichtigen beschlusses der mehrheit (der als gemeindebeschluß gar nicht zu erachten ist) die ausübung des gemeinderechts, nämlich die theilnahme an der nutzung, vorenthalten wollen. Als einzelne werden die zur mehrheit gehörigen, oder wo ein gemeinderath die gemeinde vertritt, dessen mitglieder, belangt, weil ihr beschluß nicht die meinung der gemeinde als gesammtheit vorstellen kann.

5. Weil die markgemeinde eigenthümerin ist, so kann weder ein einzelnes gemeindeglied, noch eine minderheit derselben theilung der gemeinen mark verlangen. Erst neuere gesetze mancher Deutschen staaten haben dies zugelassen, z. b. das Preußische gesetz von 1821. Dahingegen kann regelmäßig die gesammte gemeinde die mark unter ihre zur zeit vorhandenen mitglieder, sei es zu dorfalmeinden oder zu völligem sondereigen, theilen, und nicht weniger wälder, wiesen, weiden, fischereirechte u. dergl. verkaufen, vertauschen, verpfänden, verschenken. Die zukünftigen gemeindeglieder haben kein anfechtungsrecht. Doch verbieten gesetze des staats häufig solche veräuße-

[1] Die nutzungsrechte an der almeinde lassen sich daher auch nicht als dingliche rechte des gemeindeglieds an einer fremden sache (am eigenthum der corporation) auffassen, wie Renaud, in d. zeitschr. 9, 79 meint. Das gemeindeglied hat als privatperson an das gemeindeeigenthum gar kein selbständiges, für sich existirendes recht, sondern nur als gemeindeglied ansprüche an die gemeinde auf überweisung von nutzungen, falls deren gegeben werden können.

rungen und theilungen (z. b. bei wäldern), oder machen sie von der genehmigung der staatlichen aufsichtsbehörde abhängig.

Ob bei diesen wichtigen verfügungen über das vermögen der wille der gemeinde wie gewöhnlich durch den willen der mehrheit vorgestellt werde, oder ob zustimmung aller erforderlich sei[1], ist für das frühere recht zweifelhaft. Ich glaube daß auch derartige beschlüsse früher meistens mit mehrheit gefaßt worden sind; aber es kommen ausnahmen allerdings vor.

Die armen leute im thal Uebelbach und Langenbach im Schwarzwald besaßen einen gemeinen wald im Hägbach. Einst kam ein ausmärker, Martin Schnider von Wolfach, und bat die gemeinde („thalmengy"), „dass sie ihm erlauben söllten, ein stuben in ihrem allmend wald zu hauen; da wurden sü eis, bis an einen, säss im Uebelbach, hiess der Fritsch, der spräch, er wollts nit thuon, was er vom Martin Schnider hett? da leiten sie sich an ihn und bäten ihn, dass ers auch verwilligte. Da wurde er[2] bericht, dass man niemand nüzt erlauben sollt, es wäre dann richer und armer lüth im thal gemeiniglicher will; und das recht hätte der wald, und wäre so gemein und fry, wenn es nur eim mann nit lieb wäre, so dürfen die übrigen nichts erlauben, und habs der einig mann zu wehren." (Grimm, 1, 400.)

Heutigen tags verkaufen und verpfänden die gemeinden regelmäßig mit stimmenmehrheit, ja durch blosen mehrheitsbeschluß eines gemeinderaths. In dieser beziehung sollten die rechte der gemeindeglieder besser gewahrt, und unnöthige versilberungen oder schenkungen jedenfalls

---

[1] Dies ist die ansicht Renaud's in der zeitschr. 9, 89—93.

[2] nämlich der zeuge, der dies als von ihm erlebt, aussagt.

an die zustimmung aller oder einer zweidrittheilsmehrheit gebunden sein.

Eine blose theilung kann allezeit die einfache mehrheit beschließen[1]; denn hierbei verliert der genosse nichts, im gegentheil er gewinnt; es bleibt ihm seine nutzung in der bisherigen größe, sie kann ihm nicht einmal mehr durch vermehrung der nachbarnzahl geschmälert werden, und er erlangt sogar freies verfügungsrecht darüber. Da sonach der einzelne nichts einbüßen soll, so braucht auch seine zustimmung nicht eingeholt zu werden. Uebrigens ist kein zweifel, daß es eben wegen dieser vortheile für die theilenden an der einstimmigkeit nicht leicht fehlen würde.[2]

Nach diesen regeln ist denn auch die rechtsbeständigkeit früherer theilungen und beschränkungen der zahl der nutznießer zu beurtheilen.

Wo theilungen oder verwandlungen zu reinem privateigenthum stattgefunden haben, können dieselben nicht rückgängig gemacht werden. Nur da, wo *die gemeinde* noch inhaberin des eigenthums ist, und nur gewisse klassen der gemeindsleute an den nutzungen theil nehmen, kann die frage entstehen, ob und in welcher weise eine aufhebung der ungleichheit zulässig sei.

Eine kritik mancher Deutschen gesetzgebungen in dieser wichtigen frage behalte ich einer besonderen untersuchung vor, wenn ich erst für die verschiedenen, oben s. 280—291 keineswegs erschöpfend aufgezählten, gestal-

---

[1] Wohl mit unrecht verlangt Renaud auch hierfür einstimmigkeit. S. dagegen Bluntschli, privatr. s. 162.

[2] Die frage nach der zweckmäßigkeit solcher theilungen kann hier nicht erwogen werden. Nur das sei bemerkt, daß ein allzugroßer gemeindebesitz auf dem land eines der stärksten hindernisse der freizügigkeit bildet, und insofern dem allgemeinen besten nicht entspricht.

tungen der märkerschaften klare und sichere beispiele aufgefunden haben werde.

In vielen lehrbüchern findet sich eine unterscheidung zwischen den rechtsverhältnissen in ansehung der heutigen gemeindegüter, und denen in ansehung der ehemaligen marken. Ich halte diese unterscheidung, so viel die rechtliche eigenschaft beider angeht, für unbegründet. Ich wüste gar nicht anzugeben, worin sich das recht welches die zu einer mark verbundenen einwohner von 6, 12, 20 dörfern als gesammtheit an ihrem markwald hatten, von dem recht unterschiede, welches nach stattgefundener theilung jede einzelne gemeinde an ihrem stück hat. Allerdings sind hier und da manche änderungen in der gemeindeverfassung und in der größe der nutzungen vor sich gegangen; statt des märkerdings beschließt ein aus wenigen personen bestehender gemeinderath, und seine beschlüsse bedürfen obrigkeitlicher genehmigung; die nutzungen sind für alle ortsbürger vielfach gleich geworden, die trennung nach klassen weggefallen; aber alle rechte der gemeinde als solcher an der almende sind ganz die alten. In der Wetterau bestehen noch neben waldungen einzelner gemeinden markwaldungen, die 4 oder 5 gemeinden zusammen gehören. Auch in diesen marken hat die vorstandschaft ein anderes ansehn, sie besteht aus den verschiedenen gemeinderäthen, was aber die rechtliche natur der markverbindung und die rechte der gesammtheit, so wie die nutzungen der einzelnen weiter nicht anficht.

Schon oben s. 133 sind die königlichen waldungen, welche meist in den besitz von kirchen oder weltlichen großen kamen, von den markwäldern unterschieden worden; was von diesen gilt kann nicht stracks auf jene bezogen werden und umgekehrt. Berechtigungen, welche dörfer und höfe in solchen ehemals königlichen waldungen haben, können ebensowohl blose precarien als wirkliche dingliche rechte sein. An vielen orten haben sich daraus verhältnisse herausgebildet, welche die größte ähnlichkeit mit wirklichen markgenossenschaften haben, und zwar so daß auch hier *die gemeinde* als nutzungsberechtigt erscheint, die zahl der berechtigten leute also steigen und fallen kann. Ja in vielen fällen ist aus diesem nutzungsrecht ein wahres eigenthum erwachsen.

Für das völlige eigenthum der gemeinde an einem grundstück spricht die vermuthung dann, wenn dasselbe den namen „mark" führte und auf märkerdingen darüber beschlüsse gefaßt wurden. Führt jemand den titel obermärker, oder ist er der landesherr, so spricht die vermuthung dagegen, daß er verfügungen über das grundstück kraft eigenthumsrechts getroffen habe. [1]

Die ansicht, wonach die mark*gemeinde* eigenthümerin der almeinde ist, und aus ihrer bewilligung die einzelnen märker nutzungen erhalten, galt bis jetzt keineswegs als die regelmäßig richtige. Man betrachtete vielmehr das verhältnis von einem ganz verschiedenen gesichtspunkte aus, und nahm vielfach an :

1. das *eigenthum* an der almeinde sei *zubehör* (pertinenz) der in der mark gelegenen *privatgüter*, das vertheilte eigenthum ziehe das recht der almendnutzung nach sich. So argumentiren z. b. Weiske, 36; Seeger in d. zeitschr. f. Deutsch. recht 8, 165; Bluntschli, privatr., 2. aufl., s. 72 u. 149. Diese ansicht hat man niemals im einzelnen durchzuführen und auf wirkliche fälle anzuwenden versucht, sonst würde ihre gänzliche unhaltbarkeit allgemeiner eingesehen sein. [2] Sie scheitert an folgendem :

---

[1] Dies hat auch schon v. Löw 45, 46 u. 54 angenommen.

[2] Einige urkunden scheinen sie zwar auch auszusprechen. Beschwerdeschrift der gemeinde Griesheim bei Frankfurt 13 jahrh. (veröffentlicht durch Dr. F. Roth) : „Die erste clage ist, daz die selben vorgenanten herren wollint uns berouben unser marke, die da ist eines ielichen guodis, daz da ist gelegen in der termenunge zuo Griezheim,

a. Die sondergüter, bestehend aus hofraithen, gärten, ackerland, wiesen, zuweilen auch weiden und wald, sind keineswegs alle gleich groß; es giebt ihrer von einem bis zu vielen hundert morgen. Ein einzelner morgen soll nun doch wohl nicht ein ebensogroßes zubehör haben, wie z. b. hundert morgen; dies würde, namentlich wo freie theilbarkeit der güter gilt, zu absurditäten führen; aber ebensowenig kann die nutzung und das stimmrecht im märkerding streng nach der Zahl der morgen bemessen werden. Der besitzer von 500 morgen ackerland würde bei einer theilung gemeinschaftlicher wiesen oder weiden 500 mal so viel erhalten als der eigenthümer von blos einem morgen; das eigenthum an einer unfruchtbaren heide von 100 morgen würde den anfall eines werthvollen stücks besten wiesenbodens nach sich ziehen; und wer etwa ein wäldchen von 1000 morgen in der mark liegen hätte, würde vielleicht das gröẞeste stück der fetten wiesen und weiden als „zubehör" dieses wäldchens hinnehmen.

Die verschiedene größe der güter, und daß sich auch wälder,[1] weiden, wüsteneien vielfach im sondereigenthum befinden, hat man offenbar zu wenig bedacht; aber man hat auch übersehen, daß das vorhandensein und die menge des sondereigens etwas rein zufälliges ist. Die bewohner von 10 oder 20 dörfern können z. b. einen großen gemein-

---

iz si eygen oder erbe oder lehen." Urk. v. 1314, b. Bluntschli, Zürich r. g. 1, 85: „da das vorgenant Rieth als lang so jeman gedenket ein gemeinmerch gewesen ist der vorgenanden drier dörfern *und* der liegenden gütern, die ze dien dörfern hörent." — Allein eine juristisch strenge definition darf man hierin nicht suchen; insbesondere die letztere urkunde will nur andeuten, daß diejenigen auswärts wohnenden eigenthümer, welche ihr gut durch hofleute oder leihträger bauen lassen, ebenfalls märker seien.

[1] Wollte man wälder nicht in betracht ziehen, wie würde es gehen, wenn der eigenthümer des waldes ihn abholzte und zu ackerland anrodete?

schaftlichen wald und ausgedehnte weiden zusammen haben; in einigen dorfmarken kann alles feld und wiesengelände an die einzelnen gemeindsleute vertheilt sein, während die übrigen gemeinden ihre wiesen noch in ungetheilter gemeinschaft besitzen, und privatwiesen so gut wie nicht kennen. Würde es nicht widersinnig sein, wenn das recht jedes einzelnen zur beholzigung im markwald und zur trift auf die markweiden abhinge von der menge seines sondereigens?

b. Aber wenn man auch nur das ackerland in betracht ziehen und die hube als einheit annehmen wollte, welche *ein* recht verleiht, so würde dies zu nicht minder unrichtigen ergebnissen führen. Dann müste z. b. der, welcher 6 huben von einem hofe aus bebaut sechsfache nutzung, und bei theilungen sechsfachen antheil erhalten. Dies ist aber meines wissens in keiner mark rechtens gewesen; edelleute brachten es unter besonders günstigen umständen im höchsten fall zu zwiefachen nutzungen (s. 249 u. 257).

Das kurfürstlich Hessische domanialgut Baiersröderhof in Marköbeler gemarkung gelegen, jetzt etwa 700 morgen ackerland und wiesen groß, genießt hinsichtlich der nutzungen an wald und weide *drei* „nachbarrechte", muß dagegen auch bei anlage von wegen, ausputzen der gräben, anpflanzungen im markwald u. dergl. für drei nachbarn beihülfe leisten. Da der genuß mehrerer nachbarrechte bei nur einer haushaltung eine ausnahme von der sonst gültigen regel darzubieten schien, so habe ich dem verhältnisse weiter nachgeforscht und folgendes ermittelt. Dieses gut, welches sonst im ganzen nur aus 15 bis 20 huben land bestand, gehörte ehemals dem kloster Ilbenstadt und wurde bis gegen Ende des 17. jahrh. von *vier*, zuweilen von fünf „hof-leuten", welche *in vier besonderen höfen* wohnten, gebaut. Diese hofleute musten alle öffentlichen lasten wie andere unterthanen zu Marköbel tragen; insbesondere entrichteten sie von jeder hube lands ½ fl. beede, halbsoviel als die einwohner von Marköbel, die 1 fl. von der hube gaben, weil ihr land auch um so viel besser sei. „Weil sie (die genannten hofleute) die last haben getragen, wie andere, als haben sie auch die gemeine nutzbarkeiten mit weyd und beholtzung wie andere genossen." Seit 1685 nahm aber das kloster den hof in eigne bewirthschaftung, ließ die vorhandenen 3 gehöfte wieder abbrechen und setzte einen geistlichen hin, wollte nun auch keine öffentlichen lasten mehr tragen, namentlich keine beeden mehr zahlen, worin es vom churfürsten von Mainz unterstützt wurde. [1]

Im j. 1701 schloß der graf Johann Reinhard von Hanau mit dem kloster einen vergleich, worin er für das gut freiheit von allen steuern und lasten gewährte, dem kloster die vor dem Bayersröther hof gelegene „grosse weyd", ungefähr 24 morgen haltend, desgleichen die s. g. „kleine weyd" zum alleinigen eigenthum schenkte, und bestimmte, daß „die zu diesem hof gehörigen güter weder von der herrschaft noch der gemeind Marckköbel, noch sonsten jemand künfftighin mit schaaf oder anderen vieh ferner betrieben, noch auch von denen benachbarten unterthanen in einige wege benutzet werden" solle (was also bis dahin der fall gewesen war). Die Bayersröder hofleute oder des abts brodgesind sollten so viel brennholz aus dem gemeindewald zu holen berechtigt sein, als 3 unterthanen zu Marckköbel; und eine 3fache portion sollten sie auch bei der schweinmast, und sodann bei der „nachmast in betreibung der hellschwein" haben. Dagegen sollte das kloster dem grafen 3000 fl., der gemeinde Marköbel 1200 fl. und 2 morgen land geben. Der landgraf von Hessen-

[1] Marköbeler bürgermeisterrechnungen v. j. 1590—1701 und zeugenaussagen v. 27 Juli 1686.

Cassel focht aber diese steuerbefreiung als ohne seine genehmigung geschehen und also ungültig an. [1]

Es geht hieraus hervor, daß das aus 20 huben bestehende gut ehemals nicht 20 nachbarrechte genoß, sondern nur 4 oder 5, nämlich so viele als selbständige haushaltungen darauf vorhanden waren. Daſs das kloster nach vereinigung des guts im fortgenuß von 3 nachbarrechten blieb, hat seinen grund in besonderen vereinbarungen und landesherrlichen verfügungen.

c. Gegen die oben bekämpfte theorie läßt sich aber endlich noch ein letzter einwand erheben. Nach allen markordnungen gibt der besitz von land in der mark kein recht an der almende, wenn man nicht auch eignen rauch darauf hält; baut man dasselbe von einem in fremder mark gelegenen hof aus, so gilt man als ausmärker. So heiſst es z. b. im märkergedings-protocoll der Hohen Mark v. 1549: „Der (dem) Cronbergshof zu Obernhexstatt, dieweil der verfallenn vnnd abgangenn ist, soll kein brauch oder beholtzung inn der mark gestattet, sondern die hofleuth so das gebeudt bestanden, für ausmärker gepfendt werden, bis der hoff wieder erbauet oder bewohnet wirdt, alsdann soll demßelbigen hoffmann zugelaßen sein, mit einem halben wagen in walt zu fahrenn gleich ein ander merker."

2. Einem theil dieser einwände weicht eine andere theorie aus, deren begründer Eichhorn zu sein scheint, und welche noch viele historiker zu anhängern hat. Nach dieser soll das haus oder die hofraithe (der mansus) subject des markrechts, nur der besitzer eines eignen hauses märker gewesen sein. [2]

---

[1] Species facti und weitere ausführung in sachen etc. Hessen-Cassel geg. Ilbenstadt, 1748. fol.

[2] Eichhorn, zeitschr. f. gesch. rechtsw. 1, 153. v. Maurer, 59. v. Löw, der s. 26 u. 27 die richtige ansicht vertheidigt, daß das mark-

Einer ihrer neuesten vertheidiger, v. Maurer, 79, sieht sie für erwiesen an einmal durch den einstimmigen ausspruch der weisthümer, daß nur derjenige markberechtigt sei, wer „eignen rauch“ habe, worunter „eigen haus und hof“ zu verstehen sei.[1] Eine derartige auslegung gehört aber zu den bedenklichsten irrthümern. Eigner rauch ist ein abgesonderter, also nicht mit andern gemeinschaftlicher rauch, oder so viel wie eigner heerd, sonderbrod, sonderspeise (vgl. oben s. 147), abgesonderter eigner haushalt.[2]

Außerdem beruft sich v. Maurer, 66 noch besonders auf das beispiel der Hohen Mark am Taunus. Ich hielt die frage für wichtig genug, um über diese mark, obwohl sie schon außerhalb des mir vorgesteckten forschungsge-

---

recht nicht vom besitz liegender güter in der mark abhänge, nimmt doch auch s. 78 u. 88 für Westfalen eine ausnahme an. Hier hafte das recht am hause; grundstücke bildeten ein unzertrennliches zubehör von haus und hof, dürften also regelmäßig nicht davon veräußert werden. Geschehe es ausnahmsweise doch, so bleibe die markberechtigung bei haus und hof zurück. Das blose eigenthum von grundstücken ohne hof verleihe kein markrecht. — Wie es auch mit der richtigkeit dieser angaben beschaffen sein mag, es ist jedenfalls ein richtiger grundsatz den v. Löw befolgte, die verhältnisse einzelner landschaften und marken für sich zu betrachten, und nicht die rechte aller mit einander zu vermengen, wodurch so viele lehren auf dem gebiete des Deutschen rechts in verwirrung gerathen sind. J. Grimm, in den Wiener jahrb. bd. 45, s. 126 hat ebenfalls bis jetzt vergeblich ermahnt, bei einer genauen darstellung der markverhältnisse die landschaftliche verschiedenheit mehr hervortreten zu lassen.

[1] Renaud, in d. zeitschr. 9, 38 meint, wenigstens für die *früheren* zeiten sei unter „eignem rauch“ ein eignes haus zu verstehen. Schon v. Löw, 26, hat dies jedoch widerlegt. *Haushäblich sein*, *hushablich sitzen* (Bluntschli, rechtsgesch. v. Zürich 1, 256, u. 2, 64) heißt ebenfalls nicht nothwendig, ein haus zu eigenthum besitzen, sondern ein haus, wenn auch ein fremdes, inne haben, für sich allein ein haus halten, eignen haushalt führen.

[2] Bestimmte beweise, daß es auf gutsbesitz in der mark nicht ankam, sind oben s. 256, note 2, 259, 262, 264, 270, 286 u. 288 beigebracht.

bietes liegt, umfassende untersuchungen anzustellen. Glücklicherweise und durch die liberalität des großherzoglich Hessischen ministeriums konnte ich höchst wichtige akten, darunter eine im j. 1771 von dem fürstl. Hessen-Homburgischen justizrath und ehemaligen markanwalt Elias Neuhof ausgearbeitete darstellung der markverhältnisse, welche 81 folio-seiten groß und aus eigner anschauung und kenntnis der verhältnisse aufgesetzt ist, benutzen und von allem wesentlichen abschrift nehmen. Als resultat ergibt sich die völlige grundlosigkeit der behauptung v. Maurer's. [1] Auch ein um's j. 1811 von einem Homburgischen beamten gefertigter ausführlicher auszug aus sämmtlichen markacten gelangt zu folgendem schluß: „Ausser dem gesagten ist bey der divisione in capita noch anzuführen, daß das fundament des markrechts auf den eignen rauch (eigne haushaltung) keineswegs auf den besitz eines hauses gegründet ist.“ Es wird sich dabei auf protocolle der in den jahren 1605, 1614, 1615, 1684 und 1753 gehaltenen märkerdinge berufen. Das protocoll des Michaeli-märkerdings v. 1614 besagt: „Wo 2 parthien in einem haus mit einander rauch halten und aus einer schüssel essen, sollen vor eine haushaltung geachtet werden, es sei denn daß jede parthie ihren eignen tisch halte; sollen auch nicht mehr als nur einen schreyerleib [1] zu geben schuldig sein.“ Das vom j. 1615: „Werden sie aber unter einem dach zwei tische halten, und 2 haus-regiment führen, soll solches vor 2 haus erkannt werden.“ — „Uff ledige haus soll man nichts brennen“ (d. h. keine schweine einbrennen).

Hiernach wurde denn auch im j. 1777 die liste der märker aufgestellt. So zählte damals das markdorf Nieder-Eschbach nach angabe von schultheiß und scheffen: 1.

---

[1] vgl. schon oben s. 262.

[2] s. oben s. 147.

„würckliche unterthanen oder marckgenoßen in der hohen mark : 80, mit 69 häußern oder feuerstädten.[1] 2. Wittweiber, so noch in der nachbar- und gantzen marckgenoßenschaft stehen : 25, mit 10 häußern oder feuerstädten." — Vilbel zählte damals 226 nachbarn mit nur 203 häusern oder feuerstätten, und 44 vollberechtigte wittwen mit nur 29 feuerstätten; und ähnlich war es auch in den anderen dörfern.

Hiernach unterliegt es keinem zweifel, daß in der Hohen Mark das recht auf die marknutzung nicht am haus, sondern am haushalt hing.[2]

Die für die erwähnte theorie wesentliche frage, ob es gestattet gewesen sei neue häuser zu bauen und, wenn dies, ob die neugebauten ebenfalls markberechtigt gewesen seien, läßt v. Maurer unentschieden. Wenn aber, wie er doch s. 58 annimmt, die anzahl der berechtigungen in einer mark *anfangs* unbestimmt war und sich nach der zahl der genossen richtete, so kann die zahl der berechtigten häuser anfangs keine abgeschlossene gewesen sein; jedes haus welches neu gebaut wurde muß auch eine neue berechtigung begründet haben, und eine beschränkung der zahl der letzteren erst später eingetreten sein.

Anders lehrt Eichhorn. Seit den ältesten zeiten habe nur einer festen zahl und zwar von *bestimmten* hofraithen ausschließlich das markrecht angeklebt. Alle im mittelalter und in späterer zeit erbauten häuser und höfe hätten kein recht erlangt. Wenn also z. b. ein hubenbesitzer seine hube unter seine 2 kinder getheilt und dem einen eine neue hofraithe auf der halben hube aufgeschlagen

[1] Feuerstätte ist hier so viel wie ein haus worin feuer gemacht wird, im gegensatz zu blosen ställen und scheunen.

[2] v. Maurer erkennt s. 79 sogar selbst an, daß wenn mehrere getrennte haushaltungen in einem haus geführt werden, jede von ihnen volle marknutzung erhalte.

habe; oder wenn er einen theil des lands an einen dritten veräußert und dieser eine hofraithe darauf angelegt habe, so sei immer blos die alte hofraithe berechtigt geblieben.[1]

Eichhorn beruft sich zum beweise dieser theorie darauf, daß bei übertragung von *höfen*, und zwar nur bei diesen, nicht auch beim verkauf einzelner äcker, die nutzungsrechte an der gemeinen mark als zubehörden derselben in den urkunden aufgezählt zu werden pflegten.[2] Allein die richtigkeit dieser behauptung vorausgesetzt, so erweist sie noch lange nicht was sie soll, nämlich daß die markberechtigung ein *untrennbares* zubehör des grundstücks bildet, von dem verkäufer also nicht etwa zurückbehalten werden kann.[3] Ich meinestheils halte die in den urkunden übliche

---

[1] Zeitschrift f. gesch. rechtswiss. 1, 153 u. 155. Im grunde derselben ansicht sind Waitz 1, 39 und Renaud, in d. zeitschr. 9, 47.

[2] Eichhorn, Deutsche st.- u. rechtsg. §. 204. — Das gut wird gewöhnlich übertragen: „cum agris cultis et incultis, silvis, pratis, pascuis, aquis aquarumque decursibus, cum exitibus et reditibus, cum viis et inviis" u. s. w. Die entsprechenden Deutschen formeln sind bei Grimm, R. A. 43 zusammengestellt. „Cum aquis aquarumque decursibus", „mit wasser und wasserrünsten", bezieht sich auf den gebrauch der brunnen, teiche und fließenden wasser, welche letzteren namentlich zur wiesenwässerung dienten. „Cum exitibuus et reditibus, cum viis et inviis", auf Deutsch: „mit einfahrt und ausfahrt", geht auf den gebrauch der gemeinen wege durch dorf und feld. So heißt es in einer urk. v. 1300: „cum omni jure quod invart et uzsvart dicitur" (Landau, territ. 182 u. 183).

[3] Nach Eichhorns ansicht ist derjenige, welcher seine hofraithe veräußert, kein markgenosse mehr, wenn er auch gleich im dorf wohnen bleibt, ja wenn er sein gesammtes ackerland behalten und darauf eine neue hofraithe erbauen würde. Daß dies aber die regel sei, wird niemand erweisen können. Vgl. oben s. 226. (Als ausnahme kommt es, wie oben s. 280 ff. angegeben wurde, vor. Eine solche ausnahme enthält auch der brauch des dorfs Ossingen. 1601. Gr. 1, 99: „Item so einer in der gemeind *einem vsserthalb der gemeind* ein hus zu kouffen gipt, der sol sin burgrecht verwürckt haben, vnnd so er nach in der gemeind huss halten wyl, sol er den inzug schuldig wie einandren vsserthalb dem dorff." — Selbst nach dieser bestimmung verliert derjenige, der

aufzählung der zubehörden für eine rein überflüssige nähere beschreibung ohne rechtliche bedeutung.[1] Daß besonders bei übertragung von hofraithen die formel gebraucht wird, kommt, sofern dies gegründet sein sollte, nur daher, weil das nutzungsrecht auf dem haushalt ruht, ein haushalt aber nur in einem gehöfte, nicht auf blosem ackerland geführt werden kann. Ein beweis, daß die nutzung am haus hafte, fließt daraus nicht.

Wenn, wie nachgewiesen, das recht zur theilnahme an den almendnutzungen regelmäßig ausfluß der gemeindemitgliedschaft ist, so kann von einer veräußerlichkeit derselben an sich offenbar keine rede sein. Nur die einzelne nutzung, die dem gemeindsmann bereits zugefallen ist oder voraussichtlich zufallen wird, läßt sich möglicherweise veräußern; aber auch dies war, mastnutzungen etwa ausgenommen (oben s. 266), in den meisten marken unerlaubt; namentlich war der verkauf an ausmärker strengstens verboten. Noch jetzt darf an vielen orten das von der gemeinde zugetheilte loosholz nicht veräußert werden, weil man annimmt, daß dies gerade von leuten zu geschehen pflege, die dann ihren mangel durch holzfrevel zu decken bestrebt sein würden.

Aus dem gesagten erledigen sich die von v. Maurer, s. 61 aufgestellten unrichtigen behauptungen.

Die voraussetzung, daß die markberechtigung zubehör von haus oder hofstatt sei, führte ihn auch s. 63 u. ff. zu dem andern unrichtigen schluß, daß die märker an dem

---

sein haus an einen gemeindsmann verkauft, sein markrecht nicht. Urk. v. 1600 bei Bluntschli, rechtsg. v. Zürich 2, 64: „Der gmeynd zu Höngg ist der articel: wen einer by inen syn hus und heym verkouffe, das er damit syn dorfrecht verwürkt haben, ebenmessig wie gegen andern gmeinden ouch beschechen — zugeben worden.“

[1] Bereits oben s. 288 ist dies für einige fälle bestimmt nachgewiesen.

wald immer nur ein solches recht hätten, wie es ihnen an der hofstatt zustehe. Wer hieran eigenthum habe, sei auch miteigenthümer der mark; der blose erbpächter, landsiedler, zeitpächter habe auch nur ein abgeleitetes recht an letzterer. Höre daher das erbleih-, landsiedel- oder zeitpachtverhältnis aus irgend einem grunde auf, so bleibe auch der eigenthümer der hofstätten allein an der mark berechtigt.[1] Gegen so bedenkliche schlüsse, namentlich wenn sie zu einer allgemeinen regel erhoben werden sollen, kann aber nicht entschieden genug verwahrung eingelegt werden.[2]

Es wurde schon oben s. 241 und 242 angedeutet, daʒ man zu unterscheiden habe, ob der erpächter, landsiedler, zeitpächter, geiselhofman in der gemeinde heimathberechtigt oder ein fremder ist.

1. Im ersten fall bleibt er auch nach entziehung des leihguts markberechtigt, kraft seiner eigenschaft als gemeindeglied, sofern er nur eignen rauch in der gemeinde hält. In denjenigen marken, wo die einläufigen geringere nutzungen genieʒen, wird die gröʒe seiner nutzung weiter davon abhängen, ob er so viel eignes land besitzt um geschirr halten zu können, oder nicht.

2. Ist er ein fremder, so bleibt ihm nach beendigung seiner leihe auch kein recht in der mark; nur als stellvertreter des eigenthümers hatte er die nutzungen genossen.

Die erpächter, landsiedler, hofleute waren aber regelmäʒig mitglieder der gemeinde, keine fremden; die unterhaltung eignen rauchs während jahr und tag verlich ja nachbarrecht (s. 223) und auch die ehemaligen unfreien

[1] Andere, welche meinen das markrecht sei zubehör *des ackerlands*, schreiben hinsichtlich aller lehen in derselben weise dem lehnherrn das eigenthum an der mark zu.

[2] Schon Renaud, in d. zeitschr. 9, 100 ist ihr entgegen getreten.

wurden schon früh in die gemeinde aufgenommen, und den freien gleichgestellt. (s. 209 u. 247.) Daraus erklärt es sich, daß bei allen marktheilungen, welche im *vorigen* und in diesem jahrhundert erfolgten, immer nach köpfen der gemeindsleute getheilt, und niemals darnach gefragt worden ist, ob jemand persönlich frei und ob er eigenthümer seines hauses oder seines gutes sei. Geschah das nämliche in unserm jahrhundert auch bei den gereidetheilungen in der Rheinpfalz, so darf man dies nicht mit v. Maurer s. 86 auf rechnung der Französischen revolution schreiben wollen. Derselbe grundsatz ist auf dem rechten ufer des Rheins ebenso allgemein in gültigkeit, und zwar nicht erst von gestern her; denn er wurde bereits in den vergangenen jahrhunderten überall zur anwendung gebracht.

Schließlich ist noch der theorie vom s. g. *gesammteigenthum* zu gedenken, welche besonders von Beseler, system §. 83 und am ausführlichsten von Bluntschli, privatr. 2. aufl. s. 148—164 vertheidigt wird. Nach derselben soll das eigenthum an der mark zwar der markgemeinde als gesammtheit (universitas) zustehn, aber *daneben* auch den *einzelnen* genossen ein eigenthum zukommen. Hervorgerufen wurde diese theorie theilweise durch die irrige annahme, daß das markrecht zubehör des vertheilten landes sei [1], und durch das bestreben, für manche bei der verwendung der nutzungen geltende grundsätze eine erklärung zu finden. Ich halte sie mit der mehrzahl der rechtslehrer für einen inneren widerspruch, und begnüge mich nur noch auf folgendes hinzuweisen.

1. Schon die eigenschaft als gemeindeglied schützt, wie oben s. 316 gezeigt ist, jeden einzelnen im bezug der almendnutzungen, welche überhaupt zur vertheilung unter

[1] Bluntschli, rechtsgesch. v. Zürich 1, 79 u. 80.

die gemeindsleute kommen können. Die annahme eines besonderen selbständigen dinglichen rechts an der almende ist daher ganz überflüssig.

2. Daß nicht die gemeinde als gesammtheit wald und weide nutzt, sondern die einzelnen ihr vieh auf die gemeine weide schicken, bau- und brennholz in der gemeinen waldung holen (Bluntschli, s. 150), beweist nicht ein selbständiges herrschaftsrecht der einzelnen (als privatpersonen) über die almeinde, denn diese form der nutzung ist ganz unwesentlich. Die gesammtheit kann die weiden zu wiesen hegen, das heu auf gemeindekosten machen, das holz schlagen und an jeden einzelnen abliefern lassen, ohne daß dieser verlangen kann selbst die gemeidegründe zu betreten und seinen antheil zu holen.

3. Bluntschli erkennt s. 150 selber an, daß die zahl der sondereigenthümer anfangs keine fest abgeschlossene gewesen sei, sondern sich habe vermehren und vermindern können. Dies schließt aber nicht blos die annahme eines reinen miteigenthums aus, wie Bluntschli folgert, sondern beweist auch die nichtexistenz fester dinglicher rechte der einzelnen überhaupt, wie man dieselben nun nennen möge.

Nachträge.

Zu s. 66 :

Gerichtsbuch der stadt Biedenkopf (Hessen) : „Ruge vnd gericht gehalten den 2 Oct. 1627." u. s. w. „*Nachruge* vnd *gericht* gehalten. 16 Oct. 1627." u. s. w.

„Ruge vnd gericht gehalten den 22 Jan. 1628." „Anno 1628 den 25 Febr. nachruge vnd gericht gehaltenn."

„Montag 7 Mai 1660 ist Walber ruge zn Biedencopff gehalten worden. . . . . Vff montag den 21 Mai 1660 ist zu Biedenkopff nachruge vnd gericht gehalten worden", u. s. w.

„Anno 1660 vf montag den 22ten Octobris ist zu Biedencopff ruge oder vngebott gehalten worden."

„Anno 1660 den 29 October dienstag ist nachruge vnd gericht gehalten worden."

Die meisten protocolle lassen erkennen, daß auch bei der nachruge *alle bürger* erscheinen musten; völlig sicher gestellt wird dies durch folgende protocolle :

„18 Oct. 1665 ist vmbgebott gehalten worden“ u. s. w. „23 Oct. 1685 ist nachrug vnd gericht gehalten worden. Burgermeister und rath haben auff befragen geantwortet, daß sie für dieses mahl nichts rugbahres vor zu bringen wüsten. Die kirch seniores desgl. . Die gemeiner desgl.. Die *bürgerschafft* aus dem Oberstätter vierttel wissen für dieses mahl nichts zu rügen; die bürgerschafft in der Mittelstatt desgl.; die bürgerschafft in der Vorstatt desgleichen.“

Saalbuch über das amt Battenberg (Hessen), auf grund eines älteren vom j. 1568 erneuert in unbekanntem jahr: „Es werden jährlich drey haupt- und drey nachgerichte oder ungebothe [1] aufm rathhauße zu Battenberg unter direction des fürstl. oberbeamtens durch den fürstl. schulthes . . . . . . geheget u. gehalten.“ (Sonderlich bei den hauptgerichten müssen alle unterthanen erscheinen.)

Zu s. 223:

Oeffnung von Rümlang v. 1432. Bluntschli, rechtsg. v. Zürich 1, 256: „Item es solle mit denen von Rümlang niemand wunn vnd weid haben noch niessen, denn der zuo Rümlang im dorff hushablich ist gesessen.“

„Item wenn ein man oder fraw harkomt, wer der ist, also gen Rümlang komet vnd hushablich da sin wil, vnd übernacht zuo Rümlang ist, *so hat derselbe alles das recht zuo der alment*, wie der der all sin tag zuo Rümlang ist gesessen.“ Hier verleiht also die niederlassung, wenn nur eine einzige nacht darüber verflossen ist, volles gemeinderecht.

[1] Dies ist bloser misverstand; die hauptgerichte waren die ungebote.

Abkürzungen.

Baur, Arnsb. urk. Urkundenbuch des klosters Arnsburg in d. Wetterau. 1851.

Baur, Hess. urk. Hessische urkunden, 1 band. (vollendet im j. 1860.)

v. Bethmann-Hollweg. Ueber die Germanen vor der völkerwanderung. 1850.

Bodmann. Rheingauische alterthümer. 1819.

Böhmer. Codex diplomaticus Moenofrancofurtanus. Thl. 1. 1836.

C. Laur. Codex Laureshamensis abbatiae diplomaticus. 3 tom. 1768—70.

Dronke. Codex diplomaticus Fuldensis. 1850.

Eichhorn. Deutsche staats- und rechtsgeschichte. 5 te ausg. 1844.

Eisenhart. Grundsätze der Deutschen rechte in sprüchwörtern. 1759.

Gr. Jacob Grimm, weisthümer. 1840—42.

Grimm, R. A. Deutsche rechtsalterthümer. 1828.

Grimm, grenzalterthümer (in den abhandlungen der Berliner akademie der wissensch. 1843).

Guden. Codex diplomaticus. 1743—68.

Günther. Codex diplomaticus Rheno-Mosellanus. 1822—1826.

Haltaus. Glossarium Germanicum medii aevi. 1758.

Homeyer, Rstg. Der richtsteig landrechts. 1857.

Hontheim. historia Trevirensis. 1750.

Kopp. Ausführliche nachricht von der — verfassung der gerichte in den Hessen-Casselschen landen. 1769—71.

Kraut. Grundriß zu vorlesungen über das Deutsche privatrecht. 4 aufl. 1856.

Lacomblet, archiv. Archiv für die geschichte des Niederrheins. 1832 ff.

Lacomblet, urkb. Urkundenbuch für die geschichte des Niederrheins. 1840 ff.

Landau, territ. Die territorien in bezug auf ihre bildung und ihre entwicklung. 1854.

Lappenberg. Geschichte von England. 1834.

v. Löw. Ueber die markgenossenschaften. 1829.

Lünig. Teutsches reichsarchiv.

v. Maurer. Geschichte der markenverfassung. 1856.

v. Maurer, einl. Einleitung zur geschichte der mark-, hof-, dorf- und stadtverfassung. 185.

Mone, zeitschr. Zeitschrift für die geschichte des Oberrheins. 1850 ff.

Mon. Boic. Monumenta Boica.

Möser, Osn. g. Osnabrückische geschichte. 3 aufl. 1819—1824.

Neugart. Codex diplomaticus Alemanniae. tom. 1. 1791.

Pertz, leg. Monumenta Germaniae historica. tom. 3 u. 4. (leges 1 u. 2 enthaltend.)

Renaud in d. zeitschr. Reyscher und Beseler, zeitschrift für Deutsches recht.

Rogge. Ueber das gerichtswesen der Germanen. 1820.

R. Schmid. Die gesetze der Angelsachsen. 2 aufl.

Stälin. Wirtembergische geschichte. 1841—47.

Ssp. Sachsenspiegel, herausgegeben von Homeyer.

v. Sybel. Entstehung des Deutschen königthums. 1844.

Waitz. Deutsche verfassungsgeschichte. 1844—47.

Walter. Deutsche rechtsgeschichte. 1 ausg. 1853.

Weiske. Die grundlagen der früheren verfassung Deutschlands. 1836.

Wenck. Hessische landesgeschichte. 1783—1803.

Wilda. Das strafrecht der Germanen. 1842.

Zimmerle. Das Deutsche stammgutssystem. 1857.

Zöpfl. Deutsche rechtsgeschichte. 3 aufl. 1858.

Wortregister.

A.

B.

C.

D.

E.

F.

G.

H.

I.

K.

Druckfehler.

s. 249. z. 18 lies : kottern.

Druck von Wilhelm Keller in Giefsen.

MIX
Papier | Fördert
gute Waldnutzung
FSC® C083411

Kolibri 360 GmbH
Ferdinand-Jühlke-Straße 7
99095 Erfurt, Deutschland
produktsicherheit@kolibri360.de